나만의 진로를 찾는 것,
나의 미래를 선택하는 것이다.
나의 미래를 펼쳐 줄 나만의 진로,
그것은 바로,
"내가 가장 좋아하고 잘 할 수 있는 일"이어야 한다.

내가 가장 좋아하고 잘 할 수 있는 것은
과연 무엇인가?

※ 이 책에 등장하는 사례는 모두 실제 학생과의 진로코칭과정입니다. 참여해 준 모든 학생에게
깊은 감사를 드리며, 등장하는 일부 학생들의 이름은 실명이 아니라 가명으로 표현했음을 밝힙니다.

진로설계를 통한 성공스토리가 생생하게 담긴
## 이것이 진로다 • 성공스토리

초판 1쇄 인쇄 2013년 6월 13일
2쇄 발행 2013년 7월 16일

지은이_ 고봉익·홍기운·임정빈
펴낸이_ 김영선
기획·교정·교열_ 이교숙
펴낸곳_ (주)다빈치하우스-미디어숲
디자인_ 박유진, 차정아

주소_ 서울시 마포구 독막로 8길 10 조현빌딩 2층(우 121-884)
대표전화_ 02-323-7234
팩시밀리_ 02-323-0253
홈페이지_ www.mfbook.co.kr
이메일_ urimodus@naver.com
출판등록번호 제 2-2767호

값 18,000원
ISBN 978-89-91907-51-5(43370)

- 이 책은 (주)다빈치하우스와 저작권자와의 계약에 따라 발행한 것이므로
  본사의 허락 없이는 어떠한 형태나 수단으로도 이 책의 내용을 사용하지 못합니다.
- 미디어숲은 (주)다빈치하우스의 출판브랜드입니다.
- TMD'북스·미디어숲 (주)TMD교육그룹과 (주)다빈치하우스의 공동출판 브랜드입니다.
- 잘못된 책은 바꾸어 드립니다.

이 도서의 국립중앙도서관 출판시도서목록(CIP)은 서지정보유통지원시스템 홈페이지(http://seoji.nl.go.kr)와
국가자료공동목록시스템(http://www.nl.go.kr/kolisnet)에서 이용하실 수 있습니다.
(CIP제어번호: CIP2013007769)

진로설계를 통한 성공스토리가 생생하게 담긴

# 이것이 진로다

고봉익·홍기운·임정빈 공저

>> 프롤로그

## 대한민국 교육은 기로에 서 있다

국가별 IQ 순위에서 우리나라가 전 세계 1위라는 스위스의 조사 자료가 있었습니다. 뿐만 아니라 국제교육기구 협회인 PISA에서 최근 몇 년간 발표한 국제학업성취도 비교연구 발표를 보면 한국은 평균 1위인 핀란드 다음으로 평균 2위를 하고 있습니다. 이 결과에 의하면 한국은 지능도 세계에서 가장 높고, 성적도 최상위권인 나라인 것입니다.

하지만 조금 더 들여다보면 기뻐할 수만은 없는 슬픈 성적들을 보게 됩니다. PISA 보고서와 OECDFactbook 등의 자료를 보면 한국의 사교육비는 세계 1위이고, 청소년들의 하루 공부시간도 비교국가 중 가장 높은 1위를 차지했습니다. 사교육비는 OECD 전체 평균보다 무려 4배가 많았고 1일 사교육 시간은 우리나라보다 학업성취도가 높은 핀란드에 비해 무려 13배나 많았습니다. 심지어 학교 정규수업시간을 포함한 1일 총 학습시간도 핀란드의 4.5시간보다 2배 긴 9시간이었습니다. 즉, 교육투자 대비 학업성취도는 하위권입니다.

그리고 무엇보다 개인적으로 가장 슬픈 지표가 두 가지였는데 하나는 학습흥미도가 OECD국가 중 최하위권으로 나온 것이었고 두 번째는 대한민국 청소년의 주관적 행복지수도 OECD국가 중 꼴지를 한 것이었습니다.

위의 교육 현실들은 고등학교 졸업 이후에 더 슬픈 지표들로 이어집니다. 노벨상을 수여하는 6개의 분야 중 평화상을 제외한 5개의 학문 분야에서 우리나라는 한 명의 수상자도 배출하지 못했습니다. 중고등학교 때 세계 올림피아드에서 늘 우수한 성적을 차지하는 대한민국 학생들이 왜 성인이 된 후, 세계적인 학자로 자라지 못하는 것일까요? 뿐만 아니라 아이비리그의 한국 학생 중 무려 44%가 중도탈락을 하는 아이비리그 중퇴율 1위가 대한민국이 되었습니다. 하버드대학에서는 한해 낙제생 10명 중 9명이 한국 학생인 적이 있었는데, 그 이유에 대해 분석한 하버드대학

자체 보고서에 보면 'No long-term life goal'이라고 적혀 있습니다. 즉 한국 학생들이 다른 나라 학생들과 가장 큰 차이점은 꿈과 목표를 가지고 하버드대학에 온 것이 아니라 대학 자체가 목표였다는 것입니다. 실제로 한 일간지의 설문조사에 의하면 우리나라 대학생 중 87%가 전공을 바꾸고 싶다고 답했습니다. 그리고 더 나아가서 작년 사회 초년생의 전공불일치도가 78%에 달했습니다. 10명 중 8명에 가까운 학생이 대학과 대학원에서 비싼 학비를 내고 공부한 것과 다른 쪽으로 사회에 진출한다는 것입니다. 왜 이런 일이 일어날까요? 초·중·고 12년간 열심히 공부하여 대학에 입학했지만, 많은 대학생이 학과를 잘못 선택했다고 생각하고 있고 또 대학에서 4~6년 동안 많은 시간과 비용을 지불했지만 그것과 상관없는 직업을 갖게 되는 것이 우리의 현실입니다. 이 엄청난 사회적 낭비가 우리나라에서 각 분야별 세계적인 인재가 잘 나오지 못하게 만들고 있는 것입니다.

## 진로교육이 답이다

인재를 많이 배출한 교육 선진국이라 부르는 나라들에서는 공통적으로 매우 중요하게 실시하는 교육이 있습니다. 바로 '진로'교육입니다. 핀란드는 중학교 때부터, 뉴질랜드와 독일은 초등 고학년 때부터 진로교육을 시작합니다. 진로교육을 너무 이른 나이에 하는 것에 대해서는 여러 의견이 있고, 또 나라마다 시작하는 시기가 다르지만 분명한 것은 늦어도 중학교 시기까지는 진로교육을 실시한다는 것입니다. 또한 재능에 따라 갈 수 있는 다양한 고등학교들이 있습니다.
'잘하는 것에 집중하는 것이 부족한 것을 보완하려고 노력하는 삶보다 더 빨리, 더 크게 성공한다'라는 단순하지만 분명한 기준을 가지고 많은 선진국들은 오래 전부터 체계적으로 진로교육을 발전시켜 왔습니다. 그 결과 청소년들과 부모들은 국가의 교육체계 속에서 행복할 수 있었고, 국가차원에서는 각 분야별로 수많은 인재들을 배출해 낼 수 있었습니다. 다행스러운 것은 최근 우리나라도 많이 바뀌어 가고 있다는 것입니다. 최근 수년간 국가차원에서 진로교육을 준비해 오면서 현재 중고등학교 대부분에 진로교사가 배치되었으며, 다양한 분야의 고등학교들이 생겨나고 있습니다. 또한 입시제도도 성적 위주에서 재능과 진로에 대한 준비수준을 상당 부분 과감히 반영하는 제도로 변해 가고 있습니다. 특히 최근 2년간 서울대학교를 비롯한 소위 명문대학교들이 신입생모집에서 보여준 진로성숙도의 반영비율이 놀라울 정도로 높아졌는데 이제 정말 Cut-Line(성적으로 위에서부터 뽑는) 제도에서 Cut-Range(범위를 정해 몇 점 이상은 똑같이 보고 진로성숙도 등으로 뽑는)제도로 바뀌었다고 해도 과언이 아닙니다. 이런 입시의 변화는 반대로 내신이나 점수에 목숨 걸었던 많은 학원들에게는 고민을 안겨주고 있으며 전국적으로 교육시장에도 새로운 변화가 몰려 오고 있습니다.

올해부터 우리나라 모든 학교에서는 진로교육이 '의무화'가 되었습니다. 더 나아가 학부모 진로코치도 5만 명을 양성해서 모든 학교에 학부모 진로코치단을 구성한다고도 발표했습니다. 오랫동안 진로교육의 중요성을 외쳐온 저로서는 최근의 이러한 교육의 변화들이 너무나 기쁩니다. 그리고 수많은 인재들이 배출될 대한민국의 미래가 진심으로 기대가 됩니다.

## 이제 진로교육에 기준(Canon)이 필요하다

우리나라 진로교육이 여러 선진국들에 비해 이제 시작단계이다 보니 아직 학생들이나 부모들은 진로교육에 대해 이해가 부족하고 또 생소합니다. 심지어는 진로교육을 진행하고 있는 학교들 중 많은 학교가 아직 제대로 된 진로교육을 할 준비가 안 되어 있는 상황입니다. 그에 비해 진로교육은 현재 벌써 대한민국의 교육과 입시의 중심에 서 버렸습니다. 그러다 보니 '무늬만 진로교육'의 잘못된 접근들이 하루가 멀다 하고 여기

저기서 생기고 있으며 또 그에 따른 피해들도 생겨나고 있는 것이 사실입니다.

따라서 이 책을 통해 학생과 부모는 물론 심지어 진로교사와 전문가들조차 일부 잘못 알고 있는 진로교육의 7가지 오해를 바로 잡아드리려고 합니다. 더 나아가 제대로 된 진로 교육을 할 수 있도록 진로교육의 핵심과 실제 사례들도 제시해 드리려고 합니다.

 그 7가지 오해의 내용과 정정은 다음과 같습니다.

이것이 진로다 1 "진로는 검사가 아니라 자기성찰이다."
이것이 진로다 2 "진로는 정보를 주는 게 아니라 꿈을 주는 것이다."
이것이 진로다 3 "진로는 공부 이외 대안이 아니라 공부하는 이유이다."
이것이 진로다 4 "진로는 학교가 아니라 학과를 먼저 선택하는 것이다."
이것이 진로다 5 "진로는 단순한 직업선택이 아니라 평생성공계획이다."
이것이 진로다 6 "진로는 부모의 꿈이 아니라 자녀의 꿈이다."
이것이 진로다 7 "진로는 결과처방이 아니라 과정의 연속이다."

제가 말해서 기준이라고는 할 수는 없습니다. 다만 지금껏 제가 달려온 교육의 궤적이 저의 외침에 신뢰를 줄 거라 확신합니다. 쉽지는 않았지만 저는 일관되게 기준을 만들어 왔습니다. 대한민국에 'TMD'라는 인재모델을 만들었습니다. 6가지 인재의 자질과 4가지 리더십 기준을 만들었고, '플래닝'이란 생소한 이름을 자기주도학습의 기준으로 처음 한국에 도입했습니다. 한편 '1%StudySolution'이란 이름으로 자기주도학습의 공식 진단과 기준을 만들었으며, '공부감성'이란 이름과 '4가지 공부습관'의 개념을 처음 선포하였습니다. 대한민국의 인재양성 교육에 꼭 필요한 좋은 기준을 만들고 거기에 맞는 프로그램들을 만들며 그것을 현장에서 직접 검증하는 것이 바로 저의 역할이고 또 제가 존재하는 이유라고 생각했습니다.

그리고 지금 이 시기에 저의 역할은 진로교육의 기준을 제시하는 것이라 확신합니다. 물론 이 책의 내용은 지난 6년간의 수많은 현장사례를 통해 찾은 기준입니다. 하지만 저는 앞으로도 제가 말한 이 7가지 내용들이 정말 진로교육의 기준(Canon)이 될 수 있는지 또 현장에서 검증해 볼 것입니다. 이를 위해 '행진'(행복한 진로)이라는 진로교육모델을 대한민국의 모든 진로교육 현장에서 진행할 계획입니다.

이 책의 집필에 기꺼이 '꿈'과 '뜻', 그리고 '땀'을 보태주신 이시대 진로교육의 대가 홍기운 대표, 임정빈 대표에게 감사를 드립니다. 그분들이 설계한 '롤모델스토리'는 이 책의 곳곳에 '숨'을 불어넣어 주었습니다. 아울러 [행진]의 개발자이자 대한민국 제1호 진로코치로서 생생한 현장의 스토리를 실어준 김승 교수, 윤정은 소장, 정윤경, 정윤숙 코치에게 머리 숙여 감사를 드립니다.

마지막으로 늘 내 곁에서 내가 하고 있는 일에 사명감과 열정을 심어주는 사랑하는 아내 정은과 내가 하는 모든 연구와 개발을 더 잘하고 싶은 이유가 되어주는 휘찬, 다인 두 아이에게도 고마움을 전합니다.

진로 교육은 인재를 양성하는 진정 훌륭한 교육입니다.

대한민국 진로교육 원년에<br>
대표저자 고봉익

# CONTENTS

004 　프롤로그

## 1 진로는 검사가 아니라 자기성찰이다

014 　고봉익의 스페셜 메시지 1
015 　숫자와 그래프가 몰랐던 수현이의 내면
020 　자기발견 블로그
023 　원하는 일과 잘하는 일
025 　내적 요인과 외적 요인
030 　은경이의 내면 돋보기
036 　타인의 눈으로 자신을 본다는 것
038 　진로검사에 생명을 불어넣는 자기성찰의 힘
042 　Tip. 롤모델 스토리 To.수현
　　　– 환경공학과 선배의 진로진학 전과정 롤모델 스토리

## 2 진로는 정보를 주는게 아니라 꿈을 주는 것이다

070 　고봉익의 스페셜 메시지 2
071 　정보를 통해 '바닥'에서 '하늘'로 날아오른 영우
072 　하늘로 올라가는 지식사다리를 놓다
074 　꿈을 위해 정보를 보는 기준이 생긴 승연
077 　정보의 바다에서 건진 진정한 나
079 　꿈과 현실의 다리를 이어주는 다리
082 　Tip. 롤모델 스토리 To.영우
　　　– 항공학과 선배의 진로진학 전과정 롤모델 스토리

## 3 진로는 공부이외 대안이 아니라 공부하는 이유이다

- 110 고봉익의 스페셜 메시지 3
- 111 현실 도피가 아니라 가장 치열한 현실이다
- 114 내 마음의 그래프
- 116 꿈을 계획으로 바꾸자
- 123 더 치열하게 자신을 넘어서기
- 126 시간의 능력자는 자신의 시간을 본다
- 128 Tip. 롤모델 스토리 To.민구
  - 경영학과 선배의 진로진학 전과정 롤모델 스토리

## 4 진로는 학교가 아니라 학과를 먼저 선택하는 것이다

- 154 고봉익의 스페셜 메시지 4
- 155 주도적, 다면적, 종합적 그리고 체계적 탐색
- 160 따뜻하고 섬세한 직업탐색 속으로
- 163 바텀업(Bottom-up)이 아니라 탑다운(Top-down)
- 168 Tip. 롤모델 스토리 To.영석
  - 언론정보학과 선배의 진로진학 전과정 롤모델 스토리

## 5 진로는 단순한 직업선택이 아니라 평생성공 계획이다

- 198 고봉익의 스페셜 메시지 5
- 199 저는 문과, 이과만 선택하면 돼요
- 203 직업은 왜 갖는 걸까
- 208 행복과 성공의 의미가 직업에 영향을 준다
- 211 롤모델이 가르쳐 준 깨달음
- 214 Tip. 롤모델 스토리 To.가연
  - 경제학과 선배의 진로진학 전과정 롤모델 스토리

## 6 진로는 부모의 꿈이 아니라 자녀의 꿈이다

- 242 고봉익의 스페셜 메시지 6
- 243 진로코칭 역사상 최초의 공연
- 244 수지야, 우리는 네가 원하는 것을 알고 있다
- 245 아빠의 신뢰와 지지는 나를 살아있게 한다
- 246 직장의 신에 참여한 민호
- 247 문과에서 이과로 과감한 결정! 내 미래에 확신이 생겼어요
- 248 엄마가 원하는 대로? NO! 내가 스스로 만들어가는 미래 일기
- 250 결정권을 넘기면 모두가 행복하다
- 252 Tip. 롤모델 스토리 To.수지
  - 성악과 선배의 진로진학 전과정 롤모델 스토리

## 7 진로는 결과처방이 아니라 과정의 연속이다

- 274 고봉익의 스페셜 메시지 7
- 275 여기 들어오려고 12년을 준비했구나!
- 278 두 가지가 만나야 한다
- 280 내면의 것을 증명하라
- 281 체험의 소재를 채우자
- 283 인성도 기준을 알면 과정이 보인다
- 286 Tip. 롤모델 스토리 To.현수
  - 정치외교학과 선배의 진로진학 전과정 롤모델 스토리

행진스토리 하나

# 진로는 검사가 아니라 자기성찰이다

고봉익의 스페셜 메시지 1

숫자와 그래프가 몰랐던 수현이의 내면・자기발견 블로그・원하는 일과 잘하는 일・내적 요인과 외적 요인・은경이의 내면 돋보기・타인의 눈으로 자신을 본다는 것・진로검사에 생명을 불어넣는 자기성찰의 힘 **Tip**. 롤모델 스토리 To.수현

>> 고봉익의 스페셜 메시지 1

# 진로는 검사가 아니라 자기성찰이다

얼마 전, 대학 졸업반 학생인 A군이 최근 자신에게 세 가지 기회가 생겼는데 어떤 것을 선택해야 할지 도저히 모르겠다며 조언을 구하러 왔습니다.

첫 번째 기회는 교수님이 키워줄 테니 조교로 들어오라는 것이고, 두 번째는 아버지 친구 분 중에 중소기업 사장님이 계신데 아들이 졸업반이라고 이야기를 했더니 한번 데려와 보라고 했다는 것이고, 세 번째는 자신의 전공과 관련해서 자격증을 따둔 것이 있는데, 얼마 전 정부시책으로 그 자격증이 있는 사람을 취업시키면 그 회사에 지원금을 준다는 것이 발표되어서 그 자격증으로 인해 취업이 쉬워졌다는 것입니다. 어떤 길로 가는 것이 자신이 성공할 수 있는 길인지 잘 판단이 안 되어 세 가지 기회의 장단점을 종이에 적어가며 분석해 보기도 하고 또 몇몇 선배들에게 조언을 구해 보기도 했지만 오히려 더 혼란스러워졌다며 심각하게 고민을 토로했습니다.

인생을 B(birth 탄생)와 D(death 죽음) 사이의 C(choice 선택)라고 하지요. 우리의 인생은 죽을 때까지 수많은 선택의 순간을 맞이하게 되고 이 하나하나의 선택이 모여 한 사람의 인생이 만들어집니다.

## 그렇기에 선택을 잘하는 능력은 성공적인 인생을 만드는 핵심 자질 중의 하나인 것입니다.

그런데 안타깝게도 대한민국의 많은 대학생들은 앞의 A군처럼 이 [선택의 능력]이 부족한 편입니다. 이유는 이러한 능력을 키우는 교육을 청소년 시기에 제대로 받지 못했기 때문이죠.

그렇다면 이[선택의 능력]은 어떻게 키워질까요? 그것은 놀랍게도 스스로가 자신에 대해 깊이 알아갈 때 커나가기 시작합니다. 자신이 무엇을 좋아하고, 잘하는지, 또 무엇을 가치 있게 여기고 행복해하는지를 잘 알수록 선택의 상황이 생길 때마다, 내가 가장 잘하고 행복할 수 있는 일을 선택하게 되고 결국 행복하고 성공적인 삶을 이루어 나갈 수가 있는 것이죠. 이것을 다른 말로 '자기성찰능력'이라고도 합니다.

많은 곳에서 진로교육을 검사에 의존합니다. '검사결과 너의 적성은 이거니까 관련 직업들은 이렇고 학과들은 저렇고…… 끝'이라는 식입니다. 하지만 스스로 자신의 진짜를 파악하는 능력은 타인주도적인 적성 검사의 해석으로는 생기지 않습니다. 뿐만 아니라 검사는 인생의 다양한 선택 상황 속에서 선택을 잘 하는 능력을 길러주지도 못합니다.

## 진정한 진로교육이란 '進路(진로)'라는 한자처럼 결국 내가 살아가야 할 길, 내가 나아가야 할 길을 스스로 개척할 수 있도록 '자기성찰력'을 길러주는 것입니다.

## 숫자와 그래프가 몰랐던 수현이의 내면

뭔가 자신에 대해 만족스럽지 않은 분위기를 잔뜩 품고 있었다. 귀여운 외모에 차분한 성격인 듯 보이지만 무언가 숨겨져 있는 그늘이 느껴졌다. 진로코치가 처음 수현이를 만났을 때의 느낌이다. 수현이는 공부를 그리 못 하는 편도 아니었고, 가정에서도 특별한 문제없이 잘 지내는 편이었다. 하지만 친구 관계의 문제로는 어려움이 많았던 아이이다. 거절도 잘 못하고, 자신의 의견이나 생각, 감정을 표현하는 걸 잘 못했었다. 오히려 자신의 감정이 어떤지 상관없이 친구들에게 휘둘리기도 했던 아이이다. 그렇다 보니 '관계' 속에 상처도 많은 편이었다. 더욱이 사춘기 시절 환경적으로 이사를 여러 번 다니다 보니 관계 맺는데 많은 문제가 있었다.

그런데 그런 내면의 어려움이 수현이의 진로에 적잖은 영향을 주고 있었다. 관계에 대해 자신이 없는 자신을 보면서, 관계를 잘 하고 싶은 마음을 키웠다. 그래서 나중에 커서는 사람과 관련된 일을 하고 싶은 마음이 컸다. 가장 부족한 부분이 '관계'였고, 가장 채우고 싶은 부분이 '관계'였다. 그리고 자신의 꿈은 그 '관계'를 통해 사람과 만나는 일이었다.

여기까지가 수현이가 진로코치를 처음 만나러 왔을 때의 상황이다.
"저는 이미 진로관련 검사를 많이 했어요. 고등학교 2학년이니 중학교 때부터 학교진로상담과 외부 진로컨설팅에서 받은 검사가 많아요."

혹시나 도움이 될까 싶어 수현이는 그간 받았던 수많은 진로검사를 책상 위에 꺼내 보였다. 웬만한 진로검사를 모두 받은 듯하다. 무료검사부터 유료검사를 아우르고, 학교에서의 적성검사와 진로전문가를 만나서 했던 진로검사까지 각양각색이었다. 수많은 그래프와 숫자 그리고 이론과 설명들이 '홍수현'이라고 박힌 이름의 학생을 풀어주고 있었다. 한치의 오차도 없을 것 같은 화려하고 정교한 도표가 진로코치의 눈을 압도하였다. 그 많은 진로검사들을 내민 수현이는 진로코치를 향해 마치 이렇게 말하고 있는 것 같았다.

'이렇게 많은 검사를 했지만 저는 여전히 답을 찾지 못했어요. 아마 선생님도 마찬가지일 거예요. 무슨 좋은 말로 설명을 하셔도 쉽지 않을 겁니다.'

진로코치는 그 모든 서류들을 소홀히 여기지 않고, 조용히 그리고 천천히 훑어보았다. 앞에 있는 사람에게서 즉각적인 반응이 나오지 않자, 수현이는 다소 낯설었다. 뭔가 자신이 지금까지 받아온 검사들보다 더 훌륭한 검사가 있다면 꺼낼 것 같은데, 의외로 앞에 있는 사람은 조용했다. 코치는 서류들을 정성스레 모아서 한 쪽으로 옮겼다. 그리고 예쁜 색깔의 포스트잇을 꺼냈다. 코치는 수현이에게 그 포스트잇을 주면서 부드럽게 부탁을 했다. 수현이가 스스로에 대해 소개해 주었으면 한다는 것이었다. 포스트잇 한 장을 떼어 장점이나 단점, 그리고 흥미를 적어서 붙

여달라고 정중히 부탁했다. 너무나 단순하고 시시한 일이라고 여겨졌다. 수현이는 앞에 있는 코치의 뭔지 모를 침착함과 부드러움에 거부할 마음이 들지는 않았다. 한 장을 떼어 자신의 장점을 적었다.

너무나 쉬운 일이라 생각하며 한 장 한 장 써서 붙이기 시작했다. 장점을 먼저 적었다. 성실하다, 약속시간을 잘 지킨다. 학교 지각이나 결석을 하지 않는다…… 이상하다. 의외로 잘 생각이 나지 않는 것이다. 단점을 적기 시작했다. 스트레스를 잘 받는다. 예민하다. 단기적 계획은 잘 하나 장기적 계획은 잘 못 지키는 편이다. 융통성이 없다 등. 이것도 그 다음은 생각이 잘 나지 않았다. 이제 자신의 흥미를 포스트잇에 적기 시작했다. 음악 감상을 좋아한다. 환경다큐잡지를 즐겨본다, 추리소설을 좋아한다, 사진찍기를 좋아한다. 여기서 끝이 났다. 수현이는 속으로 생각했다. '이상하다. 각각 다섯 개 이상 충분히 쓸 수 있다고 생각했는데 그 이상은 생각이 잘 나지 않는다. 나는 분명 수많은 진로검사를 했었고, 사실 나 스스로 내 자신을 누구보다도 잘 안다고 생각했다. 그런데 이제 와서 보니 그야말로 나 자신에 대해 대충 알고 있었구나. 진짜 내 모습에 대해 관심이 없었던 것이다.'

진로코치는 포스트잇을 내용을 보면서 수현이와 이야기를 나누기 시작했다.

"수현아, 그런데 '예민하다'라는 말을 다른 말로 표현할 수는 없을까? 비슷한 말이 뭐가 있을까?"

"흠, 글쎄요."

"그럼, 어떤 부분에서 예민한 것 같아? 어떤 모습 때문에 스스로 예민하다고 생각하는 거야? 예를 들면?"

"예를 들면, 저는 제가 다른 사람들, 친구들한테 한 마디 한 마디 말을 할 때 조심스럽고, 제 말 때문에, 저 때문이 아니더라도 아무튼, 누군가가 불편해하지 않을까 계속 신경 쓰게 되고, 내가 관계를 잘 하고 있는 건지

## 생생 코칭스토리 1

자신이 없어요. 그리고 관계에서뿐 아니라 뭔가 제 생각대로, 제 계획대로 되지 않으면 마음이 불편하고 그래요. 완벽주의라고 할까? 그 비슷한 성격도 있는 것 같아요. 그래서 스스로도 스트레스도 많이 받고 그런게 싫어요."

수현이는 코치의 질문에 자연스럽게 자신의 속마음을 꺼내기 시작했다. 당연히 그럴 수밖에 없다. 왜냐하면 수현이 스스로가 자신에 대해 꺼낸 단어를 바탕으로 질문을 하니까, 답변을 하지 않을 수 없었던 것이다. 만약 앞에 있는 코치가 진로이론과 검사결과를 바탕으로 어려운 말로 설명을 했다면 수현이는 이번에도 그냥 검사 하나를 추가하는 경험에 그쳤을 것이다. 그런데 이번 만큼은 뭔가가 달랐다.

"그렇구나. 그럼, 하나 하나 이야기해 볼까? 관계에 있어서는 너무 예민한 것은 단점일 수 있지만, 오히려 다른 사람들을 배려하는 마음을 가지고 있기 때문은 아닐까? 샘이 일본에서 2~3년 살았었거든. 사람들이 일본 사람들 무섭다고 하잖아. 겉과 속이 다르다고."

"네."

"그런데 그 일본 사람들이 왜 그렇게 하는지 난 일본 친구들을 깊이 사귀면서 그 이유를 이해하게 되었어. 그 사람들 문화 속에는 서로에게 피해를 주지 않도록 하는 게 가장 크고도 중요한 사회적 약속처럼 되어 있더라고. 거절도 대놓고 못하고, 뭐든 말의 표현을 보면 돌려서 이야기하더라고. 일본 친구한테 내가 어디 같이 가자고 했는데, 그 친구가 우리나라 말로 "좀…….."라고 해서 난 고민하고 있다 생각하고 억지로 막 가자고 끌어당겼어. 그 옆에 있던 다른 일본친구가 그냥 우리끼리 가자고 해서 나오게 되었지. 나중에 알고 보니, 일본에서는 그 말 자체가 거절의 표현이었던 거야. 거절을 직접적으로 표현하면 상대방이 상처받을까 봐 그런 식으로 표현한다는 거야. 그 후로 알게 되었는데 일본말에서는 직설적인 표현보다 돌려 말하는 것이 대부분이더라고. 그래서 우리가 보기엔 겉과 속이 다르다고 오해를 많이 한다고 해. 우리는 쉽게 직역하게 되니까 말이야. 그런데 일본사람들은 그러한 소통이 워낙 자연스러워서 그렇게 겉과 속이 다르다고 생각하지는 않는 듯해. 그래서 일본말에는 욕도 별로 없다잖아. 그건 바로 그런 배려 문화에서 온 거야. 샘 역시 일본에서 2~3년 살면서 그러한 습관이 몸에 배여서 굉장히 관계하는데 예민하게 반응하게 되었어. 내가 한 마디 한 마디 할 때도 몇 번 대화가 오가는 것을 머릿속에서 시나리오를 그려가며 하는 거지. 그러다 보니 결국 나 역시 사람들을 잘 배려하게 되었어. 말하기 전에 내가 이렇게 말하면 어떤 마음이 들까 먼저 생각하게 되는 거지. 물론 한국에서는 그 정도가 너무 심하면 배려를 배려라기보다 너무 소심하다고, 너무 예민하다고들 할 수 있지만 말이야."

"관계에서 예민하다는 건, 어쩌면 잘 활용하면 배려를 잘하는 사람으로 장점이 될 수 있다는 말씀이시군요."

"그렇지. 그런 맥락에서 일에 있어서도 마찬가지야. 수현이가 아까 말할 때, 일 하나하나 계획대로, 내 생각대로 되는지 그 과정과 결과에 예민하다고 했잖니. 어쩌면 그런 태도가 어떠한 일을 성취하는 데 있어서는 굉장히 유리한 면이 되기도 한다. 꼼꼼하게 완벽하게 일을 처리하고 진행하는 것. 이런 사람은 일을 맡겨놓으면 굉장히 믿음직스럽고, 그만큼 성과도 높단다."

"저는 예민한 제 성격이 싫었거든요. 융통성도 없고, 관계에서도 어려워하고. 그렇다고 관계에 예민하다 하지만 다른 사람의 감정을 잘 읽는 것도 아니에요. 어떻게 반응하고 그래야 할지 잘 모르겠어요. 물론 요즘에는 교회에서 활동하면서 그나마 많이 좋아졌지만요."

"자신의 성격, 성향은 좋고 나쁘다는 장단점의 개념보다 그냥 자신만의 특징으로 받아들이는 것이 맞지 않을까? '학과 여우'처럼 말이야. 학의 뾰족한 입으로는 병에 든 음식을, 여우의 뭉툭한 입으로는 접시에 든 음

>> 생생 코칭스토리 1

식을 먹을 때 유리한 것처럼. 수현이의 성격적 특징을 일단 잘 파악해서 그 성격적 특징에 맞고 유리하게 활용할 수 있는 직업을 택하면 되지 않을까. 예를 들면 융통성이 필요한 직업도 있고, 오히려 꼼꼼하게 철저하게 계획대로 잘 해나가야 하는 직업도 충분히 찾을 수 있단다."

### 자기발견 블로그

수현이의 얼굴에 온화한 미소가 감돈다. 정말 오랜 만에 마음을 터놓을 친구를 만난 표정이다. 어떻게 이렇게 짧은 시간 안에, 이처럼 속 깊은 생각을 나눌 수가 있을까. 신기할 따름이었다. 그런데 더 놀라운 것은 수현이가 자신의 단점들을 이야기하면서 그 단점이 오히려 장점이 될 수 있다는 생각을 조금씩 하게 되었다는 것이다. 대화 이후, 수현이는 코치와 함께 자신이 잊고 있던 장점과 숨겨진 단점 그리고 솔직한 흥미를 더 꺼낼 수 있었다. 수현이는 그날 집에 가서 진로코치가 운영하는 '진로카페'를 방문하였다. 자신이 발견한 자신의 모습과 그 과정을 잊지 않기 위해 기록하기로 한 것이다.

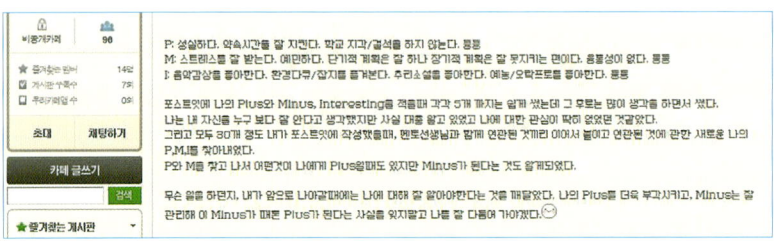

수현이는 그날 이후, 이 카페를 통해 자신을 알아가는 과정 그리고 직업을 찾아가는 과정을 모두 기록하고 있다. 첫날 진로코치와의 만남은 수현이의 인생에 새로운 경험이었다. 몇 가지 검사를 하였지만, 검사 그 자체를 설명하고 끝나는 것이 아니라 오히려 수현이가 스스로를 관찰하고, 해석하여 잘 이해할 수 있도록 도움을 받았다. 그런 도움을 받고 보니,

## 생생 코칭스토리 1

자신이 했던 검사의 결과가 더욱 의미 있게 다가왔다. 수현이는 그날 저녁 카페에 이렇게 적었다.

"멘토 선생님과 함께 30여 가지의 포스트잇에 쓴 나에 대한 내용을 비슷한 것끼리 붙이고, 연관된 것에 대한 새로운 나의 PMI 즉 강점, 약점, 그리고 흥미를 찾아내었다. P와 M을 찾고 나서 새롭게 깨달은 사실은, 어떤 특징이 나에게 장점일 때도 있지만 단점일 때도 있고, 오히려 내가 단점이라 생각했던 것이 장점이 될 수도 있다는 것을 알게 되었다. 그리고 그렇기 때문에 내 직업과 꿈을 찾아가는 데 있어서 나에 대해 우선 잘 아는 것이 얼마나 중요한지 느끼게 된 것 같다. 그리고 나의 장점을 더욱 부각시키고, 단점은 잘 관리해서 이 단점이 때론 장점이 된다는 사실을 잊지 말고 나를 잘 다듬어 가야겠다."

수현이는 진로카페를 통해, 자신이 찾아낸 스스로의 강점(Plus), 약점(Minus), 관심(Interest)를 다시 보면서, 같은 종류의 내용을 분류하여 깔끔하게 정리해 보았다.

| P (나의 강점) |
| --- |
| 사람들이 나를 신뢰해 준다. |
| 남의 이야기는 잘 들어주고. 비밀을 잘 지킨다. |
| 일을 할 때 꼼꼼히 처리하는 편이다. 정의롭다. |
| 아픈 것을 잘 참는다. |
| 하기 싫은 일이라도 내각 해야만 하면 참고한다. |
| 약속시간은 잘 지킨다. |
| 지각하지 않고 결석을 거의 하지 않는 학생이다. |
| 어떤 일이든 성실하다. |
| 혼자 있을 때 빼고 울지 않는 편이다. |
| 남에게 나에 대해 자세히 들어 내기를 꺼려한다. |
| 무대에 설 때 긴장을 잘 하지 않는 편이다. |

## >> 생생 코칭스토리 1

| M (나의 약점) |
| --- |
| 주어진 상황에 따라 성격이 많이 다르다. |
| 선생님을 어렵게 생각한다. |
| 처음 본 사람과 쉽게 친해지지 못하고 마음을 잘 열지 않는다. |
| 나서서 이야기(주장)를 못하는 편이다. |
| 남의 시선을 잘 의식한다. |
| 남의 심리를 잘 파악하지 못해 이해를 못하는 편이다. |
| 예민해서 잠을 잘 못자거나 스트레스를 잘 받는다. |
| 뱀과 귀신을 너무 싫어해 사진만 봐도 기겁하고 밤에 잘 못 잔다. |
| 계획을 세웠을 때 단기간은 괜찮지만 장기간 계획은 잘 지켜지지 않는다. |

| I (나의 관심) |
| --- |
| 초록색을 좋아하고 이 색을 볼 때 마음이 편하다. |
| R&B, 힙합 노래를 좋아한다. |
| 자연풍경을 감상하고 사진 찍는 것을 좋아한다. |
| 수학을 공부할 때 그 원리에 대해 스스로 터득할 때 희열을 느낀다. |
| 남에게 좋은 모습을 보이고 인정받기를 좋아한다. |
| 다른사람을 도와주고 그 사람에게 감사의 문자/편지가 왔을 때 보람을 느낀다. |
| 사람들이 나를 성실하고 계획적이고 뭐든 열심히 하는 사람으로 평가했으면 좋겠다. |
| 나는 수학을 잘한다고 더 평가받았으면 좋겠다. |
| 내가 찍은 사진에 대해 칭찬을 들을 때 기쁘다. |
| 다양한 친구들을 사귀고 싶다. |
| 마음이 강한 사람이 되고 싶다. |
| 활발하고 보이시한 친구를 좋아한다. |
| 교회에서 예배를 드리고 찬양할 때 기쁘고 행복하다. |
| 외국으로 배낭여행을 하고 싶다. |
| 추리물을 좋아해 이장르의 소설, 영화를 즐겨본다. |
| 혼자 있을 때에는 드라마나 영화, 추리소설을 즐겨본다. 이때 마음이 편하다. |
| 시간이 날 때에는 예능 프로그램을 주로 본다. |
| 검색하고 인터넷 뉴스 기사보기를 좋아한다. |
| 페이스북에서 글을 올리고 댓글 남기는 것을 좋아한다. |
| 말보다는 글로 표현하기 좋아한다. |

### 원하는 일과 잘하는 일

수현이는 여러 검사와 진로코치와의 자기성찰의 과정을 통해 자신의 특징을 먼저 파악하고 정리하게 되었다. 자신의 강점을 확인하고, 단점을 인정하면서 이에 맞는 직업을 찾아가게 되었다. 그래서 초기에 나온 직업이 세 가지였다. 심리연구사, 환경공학기술자, 그리고 사진작가였다. 진로코치는 수현이에게 그 중 사진작가를 예로 들어, 가벼운 질문을 하였다. 질문은 가벼웠지만 이는 수현이의 생각을 돕는 의도된 전략이었다.

"혹시 다른 것 다 포기하고 사진작가만 해도 만족할 수 있겠니?"

이 짧은 질문은 수현이로 하여금 많은 생각을 하게 하였다. 이리저리 고민하고 상상해 보기도 하면서 수현이는 자신이 진정 원하는 직업의 모습을 찾아보았다. 수현이는 결론을 내렸다.

"나중에 은퇴 후에 사진전을 여는 것으로 충분할 것 같아요. 그리고 환경공학기술자를 하면서 중간 중간 취미로 사진작가의 삶을 살 수 있을 것 같아요."

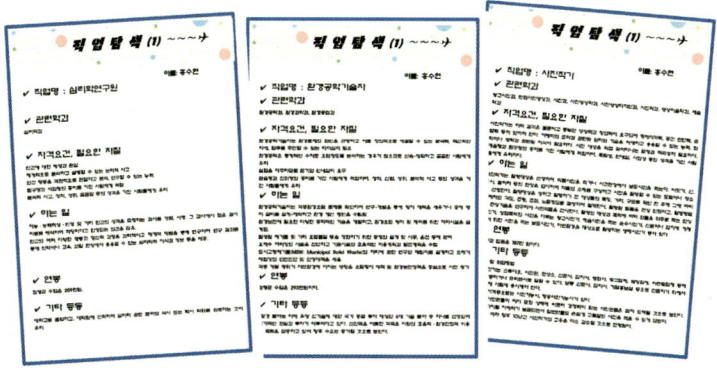

홍수현 학생의 세 가지 직업조사 : 심리학연구원, 환경공학기술자, 사진작가

이로써 수현이의 희망직업군 중에 사진작가는 일단 환경공학기술자에게 밀리고 말았다. 어떤 과정을 통해 이런 결론을 내릴 수 있었을까.

일단, 수현이는 희망직업에 대한 세부정보를 매우 자세하게 탐색하였다.

## 생생 코칭스토리 1

관련학과, 자격요건과 필요한 자질을 알아보았다. 구체적으로 하는 일을 확인해 보았으며, 연봉까지 기록해 놓았다. 지금까지 검사했던 내용들, 그리고 진로멘토와 함께 자기성찰의 과정을 거치는 동안 수현이는 이미 생각하는 힘이 훌쩍 성장해 있었다. 진로코칭은 이처럼 내면의 힘을 키워주고, 주도적으로 판단할 수 있는 성찰력을 심어주는 것이다. 다음은 수현이가 진로카페에 적은 글이다. 초기에 진로멘토와 함께 자신의 강점, 약점을 찾았는데 이를 자신이 원하는 직업과 함께 관련지었을 때, 어떤 기회와 위협이 있는지 생각해 본 것이다.

"사전에 조사한 직업과 학과를 바탕으로 내가 원하는 직업에 대한 나의 강점과 약점, 기회와 위협을 찾았다. 심리학연구원은 나에게 있어 강점보다는 보완이 필요한 약점이 많았다. 특히 사회성이 부족한 나에게 있어서 매우 치명적이었다. 앉아서 근무하는 것과 앞으로의 전망 등등으로 보았을 땐 내가 너무 원하는 직업이었지만, 스트레스 감내성, 융통성 등 여러 가지로 보았을 때 내가 이 직업을 원하기는 하지만 맞지 않는다는 것을 알 수 있었다. 중학교 때부터 알게 된 이 직업은 나를 바꿔볼 수 있는 수단으로 생각했지만, 이 생각은 옳지 못하고 이러한 이유로 나의 직업이 될 수 없다는 것을 깨달았다. 한편, 환경 공학기술자는 앞서 심리학연구원과 달리 약점보다 꿈을 이뤄주는 강점이 내게 더 많았다. 내 흥미인 사무형과 탐구형을 갖추었고 일자리 전망도 높았다. 물론 환경공학기술자는 현장 활동도 있기에 좀 머뭇거렸지만, 자연을 좋아하고 사진 찍는 것을 좋아하는 나를 보면 대상이 자연이기 때문에 나에게 잘 맞을 수

있겠다는 생각을 하게 되었다."

앞서 수현이는 사진작가와 환경공학기술자를 비교하여, 나름의 합리적인 결론을 내린 바 있다. 이번에는 심리학연구원과 환경공학기술자를 비교하여 자신이 부족하기에 원한다고 꿈꾸는 것과 잘 할 수 있는 것 사이에서 판단을 내린 것이다. 이 과정에서 수현이는 두 개의 직업이 가진 내적 요인과 외적 요인을 세부적으로 살피는 과정을 거쳤다.

## 내적 요인과 외적 요인

심리학연구원이라는 직업에 대해 내적요인과 외적요인을 분석해 보았다. 내적 외적 요인에 대해 꿈을 이루어주는 강점요인과 보완이 필요한 약점 요인이 있다. 수현이는 그 내용을 세부적으로 살펴서 적어보았다. 이 꿈을 이루는 과정에서 자신이 가지고 있는 강점과 약점을 다음과 같이 적었다. 먼저 내적 요인을 살펴보자.

- ● 꿈을 이루어주는 강점
  - 범주화, 글쓰기
  - 분석적 사고, 꼼꼼함, 정직성, 책임감
  - 탐구형
  - 지적 추구, 경제적 보상 개인지향, 인정
- ● 보안이 필요한 약점
  - 사람파악, 선택적 집중력, 조리있게 말하기
  - 리더십, 스트레스 감내성, 융통성/적응성, 혁신
  - 사회형
  - 심신의 안녕

내용을 적고 보았을 때, 가지고 있는 강점보다 부족한 약점이 훨씬 더 크

>> 생생 코칭스토리 1

다는 판단이 들었다. 부족한 부분을 채우기 위해 사람과의 관계에 집중하는 일을 택할 것인가가 핵심이었다. 과거 같았으면 막연하게 부족함을 채우는 방향으로 선택했겠지만 이제는 그렇게 판단하고 싶지 않았다. 다음으로 외적 요인을 살펴보았다.

● 나에게 힘을 주는 기회
- 앉아서 근무, 앞으로의 전망
- (학과) 종업원의 직무수행평가 기법 설계 및 개발, 컴퓨터를 이용한 통계자료 분석, 산업교육프로그램의 설계및 개발

● 극복하면 약이 될 위협
- 다른 사람과의 접촉
- 다른 사람을 조율하거나 이끌기
- 조직심리학(조직 내 영향 이해)

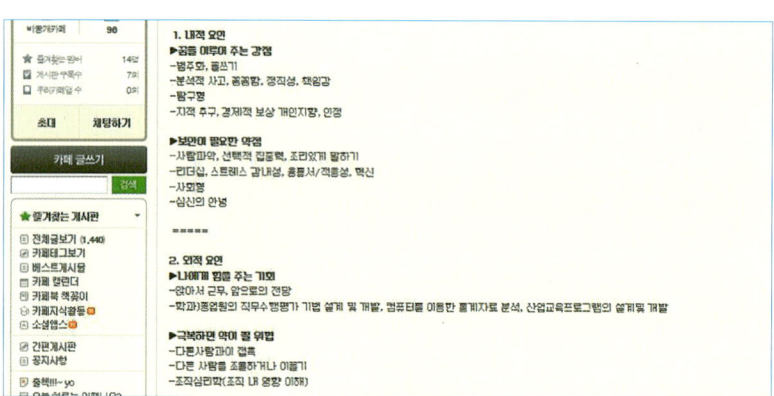

다음으로 수현이는 환경공학연구원에 대해 정리해 보았다. 역시 마찬가지로 내적요인과 외적요인으로 구분하였고, 꿈을 이뤄주는 강점과 보완이 필요한 약점, 나에게 힘을 주는 기회와 극복하면 약이 될 위협에 대해 살폈다. 내적요인과 외적요인의 순서로 수현이가 정리한 내용은 다음과 같다.

- 꿈을 이뤄주는 강점
  - 기술분석, 글쓰기, 판단, 논리적 분석, 수리력, 시간관리, 장비선정, 범주화, 꼼꼼함/정확
  - 정직성, 신뢰성, 성취/노력, 분석적 사고
  - 관습형(사무형), 탐구형
- 보완이 필요한 약점
  - 상대방의 이야기를 듣고 이해한 다음 상대방에게 질문
  - 진취형
- 나에게 힘을 주는 기회
  - 일자리 전망
  - 필요한 업무지식: 화학, 생물, 물리, 수리 (+지구과학)
  - 고용안정, 성취, 인정, 지적 추구
  - 정신적 동일업무 반복, 새로운 기술습득, 적은 신체활동
- 극복하면 약이 될 위협
  - 방사선/질병/병균 노출
  - 고지대 작업

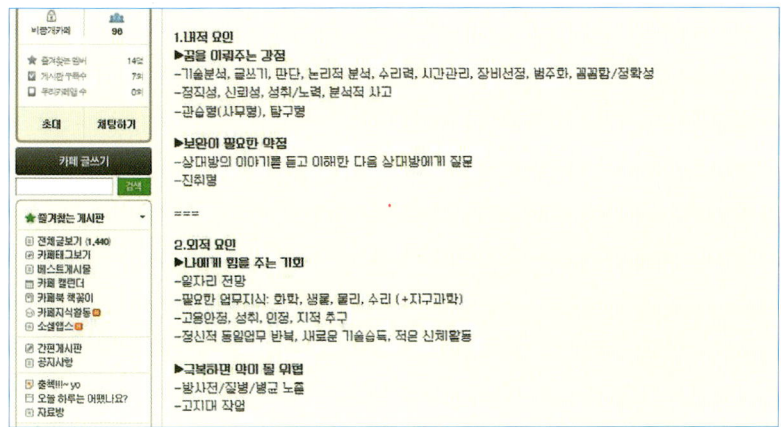

## >> 생생 코칭스토리 1

수현이가 환경공학기술자를 자신의 최종 희망직업으로 선택하는 과정에는 바로 이러한 사고의 과정이 필요했다. 막연히 직관으로 판단하거나, 단순히 검사의 결과를 수용하는 것이 아니라 스스로 자신의 특징을 분석하고, 검사결과와 비교하며, 직업의 정보와 치열하게 대응시키며 살핀 결과이다. 진로코치와 함께 했던 짧은 시간 동안, 수현이는 단순히 진로 컨설팅을 받은 게 아니라, 스스로 자신을 돌아보고, 미래를 설계하는 통찰력과 성찰력을 키울 수 있었다. 이것이 바로 진정한 진로코칭의 패러다임이다. 이후 수현이는 관련 직업인을 탐색하여 적극적으로 인터뷰 요청을 하며, 구체적인 실천에 들어갔다. 국민대학교 산림환경시스템학과 입학이라는 목표를 수립하였고 관련된 준비를 시작하였다.

> <전영우 대학교수님> ychun@kookmin.ac.kr
> 안녕하세요 저는 서울 광남고등학교에 재학 중인 2학년 윤자현이라고 합니다.
> 저의 진로를 찾다가 국민대 산림환경시스템학과를 알게 되었는데 저에게 너무 와 닿았어요. 홈페이지를 통해 학과에 대해 꽤 알게 되었지만, 더욱 세밀하게 산림에 대해 알고 싶고 학생들을 가르치시는 교수님에 대해서도 알고 싶어 이렇게 메일을 보냅니다.
>
> 산림에 대해 관심이 된 계기는 무엇인가요?
>
> 학창시절 때부터 산림에 대해 관심이 있으셨다면 학창시절 때에 산림에 대한 무슨 활동과 공부를 하셨나요?
>
> 산림환경시스템학과에서 가장 기억에 남는 학생은 어떤 학생이었나요?
>
> 교수님이 되기까지 가장 힘들었던 순간은 언제인가요?
>
> 대학교에서 하나의 연구를 할 때 평균 얼만큼의 기간과 인원이 필요한가요?
>
> 교수님 책을 읽어보니 숲을 많이 다니시는 것 같은데 지금까지 다녀본 숲은 얼만큼이신가요? 그중 가장 인상 깊었던 숲과 그 이유를 알고 싶어요.
> (교수님께서 쓰신 '숲 보기, 읽기, 담기'를 최근에 읽었는데, 새 학기 속에서 지쳐있던 저에게 마음의 평온이 느껴졌고 책속에 삽입된 숲을 보며 정말 맨발로 숲을 느끼며 걷고 싶었어요. 그리고 '자신의 숲'을 가지기로 결심했어요^^ 감사합니다!)

"이 진로수업을 시작할 때에 '과연 나의 진로를 찾을 수 있을까?'라는 의문과 걱정이 들었지만, 지금 이 소감문을 쓰고 있는 나로서는 그 걱정을 했던 시간이 아까웠다. 진로수업은 나의 특징을 분석하는 활동으로 시작했다. 나의 강점, 약점, 관심을 생각하며 내 자신에게 질문을 하고, 진로 수업 전에 했던 적성검사와 비교해 보며 나를 심층적으로 분석했다. 그 결과 내가 신경 쓰지 않았던 나의 다른 면을 알게 되었고, 내가 어떻게 성장하고 보완하면서 가야 할 방향이 무엇인지 알게 되었다. 진로수업을 하기 전, 내가 원하는 직업은 심리연구원, 환경엔지니어, 사진작가였다. 이 세 직업은 모두 각각 다른 성향이었지만 내가 모두 원했었고 무엇이

나의 진짜 길인지 갈팡질팡하였다. 하지만 나에 대해서 알게 되니 나의 길이 조금씩 보이기 시작했고 세 직업 중 환경 엔지니어가 나의 인생길에 가장 적합하다는 결론을 내렸다. 그리하여 환경엔지니어에 대해 더욱 조사한 결과 유사직업을 알게 되고 국민대 삼림환경시스템학과가 나의 눈에 들어 왔다. 현재 고2인 나로서 이 과에 들어가야겠다고 결심을 하고 목표를 세웠다. 나의 길이 이렇게 정해진 후에 나의 장기 로드맵을 어느정도 완성시킬 수 있었다. 끝으로 내가 이렇게 생각할 수 있는 힘과 앞으로 나아갈 수 있도록 멘토링을 해주신 정윤경 코치님께 정말 감사하다."

**목표: 점점 오염되는 지구를 녹색으로 물들이는 환경연구원(환경공학기술자)**

| 나이 연도 | 시기별 목표 | 해야 할 공부 & 갖추어야 할 자격증 & 경험 | 네트워크 (인맥) | 가장 소중한 역할 | 필요한 경비 |
|---|---|---|---|---|---|
| 18살 ~ 19살 | 국민대학교 산림환경 시스템학과 입학 | [2학년]<br>수리→외국어→과학탐구→언어 순으로 중점을 두어 공부.<br>수리논술 준비.<br>내신석차 20%<br>환경과 관련된 책 독서.<br>환경동아리(GreEco) 열심히 참여<br>(포트폴리오 작성)<br>[3학년]<br>모의고사 언,수,외 평균 2등급 이내<br>내신 석차 16% | SNS 선생님 환경동아리 친구들 | 모든 일에 성실 심리적 안정 | 수학학원 방과 후 학교(언어, 외국어) 인터넷 강의 / 문제집 값 |
| 20살 ~ 24살 | 연구원이 되기 위한 준비 환경관련 스펙 쌓기 | 조경 관련 공부<br>고등학교친구들과 배낭 여행<br>(국내+해외 3개월간)<br>어학연수(8개월 이상)<br>아프리카 봉사활동 | 대학교 교수님 학과 친구들과 선배님들 | 대학생 생활에 충실 | 배낭여행 비용, 어학연수 비용, 아프리카 봉사활동 비용 |
| 25살 ~ 32살 | 산림청 연구원으로 근무 환경을 보호하는 발명품 만들기 | 환경에 관한 신사업을 바탕으로 한 책 읽기<br>산림청 담당 연구<br>국립수목원 자주 방문하여 수목원 내에 있는 식물들 모두 탐구 | 산림청 직원분들 | 교회 봉사 (중·고등학생의 멘토) | 발명품 연구비 |

>> 생생 코칭스토리 1

| | | | | | | |
|---|---|---|---|---|---|---|
| 33살 ~ 49살 | 연구자들과 함께 연구 보고서(산림)를 바탕으로 책 출판 | 장기간 프로젝트로 책에 출판할 보고서 내용 정리 가족들과 열대지방으로 휴가 | 연구원들 | 기부활동 (기아단체) | 프로젝트 비용, 휴가 비용 |
| 50살 ~ 55살 | 연구원으로서 퇴직 준비 환경 운동가 활동 | 나무 심기 운동 자선 모금 활동 | SNS 연구원들 | 환경운동가로서의 역할 | 환경 운동 할 때의 비용 |
| 56살 ~ 64살 | 사진전 열기 아프리카 봉사활동 | 사진전 준비 아프리카 봉사 홍보 | 대학 동기 | 건강한 몸 유지 | 사진전 제작비용 |
| 65살 ~ | 사진집 출판 농사짓기 - 과일, 채소 | 농사지을 땅 마련 각각의 과일들과 채소 재배방법 공부 | 이미 농사를 지어본 분 이웃들 | 농사를 지으며 편안히 사는 삶 | 사진집 출판 비용 농사짓는 비용 |

## 은경이의 내면 돋보기

진로코치가 처음 만난 은경이는 꿈이 많은 아이였다. 그런데 문제는 꿈이 너무 많다는 것이었다. 엄마는 이 상황을 매우 심각하게 지켜보고 있다. 엄마가 보기에 은경이는 자신의 미래를 상상하느라 공부에 집중도 잘 못하고 있는 것 같다. 그로 인해 능력이 있음에도 성과가 나오지 않는다고 안타까워하고 있었다.

"선생님, 우리 은경이는 너무 뜬구름을 잡듯이 꿈을 꾸는 것 같아 걱정이에요."

은경이는 진로코치를 처음 만나는 순간부터 '이 사람과는 대화가 되겠구나'라고 직감하였다. 자신을 향한 엄마의 염려 또한 모르는 바 아니었다. 자신도 답답하였다. 어디서부터 풀어야 할지 몰랐기 때문이다.

"선생님, 저 이것저것 해 보고 싶은 것들이 너무 많아요. 이것저것 다 좋아하는 것 같은데 막상 학교에서 적성이나 흥미검사를 하면 나랑 잘 안 맞는 것 같아요. 제가 진짜로 원하는 것이 무엇인지 모르겠어요. 도와주세요."

"꿈을 꾼다는 것은 너무나 설레고 가슴 뛰는 일이란다. 은경이의 마음속에 꿈에 대한 열정이 느껴져서 참 좋은 것 같아. 민희가 불안한 건, 꿈을 꾸는 것만이 아니라 꿈을 이루고자 하기 때문일 거야."

"네, 선생님. 저는 정말 행복하고 의미 있는 삶을 살고 싶어요."

"은경이의 말을 듣고 보니 선생님 학창시절이 떠오른다. 선생님도 은경이처럼 그렇게 살고 싶었거든. 그때, 나도 은경이처럼 참 불안하고 잘 살 수 있을까 걱정했단다. 그런데 지금 결국 내가 원했던 행복하고 의미 있는 삶을 살고 있다고 자신 있게 이야기할 수 있단다."

"와~ 진짜요? 저도 그렇게 살고싶어요. 선생님, 저에게 선생님의 비법을 알려주세요."

"비법이라고 하니 선생님이 무슨 무림 고수가 된 기분인데! 꿈을 이루기 위한 비법은 진로탐색의 3단계에 있단다. 지금부터 선생님과 만남을 통해 너의 꿈을 찾고, 구체적으로 계획해 보자."

"네~ 선생님! 너무 기대가 돼요. 그런데 저는 저를 잘 모르는 것 같아요. 제가 뭘 좋아하는지, 뭘 잘하는지 잘 모르겠어요. 뭔가 하나 특별히 관심이 있기보다 다양한 분야에 관심이 많고, 웬만하면, 다 잘 하는 것 같거든요."

"그렇구나. 이렇게 생각해 보면 어떨까? 그것이 너의 모습일 수 있다고 말이야. 다재다능하다는 말 들어봤지? 한 가지에 특출나게 재능을 보이는 사람도 있지만, 한우물만 파기 어렵고, 다양한 것에 관심이 있고, 능력을 보이는 사람들이 있지."

"아. 그렇군요. 꿈보다 해몽이 좋아요. 왠지 저를 더 긍정적으로 보게 돼요!"

"그래. 그럼 진로 탐색 비법 '자기성찰'을 시작해 볼까? 은경이는 행복해지길 바라지?"

"네! 그럼요!"

"그럼 은경이는 어느 때, 행복하다고 느끼니?"

## 생생 코칭스토리 1

"저는 친구들과 수다 떨면서, 웃을 때가 행복하다고 느껴요. 또, 선생님의 인정을 받을 때요."

"그렇구나. 선생님도 남들의 인정을 받을 때, 그렇게 생각하지만, 친구들과 수다를 떨 때는 잘 모르겠어. 여러 친구들과 수다 떠는 것보다는 친한 친구 한 명과 깊은 대화를 나눌 때, 행복함을 느껴. 선생님이 무슨 말을 하려고 하는지 알겠니?"

"음, 사람마다 행복을 느끼는 상황은 다르다?"

"그래, 사람마다 느끼는 행복감은 같은 경우도 있지만, 다른 경우도 존재한다는 거야. 그러기에 내가 원하는 행복을 찾기 위해서 첫 번째 할 일은 바로 자신을 정확하게 들여다보는 거야. 이게 바로 '자기성찰'이지. 나를 성찰하기 위해서는 세 가지 관점이 필요해. 세 가지 관점이란 즉, 나의 관점, 나를 잘 아는 타인(부모님이나 친구 등)의 관점, 과학적 검사 결과의 관점을 말해. 첫 번째 나의 관점으로 내가 어떤 사람인지를 생각해보자. 내가 평소에 집이나 학교 등에서 어떤 행동을 주로 하는지, 어떤 행동을 할 때, 설레고 좋은지 등에 대해 생각해보자."

처음 활동 시작할 때, 은경이는 자기 자신의 생각이나 감정에 대해 표현하는 것을 조심스러워하고 주저하는 모습이었다. 하지만 시간이 지나면서 진로코치의 질문에 대해 조금씩 자신의 생각을 말해 가면서, 이제 자연스럽게 구체적인 단계로 넘어가고 있었다. 코치는 먼저 자신의 사례를 이야기해 주면서, 편안한 분위기를 조성하였고, 은경이가 자유롭게 사고할 수 있도록 돕고자 하였다. 또한, 은경이가 자신의 의견을 솔직하게 자유롭게 표현하도록 돕기 위해, 누구나 이 활동을 처음에는 어려워한다는 점을 얘기해 주었고, 우선 생각하는 것을 편하게 표현하면, 나머지는 코치가 질문을 통해 구체적인 내용을 생각할 수 있도록 도와주겠다고 하였다. 자신의 강점, 약점, 관심영역을 적는 활동에서 은경이는 자신만의 기준으로 편하게 내용을 적었다. 공간이나 주제로 나눠서 편하게 자기방식으로 적었던 것이다. 먼저 자기다운 시간이 무엇일까 고민하다가 집에 혼자 있는 시간을 떠올렸다. 혼자 있는 시간에 자신이 좋아하는 것, 잘 하는 것, 그리고 싫은 것을 형식에 매이지 않고 적었다.

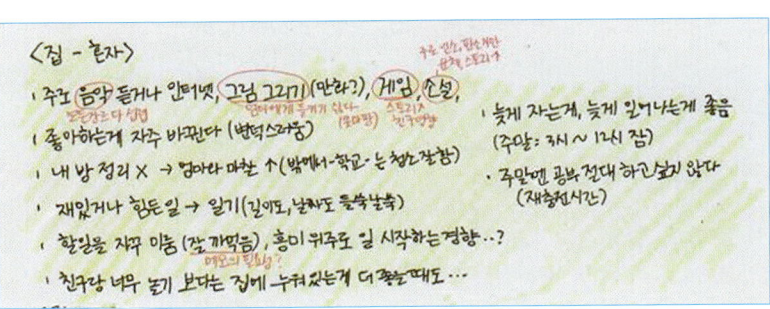

다음으로는 가장 가까운 관계가 무엇일지 생각해 보았다. 바로 가족이다. 집에서 가족과 함께 있을 때, 스스로가 생각하는 자신의 모습을 상상해 보았다. 막상 이렇게 분위기를 만들어 주고 쓰게 하니 생각이 잘 떠올랐다. 가족 사이에서는 이상하게 말수가 적은 은경이는 가족에게도 비밀이 많은 편이다. 그렇다고 사이가 나쁜 편은 아니다. 사소한 일로 잘 삐지지만 금방 풀린다. 은경이의 엄마는 은경이에게 선택권을 많이 주는 편이다.

이번에는 '친구'라는 주제로 스스로를 관찰하고 적어보았다. 자신이 좋아하는 친구유형, 친구사이에서 가장 잘 하는 것, 그리고 어색한 것도 적었다. 유독 친구들의 고민을 많이 들어주는 편인데, 그렇다고 말을 무

>> 생생 코칭스토리 1

조건 많이 하는 친구는 싫다. 함께 대화할 수 있는 소재가 풍성한 친구가 좋단다.

이렇게 은경이는 처음으로 자기 자신을 관찰하는 과정을 경험하였다. 그냥 무슨 진로검사를 하고 설명을 들을 줄 알았는데 그게 아니었다. 은경이는 지금 진로코치와 함께 진로수업에 완전히 몰입하고 있다.
"은경아, 너무 잘 적었다. 이렇게 적은 내용들을 세 가지 기준에 따라 분류해 볼 거야. 세 가지 기준은 강점, 약점, 그리고 관심이야."

[내가 생각하는 나의 강점]
- 인사습관이 좋고, 예의바르다.
- 글을 좀 씀(학교 대표로 나가서 수상한 경력 있음), 좋아함.
- 수업시간에는 집중 & 필기.
- 핵심을 잘 짚음.
- 남을 잘 웃기고 잘 웃을 줄 암.
- 느긋하고 여유롭게 생각함.(급한 성격이 아니다. 하지만 어떤 면에선 단점)
- 사람들과 두루두루 잘 사귐.
- 모둠활동 따위에 적극적으로 의사표현
- 고민을 잘 들어줌.

- 화해, 설득, 조정 따위를 잘함.
- 손재주가 좀 있음.(미술)
- 잘 삐치지만 잘 풀림. 사과도 먼저 하는 성격(뒤끝이 없음)
- 음감, 리듬감이 좀 있음.
- 목소리가 큼. 또박또박 말함.
- 다른 애들을 잘 가르쳐줌.(본인이 완벽히 이해가 됐을 때만)
- 어떤 것에 열정이 생길 때는 행동으로 바로 옮기면서, 몰두하려 한다.
- 다재다능하다.(주요과목&예체능 다 잘함)
- 상대방의 입장에서 생각하려고 노력한다.
- 공부한 양보다 이상하게 잘 나오는 성적(두뇌력, 단기집중력, 이해력)

[내가 생각하는 나의 약점]
- 무엇이든 미루는 성격
- 무계획성(시간활용을 잘 못함)
- 불규칙적인 생활
- 정리를 잘 못함.(자료 등을 잘 찾지 못함)
- 약간 다혈질
- 선택에서의 최종결정을 잘 못함.
- 귀가 얇음.
- 길치
- 나의 생각과 느낌을 잘 표현하지 않음.(상대방이 나의 상태에 대해 잘 모를 수 있음)
- 사소한 것에 승부욕
- 키가 작음.(사람들이 날 얕보는 것 같아서)
- 식물을 잘 못 키움.(인내심부족, 규칙적이지 않다)
- 마무리를 잘 못 함.(시작은 좋으나 끝은……용두사미)

## >> 생생 코칭스토리 1

- 유혹에 쉽게 빠짐.(흥미위주의 생활)
- 변덕스럽다. 한 우물을 파지 못함.

### [내가 생각하는 나의 관심]

- 다양한 것에 관심(feel 가는 대로)
- 나만의 색깔(개성), 삶의 여유, 나의 행복, 반복되는 일상은 싫다!
- 남에게 자신에 대한 평가를 받는 것을 좀 두려워함.
- 문학, 생물, 심리학, 사회학, 수학(대수)
- 무엇이든 잘 하고 싶고 인정받고 싶다.

## 타인의 눈으로 자신을 본다는 것

다소 불편한 과제가 있었다. 부모님께서 은경이에 대해 기록해 주는 것이다. 부모가 생각하는 은경이의 특징을 적는 것이다. 은경이의 부모님은 은경이를 배려해 주어, 강점 위주로 적어주고 옆에 살짝 약점을 적어주었다.

"은경아, 엄마가 적어준 저의 특징과 이전에 네가 적은 너의 특징을 비교해 보자. 혹시 공통점이 보이니?"

"네 여기 저기 보여요!"

"그럼 한번 공통점만 모아볼까. 그런 다음에는 차이점도 한번 적어보자."

### [부모와 은경이가 생각하는 특징 공통점]

- 인사습관이 좋고, 예의바르다.
- 글을 잘 쓴다.
- 수업시간에 집중을 잘하고 필기를 열심히 한다.
- 감정이 풍부하다.(잘 삐치지만 잘 풀리고, 잘 웃음.)
- 잘잘못에 대한 수긍이 빠르다.(먼저 사과할 줄 알고, 뒤끝이 없다.)

- 상대방의 입장에서 생각하려고 노력한다.(배려와 양보를 잘한다.)
- 사소한 일은 뒤로 미룰 때가 많다.
- 계획세우는 것을 좋아하지 않고, 잘 못한다.(시간활용을 잘 못한다.)
- 정리를 잘 못한다.(자료 등을 잘 찾지 못한다.)
- 마무리를 잘 못한다.(시작은 좋으나 끝이 흐지부지. 집중력이 흐트러짐. 쉽게 포기.)
- 자기감정을 드러내길 싫어한다.(상대방이 나의 상태에 대해 잘 모를 수 있음.)
- 다양한 분야에 관심이 있다.(feel 가는 대로)

[부모와 은경이가 생각하는 특징 차이점]
- 청소를 귀찮아하긴 하지만 할 때는 깨끗이 한다.(교실청소 같이 책임지는 것)
- 시간약속을 잘 못 맞춘다.
- 사소한 결정을 어려워한다. 타인의 선택을 존중하기 때문에 의견을 잘 못 꺼내는 것 같다.
- 자신의 감정을 드러내기 싫어한다.
- 마무리를 잘 못한다.
- 안주하기를 좋아한다. 도전을 어려워하는 것이다.
- 잘 하는 데도 자신 없어 할 때가 있다.

"이 부분은 부모님이 모르시는 저의 모습이라고 보시면 돼요. 이제 보니 제가 부모님께 저의 솔직한 모습을 모두 보여드리지는 못한 것 같아요. 막상 이렇게 써서 비교해 보니까 그런 생각이 들어요."

"충분히 이해한다. 그럼 이제 세 번째 자기성찰을 해 볼까. 자기 스스로가 자신을 관찰하는 단계를 지나, 부모님을 통해 자신의 특징을 살폈고 이제는 은경이가 했던 검사 내용을 앞의 자기성찰과 비교해 보자."

## >> 생생 코칭스토리 1

### 진로검사에 생명을 불어넣는 자기성찰의 힘

자신의 강점, 약점, 관심을 기준으로 검사를 진행했던 내용에서 정보를 찾는 작업을 진행하여 보았다. 기존의 진로검사와 이에 대한 해석방식은 너무 재미가 없었는데, 진로코치와 함께 진행하는 방법은 은경이에게 너무 새로운 경험이었다. 자기를 관찰하고 성찰하는 연습이 어느 정도 되어있기 때문에 어려운 검사의 결과를 보면서 자신의 특징을 찾아내는 것이 그렇게 어렵지는 않았다.

### [나의 강점]

- MI
  - 노래를 음정, 박자에 맞추어 정확하게 부를 수 있다.
  - 청음력이 뛰어나 음조나 리듬의 변화를 잘 감지한다.
  - 글을 읽고 핵심을 파악하는 능력이 뛰어나다.
  - 언어를 다양한 방법으로 활용하기에 능하다.
  - 말을 통해 자신의 생각을 표현할 수 있는 능력이 높다.
  - 글이나 말을 이용한 창작 활동에 소질이 있다.
- STRONG
  - 사람들과 함께 일하는 것을 좋아하고, 가르치거나 도와주는 일을 잘한다.
  - 명랑하고, 친절하며, 사교적이고 책임감이 강하다.
  - 상상력이 풍부하고 예술적 활동을 잘한다.
  - 직관적이고, 독립적이며 감수성이 예민하다.
- MBTI(INFP)
  - 자신이 관계하는 사람이나 일에 대해 책임감이 강하다.
  - 자신이 지향하는 이상에 대해서는 정열적인 신념을 지니고 있다.
  - 이해심과 적응력이 많고 관대하고 개방적이다.
  - 언어에 대한 재능이 있으며 직관적이다.

## [나의 약점]

- MI
  - 신체를 균형 있게 조절하는 능력이 부족하다.
  - 커서 자신이 하고자 하는 일에 대한 자신감이 적다.

- STRONG
  - 숫자를 이용하여 하는 활동을 못한다.
  - 진로성숙도가 낮다.(진로결정에 대한 확신이 부족하고, 준비가 부족하다.)

- MBTI(INFP)
  - 상대방을 잘 알기 전에는 표현을 잘하지 않는다.
  - 현실감각이 둔하다. 논리적이지 못하고 감정적이다.
  - 규칙을 싫어하며 반복되는 일상적인 생활을 못 견딘다.
  - 맡겨진 일에 대해서는 지나치게 완벽주의 적으로 나가는 경향이 있다.
  - 즉흥적이고 감정의 기복이 심하다.
  - 일을 잘 벌이나 마무리가 서툴다.
  - 말을 할 때 상대를 지나치게 배려하여 빙빙 돌려서 은유적으로 의사를 표현한다.

## [나의 관심]

- MI
  - 노래 혹은 악기 연주 등 다양한 음악 활동에 관심이 있다.
  - 생물을 돌보고 기르는 것을 좋아한다.
  - 자신의 생각이나 느낌을 말이나 글로 표현하는 데 관심이 있다.

- STRONG
  - 창조적이고 자신을 표현하는 직업을 선호하며 예술 활동 참여를 좋아한다.
  - 사람들과 함께 일하는 것을 좋아하고, 도와주는 활동을 선호한다.

>> 생생 코칭스토리 1

- MBTI(INFP)
  - 상담, 교육, 문학, 예술, 과학, 탐구 등 심리학과 같은 분야에 관심이 있다.
  - 의사소통보다 글 쓰는 것을 더 선호한다.
  - 이상주의자들이고 성실하며 자신에 신념에 맞으면 전적으로 헌신한다.
  - 인간과 종교(정신세계)에 관심이 많다.
  - 변화, 여행, 영화, 음악, 책을 좋아한다.
  - 아름다움과 추함, 선과 악, 도덕과 비도덕에 민감하게 반응한다.

이런 과정을 거쳐 은경이는 단순히 진로검사가 추천하는 직업을 수동적으로 받은 것이 아니라, 자신의 드러난 특징과 내면의 특징을 분석하고 가족과의 소통을 경험하였으며, 과학적 검사를 자신의 관점으로 해석하고 희망직업을 도출하는 과정까지 스스로 진행할 수 있었다.

> **정윤숙 진로코치의 조언!**
> 진로는 '검사'가 전부일 수는 없습니다. 검사를 통해 학생의 현재와 미래를 과학적으로 정해 주기보다는, 소통의 과정을 거쳐 학생 스스로가 자신을 '성찰'하게 도와주는 것이 핵심입니다. 이 과정에 다양한 검사를 활용할 수도 있지만, 무엇보다도 섬세한 관찰과 대화를 통해서 충분히 진로 성찰을 도울 수 있습니다.

**Tip.** 롤모델 스토리 To.수현

"환경공학 분야의 꿈을 가지고 있는 수현 학생에게 꼭 소개해 주고 싶은 선배가 있습니다. 중학교 때부터 환경 관련 독서를 다양하게 하고, 또래환경 동아리와 학생회 활동 등 사람과 소통하려는 노력 역시 수현 학생이 추구하는 바와 매우 비슷한 심보은 선배입니다. 선배가 어떻게 꿈을 이루어 가는지 롤모델 스토리를 확인해 보세요."

## HISTORY / HERSTORY
# ROADMAP

|  | 중등 | | | 고등 | | |
|---|---|---|---|---|---|---|
|  | 1 | 2 | 3 | 1 | 2 | 3 |
| 자율체험 활동 |  |  |  |  | 김포시 청소년 위원회 임원활동 / 김포시 국제 교류 참여-중국 | 디자인 박람회 |
| 동아리 활동 |  | 또래 상담 동아리 | | 인터랙트 봉사동아리 | | |
| 봉사 활동 |  | 독거노인 쌀 배달 |  | 유기견 보호센터 봉사활동 | 복지회관 봉사활동 |  |
| 진로 활동 |  |  |  |  | 과학탐구 토론대회 / 환경관련광고 디자인 대회 |  |
| 특기 활동 |  |  |  | 학생회 활동 | |  |
| 독서 활동 |  | 환경관련 독서활동 | | 김포시 청소년 위원회 임원 활동 | | |

환경공학과 선배의 진로진학 전과정 롤모델 스토리

## HISTORY / HERSTORY
# 성장과정

저는 어린 시절을 할머니와 함께 시골에서 보냈습니다. 단둘이 지내 제 어리광을 받아주실 법도 하셨지만 할머니께서는 '사람의 됨됨이' 즉, 인성을 중시하신 탓에 저는 어른들에 대한 공경심과 예의 범절을 자연스레 몸에 익힐 수 있었습니다. 할머니의 엄격한 훈육은 제가 근래 보기 드문 예의 바른 어린이로 자라 날 수 있게 하였고, 머리가 커지고 제 스스로의 생각을 가지게 되면서는 사람에게 있어 인성의 중요성, '사회적 성공에 앞서 올바른 사람이 되어야 한다'라는 중요한 사실을 깨우치게 하는 길잡이가 되어 주었습니다.

할머니의 사랑과 채찍의 보살핌 속에서 인성이라는 사람이 지향해 할 기본적 목표를 배운 저는 중학교 교장선생님의 관심과 반기문 UN 총장님이라는 제 삶의 롤 모델을 알게 되면서 제 미래에 대한 구체적 목표를 세우고 이를 향해 나아갈 수 있게 되었습니다.

저는 한 학년에 140명 정도 인원의 사립중학교를 다녔습니다. 선생님들의 이동이 적은 사립중학교의 특성 탓에 선생님들께서 대부분의 학생들을 알고 계셨습니다. 그 중에서도 저희 교장 선생님께서는 제 아버지의 은사님이셨던 연유로 저를 더욱 각별히 아껴주셨습니다. 특히 중학교 3학년 때 제가 성적이 떨어지면 따로 부르셔서 율무차를 주시며 격려해주시던 교장 선생님의 관심은 제가 3년간의 중학교 생활을 올바르고, 건강하게 제 꿈을 향해서 나아갈 수 있게 하는 큰 힘이 되었습니다.

바르고 좋은 생활 배경 속에서 저의 롤 모델이신 반기문UN총장님을 인터넷 기사를 통해 알게 된 것은 제 진로 설정에 마침표가 되어주었습니다. 당시 기사는 반기문 총장님께서 사시사철 긴 팔의 와이셔츠만 입는 UN의 사무복장을 반 팔의 와이셔츠로 바꾸셨다는 내용을 담고 있었습니다. 이는 지구 온난화를 줄이기 위해 온실가스를 감소하자는 정책을 추진하면서 정작 UN안에서는 여름에도 에어컨을 가동시키면서 에너지낭비를 하는 모순을 바로잡기 위함이었습니다. 저는 이 기사를 보며 반기문 총장님의 직접 실천하는 모습과 환경을 위하는 진실한 마음을 느낄 수 있었고, 환경을 위해 무언가를 직접적으로 행동할 수 있는 사람이 되고 싶다는 결심을 하게 되었습니다.

Tip. 롤모델 스토리 To.수현

# HISTORY / HERSTORY
# 성공전략

**성공전략 1**
**스펙을 위한 것이 아닌 진심을 담은 봉사활동**

입학사정관 전형에 지원하는 학생들이 쉽게 간과할 수도 있는 평가항목이 바로 진솔함입니다. 입학사정관은 학생들이 했던 활동자료 만으로 그 학생을 평가하지 않습니다. 면접을 통하여 그 활동이 얼마나 진실되고 마음이 담긴 활동이었는가를 판단한 후에 그 학생에 대하여 최종적인 평가를 내립니다. 그러나 일반적인 학생들에게 사석에서 봉사활동을 하게 된 계기가 무엇이냐고 물으면 대부분이 대학 입시를 위한 스펙을 쌓기 위해 하게 되었다고 대답할 것입니다. 이런 학생들은 아마 면접관을 속이기 위한 연습을 해야 할 것입니다. 하지만 심보은 학생은 그럴 필요가 없었습니다. 심보은 학생이 인터뷰 때 봉사가 정말 자기가 원해서 하는 활동이라고 말하는걸 보면서 알 수 있었습니다. 많은 봉사활동을 해오면서 매번 활동할 때마다 정말 느낀 점과 배운 점이 많았고 자신의 인성함양에도 도움이 되었다며 오히려 앞으로도 계속 봉사활동을 해 나갈 것 이라고 말하였습니다.

**성공전략 2**
**다양한 활동경력과 성실함**

입학사정관 전형에서 물론 내신도 중요하지만 자신이 이때까지 살아오면서 했던 활동 경력 또한 매우 중요합니다. 심보은 학생의 경우 활동 경력이 많은데다가 한 분야에 치우치지 않고 예술, 국제교류, 봉사활동, 지역사회 활동, 경시대회, 학생회 활동 등 여러 분야에 걸쳐서 다양한 활동들을 했던 경험이 있기 때문에 아주 모범적인 사례로 볼 수 있습니다. 대학 입시를 위한 학업에 열중하기도 바쁠 텐데 이렇게 다양한 활동을 하면서 학업에 소홀하지 않고 성적을 상위권으로 유지해 온 것을 보면, 굳이 내신 성적이 최상위권이 아니라도 심보은 학생이 얼마나 성실한지를 알 수 있습니다.

## PORTFOLIO STORY | 자율체험활동 1
# 디자인 박람회

### 공대생에 대한 고정관념을 깨다

저는 고등학교 3학년 때 친구들과 함께 디자인 올림픽에 다녀왔습니다. 실제로 그곳에 가기 전에는 그저 디자인과 대학생들이 예술적인 목적으로 만든 작품들을 전시하는 줄로만 알고 있었습니다. 그러다 보니 예술적 지식이 그리 많지 않은 저에게는 이 행사가 지루하게 느껴질 것으로 생각했습니다. 그렇지만 실제로 디자인 올림픽에 가보니 미술을 전공하지 않은 공대생들도 작품을 출품한 것을 보고 그런 생각이 깨끗이 사라졌습니다. 특히 2010년의 주제가 그린에코여서 그런지 친환경을 주제로 한 작품들이 많아 매우 흥미로웠습니다. 그 중에는 이미 아프리카 지역에서 실용화 되고 있는 작품도 있었습니다. 가장 기억나는 작품은 어떤 외국 분이 만들었던 것인데, 병 안에 물을 넣으면 자동으로 정수가 되는 특수한 물병이었습니다. 물 문제로 인해서 피부병을 비롯한 각종 질병과 갈증에 시달리고 있는 아프리카 지역에서 이러한 물병을 개발하여 실용화시킨 외국인이 정말 대단해 보였습니다. 이것을 보고 저도 환경 문제로 인해 고통받는 전 세계의 사람들에게 도움을 주고 싶어서 대학 진학할 때 환경에 관련된 과로 가고 싶었습니다.

가장 고민이었던 것이 환경과를 지원할지 환경공학과를 지원할지에 대한 고민이었는데 저는 이날 디자인 올림픽을 다녀온 이후 환경공학과에 진학하기로 마음먹었습니다. 환경과에 간다면 환경에 관련된 것을 직접 만드는 일은 못 할 것 같다고 생각했기 때문입니다. 그래서 저는 디자인올림픽을 다녀 온 뒤 앞으로 환경공학과에 들어가 새로운 시스템과 소재를 개발해 환경정화에 직접적인 영향을 주고 싶다고 다짐했습니다. 이때까지 '공대생'하면 단순히 공부만 하는 남자들을 생각했지만, 공대생들이 만든 환경관련 작품을 보며 공대생의 매력에 대해 알게 된 뜻 깊은 날이었습니다.

> **코멘트** 디자인 박람회가 보은 학생의 대학 학과 결정에 아주 결정적인 영향을 주었습니다. 보통의 경우 디자인 박람회에 가면 단순히 그곳의 작품들을 한 번씩 돌아보는 데 그치거나 혹은 박람회에 간 것 자체를 후회하기도 하는데 반해, 심보은 학생은 박람회에서 많은 생각을 하고 보람을 느꼈다는 점이 주목할 만합니다.
>
> 마침 그 해 박람회의 주제가 환경이라 보은 학생의 관심사와 일치했기 때문일 수도 있겠지만 그저 관심 있게 바라보고 마는 것과는 다르게 보고 난 후 느낀 점을 되씹어보고 자신의 진로에 적용해보는 태도가 매우 적극적입니다. 여러분도 진로에 대해서 고민만 할 것이 아니라 일단 자신의 적성을 먼저 파악하고 그 적성과 관련된 활동을 직접 해본 후 느낀 점을 되씹어보고 진로에 적용해보길 바랍니다. 물론 그러기 위해선 학생들의 적극적인 실천의지가 먼저 필요할 것입니다.

Tip. **롤모델 스토리** To.수현

**PORTFOLIO STORY | 자율체험활동 2**
# 김포시 청소년 위원회 임원활동

**주체적인 소녀로 거듭나다**

저는 고등학교 2학년 때 1년간 학교 대표로 김포시 청소년위원회의 위원 직을 맡게 되었습니다. 김포시 청소년 위원이 되어 하는 일은 김포시의 많은 공공시설들을 청소년들이 잘 활용할 수 있도록 홍보하고, 김포시의 청소년들이 스스로 자신들의 권리를 누릴 수 있는 공간을 확대하고, 그러한 권리들을 올바르게 사용할 수 있도록 학교대표로서 위원회 학생들이 먼저 실천하고 모범을 보이는 것입니다. 1년 동안 했던 활동 중 가장 대표적인 것은 리더십 워크숍이나 논술교육, 지도자로서 가져야 할 자질에 관련된 세미나 등 여러 지식을 쌓을 수 있었던 활동입니다.

또 김포시 청소년위원회 주관으로 하루를 지정해 컴퓨터 게임에서 벗어난 생산적인 놀이를 하는 '페스티벌 데이'를 만들어 축제를 벌인 바 있습니다. 이 축제는 학업으로 인한 스트레스를 소모적인 컴퓨터 게임으로 푸는 청소년들을 위해 스트레스도 풀고 재미있게 생산적으로 즐길 수 있는 놀이를 만들어 주기 위한 취지에서 기획되었습니다. 이를 준비하기 위해 매주 수요일마다 각 학교 대표자들이 만나 워크숍에 참가하거나 세미나를 듣고 12월에 개최할 '페스티벌 데이'를 계획하는 일을 하였습니다. 1년간 위원회 활동으로 인해 제가 한층 더 성숙된 것 같았고, 청소년들이 자발적으로 참여해서 스스로의 힘으로 무언가를 이루어 냈다는 점에서 뿌듯함과 자부심을 느낄 수 있었습니다. 일주일에 한 번씩 야간자율학습을 빠지면서 위원회 활동을 한 것이 조금은 부담스러웠지만, 한편으로는 학교 밖으로의 외출을 통해 기분 전환도 할 수 있었고 학업에 열중하느라 받았던 스트레스도 풀 수 있었기 때문에 좋았습니다. 또 위원회 활동을 통해 배우고 느낀 것이 많았고 재미있었기 때문에 빠지지 않고 적극적으로 활동할 수 있었습니다.

**코멘트** 청소년 위원회 주도의 청소년 자치 활동들은 심보은 학생에게 크게 두 가지의 긍정적인 영향을 주었습니다. 첫 번째로 타인에게 의존하는 마인드를 버리고 스스로 무언가를 하려는 자립심을 길러주었습니다. 이러한 자립심은, 청소년 관련 행사를 어른들에 의해서가 아니라 청소년들이 직접 기획하고 주최하는 과정에서 길러졌다고 볼 수 있습니다. 이 과정에서 심보은 학생은 한층 더 성숙해질 수 있었습니다. 두 번째로 고생과 보람을 동료와 함께 나누고자 하는 협동심을 길러주었습니다. 이는 행사를 기획하고 주최하는 과정에서 학생 혼자만이 아니라 위원회 학생 모두가 몇 일 간 회의를 하고 고생하면서 함께 하는 것의 소중함을 느끼고 이에 영향을 받아 길러졌다고 볼 수 있습니다.
자립심과 협동심은 너무 극단으로 치우치면 이기주의 혹은 의존주의로 갈 수도 있는데, 심보은 학생의 경우에는 청소년 위원회 활동을 통해 두 가지 자세를 동시에 적절히 조화를 이루며 길렀기 때문에 극단으로 치우치지 않았습니다.

환경공학과 선배의 진로진학 전과정 롤모델 스토리

## PORTFOLIO STORY | 자율체험활동 3
# 김포시 국제 교류 참여 – 중국

### 글로벌 리더가 되기 위한 세계화 체험

저는 고등학교 2학년 여름방학 때 6박7일 간 김포시 국제교류 프로그램에 참여했습니다. 이는 김포시에 거주하는 청소년40명을 선발하여, 국제도시 대련을 시작으로 김포시와 자매도시인 신민시를 탐험하고 백두산을 등반하는 프로그램이었습니다. 저는 김포시 청소년 운영위원의 자격으로 이 프로그램에 참여할 수 있었습니다. 국제도시 대련을 가서는 광개토대왕릉비, 장수왕릉비 등 여러 고구려 유적들을 돌아봤는데, 국사 교과서에서만 보던 우리 유적지와 유물들을 타국에서 보니 신기하면서도 한편으론 씁쓸하였습니다.

6박7일 동안 중국에서 특히 옛 고구려의 영토였던 곳에 있는 우리나라 유적들을 탐방하러 다녔습니다. 전반적으로 다 좋았지만 여행 기간 동안 중국에서 생활하면서 가장 불편했던 점은 예상했던 대로 음식이었고, 그 다음으로 교통이나 화장실 이용이었습니다. 한 번은 중국 공안이 한국말로 된 현수막을 내리라고 강요한 적이 있었는데 그때 정말 기분이 나빴습니다. 그러나 6박7일 동안 비록 이런저런 고생을 했음에도 불구하고, 이 프로그램이 끝나고 난 후에는 크게 두 가지를 느낄 수 있었습니다. 첫 번째로 고구려 유적지 탐방 이후 옛 고구려의 얼과 기상을 느낄 수 있었습니다. 두 번째로 우리나라 역사의 한 부분이던 고구려의 문화를 보기 위해 멀리 비행기를 타고 날아가 타국에서 봐야만 한다는 사실에 조국이 아직 그만큼 힘이 없다는 느낌이 들어 서러우면서도 아쉬웠습니다. 앞으로 제가 글로벌 리더가 돼서 우리의 문화를 지킬 수 있을 정도로 조국의 힘을 기르는 데 도움이 되고 싶다는 다짐을 했습니다.

**코멘트** 김포시 국제교류 프로그램은 심보은 학생에게 상당히 좋은 경험이었습니다. 또한 이 프로그램에 참여하는 과정에서 보통의 학생들이 갖기 힘든 역사적 인식과 사고를 기를 수 있었습니다.
우선 좋은 경험이었던 이유를 말씀드리자면, 김포시 학생 대표로 해외에 나가 보았던 경험이며 동시에 많은 고구려 유적지와 문화 유산들을 보고 우리 선조들의 기상을 느낄 수 있었다고 말하였기 때문입니다. 한편 우리 선조들의 문화재를 우리 땅에서 보지 못하고 타국에서 보아야 했던 점이 특히 안타까웠다고 말하고 있습니다. 이러한 것들은 여행 과정에서 경험한 어려움이라고 할 수 있습니다.
하지만 이러한 어려움들을 잘 견뎌내고 극복했습니다. 우리가 주목할 점은, 문화재를 감상할 때 아무런 생각 없이 보거나 단순히 문화제 자체에 대한 설명만 살펴보는 일반 학생들과는 달리 심보은 학생은 문화재에 얽혀있는 역사와 외부 상황 등 모든 것을 고려하며 보았습니다. 이런 점에서 남들과는 다른 시각을 가지고 사고한다는 것을 알 수 있습니다. 이를 통하여 심보은 학생의 남다른 시각과 사고를 확인할 수 있습니다.

**Tip.** 롤모델 스토리 To.수현

**PORTFOLIO STORY | 동아리 활동 1**
# 인터랙트 봉사동아리

### 봉사 동아리 활동을 통해 인성을 가다듬다

저는 고등학교 3년간 인터랙트라는 봉사동아리 활동을 했습니다. 인터랙트는 로타리 클럽이라는 큰 봉사단체에서 청소년들이 가입할 수 있는 동아리로 파생된 것으로, 자체적인 동아리 활동을 목적으로 하는 봉사동아리입니다. 매년 약 40명 정도의 인원으로 활동했으며 고등학교 1학년 때는 동아리 원으로 2학년 때는 동아리 회장으로 3학년 때는 명예임원으로 활동하였습니다. 저희 동아리의 가장 큰 장점은 봉사활동을 직접 찾아나가는 것입니다. 모두가 봉사하려는 마음과 협동심이 강해 동아리 구성원들끼리 매우 끈끈한 유대관계를 맺고 있었습니다.

봉사활동 장소 선정 시 선생님께 의존하는 것이 아니라 회장인 제가 직접 장소를 섭외하고 동아리 구성원들과 함께 봉사활동을 갔습니다. 40명이나 되는 아이들이 한 번에 봉사할 수 있는 곳의 선택범위가 다소 작아 장소 섭외에 어려움이 있었지만, 제 손으로 직접 봉사활동을 찾아 나섰다는 점에서 아주 의미 있는 일이었습니다. 이 활동을 통해 저는 3년간 남들보다 더 많은 봉사를 했고 대외적으로 활동하는 동시에 인성을 기를 수 있었습니다. 예를 들어 여러 봉사활동을 다니다 보니 양보와 봉사가 몸에 밴 것은 기본이고 상대방에 대한 배려심, 스스로 찾아서 일을 하려는 적극성 등의 인성들을 전반적으로 기를 수 있었습니다. 지금 돌이켜 생각해보니 한창 동아리 활동을 하던 시기에 한 달에 약 2회 정도의 봉사활동을 하였던 것 같습니다. 다른 사람들은 그 정도만 해도 봉사활동을 많이 하는 것이라고 할지 모르지만, 저는 방학 기간 중임에도 불구하고 더 자주 하지 못했던 것이 너무 아쉬웠습니다.

**코멘트** 심보은 학생은 인터랙트라는 봉사 동아리에 가입함으로써 화려한 봉사경력을 쌓고 인성을 가다듬었습니다.
심보은 학생은 봉사활동을 통해 양보하는 법, 배려심 그리고 스스로 일을 찾아 나서는 적극적인 봉사정신 등을 배움으로써 앞으로 살아가는 데 필요한 인성을 가다듬었습니다. 다만 조금 아쉬운 점이 있다면, 물론 봉사활동을 많이 하는 것도 좋지만 그로 인해 학업에 좋지 않은 영향을 받지 않는 선에서 조절을 했어야 하는데, 심보은 학생은 잦은 봉사활동으로 인해 학업에 약간 지장이 있었다고 말했습니다. 봉사활동 시간을 잘 조절하여 학업에 지장이 없도록 했더라면 좀 더 상위권의 대학을 가지 않았을까 하는 생각도 해볼 수 있습니다.
대부분의 많은 고등학생들은 스펙을 쌓기 위하여 봉사활동을 하는 경우가 많아서 오히려 봉사활동을 통하여 봉사의 참된 가치를 깨닫기가 힘든데, 이 점을 고려한다면 심보은 학생은 진심에서 우러나오는 봉사를 했던 보기 드문 학생입니다.

환경공학과 선배의 진로진학 전과정 롤모델 스토리

**PORTFOLIO STORY | 동아리 활동 2**
# 또래 상담 동아리

### 성숙의 계단을 한걸음 더 올라가다

저는 중학교 2년 동안 교외에 있는 통진 문화센터에 가서 또래 상담 교육 프로그램을 수강했습니다. CA활동이었지만, 적성에 맞아 그곳의 친구들과 강사선생님과 친해져 자주 만남을 가졌던 것으로 기억합니다. 또래 상담 동아리란 말 그대로 또래의 친구들을 상담해주기 위해서 받는 교육프로그램으로, 1년을 수강하면 수료증이 나오게 됩니다. 5명 정도의 소수인원으로 반을 구성해서 여러 가지 상담 방법을 배웠는데 예를 들어 상담을 할 때 항상 상담자는 '너' 체가 아니라 '나' 체를 써야 한다는 것과 상대방의 입장에서 생각하고 말하기 등이 있었습니다.

이 프로그램을 듣던 중 문득 또래 친구들의 고민 상담을 할 때 어떻게 하면 더 그 친구에게 도움이 되도록 해줄 수 있을까 하고 생각해 보니, 또래 친구들을 잘 이해하기 위해선 우선 저 자신에 대해 먼저 잘 알아야겠다는 생각이 들어서 한 달 동안 거의 매일 밤마다 그날 제가 했던 활동에 대해서 스스로 평가하고 자신에 대해서 알아보는 시간을 가졌습니다. 이렇게 열심히 동아리 활동을 하다 보니 저 자신에 대해 많은 것을 배울 수 있었고, 동아리 활동을 하면서 잠시나마 심리학에 관심을 갖기도 했습니다. 활동을 하면서 신기했던 점은 나중에 저에게 개인적으로 직접 상담을 신청한 또래친구들도 있었다는 것입니다. 미숙하게나마 비밀로 상담을 해주었는데, 그 아이에게 도움이 된 것 같아 또래상담동아리 활동을 했던 것이 매우 자랑스럽게 느껴졌습니다. 이 활동을 하면서 많은 또래 친구들의 고민을 들어주고 상담을 하다 보니 저와 상담을 했던 친구들과 더 가까워질 수 있었습니다. 또한 저보다 훨씬 심각한 고민을 가진 또래 친구들이 많다는 것을 느끼고는 그간 제가 했던 고민들이 얼마나 사소하고 부질 없는 것들이었는지 반성하게 되고 더 성숙해져야겠다고 다짐하였습니다.

> **코멘트▶** 심보은 학생은 중학교 때 2년간 활동했던 또래 상담 동아리를 통하여 보다 많은 학생들의 소리에 귀를 기울이며 듣고, 진심으로 상담해주는 역할을 하면서 타인과의 소통의 방법을 배운 것 같습니다. 결론적으로, 심보은 학생이 또래 상담 동아리 활동을 통하여 얻은 것은 크게 세 가지로 볼 수 있습니다.
>
> 첫 번째는, 남의 말에 항상 귀를 기울이며 듣고 항상 진심으로 남의 고민을 들어주는 경청의 자세를 배웠습니다. 두 번째는, 나와 다른 처지에 있는 타인과 서로의 차이점을 알고 이를 고려하여 배려하며 소통하는 방법을 배웠습니다. 세 번째는, 타인의 고민을 더 잘 들어주고 더 잘 상담해 주기 위한 방법의 일환으로 자기자신을 위한 반성의 시간을 가짐으로써 타인 뿐 아니라 자기 자신에 대해서도 이전보다 더 잘 알 수 있게 되었다고 볼 수 있습니다.

Tip. **롤모델 스토리** To.수현

**PORTFOLIO STORY | 봉사활동 1**
# 복지회관 봉사활동

### 노인, 장애우 분들에 대한 인식의 전환

저는 봉사동아리인 인터랙트를 통해 복지회관 봉사활동을 하게 되었습니다. 대부분이 노인 분들이고 거동이 불편한 분들, 장애가 있으신 분들이 요양하는 곳이었습니다. 저는 동아리 구성원들을 인솔하여 복지회관을 갔고 저희들은 대부분 청소와 말벗 되어드리기, 안마 해드리기 등 어르신들의 기분을 좋게 해드릴 수 있는 활동을 하고 왔습니다.

봉사활동을 다녀온 뒤 저에게 달라진 점이 있다면, 장애우 분들에 대한 생각이 달라졌다는 점입니다. 이전에는 특별히 그 분들에 대한 부정적인 생각은 없었지만, 쉽게 먼저 말을 걸거나 친근하게 다가갈 순 없었습니다. 마음만은 항상 안타깝게 생각하고 측은하게 생각하고 있었지만 쉽게 다가갈 수가 없었습니다. 심지어는 장애우 분들에게 짓궂게 하는 마을 아이들을 보고 화가 났지만 다가가서 그러지 말라고 직접 나서지는 못하였던 적도 있습니다.

하지만 몇 차례 복지회관 봉사활동을 다니다 보니 처음 보는 아이들인데도 불구하고 저희를 친근하고 다정하게 맞아주시고 친자식처럼 대해주시던 그분들이 정말 친할머니 친할아버지와 같은 분들이라고 느끼게 되었습니다. 또 장애우 분들도 결코 비정상적이고 이상한 사람이 아니라 이분들도 남들과 똑같은 평범한 사람들이라는 인식을 갖게 되었습니다.

제가 사는 곳 근처의 복지회관에서도 제가 다니는 교회로 예배를 드리기 위해 휠체어를 타시고 오시는 장애우 분들이 몇 분 계십니다. 전에는 같은 교회를 다니면서도 한 번도 인사를 해본 적이 없었습니다. 하지만 복지회관 봉사활동을 계기로 지금은 먼저 가서 인사를 건네는 사람이 되었습니다.

> **코멘트** 심보은 학생은 복지회관 봉사활동을 하기 전에 노인이나 장애인 분들에 대해 특별히 부정적인 감정이나 편견 및 거리낌 등을 갖고 있지는 않았지만 그 분들에게 쉽게 다가가지는 못했습니다. 그것은 장애우나 노인 분들에게 짓궂게 하는 아이들을 보았을 때 마음 속으로는 화가 났지만 직접 나서지는 못했다는 부분에서 알 수 있습니다.
>
> 그러나 복지회관 봉사활동을 통하여 노인, 장애우 분들의 따뜻한 정을 느끼고 마치 친할머니 친할아버지 같다는 느낌을 받고는 이분들도 보통 사람들과 똑같은 마을 사람들이다라는 생각을 하며 이러한 편견을 깼습니다. 봉사활동을 통하여 자신이 기존에 가지고 있던 편견, 고정관념 등을 깨뜨렸다는 것은 심보은 학생이 그만큼 진심을 담아서 봉사 활동을 했다는 것을 입증해줍니다. 이렇게 진심을 담아서 한 봉사활동들이 입학사정관제 전형에서 심보은 학생을 합격시킨 가장 결정적인 요소 중 하나라고 볼 수 있습니다.

환경공학과 선배의 진로진학 전과정 롤모델 스토리

**PORTFOLIO STORY | 봉사활동 2**
# 유기견 보호센터 봉사활동

### 사랑해요 유기견

저는 고등학교 1학년 여름에 '인터랙트'를 통해 유기견 보호센터 봉사활동을 다녀왔습니다. 가기 전에 날씨도 덥고, 제가 그렇게 동물들을 좋아하는 성격이 아니어서 걱정을 많이 하였습니다. 그래서인지 처음 가서 강아지들을 반기기보다는 일부러 그 주위의 것들을 치우는 등 최대한 유기견들에게 가까이 다가가지 않는 작업을 도맡아했습니다. 냄새가 좀 많이 났기 때문입니다. 2시간쯤 지났을 때 친구들이 강아지 우리에서 강아지들이랑 같이 노는 모습이 보였습니다. 최소 한 번씩 혹은 그 이상으로 버림을 받아왔을 그 아이들이, 사람이 사랑을 주니 아주 쉽게 또 마음을 열고 꼬리를 흔드는 모습을 보며 너무나 측은하고 예뻐 보였습니다. 갑자기 제가 그 아이들을 피하거나 꺼려하는 행동을 한 것이 너무나 미안했습니다. 순간 이렇게 착한 아이들을 버린 사람들에게 몰상식한 사람이라고 욕을 했지만 버림받은 유기견들을 처음에 부정적으로 생각한 저 역시 그다지 좋은 사람이 아니라는 것을 깨달았습니다. 이날 저희는 우리에서 강아지와 놀아주기도 하고 사료도 나르고 강아지 집도 만들고 씻겨주기도 하는 등 강아지와 하루 종일 붙어 다녔습니다. 그러다 보니 강아지에게 서서히 정이 가게 되고 전반적으로 유기견들에 대한 인식 또한 바뀌게 되었습니다.

이날 갔다 와서 활동을 평가하는 시간에 동아리 구성원들 모두들 너무 보람되고 즐거웠다며 자주 가고 싶다고 말해 저희 동아리는 이때부터 유기견 봉사센터를 주기적으로 찾아갔었던 것으로 기억납니다. 처음 유기견 보호센터에 갔다 오고 난 이후 다음에 또 갔을 때에는 저 또한 적극적으로 유기견들에게 친근하게 다가가 놀아주며 봉사활동을 즐길 수 있었습니다.

**코멘트** 심보은 학생이 했던 유기견 보호센터 봉사활동 역시 노인 복지회관 봉사활동과 비슷하게 기존에 가지고 있던 유기견들에 대한 편견 및 고정관념을 깨뜨리는 계기가 되었다고 볼 수 있습니다. 심보은 학생은 기존에 유기견들은 다 징그럽고 혐오스럽게 생겼을 것 같다고 생각했습니다. 그러나 막상 유기견 보호센터 봉사활동을 통해 유기견들을 직접 본 이후로 자신의 생각이 틀렸다는 것을 깨달았고, 오히려 처음 보는 자신에게 달려와서 꼬리를 흔들며 반갑게 맞아주는 유기견들을 보고 안타까움과 애처로움을 느끼고는 자신이 이제껏 유기견들에 대하여 부정적으로 생각해왔던 것에 대해서 매우 미안해하며 그간 갖고 있던 편견을 버렸습니다. 진심을 담아서 한 봉사활동 자체뿐만 아니라, 이전에 자신이 갖고 있던 잘못된 편견과 생각을 의미 있는 활동을 통하여 바로잡는 심보은 학생의 긍정적인 자세 또한 입학사정관제 전형에 합격할 수 있었던 결정적인 요인 중 하나로 볼 수 있습니다.

Tip. 롤모델 스토리 To.수현

**PORTFOLIO STORY | 봉사활동 3**
# 독거 노인 분들께 쌀 배달하기

**친할머니 친할아버지와 같은 독거 노인**

저는 중학교 때 독거 노인 분들께 쌀을 배달하는 봉사활동을 했습니다. 제가 가장 보람차게 했던 봉사활동 중 하나입니다. 학원연합에서 모은 돈과 후원금으로 양촌면 주위에 사시는 독거 노인 분들께 쌀을 배달해드렸는데, 5명이 한 팀으로 하여 4팀 정도가 차를 타고 다니면서 배달해드렸습니다. 이날 쌀을 배달해 드리면서 할머니 할아버지 집에 직접 들어가봤는데, 살고 계신 주거환경에 너무나 놀랐습니다. 가전제품이 보통의 가정보다는 부족할 것이라고 예상했었지만 정말 컴퓨터도 없고 책상도 없고 싱크대와 밥솥 냉장고 TV 베개 이불 이렇게만 있어서 너무 안타까운 마음이 들었습니다. 그런 집에서 몸도 불편하신데 혼자 사신다고 생각하니 정말 안타까웠습니다. 쌀 배달 후 잠깐 대화하는 시간이 있었는데 어려운 형편에도 불구하고 저희를 생각해서 사탕을 주시며 저희를 귀여워해주시던 따뜻한 마음에 눈물이 날 뻔 했습니다. 현재 학생의 신분에서 도와드릴 수 있는 게 고작 쌀 배달뿐이라는 것이 정말 슬펐습니다. 이 날을 계기로 정말 나중에 자라서 내 꿈을 이루고 나면 반드시 이 분들부터 챙겨드려야겠다고 다짐했습니다. 쌀만 배달해 드리는 것이 너무나 죄송스럽다는 생각이 들 정도로 어르신들이 열악한 환경에서 지내고 계셨습니다.

이러한 현실을 깨달았을 때가 제가 중학교2학년일 때였습니다. 제가 이제까지 보아왔던 할머니, 할아버지들은 자식들과 함께 오순도순 살며 건강히 잘 지내시는 분들이었습니다. 그런 분들만 보다가 이렇게 외롭게 사시는 분들을 뵈니 정말 제 친할아버지 할머니가 아닌데도 불구하고 너무나도 마음이 아팠습니다.

**코멘트** 독거 노인 분들께 쌀을 배달했던 봉사활동은 심보은 학생에게 두 가지 영향을 주었습니다. 첫째는, 쌀 배달이 끝난 후 독거 노인 분과 대화하는 시간에 자신을 비롯한 동아리 학생들을 친 손주처럼 귀여워해주시고 사탕을 챙겨 주시던 모습을 통해 독거 노인 분들이 혼자 지내오신 시간이 많으시다 해도 마치 친할머니 친할아버지와 같이 다정다감하시다는 것을 느끼게 되었습니다.

둘째는, 봉사활동 중 독거 노인 분들의 집안을 왔다 갔다 하면서 노인 분들의 방안에 컴퓨터도 없고 책상도 없고 정말 사람이 살기 위해 필요한 최소한의 기본적인 물건들, 즉 싱크대, 밥솥, 냉장고, TV, 베개, 이불만 있는 모습을 보면서 노인 분들이 매우 열악한 주거환경에서 지내 오셨다는 생각에 안타까워했습니다. 이 봉사활동 이후 심보은 학생은 우리나라 독거 노인 문제의 심각성을 깨닫게 되었습니다. 이는 심보은 학생이 자신의 꿈을 이루고 나면 반드시 이 분들부터 챙겨드려야겠다고 다짐하게 하는 계기가 되었습니다.

환경공학과 선배의 진로진학 전과정 롤모델 스토리

**PORTFOLIO STORY | 진로 활동 1**
# 환경 관련 독서활동

### 독서를 통해 환경공학에 대한 꿈을 키우다

저는 중학생부터 환경에 관련된 것에 매우 관심이 많았습니다. 그래서 책을 읽을 때 두 종류의 책을 가장 많이 읽었습니다. 그것은 바로 환경과학에 관련된 책과 소설입니다. 어렸을 적부터 소설을 읽는 것을 매우 좋아해 SF소설, 순수문학 소설을 많이 읽었고, 중학생이 되어 환경과학과 관련된 책들을 많이 읽었습니다. 〈침묵의 봄〉〈지구가 정말 이상하다.〉〈불편한 진실〉〈생명이 있는 것은 다 아름답다.〉 등 환경이나 자연, 생태계에 관련된 책들을 상당히 많이 읽었습니다. 저는 현재 지구온난화를 주 전공으로 해서 환경소재와 시스템개발을 하고 싶은데, 지금 생각해보면 이렇게 마음을 먹게 된 가장 큰 계기는 미국의 전 부통령인 엘 고어가 쓴 〈불편한 진실〉을 읽고 나서부터였던 것 같습니다. 이 책의 주된 내용은 지구온난화에 의해 환경이 변화된 모습들을 논하는 책입니다. 그는 불과 10년 전과 비교해 보아도 지구온난화에 의해 빙하가 녹는 속도가 매우 빨라졌고, 빙하시대가 닥쳤을 때에 온도변화와 현재의 온도변화가 매우 비슷해 만약 계속해서 지구온난화가 계속된다면 빙하기가 초래될 것이라는 주장을 합니다. 엘 고어가 직접 돌아다니며 찍은 사진이나 증거자료를 보면서 쉽게 이해할 수 있는 책이기 때문에 환경에 관심이 있는 사람이라면 부담 갖지 말고 이 책을 읽어 보는 것 좋을 것 같습니다.

제가 학창시절 읽었던 이 책들은 지금 대학교를 다니면서 전공 공부를 하는 데 있어서 매우 많은 도움이 되고 있습니다. 물론 학교 공부와 교과서도 중요하지만, 내가 가고 싶은 학과나 원하는 진로에 관련된 저서들을 읽는 것은 지금 당장은 성적과 관련이 없다고 생각할 수 있지만 더 멀리 보았을 때는 미래의 보물이자 재산이 될 수 있다고 생각합니다.

**코멘트** 심보은 학생은 중학생 때부터 자신이 환경 분야에 관심이 많다는 사실을 알고 관련 서적을 꾸준히 읽으면서 필요한 지식을 얻고 자신의 꿈을 키우는 노력을 게을리하지 않았습니다. 보통의 학생들의 경우에는 책을 읽더라도 그저 의무감에 기인하여 책을 읽는다거나 학교 과제 등의 이유로 어쩔 수 없이 책을 읽는 경우가 많은데 반해, 심보은 학생은 자신이 적극적으로 독서 활동을 했다는 점에서 주목할 만 합니다. 특히 엘 고어의 <불편한 진실>이라는 책을 읽으면서 환경공학자라는 자신의 꿈을 보다 구체화하게 되었다고 기술하고 있는데, 심보은 학생의 사례에서 볼 수 있듯이 적극로인 독서 활동을 하면 해당 분야에 대한 지식을 얻을 수 있을 뿐만 아니라 명확하지 않은 자신의 진로를 보다 확실하게 설정하는 데 큰 도움을 받을 수 있음을 알 수 있습니다. 독서 활동의 모범 사례라고 할 수 있겠습니다.

**Tip.** 롤모델 스토리 To.수현

## PORTFOLIO STORY | 진로 활동 2
# 과학탐구 토론대회

**환경공학자가 되기 위한 본격적인 준비**

고등학교 2학년 때 과학선생님의 권유로 2009청소년과학탐구대회에 참가하게 되었습니다. 약 3개월간 이 대회를 위해 준비하였습니다. 주제는 신 재생에너지에 대한 고찰이었는데, 저희 팀은 바이오 에너지에 대한 고찰을 진행하였습니다. 3개월 동안 주제를 선정하기 위해 김포시매립지, 서울역사박물관, 김포시 소재 농가 등을 찾아가보면서 주제를 점점 바이오 에너지로 축소시키고, 주제를 명확히 정한 후 2개월 동안 오직 실험에만 매진했습니다. 처음 해보는 실험이라 많은 실패가 있었지만 포기하지 않고 수도 없이 같은 실험을 반복하면서 실험의 오차를 줄이고 탐구일지를 써갔습니다. 1개월 동안 토론을 준비하고 실험을 시작하기 전에 기초자료를 조사했습니다.

이 대회를 준비하면서 어려웠던 것은 시간이 정말 많이 투자되었다는 것입니다. 저는 환경에 엄청 관심이 많아 내가 사용하는 시간에 대한 아까움은 없었지만, 시험기간에도 실험을 해야 한다는 점에서 조금은 부담이 있었기 때문에 어려움이 있었습니다. 가장 기억에 남는 에피소드를 하나 말하자면, 실험을 할 때에 부피 플라스크 윗부분을 질소로 채워야 해야 하는 경우가 있었습니다. 그때에 그것을 채울 만한 양의 질소를 구매할 수도 없어 고민하던 중 제가 과제를 팔 때에 질소를 채워 판다는 것을 생각해 내서 과자봉지 안에 있는 질소를 이용해 어려움을 넘어간 적이 있습니다. 이때 선생님께서 매우 독특한 생각이라고 칭찬해주신 것이 생각이 납니다. 저는 이 활동을 통해 많은 것을 배울 수 있었습니다. 우선적으로 제 꿈과 매우 밀접한 관련이 있었기 때문에, 실험을 위한 기초적인 지식을 쌓을 때의 경험들과 실제로 했던 실험 하나하나가 전공을 택한 지금까지도 많은 도움이 되고 있습니다.

**코멘트** 심보은 학생은 청소년 과학탐구대회에 참가했던 경험을 통해서 자신의 진로에 대해 좀 더 구체적으로 공부해보고 직접 관련된 실험을 해 볼 수 있는 기회를 얻었습니다. 또한 혼자서 공부를 하는 데 그치지 않고, 다른 학생들과 팀을 이뤄서 공동연구를 수행하면서 협동심을 기를 수 있었습니다. 환경과 같은 과학 분야에서는 때때로 어떠한 주제에 대해 연구할 때 자기 혼자만의 힘에 의존하는 것보다 다른 사람들의 아이디어도 충분히 고려하는 것이 더욱 효과적이라는 점을 생각해보면 심보은 학생에게 더없이 좋은 경험이 되었을 것입니다. 또한 이 대회에 참가하면서 3개월이라는 짧지 않은 기간 동안 한 가지 목표를 갖고 그것에 최선을 다했던 모습을 보여준 것이 입학사정관들에게는 상당히 인상적으로 비추어졌을 것입니다. 특히 실험에 필요한 질소를 구하기 어려운 상황에서 과자봉지 안에 들어 있던 질소를 활용한 사례는 심보은 학생의 위기대응 능력과 독창적인 사고방식을 엿볼 수 있는 인상적인 사건이었습니다. 이 대회에 참가한 것이 심보은 학생에게는 진로 설계와 관련하여 소중한 자산이 되었다고 할 수 있겠습니다.

환경공학과 선배의 진로진학 전과정 롤모델 스토리

**PORTFOLIO STORY | 진로 활동 3**
# 환경보전 관련 광고디자인 대회

### 꿈을 향해 한번 더 날갯짓하다

저는 고등학교 때 방송예술진흥원에서 개최한 전국 환경보전 관련 광고경진대회에 나갔습니다. 당시에 디자인에는 그다지 관심이 많지 않았지만, 주제가 환경오염에 대한 소비자들의 시각을 변화시키는 주제였기에 참가하게 되었습니다. 또한 직접적인 연구뿐 아니라 이러한 공익광고로도 환경정화에 힘쓸 수 있다는 것을 배우고자 참가하게 되었습니다. 그래서 저희는 3명이 2작품을 출품하게 되었습니다. TV광고와 표지광고로 작품을 출품하였는데, 두 작품 모두 본선에 진출해서 광고설명을 하는 기회까지 가지게 되었습니다. 표지광고는 사막화와 관련된, TV광고는 토양오염과 관련된 주제의 작품이었습니다. 저는 이 활동을 통해 광고효과의 거대함을 배웠습니다. 연구뿐만 아니라 이러한 광고로도 환경오염을 줄일 수 있다는 생각을 하게 되었습니다.

또한, 프로그램을 시청할 때 무심코 보는 광고들이 많은 아이디어 속에서 많은 과정을 거쳐 창출되었다는 사실에 놀랐습니다. 저는 본래 저의 전공만을 추구하는 유형이었지만, 이 활동을 계기로 많은 것을 경험하는 것이 더 바람직하다는 것을 깨달았습니다. 현재 저의 전공과 관련해서 보았을 때 이 활동은 많은 연관성이 있었습니다. 그림을 잘 못 그려서 스케치할 때에는 다소 어려움이 있었지만, 지구온난화 이외에도 또 다른 환경문제에 대한 고찰을 해볼 수 있어서 매우 뜻 깊은 활동이었습니다. 광고경진대회는 환경 연구와는 다소 성격이 다르지만, 대학에 와서 여러 공모전 준비를 할 때에도 도움이 되고 환경에 대한 고찰을 한번 더 해볼 수 있었던 것 자체가 큰 도움이 되었습니다.

> **코멘트** 환경보전 관련 광고 디자인 대회는 심보은 학생의 진로나 적성, 관심분야 등에 큰 영향을 미쳤고 기존에는 몰랐던 새로운 사실도 깨닫게 해주었습니다. 먼저 심보은 학생은 이 대회를 통하여 자신의 주된 관심 분야인 자연 및 환경보전에 대하여 더 많은 것을 배울 수 있었습니다. 예를 들어 지구온난화 이외에도 또 다른 환경문제들에 대한 고찰을 해볼 수 있었던 점이나 사막화와 토양오염에 대해 조사하면서 더 많은 정보를 얻을 수 있었던 점 등이 있습니다. 그리고 환경에 대한 직접적인 연구뿐만 아니라 광고라는 매체를 통해서도 환경 오염을 줄일 수 있다는 것을 알게 되면서 자신의 관심분야 이외에 광고라는 다소 생소한 분야에 대해서도 배운 점이 있었습니다. 즉, 광고 효과의 위대함에 대해 배운 것입니다. 자신의 꿈을 향해 이렇게 열정적으로 활동을 한 경험은 결국 입학사정관이 심보은 학생을 선택하게 만든 이유라고 할 수 있습니다.

**Tip.** 롤모델 스토리 To.수현

# PORTFOLIO STORY | 특기 활동 1
# 학생회 활동

**고등학교 시절의 추억을 쌓다**

저는 고등학교1학년 때부터 2학년 말까지 학생회 활동을 하였습니다. 학생회를 하면서 정말 다양한 활동들을 했습니다. 가장 기억에 남는 활동 몇 가지를 말씀드리자면, 우선 환경 정화를 목적으로 1박2일로 속리산에 갔는데 거기서 쓰레기 줍는 일을 했습니다. 능선을 따라 산을 돌아다니면서 쓰레기를 주웠는데 출발 지점 근처에는 쓰레기가 별로 없더니 가면 갈수록 갑자기 쓰레기가 많아졌습니다. '환경에 대한 등산객들의 의식수준이 이 정도 밖에 안되나.'라는 생각에 매우 실망했습니다. 힘들게 많은 쓰레기를 줍고 나니 그래도 조금 뿌듯했습니다. 그러나 '시간이 지나면 다시 더럽혀지겠지.'라는 생각을 하니 다 부질없는 짓 아닌가라는 느낌도 들었습니다. 낮 동안 쓰레기 줍기를 하고 밤에는 캠프파이어를 했습니다. 이 캠프를 통해 학생회 간부들을 비롯하여 선생님들과 매우 친해질 수 있었던 계기가 되어서 좋았습니다. 전체적으로 속리산 캠프는 학생회 간부들과 친해질 수 있었던 경험이자 저에게 우리나라 환경 실태에 대해 다시 한번 생각해 보게 하는 경험이 되었습니다.

또 기억에 남는 활동으로는 학생회 활동을 하셨던 고등학교 선배님들과 함께하는 워크숍으로, 이때 스키장을 갔었는데 다시 한 번 학생회 간부들 간에 친목 도모를 할 수 있었고 선배들의 대학입시 관련 조언도 들을 수 있어서 아주 좋았습니다. 학우들의 불편사항을 접하고 해결한 적도 있습니다. 저희 학교 옆 아파트 단지와 등교 길 사이에 울타리가 있는데 이 울타리의 장미 때문에 학생들이 등교하다가 가시에 찔리기도 하고 벌레도 많아서 통학하는데 불편하다고 건의를 해 왔습니다. 그래서 장미 가지치기를 통해 이를 해결했습니다. 또 학교가 언덕 위에 있는데 겨울에는 언덕을 올라가는 길에 얼음이 얼어서 미끄러지는 사건사고가 많았습니다. 이 때문에 언덕 위에 얼어붙은 얼음을 깨는 작업을 통해서 문제를 해결했던 적도 있습니다.

**코멘트** 심보은 학생은 학생회 활동을 통해서 크게 세 가지를 얻을 수 있었습니다. 첫째는 고등학교 시절 입시에 모든 시간을 투자하다 보면 정작 그 시절에만 만들 수 있는 추억들의 중요성을 간과할 수도 있는데 심보은 학생은 자신의 관심 분야에 맞는 학생회 활동을 하면서 나름의 추억을 만들었다는 점입니다. 둘째는 학생회 활동을 하면서 만난 선배님들로부터 대학입시에 관한 조언을 들을 수 있었고, 캠프나 워크숍과 같은 활동을 하면서 우리나라 환경의 심각한 실태에 대해 다시 한번 생각할 시간을 가질 수 있었던 점입니다. 셋째는 학우들의 건의 사항을 반영하여 울타리의 장미 가지치기를 하거나 겨울에 학우들의 안전을 위해 언덕 올라가는 길에 얼어 있던 얼음을 깨는 작업을 하는 등 학생회 임원으로서 다양한 활동을 하면서 리더십을 키울 수 있었고 동시에 지도자로서의 책임감과 피 지도층의 의견에 대해 귀 기울이는 것의 중요성을 깨달을 수 있었습니다.

환경공학과 선배의 진로진학 전과정 롤모델 스토리

**PORTFOLIO STORY | 특기 활동 2**
# 수안산 생태체험활동

### 꿈을 향한 첫 날개를 펼치다

저는 초등학교 시절에 전교생이 80~90명 정도 되는 학교를 다녔었습니다. 학교 바로 뒤에 수안산이 있었는데 학교에서 항상 재량활동 시간마다 반별로 담임 선생님과 함께 수안산으로 생태체험활동을 갔습니다. 선생님께서는 수안산에서 자라는 야생초에 대해서 수업도 하셨습니다. 먹을 수 있는 풀부터 절대로 먹으면 안 되는 풀까지 모두 설명해 주셨습니다. 풀의 종류가 그렇게 많은 줄 처음 알았습니다.

그러던 어느 날 평소와 마찬가지로 재량활동 시간에 체험활동을 위해 선생님과 수안산에 올라가고 있는데 위쪽에서 연기가 나는 것이었습니다. 그래서 빨리 뛰어 올라가보니 등산객이 다녀갔는지 누군가 담배 꽁초를 무책임하게 버려서 불이 나고 있었습니다. 다행히 선생님께서 재빨리 소방서에 신고하신 덕분에 큰 화재는 막을 수 있었습니다. 이 사건 때문인지 수안산 생태체험활동이 '드림시티'라는 TV프로그램에도 나왔었습니다. 한편 저희 학교에 등나무 벤치가 있었는데 그곳에서 야외 수업도 자주 했었습니다. 물아일체라는 말처럼 마치 자연과 하나가 되어서 공부하는 느낌이었습니다. 제가 현재 환경 쪽에 관심을 많이 가지게 된 것도 아마 이때부터라고 기억합니다. 자연과 접할 수 있었던 기회가 많다 보니 자연에 대한 애착이 매우 강했고 그러다 보니 자연스럽게 환경문제에도 많은 관심을 가지게 되었습니다. 고등학생이 되었을 때는 야간 자율학습이 끝나고 집에 오면 우선 환경분야의 인터넷 뉴스부터 보는 것이 습관이었습니다. 지금 생각해보면 수안산 생태체험활동은 제가 꿈과 목표를 찾을 수 있게 해준 계기가 된 뜻 깊은 활동이었습니다. 이때부터 환경을 공부하고자 하는 제 꿈의 첫걸음이 시작된 것이죠.

**코멘트** 심보은 학생은 어린 시절 경험했던 수안산 생태체험활동처럼 자연과 함께하는 시간을 많이 가졌던 것을 계기로 환경을 소중히 생각하는 자신의 모습을 발견하고 그러한 적성에 맞게 환경공학이라는 진로를 찾았습니다. 일반적인 학생이었다면 자연 속에서 생활하면서도 진정으로 자연의 소중함을 알기란 쉽지 않을 것입니다. 오히려 주어진 환경을 당연하게 받아들이면서 자연에 무관심해지거나 심지어는 자연을 훼손하게 되는 경우가 종종 있습니다. 그러나 심보은 학생은 자신에게 주어진 환경에 대해 많은 관심을 가지고 자연을 소중히 여겼습니다. 이러한 사례를 통해서 심보은 학생은 다른 학생들이 너무 익숙하여 사소하게 여길 수 있는 주변의 것들에도 관심을 가지고 소중하게 생각할 줄 아는 태도를 지녔음을 알 수 있습니다. 자신에게 주어지는 환경에 대하여 본인의 관심분야가 아니라는 이유로 무관심하거나 오히려 그것이 당연하게 주어지는 것으로 여기고 그 소중함을 깨닫지 못하고 함부로 여기는 현대인들에게 심보은 학생이 지닌 자세는 귀감이 될 만합니다.

Tip. 롤모델 스토리 To.수현

## PORTFOLIO STORY
# 독서활동

### ●● 불편한 진실 | 엘 고어

환경에 관심이 많아지면서 그와 관련된 책을 읽게 되었고, 그 중 가장 저에게 영향을 끼친 책 중에 하나가 엘 고어의 〈불편한 진실〉입니다. 처음 접한 것은 중학교 2학년 때였지만 고등학교2학년 정독을 했습니다. 주된 내용은 지구온난화에 의한 지구상에 변화된 모습들을 논하는 책입니다. 온도상승에 따른 빙하의 녹는 현상은 어마어마했습니다. 불과 10년 전과 비교해보았을 때 그 빙하의 녹은 정도는 대단했고, 빙하시대가 닥쳤을 때에 온도변화와 현재의 온도변화가 매우 밀접해 계속해서 지구온난화가 계속된다면 빙하기가 초래될 것이라는 주장을 합니다.

엘 고어는 미국의 부통령으로 지내면서 환경문제에 매우 큰 관심을 가지고 있었습니다. 그가 왜 빙하기가 오는지에 대한 설명을 하였습니다. 제가 지구온난화라는 구체적인 전공을 선택하는 것에 대한 큰 도움을 준 책으로 환경에 관심이 있는 사람이라면 누구나 읽는 것이 좋을 것 같습니다. 환경을 전공한 사람들이 읽을 수 있는 딱딱한 책이 아니기 때문에 엘 고어가 직접 돌아다니며 찍은 사진 증거자료를 보면서 쉽게 이해할 수 있기 때문에 부담 갖지 말고 읽어 보는 게 좋을 것 같습니다. 모두들 환경에 대한 생각을 조금 중요하게 생각해 봤으면 좋겠습니다.

### ●● 사람이 무엇으로 사는가 | 토이스토리

이 책은 중학교 필독도서 중 하나여서 방학기간 필독도서를 전부 읽어 보자라는 생각으로 방학 때 읽게 되었습니다.

주된 내용은 몇 차례의 짧은 내용의 이야기가 있고, 그 모두에 주제는 사람이 무엇으로 사는가에 대한 물음입니다. 그 물음의 대한 답은 이 책의 저자는 하나님의 사랑이라고 합니다. 저는 기독교이기 때문에 이 정답에 대해 긍정적이었습니다.

모든 사람들에게 해당되는 사항이지만, 사람이 무엇을 할 때에 돈을 추구하는 메마른 마음으로 큰일을 해나가면 그것은 실패한 삶이고, 그 사람이 영향력 있는 사람일수록 피해를 보는 사람 역시 생겨날 것입니다. 제가 하고자 하는 일은 다소 경제적인 측면에서 큰 소득은 없지만, 환경에 대한 사랑과 봉사 정신을 통해 의지하고 행하는 거라 생각합니다. 이런 마음이 조금 약하다면 이 책을 읽고, 마음의 훈련을 하는 것이 큰 도움이 될 것이라 생각합니다.

환경공학과 선배의 진로진학 전과정 롤모델 스토리

### ●● 침묵의 봄 | 레이첼 카슨

고등학교 2학년 때 UCC동영상을 수업시간에 보는데 거기서 언급된 책 중에 하나가 레이첼 카슨의 〈침묵의 봄〉이었습니다.

주로 약품에 관한 내용으로 DDL과 독성물질에 의한 토양오염 그리고 사람에게 미치는 내용으로 구성되어 있었습니다. 레이첼 카슨은 원래 동화나 소설을 쓰는 사람이었는데, 어떠한 계기로 인해 이러한 저서를 만들게 되었다고 말합니다. 고엽제나 화약약품의 위험성에 대해 알아볼 수 있는 책으로 농업을 짓는 사람과 대규모의 농장을 짓는 사람들에게 읽어보기를 권합니다.

## 짧은 독서감상평 남기기

### ●● 지구가 정말 이상하다 | 이기영

이 책 역시 환경문제 중 지구온난화를 많이 다룬 작품으로, 지구온난화로 인해 생겨나는 현상들을 소개하고 있어, 저에게 지구온난화에 대한 많은 상식들을 알려준 작품이었습니다.

### ●● 나무 | 베르나르 베르베르

제가 좋아하는 작가 중에 한 분입니다. 저는 SF물을 매우 좋아하는데, 이 작가는 특이한 발상으로 이야기를 지어나가기 때문에 매우 흥미롭게 보고 있습니다.

### ●● 토지 | 박경리

고등학교에 들어와 한 종류의 대하소설을 읽고 싶었고, 그 중에서 선택한 작품이 박경리의 토지입니다. 한국작품 중 가장 읽고 싶었던 작품이 토지와 태백산맥이었는데 저는 1학년 1년 동안 토지를 읽었습니다.

### ●● 엄마를 부탁해 | 신경숙

친척 언니의 추천으로 읽게 된 책이었습니다. 제가 할머니와 같이 살면서 고등학교에 올라갈 때 할머니께서 혼자 계시게 되었습니다. 이 책을 읽으면서 외로운 엄마의 마음을 알게 되었고, 많은 슬픔을 받았습니다.

### Tip. 롤모델 스토리 To.수현

#### ●● 요노스케 이야기 | 요시다 슈이치

청춘 드라마인 요노스케 이야기는 한 남자대학생이 도쿄로 대학을 가게 되어 혼자서 대학 생활을 즐기는 내용입니다. 여러 사람들을 만나며 느끼는 감정이나, 자신이 해야 할 일이 무엇일까 알아가는 것에 대해 감흥을 느꼈습니다.

#### ●● 상실의 시대 | 무라카미 하루키

이것 역시 대학생이 학교생활을 하면서 여러 사람들을 만나며 생기는 에피소드 등을 소개로 순수문학소설입니다. 이 책을 읽으면서 나는 지금 무엇을 하고 있나 생각해 보게 되었습니다.

#### ●● 6번째 사요코 | 온다리쿠

그저 재미로 읽은 책이었습니다.

#### ●● 맛있는 햄버거의 무서운 이야기 | 에릭 슐로서

맥도날드 런치세트로 빅맥을 3800원으로 먹을 수 있습니다. 이 가격은 매우 싸서 우리가 자주 사먹는 패스트푸드입니다. 우리는 아무렇지도 않게 햄버거를 먹지만, 이 안에 들어있는 소들의 고통과 사막화에 촉진을 알려주는 책이었습니다.

#### ●● 기후의 역습 | 모집라티프

기후의 역습 역시 지구온난화에 인한 기후에 변화를 다룬 책이었습니다. 이 책들을 읽고 환경문제에 대해 고찰해보는 시간을 가졌습니다.

#### ●● 너무 더운 지구 | 데이브리

데이브 리는 한국인으로 현재 재미교포입니다. 어렸을 적부터 환경에 관심이 많아서 학교 다니는 것에 대한 의구심을 품고 학교를 가는 대신 환경 관련 비영리단체를 만들어 모피코트를 제작하지 못하게 하는 캠페인을 벌인 인재입니다. 이 책 역시 지구온난화에 대한 문제점을 적나라하게 이야기하는 저서입니다.

# APPLICATION 1
# 논 구술 면접후기

저는 논 구술 준비를 따로 하지 않았지만, 학생회활동, 워크숍참가, 또한 포트폴리오를 제작하면서 자연스럽게 제가 생각하는 것을 구술하는 연습을 하게 되었습니다. 면접을 볼 때에 가장 중요한 것은 얼마나 말을 잘하는 것이 아니라 얼마나 내 진심을 전할 수 있느냐는 것입니다. 그렇기에 공부시간을 쪼개가면서 구술공부를 따로 하지는 않았고, 오히려 내가 알고 있는 사실을 확실하게 하는 것에 더 신경을 썼습니다. 수리논술유형의 문제를 풀 때에도 기본적인 지식을 탄탄하게 하는 것에 더 집중하였습니다 그래서 어려운 질문이 나왔을 때에도 차근차근 설명할 수 있어서 도움이 되었던 것 같습니다. 면접에 들어갔을 당시 저에게 가장 큰 질문은 나중에 뭐가 하고 싶으냐는 것이었습니다. 미래에 너는 환경과를 나와 어떠한 일을 하고 싶은지에 대해 사정관님께서 물어봐 주셨습니다. 이 질문은 지난 3년간 또, 포트폴리오를 제작할 때 수도 없이 나에게 물었던 질문이라 최선을 다해 이야기할 수 있었습니다. 나의 최종적인 목표는 무엇인지, 그래서 환경학과에서 무엇을 준비해서 어떻게 할 것인지, 그 후에는 무엇을 할지에 대해서 제가 가지고 있던 생각에 대해서 쭉 설명을 드렸고, 교수님께서는 그 부분 부분에서 자세한 사안을 질문하시고 만족해하셨습니다.

면접에 임함에 있어서 무엇보다 중요한 것은 바로 자신감이라 생각합니다. 내가 준비하지 못한 질문이 나오고, 도중에 말이 꼬여도 의연하게 대처할 줄 알아야 되며 항상 면접관과 눈을 마주쳐야 합니다. 비록 내가 한 답이 틀린 부분이 있더라도 자신 있게 자신의 논리를 설명하는 것이 틀렸다고 아무 말도 하지 않는 것보다 교수님들께 더 어필하는 방법이라고 저는 판단하였습니다. 또한, 미소를 짓고 있으되, 장난 같이 보이지 않도록 주의해야 합니다.

그러기 위해서는 많은 준비가 필요한데, 제가 생각하는 가장 좋은 방법은 계속 말을 하며 연습해 보는 것입니다. 저는 포트폴리오를 제가 직접 썼지만, 한번 정독해 보고 난 뒤 예상 질문을 만들어서 연습을 해 보았습니다. 저의 경우 대략 1주일간 이러한 연습의 기간을 가졌습니다. 여러 번 말을 하니 훨씬 긴장도 덜되었고, 더 편안하게 교수님들께 말을 할 수도 있었다고 판단 됩니다.

Tip. 롤모델 스토리 To.수현

## APPLICATION 2
# 후배들에게

저의 중학교 생활은 그저 놀기 바빴습니다. 이것도 해 보고 저것도 해 보고 싶었습니다. 지금 생각해 보면 그때 그렇게 했던 것이 맞았던 것 같습니다. 저는 중학교시절 밤10시만 되면 꼭 잠이 들었고, 학교수업시간에 활발하게 학교수업을 참여하는 학생이었습니다. 그렇다고 해서 공부를 특출나게 잘하는 것이 아니라, 중상위를 유지했습니다. 미술시간이 재미있고, 음악시간이 재미있었습니다. 매 수업이 즐겁고 새로운 것을 배우는 것이 재미있었습니다. 그도 그럴 것이 저는 중학교 때 학원을 거의 다니지 않았기 때문에 배우는 것에 대한 호기심이 있었던 것 같습니다.

이것은 습관입니다. 모르기 때문에 알고 싶어 수업시간에 경청하게 되고, 그렇다고 혼자선 공부하지 않고 밖에서 돌아다니며 놀았기 때문에 공부가 질릴 틈도 없었습니다. 고등학교에 올라가서도 부족한 수학을 보충하러 잠깐 학원에 간 것만 뺀다면 학원 다니지 않고 혼자서 공부했습니다. 저는 중·고등학교 때의 시절을 후회하지 않습니다. 너무나 즐겁고, 지루했던 시간들이 없었기 때문입니다. 학교에 있는 시간이 지루하지 않았습니다. 학교에선 공부만 하는데도 말입니다. 되려 밤에 혼자서 공부하다가 학교에 와서 진이 빠져 매시간마다 자는 아이들을 종종 보았습니다. 우리모두 입시에 스트레스를 받고 있었지만, 그런 아이들은 선생님들이 보기엔 공부를 하지 않는다고 생각할 것입니다.

선생님들의 정보력을 믿어야 합니다. 자신이 열심히 하는 모습을 보여준다면 선생님들 역시 그에 걸맞은 기회를 주기 때문입니다. 저는 2학년 말이 되어서야 수능공부를 하였습니다. 다소 늦은 감이 있었지만, 충분히 따라갈 수 있었습니다. 저는 내신공부만 열심히 했습니다. 수시로 가겠다는 마음은 있었던 것은 아니지만 학교 공부를 충실히 하는 것이 옳다 생각했습니다. 제 공부비법이 그렇게 완벽하진 않다 생각합니다.

저는 성적을 올리는 대신에 더 많은 활동들을 경험해 볼 수 있었기 때문에 저한테만큼은 후회하지 않았던 방법이라고 생각합니다. 후배님들께 드리고 싶은 말은 1년 뒤에 내가 고등학교 때 왜 안 했을까?라는 생각이 들지 않도록 자기자신에 맞게 열심히 학교생활을 했으면 한다는 것입니다. 각자의 비법이 있습니다. 그것이 옳은 것이고, 그것이 공부의 왕도라고 생각합니다. 중간에 바꾸게 되면 그것만큼 좋지 않은 공부방법이 없습니다. 그러니 최선을 다해서 학교생활을 했으면 좋겠습니다.

## APPLICATION 3
# TIP

입학사정관 전형을 선택한 이유는 저에게 너무나 맞는 전형이었기 때문입니다. 하지만 입학사정관 전형은 현재 시작하는 새로운 입시전형이라서 올인할 순 없었습니다. 저는 2학년 때부터 입학사정관 전형을 준비해야겠다 마음을 먹은 뒤 그 전에 했던 활동들의 증거자료를 천천히 수집해 놓기 시작했습니다. 그래서 입시날짜가 다가와 포트폴리오를 작성할 때는 공부에 다소 지장을 가지 않도록 할 수 있었습니다.

내신은 그저 열심히 했습니다. 저는 제가 사정관전형으로 100% 붙을 수 있다고 확신을 안 했기 때문에 수능공부 역시 부족한 부분은 학원을 다니며 준비해 오고 있었습니다. 무엇이든지 한 가지라도 포기하면 안 됩니다. 대학입시에서 가장 중요한 것은 한 우물을 파는 것이 아니라 분배하는 것입니다.

전공 선택에 관련해서 가장 도움을 많이 주셨던 것은 선생님들입니다. 저는 상담과 같은 것을 매우 많이 하고 싶어했고, 많이 하였습니다. 꼭 담임선생님 말고도 제가 가고자 하는 것에 대한 전공을 가지고 있는 선생님께 찾아가 상담을 하면 환경과 관련된 활동들이 있을 때 꼭 저에게 연락을 주셨었습니다.

자기소개서에 대해서 말씀 드리겠습니다. 저는 자기소개서를 수십 번 고치고 수백 번 읽었던 걸로 기억합니다. 글을 쓴다는 것은 매우 어렵습니다. 특히 이과 학생들은 글을 쓰는 것에 대한 두려움을 가지고 있습니다. 이해가 가는 것이 이과학생들은 수업내용들이 대부분 수학문제풀이, 과학탐구이기 때문입니다. 저 역시 글에 대한 두려움이 있었습니다. 그래서 처음에는 생각난대로 쓴 뒤 고치고 고치면서 다듬어갔습니다. 선생님들께서 나중엔 너무 많이 와서 귀찮아하실 정도로 선생님들을 바꾸어가며 글 수정을 부탁드렸습니다. 지레 겁먹고, 계속해서 뒤로 미루다가 수정할 시간도 없이 급히 내야 할 경우가 있습니다. 그러니 미리미리 준비하며 글을 고쳐가며 다듬어야 합니다. 포트폴리오는 저 역시 한 번도 해 본 적이 없어 걱정을 하였습니다. 처음에 어떻게 시작해야 할지 몰라 막막해하고 있었습니다. 또한, 새로운 전형이라서 선배들의 케이스를 보기도 어려웠습니다. 그래서 저는 무작정 내가 알고 있는 내용을 전부 다 써버리자고 생각을 했고, 보고서 형식의 포트폴리오를 만들게 되었습니다.

Tip. 롤모델 스토리 To.수현

# BENCHMARKING CORNER
# 전문가 평가

심보은 학생은 현재 환경학 및 환경공학을 전공하고 있습니다. 자신이 원하는 과에 당당히 들어갈 수 있었던 가장 큰 힘은 이미 어린 시절부터 자신의 흥미나 적성, 관심사를 잘 알고 있었다는 점입니다. 그렇기 때문에 다른 학생들보다 더 빨리 자신의 전공 및 진로를 확정할 수 있었고, 그것에 관련된 활동들에도 보다 적극적으로 참여할 수 있었던 것입니다. 이러한 이력들이 축적되어 자신만의 완성된 이야기를 만들어낼 수 있었던 것이 결국 성공적인 입시를 위한 가장 확실한 전략이 되었습니다.

입학사정관 전형에서는 내신도 중요하지만 그에 못지 않게 자신이 대학 입학 전까지 쌓았던 활동 경력 또한 매우 중요합니다. 특히 그러한 활동들이 자신이 원하는 전공이나 목표에 관련된 것으로써 하나의 흐름을 만들어가는 것이 필요합니다. 심보은 학생의 경우 주요 활동 경력으로 볼 수 있는 과학탐구 토론대회 참가나 환경보전 관련 광고디자인 대회 참가 경험 등이 환경 및 자연에 밀접하게 연관된 것이기 때문에 자신의 지적인 욕구를 충족시킬 수 있었을 뿐만 아니라, 본인을 평가하는 입학사정관들에게도 해당 전공에 대한 본인의 관심과 열정을 효과적으로 보여줄 수 있었기 때문에 아주 모범적인 사례라고 할 수 있습니다. 또한 대학 입시를 위한 학업에 열중하기도 바쁠 텐데 이렇게 다양한 활동을 하면서도 학업에 소홀하지 않고 성적을 상위권으로 유지해 온 것을 보면, 굳이 내신 성적이 최상위권이 아니라 하더라도 심보은 학생이 얼마나 열정적이고 성실한지를 충분히 알 수 있습니다.

또한 전공 및 진로 관련 활동뿐만 아니라 다양한 동아리 활동이나 학생회 활동 및 시 학생위원회 활동, 봉사활동 등을 해 옴으로써 어느 한 쪽에 치우치지 않고 다방면에서 자신의 적극성과 열정을 보여주었습니다. 일련의 경험들을 통해 다양한 분야에서 자신의 능력을 시험해 볼 수 있었고, 리더십이나 사회에 대한 책임감 등 단순히 공부만 해서는 결코 배울 수 없는 소중한 것들을 얻었습니다. 끊임없이 이전의 자신보다 더 나은 방향으로 발전해 나가려고 하는 바람직한 자세를 견지한 것이 심보은 학생을 평가하는 입학사정관들에게는 상당히 매력적으로 비춰졌을 가능성이 높습니다.

환경공학과 선배의 진로진학 전과정 롤모델 스토리

# CAMPUS LIFE
# 학과생활 소개

저는 환경학 및 환경공학에 재학 중입니다 저희 과는 전반적으로 환경오염으로 인해 파괴된 자연적인 측면을 정화하기 위해 만들어진 과입니다. 환경학에서는 교직이수가 가능하고, 순수환경을 배우는 예를 들어 생태학을 배우는 과이고 환경공학과는 시스템을 배우고, 설계를 배워 공학적인 측면에서 기계를 설계하여 환경정화에 힘쓰는 과입니다. 이렇게 두 부류로 나뉘어지는데, 궁극적인 목표는 환경정화로써 같습니다. 저는 환경공학과를 이수하려고 생각하고 있고, 환경공학과를 오려면 물리나 수리에 능통해야 합니다. 공업수학을 배우는 것이 환경공학이고, 환경공학에서 ABEEK이라는 공학인증프로그램을 이수하려면 설계를 들어야 합니다. 이 ABEEK프로그램은 해외에서 많은 인정을 받는 프로그램이므로 공대를 목표로 하신다면 한번쯤 알아보고 대학을 가서 이수하는 것이 좋다고 생각합니다.

저희 과의 전체적인 분위기는 다소 자유롭습니다. 남자와 여자의 비율이 알맞아 단합이 잘 되는 편이라고 말할 수 있습니다. 우리 과의 좋은 점은 환경과 관련된 행사를 많이 한다는 것입니다. 사회적 이슈가 환경으로 변화되면서 모든 공모전이나, 대회 같은 것을 환경과 연결되는 것이 많습니다. 매년 몇몇의 학생을 선발해 환경분야를 집중해서 기르고 있는 일본을 가서 직접 교육을 받고 오고, 환경 과에 대표적인 과인 엔비스에서는 매년 환경지를 만드는 행사를 합니다.

고등학교 때는 저는 무조건 많은 시간을 소비하고, 완벽히 모든 것을 숙지하자는 주의였습니다. 영어를 정말 못했기 때문에 본문을 항상 외우고 내신시험을 보곤 했었습니다. 하지만 대학을 와서 중간고사, 기말고사를 보고나니 이제서야 대학의 스타일을 알 것 같은 기분이 듭니다. 우선 대학시험범위에 양은 어마어마합니다. 거기다가 항상 동아리활동에다가 많은 과제들을 끝내려면 시간이 턱없이 부족합니다. 방대한 양의 시험범위를 완벽히 숙지하려고 하면 안 된다는 것입니다. 대학과정을 공부할 때의 문과계열은 새로운 학문을 배우지만, 이과계열은 고등학교 배움의 연장이라고 생각하시면 됩니다. 따라서 무엇이 중요한지 알 수 있을 것입니다. 대학에서 추구하는 것은 멀티플레이에 능한 사람입니다. 그러므로 완벽히 끝내겠다는 생각 말고, 중요한 부분만 정독하며 공부해야 한다고 생각합니다.

저는 졸업을 한 뒤 우선 대학원을 들어갈 것입니다. 대학원을 들어가 연구 활동을 하며 NGO같은 곳에 들어가는 것이 저의 계획입니다.

065

Tip. 롤모델 스토리 To.수현

## CAMPUS LIFE
# 대표 강의 소개

### 인간의 가치 탐색 | 이병수 교수님

인간의 가치탐색은 경희대학교에 1학년 필수과목입니다. 말 그대로 인간의 가치를 탐구하고 찾아가는 휴머니즘을 추구하는 프로그램을 실행하면서 만들어진 신설과목입니다.

이 수업을 들으면서 많이 깨달은 것은 역시나 인간에 대해서입니다. 대학은 지적 능력을 키워야 하지만 고등교육인 측면에서 사람의 인적 소양도 훈련받아야 된다고 생각합니다. 이 수업은 쉽게 말해 그러한 인적 소양을 길러주는 수업이었습니다. 교수님께서 이 수업의 방향을 너무나 잘 이끌어가 주시면서, 물리, 미적과 같은 수업을 듣다가 와서 인간의 가치 탐색수업을 들으면 마음의 양식이 쌓여가는 느낌을 받았었습니다.

교수님께서는 항상 "열렬히 사랑하세요"라는 말을 하십니다 사랑만큼 아름다운 것은 없다고 말입니다. 저는 이 말이 가장 기억에 남는 말이었습니다. 여기서 말하는 사랑은 남녀간의 사랑뿐 아니라 부모와 자식간에 대한 사랑, 사제지간에 대한 사랑 등 모두의 사랑을 말하는 것이라는걸 수업중간에 와서야 알게 되었습니다.

단점이 있다면 과제가 다른 수업에 비해 많습니다. 초기 때는 과제를 하느라 다른 주요과목들에 소홀해지는 것 같아 속상했지만, 익숙해지면서 하기 어려운 벅찬 수업은 되지 않았습니다. 또한, 인간의 가치 탐색이라는 어려운 주제로 인해 당연하게 교재의 내용은 다소 어렵고, 무겁지만, 교수님께서 잘 설명해 주셔서 그것에 대한 장애물은 크지 않을 거라 생각합니다.

## CAMPUS LIFE
# 활동 동아리 소개

**엔비스**

저희 과는 신입생이 40명인 매우 작은 과입니다. 그래서 학술동아리인 엔비스와 GP가 있는데, 저는 엔비스에 들어갔습니다. 둘 중 하나는 거의 들어 가는 것이 저희 과의 분위기이여서 그렇게 했습니다.

저희는 일년에 한번 환경지를 제작하고 한 달에 2번 환경 관련 세미나를 엽니다. 또한 OB 선배들(졸업한 선배님)과 함께 체육대회와 등반을 즐깁니다. 환경관련지식을 더 많이 쌓을 수 있는 것 같아 특별한 활동 같습니다. 화학공학이나 환경공학에 재학하는 사람들이면 가입하는 것도 괜찮을 것 같습니다.

아무래도 동아리 활동에서 가장 재미있는 부분은 엠티라고 생각합니다. 대학에 들어와서 다소 놀랄 수 있는 것이 엠티와 같은 것을 매우 자주 갑니다. 우선 오티를 다녀오고 과엠티를 다녀온 뒤 동아리엠티를 다녀옵니다. 그리고 나서 기엠티라고 하는 동기엠티를 한 학기에 거의 다 다녀오게 됩니다. 어떤 사람들은 엠티를 가서 술을 매우 많이 먹기 때문에 부정적으로 생각할 수 있지만, 엠티를 가면서 친목을 다지고, 특히 과엠티는 교수님도 함께 가셔서 여러 가지 배울 수있는 기회가 주어집니다. 그러므로 대학 엠티는 꼭 참석하시라고 말씀 드리고 싶습니다.

행진스토리 둘

# 진로는 정보를 주는 게 아니라 꿈을 주는 것이다

고봉익의 스페셜 메시지 2
정보를 통해 '바닥'에서 '하늘'로 날아오른 영우 • 하늘로 올라가는 지식사다리를 놓다 • 꿈을 위해 정보를 보는 기준이 생긴 영진 • 정보의 바다에서 건진 진정한 나 • 꿈과 현실의 다리를 이어주는 다리 **Tip**. 롤모델 스토리 To.영우

>> 고봉익의 스페셜 메시지 2

## 진로는 정보를 주는 게 아니라 꿈을 주는 것이다

진로교육을 받은 학생들에게 나타나는 가장 특징적인 변화가 무엇인지 물어보는 질문을 받을 때면 저는 주저 없이 '열정'이라고 대답합니다. 제대로 진로교육을 받은 학생은 열정이 생깁니다. 남들과 다른 자신만의 재능을 알게 되면서 자존감도 높아지고, 이 사회에서 성공적으로 살아갈 수 있는 자신만의 길들이 보이기 시작하면서 인생을 낭비할 수 없다는 생각이 들기도 합니다. 또한 꿈과 목표가 구체화될수록 공부를 열심히 해야 한다는 생각이 들게 됩니다. 결국 진로교육을 받은 학생들은 공부도 이전보다 열심히 하게 되고 생활에 있어서도 눈에 띄게 열정을 보입니다.

최근 진로교육에 대한 관심이 높아지면서 진로교사나 진로코치가 되고자 하는 분들을 많이 만나게 됩니다. 그런데 그중 많은 분들이 직업과 학과 등에 대한 정보를 많이 알수록 전문가가 된다고 여기고 있는 것을 봅니다. 그 분들은 진로교육 전문가일수록 수많은 직업군과 학과군들에 대한 더 고급스럽고 더 섬세한 정보를 줄 수 있어야 한다고 생각하고 있으며, 심지어는 정보의 양과 수준이 곧 진로교육의 가격을 결정한다고 믿고 있어서 학생들에게 더 많은 정보를 주려고 상당한 노력을 하고 있었습니다.

그러나 분명한 것은 정보를 많이 준다고 학생들에게 열정이 생기는 것은 아니라는 것입니다. 진짜 진로 교육은 정보를 주는 것이 아니라, 오히려 학생이 직접 정보를 찾을 수 있는 방법을 알려주는 것이고, 더 궁극적인 진로교육의 목적은 열정이 생길 만한 진짜 꿈을 심어주는 것입니다. 정보 그 자체를 주고받는 것이 진로교육이 아니라는 사실을 이제 우리는 모두 깨달아야 합니다.

그리고 학생의 삶에 더 집중하는 진로교육의 본질을 잊지 말아야 합니다.

**그럴 때 학생들은 수많은 정보 중에 바로 나 자신에게 해당하는 정보를 걸러내는 힘, 그리고 그 정보가 자신에게 어떤 의미를 가지는지 판단하는 힘, 이 정보를 통해 어떤 선택을 해야 할지 결정하는 힘, 그런 힘들이 생길 것이고 그것이 진짜 진로교육입니다.**

바로 그때 '정보'는 '가치'로 바뀌어 있을 것이며 그 '가치'는 바로 열정이 생기는 '꿈'을 만들어 낼 것입니다.

## 정보를 통해 '바닥'에서 '하늘'로 날아오른 영우

"샘, 저는 비행사에 대한 꿈을 꾸며 살아왔어요. 그런데 이 영상을 보니 마치 제 모습을 보는 것 같아요. 저 역시 구체적인 정보가 부족했던 것 같아요."

"영우야, 여기서 영우가 말하는 정보는 비행사라는 '직업의 정보'를 말하는 걸까. 아니면 비행사라는 직업에 영우가 적합한지에 대한 '자신의 정보'를 말하는 걸까?"

"네? 그러고 보니 둘 다 없던 것 같은데요."

이탈리아어를 전공하는 학생이 있었다. 그는 동물 돌보기를 좋아해서 사육사가 되고 싶어 했다. 그는 사육사가 되고 싶어 프로그램을 통해 직업체험을 하게 되었다. 그런데 막상 체험과정에서 동물을 돌보는 것뿐만 아니라 올빼미를 위해 죽은 병아리를 손질하는 일을 하는 과정에서 그는 작은 충격을 받았다. 현실적인 것과 자신이 원하는 직업에 대한 이미지 사이에 정보가 다르다는 것을 알게 된 것이다. 결국 그는 사육사에 대한 직업을 다시 심각하게 고민해 보기 시작하였다.

위의 내용은 영우가 보았던 영상이다. 진로코치는 자신의 진로에 대해 막연하게 꿈을 꾸는 학생들에게 이 영상을 꼭 보여준다. 김영우 학생의 수업은 이렇게 시작되었다.
영우가 진로코치를 만나는 시점은 이미 꿈을 이루기 위해 노력하는 과정이었다. 영우에게는 항공기 기장이 되고자 하는 꿈이 있고, 그 꿈을 위해 항공고등학교를 다니고 있었다. 그런데 실제로 그 꿈을 이루기 위한 단계나 구체적인 정보에 대해서는 부족한 학생이었다. 항공고를 다니는 그 자체가 막연하게나마 위안이 되었던 것이다. 영우는 이미 오래 전부터 비행기 조종사란 꿈에 푹 빠져 있었다. 꿈에 대한 의지가 강하고 동기가 충만하지만, 그것을 이룰 수 있는 방법이나 현실에 대한 정보는 많이 부족했다. 진로코치와 영우가 먼저 시작한 일은 스스로에 대한 정보를 정확하게 파악하는 것이었다.

그런데 이 과정에서 영우는 매우 결정적인 정보 앞에서 좌절하게 되었다. 시력이 좋지 않다는 것이었다. 시력이 좋지 않은 것은 어느 정도 알고 있었지만, 그것이 항공기 기장이 되기 위한 결정적인 정보라는 것을 심각하게 생각하지 않았던 것이다. 초기에 좌절이 왔지만 영우는 그럼에도 차분하게 자기성찰의 진로수업을 지속하였다. 자기성찰 과정을 통해 자신의 성격유형과 성향을 파악하고, 자신의 롤모델인 ○○항공부기장을 만나 실제적인 기장의 업무와 그것을 이루는 과정을 듣게 되었다. 영우는 이런 과정을 통해 놀라운 사실을 깨달았다.

"지금까지 제가 막연하게 꿈꾸었던 비행사과정은, 효율적인 길이 아닌 가장 어렵고 확률이 낮은 길이었던 거죠. 롤모델을 만나서 실제적인 정보를 들으면서 깨닫게 되었어요. 그리고 비행기 기장의 업무라는 것이 그냥 하늘을 날 수 있는 자리만이 아니라, 꼼꼼하고 세심해야 하며 체계적이고 치밀하며 정확하게 업무를 처리해야 하는 자리임도 알게 되었어요."

이렇게 깊고 다양한 자기성찰을 통해, 영우는 자신이 기장으로서 적합한지에 대해 다시 진지하게 생각하게 되었다. 단순히 눈이 나빠서 기장이 못될 거라는 생각을 갖는 것은 아니었다. 객관적인 정보를 중심으로 비행기 기장의 모습을 이해하게 되었고, 그런 일에 자신이 적합한지 고민하게 된 것이다. 영우학생은 정보를 통해 좌절하기보다는 긍정적인 안목을 배울 수 있었다. 눈이 나쁜 것에 대해서도 해결할 수 있는 방안이나 대안을 마련하는 것에 대해서도 살펴보게 된 것이다.

## 하늘로 올라가는 지식사다리를 놓다

이후 영우는 구체적으로 진로설정을 해 나가게 되고, 정보를 바탕으로 꿈을 이루는 아주 현실적인 방법을 찾기 시작하였다. 꿈을 꾸며, 그것을 더 구체적으로 이루어가게 되었다. 현재 영우는 목표를 수정하였다. 비행기에 대한 정보를 바탕으로 섬세하게 비행기를 관리하는 정비사, 그리고 시력요건이 강하지 않고 자신의 시력으로도 충분히 가능한 경비행기 조종사를 목표를 설정한 것이다. 영우는 이렇게 꿈을 구체화하고 그것을 위해 자격증을 취득하며 열정을 가지고 그 길을 이루어 가고 있다. 전국청소년모형항공기대회 금상, 전국학생실내모형항공기대회 은상, 서울로봇경진대회 실내항공로봇 부문 특별상 등 항공관련대회에 출전하여 성과를 만들어냈다. 막연하게 항공기 기장을 꿈꾸다가 구체적인 정보를 만나 '항공정비사'라는 새로운 꿈을 갖게 된 영우는 결국 고등학교재학 중에 '항공기관정비기능사' 자격증을 취득하기에 이르렀다.

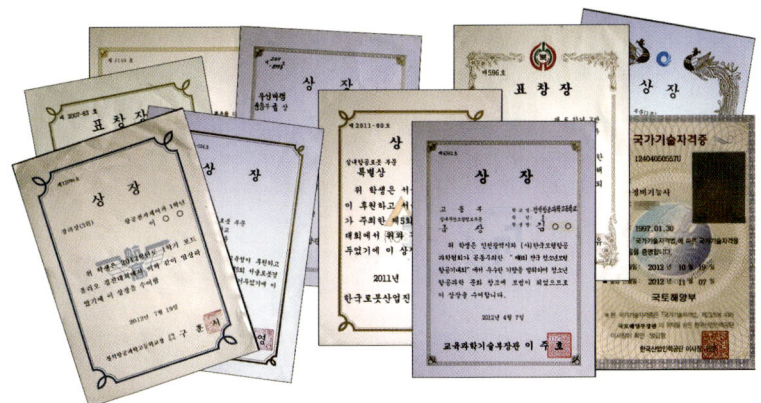

**윤정은 진로코치의 조언!**

진로를 만나는 과정은 '정보'에 근거해야 합니다. 그러나 정보 그 자체가 목적은 아닙니다. 정보를 통해 '꿈'을 검증하고 '과정'을 발견하게 도와주는 것입니다. 가장 아름다운 정보는 '할 수 없는 이유'를 찾는 게 아니라, '할 수 있는 방법'을 찾는 것입니다.

>> 생생 코칭스토리 2

## 꿈을 위해 정보를 보는 기준이 생긴 영진

진로코치가 만난 영진이는 굉장히 밝은 에너지가 느껴지긴 했지만, 외국 생활 후에 한국 생활에 적응도 어렵고 여러 가지 심리적인 문제가 있었는지 상담도 받았던 상태이다. 상담을 지속적으로 받아왔던 터라 심리검사도 많이 했었고, 자신에 대해서는 어느 정도 잘 알고 있다고 자부했었다. 처음 그를 만났을 때, 그는 자신의 꿈이 심리학자라고 했다. 진로코치는 영진이가 구체적인 정보를 근거로 '심리학자'의 꿈을 갖고 있는지 확인 과정을 가져보기로 했다. 영진이는 기본적으로 자기 자신에 대한 이해 수준이 높았다. 그래서 가볍게 그 다음 과정으로 넘어갈 수 있었다. 직업카드를 통해 다양한 직업세계의 정보를 만나는 활동을 해 보았다. 그는 8개의 카드를 골랐다. 흥미가 생기는 직업을 고른 것이다.

"직업 카드 중에서 영진이가 흥미를 가지고 있는 것들을 골라보자. 그저 좋아하는 게 아니라 어느 정도 영진이가 잘 할 수 있다고 생각하는 것, 현실적으로 해봐도 좋을 것들을 추려보면 어떨까. 그리고 그 직업을 택했을 때 영진이랑 맞는 부분과 맞지 않은 부분을 우선 써보면 좋을 것 같아."

| 직업명 | 자신에게 맞는 점 | 자신에게 맞지 않는 점 |
|---|---|---|
| 상품기획자 | 전체적인 상황 파악, 판단과 통솔, 생산량 가격 등을 결정하는 일, 상품기획, 신속성, 융통성 | 앉아서 근무, 자료수집, 외국어능력, 꼼꼼함, 책임감 |
| 이벤트 전문가 | 특성을 파악과 고객과의 협의, 진행상황 확인과 조정, 기획안 만들기. | 세부적인 기획, 빠른 판단 |
| 무대 디자이너 | 활동 감독과 지시, 세트의 시각적 효과를 위한 작가와 협의 | 컴퓨터 사용 |
| 파티플래너 | 순발력과 판단력, 전체적인 기획 및 연출 총괄, 공간연출 감각, 사교성, 목적에 맞는 원활한 진행, 타인에 대한 관심과 배려 | 실수의 심각성, 꼼꼼함, 자기통제 |
| 인테리어 | 이용자의 특성 파악, 적절한 조명과 가구 배치, 협의, 미적 감각, 공간 지각력, 관찰력, 현장감독, 실무능력 | 업무량 과부하, 꼼꼼함, 노력 |

| | | |
|---|---|---|
| 디자이너<br>웨딩플래너 | 상품정보 및 자료 안내와 선택 돕기, 협의, 좋은 물건을 고르는 안목, 업무처리 신속성, 정직함 | 서비스지향, 꼼꼼함, 세심함, 성실성, 책임감 |
| 쥬얼리<br>디자이너 | 손재능, 공간시각능력, 소비자의 취향과 유행흐름과 요구 분석, 창작열, 열린 사고, 센스와 감각, 선택적 집중력, 융통성 | 체계적인 교육과 훈련, 품질 관리, 노력하는 자세, 실내근무, 꼼꼼함 |
| 의상<br>디자이너 | 미적 감각, 손재능, 공간시각능력, 자료 수집, 창의력, 감각, 분석과 파악. | 인내심 |

영진이는 자기 자신에 대한 정보를 많이 알고 있었지만, 그런 자신에게 맞는 직업을 찾는 과정에 대한 정보를 소홀히 해왔다. 진로코치를 통해 직업의 정보를 만나는 방법을 배웠고, 단순히 정보를 접하는 것에서 머무르지 않고, 그 정보를 어떻게 자신의 관점으로 해석하는지 경험할 수 있었다. 그날 저녁 영진이는 진로카페에 이렇게 글을 남겼다.

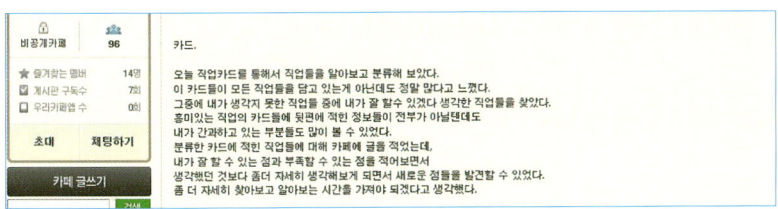

"오늘 직업카드를 통해서 직업들을 알아보고 분류해 보았다. 이 카드들이 모든 직업들을 담고 있는 게 아닌데도 정말 많다고 느꼈다. 내가 이전에 전혀 생각지 못했던 직업들이 많았다. 그 중에서도 내가 잘 할 수 있겠다 생각한 직업들을 찾았다. 흥미 있는 직업의 카드들에 뒤편에 적힌 정보들이 전부가 아닐 텐데도 내가 간과하고 있는 부분들도 많이 볼 수 있었다. 분류한 카드에 적힌 직업들에 대해 카페에 글을 적었는데, 내가 잘 할 수 있는 점과 부족할 수 있는 점을 적어보면서 생각했던 것보다 좀 더 자세히 현실적으로 생각해보게 되면서 새로운 점들을 발견할 수 있었다. 좀 더 자세히 찾아보고 알아보는 시간을 가져야 되겠다고 생각했다."

진로코치는 영진이에게 다른 과제를 주었다. 인터넷 진로탐색사이트를 통해 직업정보를 더 찾아보고, 자신의 관점에서 분석해 보라는 것이었다. 그런데 단순히 사이트주소를 던져 주지 않고, 구체적인 기준점을 제시해 주었다.

"워크넷을 통해서 자신의 '직업흥미유형'에 대해 확인하고 이에 따라 추천받은 직업 중에 자신의 흥미에 맞고, 하고 싶은 직업을 조사해 보렴. 그리고 커리어넷에서는 '진로적성'에 대해 자신의 탐색결과를 확인해 보고, 이에 따라 추천받은 직업을 같은 방식으로 찾아보자."

| | 직업명 | 자신에게 맞는 점 | 자신에게 맞지 않는 점 |
|---|---|---|---|
| 워크넷 | 이미지 컨설턴트 | 미적 감각, 대인관계, 열정, 심리상담, 외부고객 대하기와 조율과 이끌기, 말하기 | 타인의식 |
| | 패션 코디네이터 | 공간시각능력, 유행흐름 분석, 순발력, 대인관계, 디자인 제작 능력, 순발력, 신뢰감 | 인내심과 강한 체력 |
| 커리어넷 | 이미지 컨설턴트 | 대인관계, 심리파악, 장단점 및 문제점 분석과 파악, 적합한 새로운 이미지를 창조해낼 수 있는 창의력과 감각, 신뢰감, 적극적인 관계능력 및 의사소통능력 | 스트레스 감내성 |
| | 캐스팅 디렉터 | 공간시각능력, 창의력, 대인관계능력, 사람을 볼 수 있는 안목, 원만한 대인관계 | 배우의 스케줄 관리 |
| | 제품 디자이너 | 손재능, 공각시각능력, 창의력, 소비자의 취향과 심리 파악, 표현력, 기획력, 디자인 개발 | 업무량 과부하, 스트레스 감내성, 체계적인 교육과 훈련, 섬세함 |

영진이는 갑자기 너무나 많은 정보를 만났다. 그래서 머리가 아팠다. 하지만 한편으로 안심하였다. 이러한 과정이 없이 막연하게 꿈을 꾸다 맞닥뜨리게 되었을 자신의 미래를 생각해 보니 지금의 고민이 그리 나쁘지 않다는 것이다. 그런데 만약 이렇게 정보를 해석하고 가치를 만들어내는 기준을 몰랐다면 어떠했을까. 직업세계에 대한 정보를 알아보고 분석하는 과정을 거치면서 영진이는 한 가지 특이한 점을 발견하였다.

"직업카드와 사이트 등을 통해 정보를 읽고 선택한 뒤에 분석한 내용들을 보니, 주로 저의 관심직업이 실용디자인 쪽으로 몰린다는 것을 깨달앗어요. 또한 제가 선택한 직업명과 분석한 내용을 보니 주로 사람과 관련된 심리분야가 겹치는 것 같아요. 제가 정리한 내용을 읽으면서 사람과 심리 부분에 붉은색으로 표시를 해 보니 정말 거의 대부분에 그런 내용이 들어 있었어요!"

|  | 직업명 | 자신에게 맞는 점 | 자신에게 맞지 않는 점 |
|---|---|---|---|
| 워크넷 | 이미지 컨설턴트 | 미적 감각, 대인관계, 열정, 심리상담, 외부고객 대하기와 조율과 이끌기, 말하기 | 타인의식 |
|  | 패션 코디네이터 | 공간시각능력, 유행흐름 분석, 순발력, 대인관계, 디자인 제작 능력, 순발력, 신뢰감 | 인내심과 강한 체력 |
| 커리어넷 | 이미지 컨설턴트 | 대인관계, 심리파악, 장단점 및 문제점 분석과 파악, 적합한 새로운 이미지를 창조해낼 수 있는 창의력과 감각, 신뢰감, 적극적인 관계능력 및 의사소통능력 | 스트레스 감내성 |
|  | 캐스팅 디렉터 | 공간시각능력, 창의력, 대인관계능력, 사람을 볼 수 있는 안목, 원만한 대인관계 | 배우의 스케줄 관리 |
|  | 제품 디자이너 | 손재능, 공각시각능력, 창의력, 소비자의 취향과 심리 파악, 표현력, 기획력, 디자인 개발 | 업무량 과부하, 스트레스 감내성, 체계적인 교육과 훈련, 섬세함 |

### 정윤경 진로코치의 조언!

진로활동의 과정에서 만나는 '정보'는 그 자체로 의미를 가지지는 않습니다. 결국은 전문가들이 정리해 놓은 정보일 뿐입니다. 그 정보를 학생의 입장에서 구분하고, 분류하며 선택하고 판단하는 작업이 필요합니다. 그런 과정에서 비로소 '정보'는 '꿈'으로 연결되는 것입니다.

## 정보의 바다에서 건진 진정한 나

영진이는 '실용디자인'과 '심리'라는 자신만의 직업탐색 기준을 깨달았다. 이제 어떤 직업정보를 보아도 자신의 기준으로 그 직업을 분석할 수 있는 힘을 깨닫게 된 것이다. 그런데 영진이에게 예상치 못한 변화가 일어났다. 정보가 없어 막연하던 때와는 달리 자꾸 마음속에서 이런 저런 '열정'이 꿈틀거리는 것이었다. 스스로 정보를 만나는 방법을 이해한 뒤로는 시키지 않아도 직업정보들을 탐색하기 시작하였다. 그러던 중 영진이는 결정적인 정보를 만났고, 흥분을 감추지 못한 채 진로코치를 만나러 갔다.

"쌤, 정말 점점 하고 싶은 열정이 막 생겨요. 그런데 어떡하죠? 이미지 컨설턴트란 건 이번에 처음 들어보는데 계속 관심이 가고 너무 재미있을 거 같아요."

"이전에 다른 직업들을 탐색할 때 공통적으로 적용된 너의 기준과도 맞는 거 같니?"

"네! 실용디자인과 심리와도 딱 맞아요."

"혹시 지난주에 케이팝스타2에서 이미지컨설턴트 나왔었는데, 봤니?"

"아뇨. 못 봤어요."

"기획사에서 한 명 한 명 이미지 컨설팅해 주는 거 나왔거든."

"그래요? 한번 다시 영상 찾아봐야겠네요. 아직 이미지컨설턴트가 어떤 직업인지 정확히 자세히 찾아보지는 않았어요."

"그럼 오늘은 그 이미지컨설턴트에 대해서 집중적으로 알아보도록 하자. 일단, 찾은 정보 중에서 기사에 나왔던 분 검색해보자. 그러면 일단 그분이 운영하는 회사나 이런 거 정보를 얻을 수 있을 거 같은데."

"네, 정연아 씨였어요."

영진이는 이미지컨설턴트를 양성하는 기관의 홈페이지를 찾아갔다.

"이미지컨설턴트에 대해 좀 더 알아보고 직접 이미지컨설팅을 받아볼 수 있는지도 찾아보고 번호도 사진으로 찍었다. 내가 상상만 했던 직업이 진짜 있다는 것이 신기했고 흥분되었다. 정말 그 자리에서 로켓트가 되어 발사되는 느낌이랄까?

정말 이 직업을 갖는다면 행복할 것만 같다. 이미지컨설턴트는 내가 할 수 있는 가장 아름답고 매력 있는 직업이다. 꼭 이미지 컨설턴트만 하는 것이 아니라 이미지 컨설턴트가 되어 심리 쪽으로 또 무언가를 할 수 있고 미술 쪽으로 무언가를 더 할 수 있다는 게 마음에 들었다. 한 가지 직업이지만 사실은 여러 일을 할 수 있다는 것에 너무 좋았다."

## 꿈과 현실의 다리를 이어주는 다리

그날 이후, 영진이의 진로수업은 그야말로 '스스로 활동'이었다. 진로코치는 영진이가 스스로 진행하는 과정을 지켜보고, 들어주고, 조정해 주는 역할만 해 주었다. 일주일 후 영진이가 장문의 글을 진로카페에 올렸다.

나는 꼭 성균관 의상학과에 가야 한다. 왜 성균관일까. 난 이미지컨설턴트가 되고 싶다. 한번 마음이 꽂힌 것에는 고도의 집중력이 발휘되는 내 장점으로, 고용노동부사이트에 들어가 보기 시작해서 커리어넷도 들어가 보고 기타 다양한 정보 찾기에 매진하였다.

처음에는 물론 부진했다. 나는 정말 한 사람에게 그 사람에게 맞는 긍정적인 이미지를 주고 싶다. 또한 그 이미지가 그저 겉으로만 꾸며진 것이 아닌 진정한 모습으로 내면의 아름다움까지 찾아주고 싶었다. 나는 사람을 무척이나 좋아하지만 많은 사람들을 보며 안타까움을 느낀 적이 많았다. 내가 본 대부분의 사람들은 다른 어느 사람도 가질 수 없는 장점을 갖고 있음에도 자신을 모르고 혹은 알면서도 잘 활용하지 못하고 있었기 때문이다. 이러한 점들을 적절히 꺼내면서 한 사람 한 사람 개개인에게 맞는 매력과 더불어 활력과 생기를 넣어주고 싶다. 그 꿈을 이루기 위해 나는 관련된 학과를 가진 학교들을 찾아보았다. 나에게 학교 네임벨류가 중요하지 않다 생각했지만 아빠에게 인정받고 싶은 그런 마음일까? 중요했다. 사람들에게 인정받는 것은 나에게 중요했다.

그래서 서울에 있는 대학이란 대학, 모든 사이트를 뒤져 보았다. 서울대, 고려대, 연세대, 서강대, 경희대, 한양대, 중앙대 미술로 유명한 국민대, 홍대 다 찾아보았지만 성균관 의상학과를 제칠 만큼 와 닿거나 꽂히는

## 생생 코칭스토리 2

곳을 찾아볼 수 없었다.

내가 왜 꽂혔을까. 이미지컨설턴트는 보통 미술학, 심리학 쪽으로 나온 사람들이 많았다. 미술대학교를 나온 사람들도 많았다. 나에게도 미술이란 어렸을 때부터 아무것에도 흥미 없던 내게 유일한 매력적인 무언가이었다. 심리, 경영, 요식업에도 관심이 있지만 미술을 따라 오진 못했던 것 같다.

일단 연세대에는 미술 대학이 없었다. 서울대 물론 유명하고, 고려대는 미술학과 쪽이 있었다. 하지만 다가오지 않았다. 내가 원하던 미술은 이런 게 아니었다. 국민대 홍대를 찾아보았지만 나의 흥미를 다 채워 주지 못했다.

그러던 중, 성균관대학교의 해당학과 홈페이지를 처음 보는 순간부터 느낌이 좋았다. 교과과정에 들어가는데 프로그램부터 세련되게 해놓았다. 곧바로 주관대학인 예술대학을 들어갔다. 디자인학과 예술대학 미술학과 등 천천히 읽어 보았다. 그중 의상학과를 들어가 교과과정을 찬찬히 보는 순간 '내꺼다!!!' 하고 생각이 되었다. 사회적기업의 이해와 경영, 패션과 문화, 크리에이티브 패션디자인... 생각만 해도 흥미롭고 꼭 성균관 의상학과에 들어가고 싶다는 생각이 깊이 파고들면서 막 침이 나왔다. 새벽까지 잠도 잊은 채 몰입하였다. 그때부터 나는 성균관의 인재가 되고 싶었다.

> **정윤경 진로코치의 조언!**
> 진로활동에서의 '정보'는 '꿈'과 '현실'사이의 다리역할을 합니다. 가장 빛나는 정보의 가치는 그 정보가 '종이'에 적힌 숫자와 검사결과가 아니라, 꿈과 현실 사이의 격차를 깨닫고 그 격차를 극복하기 위한 현실의 '목표'로 만들어질 때 제 역할을 하는 것입니다.

**Tip.** 롤모델 스토리 To.영우

"비행정비사와 경비행기조종사의 꿈을 꾸는 영우에게 기계항공공학부 박상형 선배의 스토리를 소개합니다. 다양한 봉사, 동아리, 체험활동을 자신의 진로를 주도적으로 만들어 간 선배의 성공스토리를 통해 하늘을 나는 영우의 꿈이 꼭 이뤄지기를 기대합니다."

## HISTORY / HERSTORY
# ROADMAP

|  | 중등 | | | 고등 | | |
|---|---|---|---|---|---|---|
|  | 1 | 2 | 3 | 1 | 2 | 3 |
| 자율체험 활동 |  | 광주시 영재 교육 |  |  | 창의적 글로벌 리더십 캠프 | 진중권 강연 |
| 동아리 활동 |  |  |  | 교내 과학 동아리 DISCOVER | | |
| 봉사 활동 | 행복 재활원 봉사 | | |  | 헌혈 | |
|  | | | | | 빛고을 요양원 봉사 | |
| 진로 활동 |  | 직업 체험 캠프 | 대전 엑스포 방문 |  | 과학 탐구 대회 | 캠퍼스 투어 |
|  |  |  |  |  | 멘토링 |  |
| 특기 활동 |  |  |  |  | C 언어 독학 | 캠퍼스 투어 |
| 독서 활동 |  |  |  |  |  |  |

## HISTORY / HERSTORY
# 성장과정

저는 두 형제 중에 차남으로 태어났습니다. 어렸을 때부터 영화를 좋아하는 아버지, 어머니에 이끌려 자연스럽게 많은 영화를 보며 자랐습니다. 되돌아보면 지금까지 참 많은 영화를 보며 자란 것 같은데 그 중에서도 A.I. 라는 영화가 가장 기억에 남습니다. 볼트, 너트와 회로로 만들어진 기계에 불과한 로봇이 인간과 마찬가지로 감정을 느끼고 생각할 수 있다는 것에 충격을 받았습니다. 물론 그때 당시에는 상상력을 바탕으로 만들어진 영화일 뿐 그것이 현실에서 가능하기는 참으로 힘들어 보였습니다. 그러나 언젠가 과학기술이 많이 발전한다면 그러한 로봇을 만들어내는 것도 가능하지 않을까 하는 생각이 들었습니다. 그리고 그것을 가능하게 하는 주인공이 다른 누가 아닌 바로 제가 되고 싶다는 생각을 하게 되었습니다.

그래서 그 영화를 본 후 저는 로봇공학자라는 꿈을 가지게 되었습니다. 최근에 나온 영화 중에서 아이언맨이라는 영화는 다들 아실 것입니다. 그 영화의 주인공 토니 스타크라는 인물이 저의 롤 모델입니다. 그 이유는 일단 그가 다른 여러 명의 과학자가 모인 연구진들보다도 더 뛰어난 명석한 두뇌와 지적 능력을 가졌을 뿐더러, 일단 자신이 마음을 먹으면 주위에서 뭐라고 하든지 아랑곳하지 않고 자신의 목표를 이루고 마는 그 집념이 멋지다고 생각하기 때문입니다.

이러한 매력적인 모습은 여러분도 반하기에 충분하다고 느껴집니다. 비록 현실에 존재하지 않는 인물이지만 그 존재여부와 관계없이 그 인물이 가진 성격과 특징은 공학도라면 누구나 본받고 싶을 것이며 그러한 점이 저를 매료시켰습니다. 이 인물을 보면서 저도 '하고 싶은 일을 하되 일단 한 번 시작한 일은 절대로 그만두지 말자.'라는 좌우명이 생겼습니다.

Tip. 롤모델 스토리 To.영우

## HISTORY / HERSTORY
# 성공전략

박상형 학생이 로봇 공학자라는 자신의 꿈을 이루기 위한 그 첫 단계로 본인이 원하는 대학의 원하는 학과에 성공적으로 들어갈 수 있었던 것에는 몇 가지 성공의 포인트가 있습니다.

우선 적극적으로 교내 과학 동아리에서 활동한 경험을 통해 로봇 공학 분야에 대한 본인의 흥미와 지적 욕구를 효과적으로 충족시킨 것을 들 수 있습니다. 지도 선생님과 선배들과의 협력을 통해 다양한 실험을 하거나 지식을 쌓고 그것을 바탕으로 장치를 만들어 봄으로써 공학의 기초를 배울 수 있었습니다.

특히 박상형 학생이 다양한 의견을 제시하고 적극적으로 참여하며, 많은 실험들을 주도해 나간 점은 면접 시에도 본인의 자신감으로 드러났을 것입니다. 동아리 활동을 통해 여러 로봇을 만든 것은 직접적으로 본인의 미래 진로에 대한 탐구를 할 수 있었던 기회였습니다. 아울러 실험이 성공할 때는 성취감을 느꼈고, 실패할 때는 그것에 좌절하지 않고 교훈으로 삼는 긍정적 자세를 보였는데 이 역시 면접 등의 과정에서 학생을 평가할 때 긍정적인 요소로 작용했을 것입니다.

또한 다양한 진로 활동이나 특기 활동을 통해 과학 및 공학 분야에 대한 자신만의 독창적인 스토리를 완성시켜 나간 점을 주목해야 합니다. 박상형 학생의 로드맵을 살펴보면 여타의 학생들에 비해 유달리 진로 활동과 특기 활동의 종류가 상당히 많고 다양한 것을 알 수 있는데 그러한 각각의 활동에 자율적이고 적극적으로 참여함으로써 해당 분야에 관한 소중한 지식을 획득하고 공학자로서 한 걸음 더 나아갈 수 있는 기회로 삼은 것은 비슷한 진로를 꿈꾸고 있는 학생들이 가히 본받을 만한 부분입니다.

항공학과 선배의 진로진학 전과정 롤모델 스토리

## PORTFOLIO STORY | 자율체험활동 1
# 창의적 글로벌 리더십 캠프

### 진로 발견의 장(場)

진로선택의 갈림길에 서 있던 때에 카이스트에서 이공계진학을 목표로 하는 과학고 학생과 일반인 학생들을 대상으로 주최하는 캠프가 있다는 정보를 듣고 진로선택에 도움을 받을 수 있을 것 같다는 생각에 참가하게 되었습니다. 카이스트의 홍보동아리인 카이누리의 형, 누나들이 조교로 참여하여 3박4일간 진행되었던 창의적 글로벌 리더십 캠프에서는 조별로 경쟁 프로젝트를 경합하고 카이스트 학과 및 LAB탐방, 교수님의 전문 강의 등 현장감 있는 내용으로 진행되었습니다. 특히, 카이누리 조교님들로부터 학과 선택의 경험담과 조언을 들을 수 있었다는 점이 가장 큰 장점이었습니다. 저와 비슷한 고민을 했던 인생 선배들이어선지 공감대 형성이 잘 되었고 대화를 통해 저에게 적합한 학과에 대해 가닥을 잡을 수 있었습니다.

이공계를 지원하고자 하는 친구들과 함께 이공계 자원의 중요성과 장래에 대한 교수님의 강의를 듣고 LAB을 탐방해서 연구내용에 대한 설명을 들으면서 마치 학과 생활의 단편을 미리 체험하는 것 같다는 생각이 들었습니다. 가장 흥미로운 프로그램은 12개의 조별로 자동차를 만들어서 릴레이 카트 경주를 하는 카레이싱이라는 경쟁 프로젝트였습니다. 저희 조는 모터와 수수깡, 빨대, 종이컵 등으로 자동차를 만들었는데 똑같은 재료로 더 빠른 속도를 내기 위해 서로 알고 있는 과학적 지식을 총동원하여 각종 아이디어를 내고 직접 만드는 과정에 경기라는 재미요소까지 더해진 활동이었습니다. 아이디어 하나로 성능이 천차만별 달라질 수 있는 기계의 매력을 알게 되면서 진로 방향 중 하나로 염두하고 있던 기계공학과에 대해 더 진지하게 생각하게 되었고 저희 조를 담당했던 조교 형에게 기계공학과에 대한 정보와 조언을 들으면서 진로 결정을 하는데 근접할 수 있었습니다.

**코멘트** 수시전형이 활성화되면서 캠프 프로그램 또한 다양해짐과 동시에 학생들의 선택의 폭이 넓어졌는데 이는 캠프를 선택하는 것도 하나의 전략이 되었음을 의미합니다. 가장 좋은 선택은 본인의 진로 배경과 유사한 성격의 프로그램에 참가하는 것입니다. 진로를 결정했을 경우 본인이 원하는 분야를 집중적으로 체험할 수 있는 특화된 캠프에 참여하여 사정관들에게 진로 탐색을 위한 노력의 과정을 보여주고 진로 선택을 하지 못한 학생의 경우 인문, 사회, 과학, 예체능 등의 넓은 카테고리 중 본인이 관심 있는 분야에 참가하여 그 속에서 자신의 진로를 발견하려는 일련의 과정을 보여주서 캠프 참여의 의미, 의의를 강조하는 것이 효과적인 전략입니다. 여러분도 자신이 관심을 가지고 있는 분야에 적극적으로 참여하여 스스로의 진로를 발견하고 그것을 자신만의 스토리로 잘 엮어 성공적으로 입시에 대비하기를 바랍니다.

**Tip. 롤모델 스토리** To.영우

**PORTFOLIO STORY | 자율체험활동 2**
# 광주시 영재 교육

**공부, 이렇게 즐길 수도 있다!**

중학교 2학년 때부터 수학, 과학에 관심과 재능을 확인하던 도중 과학고에 다니던 형을 따라서 우연히 시 영재교육원의 수업을 청강하게 되었는데 기존 수업방식과는 다른 접근을 하는 것을 보고 영재교육원에 지원하게 되었습니다.

영재교육원에서 주관하는 시험에 합격하여 본격적으로 시 영재교육원에서 영어, 수학, 과학을 배우게 되었는데 영어수업의 경우 단어암기와 독해 위주의 수업에서 벗어나 리스닝과 스피킹을 중점적으로 공부하였고 수학은 Ti계산기를 써서 그래프를 그리고 스스로 기하도형의 모형을 만드는 등 능동적 체험 위주의 수업을 했습니다. 특히, 과학 수업은 일반적으로 이론을 배운 이후에 실험을 하여 이론을 이해하도록 진행되는 것과 달리 역으로 먼저 실험한 후 이론에 대해 탐구하는 방식의 수업으로 진행되었습니다.

시 영재교육을 받으면서 저에게 가장 영향을 준 것은 '실험정신의 필요성'입니다. 타율적이고 수동적으로 학습하는 이전의 태도에서 벗어나 실험정식을 가지고 능동적으로 참여하는 것이 연구의 기초이자 학업의 기폭제가 된다는 것을 깨닫고 특이한 현상이나 난해한 문제를 발견하면 스스로 그것을 실험 탐구해서 이해하는 습관을 가지게 되었습니다. 실험하는 습관을 들이게 되면서 해당 문제에 대해 이해력, 기억력이 상승하게 되었고 주변 환경에 대한 관찰력도 좋아지게 되었습니다.

**코멘트** 물리적, 환경적인 한계로 이론 위주의 수업이 진행되는 교내 수업 외에 실습 환경을 체험하고 실험정신을 북돋을 수 있는 교외 수업에 참가하는 것은 학생의 자율성을 독려하는 특성화된 활동입니다. 공부에 대한 접근방식을 달리하여 학업에 대한 시선의 방향을 전환시키는 것은 학원이나 과외수업으로는 배울 수 없다는 점에서 의미 있다고 할 수 있습니다. 암기와 이론 위주로 내신, 수능을 준비하기 때문에 학업을 탐구하는 자세와 호기심을 가지고 적극적으로 해결하고자 하는 태도를 지닌 학생들을 보기가 어려운 게 사실입니다. 때문에 교외에서 진행되는 학술활동을 선택할 때에 기존 학습 프로그램과는 차별화된 커리큘럼을 선택하여 공부를 즐기는 방법을 배우는 것이 중요합니다. 입학사정관제에서는 입시 위주의 타율적인 학습태도를 가진 학생들보다 주도적인 마인드와 탐구하고자 하는 자세를 지닌 학생을 선호하기 때문입니다. 사정관제에서는 성적 외에도 학생의 가능성과 학습에의 성향 또한 중요한 평가 기준이 된다는 것을 반드시 인지해야 합니다.

항공학과 선배의 진로진학 전과정 롤모델 스토리

**PORTFOLIO STORY | 자율체험활동 3**
# 진중권 강연

### 책 속의 화자를 직접 만나다

해마다 학교에서 명사초청 강연회를 여는데 그 중 가장 기억에 남은 강연은 진중권 전 중앙대 교수님의 강연회입니다. 진중권작가의 애독자이신 국어선생님께서 수행평가로 미학오디세이를 읽어오도록 하셨기 때문에 진중권 교수님 특유의 날 선 화법과 예리한 통찰력을 어느 정도 알고는 있었지만 실제로 강의를 들어보니 역시 예상했던 만큼 도전적이고 신선했으며 기존의 강연에서는 들을 수 없었던 신랄함과 비판적인 해석으로 학생들의 반응이 가장 뜨거웠습니다.

일탈, 도전, 다양성을 주제로 지금의 학교를 우수한 학생을 찍어내는 공장으로 비유하시면서 똑같은 환경에서 똑같이 책상 앞에만 앉아 있으면 고만고만해져서 도태될 수 밖에 없다는 것, 사람은 익숙함을 벗어나는 것에 대한 두려움을 가지고 있어서 자신의 바운더리 안에서 쉽사리 나오지 않으려는 성향이 있는데다가 색다른 분야로의 일탈을 시도하는 사람들에게 유달리 곱지 않은 시선을 보내는 유교적인 뿌리에서 답습된 사회분위기 때문에 어린 학생들조차도 몰개성화되어버리는 것이 청소년들의 현주소라는 것, 낯설더라도 조금 다른 분야에 눈을 돌리는 것이 학생들이 가진 특권임을 각성시켜 주었습니다.

기존의 틀 속에 갇혀 있던 저에게 신선한 자극을 주었던 이 강의는 저로 하여금 우물 안 개구리의 생활에서 벗어나 학업 외 다른 특기를 기르고 싶다는 의욕을 가지게 해 주었고 다양성을 키우기 위해 C언어에 도전을 하게 해 준 계기가 되었습니다.

**코멘트** 공격적인 어투와 직설적인 화법으로 유명한 진중권은 최근 문화계, 스포츠계에서 대두된 전체주의와 파시즘을 비판하는 과정 가운데 논란의 중심에 서게 되어 토론의 주체로써 유명세를 떨쳤던 그가 네티즌들 사이에서 토론의 주제가 되는 등 토론문화에 있어 하나의 아이콘으로 부상된 비평가입니다. 유명한 평론가의 강연이나 본인의 진로 분야에서 활동하는 분들의 강연을 찾아서 듣는 것은 적극적인 활동의 일환으로 특정 분야에서 성공한 사람들의 강연을 통해서 도전의식을 북돋우며 진로의 포부를 다지는 등 적극적으로 배우고자 하는 마인드의 소유자라는 것을 어필하는 것이 중요합니다.

강연 관련 포트폴리오 작성시 학생들이 자주하는 실수는, 추상적인 느낌 위주로 작성하고 강연을 통해 얻게 된 결과물 또한 구체적이지 않다는 것입니다. 강연을 통해 느낀 바를 적을 때에는 강연에 대한 소감 외에도 그것을 실생활에 어떻게 적용시켰는지에 중점을 두어 구체적으로 명시해야 합니다. 이것은 실천과도 맥락이 통하므로 본인이 느낀 바를 몸소 실행했음을 어필하는 요소로 부각시키는 것이 효과적인 작성 방법이라고 할 수 있습니다.

**Tip.** 롤모델 스토리 To.영우

## PORTFOLIO STORY | 동아리 활동 1
# 교내 과학 동아리 DISCOVER

**기계공학도의 첫 발**

저희 고등학교는 동아리활동을 장려하지 않는 편이어서 동아리가 활성화되어 있지 않은 편이었는데 실험 동아리가 신설된 것을 알고 과학에 관심이 많던 저는 DISCOVER라는 교내 과학 실험 동아리에 들어갔습니다. 모두 경험이 없는 상태에서 출발한 것이기 때문에 처음에는 어떻게 동아리를 운영해야 하는가에 대해서도 고민이 많았고, 또 활동을 할 때에도 여러 가지 시설적인 측면에서 제약도 있었습니다.

첫 실험은 반사에 대한 실험으로 선풍기를 이용하여 회전하는 거울 두 개를 이용하여 Lissajous곡선도형을 그리는 레이저 쇼 장치인 Holography를 만드는 것이었습니다. 신입생이 저 혼자여서 긴장하면서 실험에 임했는데 선생님, 선배님들이 먼저 저의 의견을 여쭤봐 주시고 제가 낸 아이디어를 반영해 주시는 등 적극적으로 실험에 참여하도록 배려해 주셨습니다. 제가 냈던 의견이 실패로 이어질 때는 조언과 격려로, 성공했을 때에는 성취감을 북돋워주셔서 실패를 두려워하지 않고 실험에 임하는 적극적인 태도를 배울 수 있었던 것 같습니다.

나중에는 제가 실험을 주도하는 기회를 주셔서 '마인드 스톰'이라는 기구를 이용하여 축구 로봇과 미로 탈출 로봇 등 여러 로봇을 만들게 되었습니다. 이공계를 진로로 삼았지만 구체적으로 어떤 학과에 지원해야 할지 망설이던 저는 과학동아리 활동을 하면서 기계, 로봇, 선박, 항공기 등에 흥미를 가지게 되었고 순수화학보다는 응용과학이 저의 적성에 맞는다는 것을 알게 되었습니다. 다양한 실험활동을 하다 보니 자연스럽게 기계공학에 관심을 가지게 되었으며 여러 사람들과의 협동 속에서 이루어지는 하는 실험을 하면서 기계공학도가 가져야 하는 기본 소양인 유기적인 협력성을 체득할 수 있었습니다.

**코멘트** 자신의 미래와 진로에 대한 탐구를 목적으로 동아리 활동을 하는 것은 개인의 특화된 능력을 향상시킬 뿐만 아니라 해당 분야를 공부함에 있어 갖추어야 하는 기본 소양과 마인드를 깨닫게 된다는 데에 의미가 큽니다. 입학사정관제는 지망하는 학과에 입학하기 위해 구체적으로 어떠한 활동을 하였는지 외에도 해당 학과 학생이 지녀야 하는 태도를 배양하고 있는지 또한 평가항목에 포함되기 때문입니다.

특히, 이공계 등 일반 학과와는 달리 전문성이 요구되는 학과의 경우 연구적인 자세와 학문 메커니즘에 대한 이해도가 중요한 평가 기준이 됩니다. 이것은 활자화 된 공부를 통해서 습득하는 것이 아니라 해당 분야와 관련된 활동을 통해서 습득할 수 있는 것으로 동아리 활동서를 작성 시, 구체적인 실험 내용과 더불어 해당 학문을 바라보는 본인의 시각이 어떻게 변화되었는지 기술하여 각 학과에 자신이 맞춤형 인재임을 부각시키는 것이 주효합니다.

항공학과 선배의 진로진학 전과정 롤모델 스토리

**PORTFOLIO STORY** | 봉사 활동 1
# 빛고을 요양원 봉사활동

### 할머니가 생겼습니다

전남나주에 위치한 빛 고을 요양원은 지체장애인들의 복지시설로 고등학교 1학년 때부터 3학년까지 봉사활동을 했던 곳입니다. 그곳에서 활동하며 중증의 치매에 걸린 분들을 제외하고는 정상적인 사고를 하는 때로 돌아 오실 때면 자녀의 이름을 부르기도 하시고 간혹 애타게 찾으시는 모습을 보면서 안타까움을 느끼곤 했습니다.

특히 네 번째 방문했을 때 제가 주로 모시던 할머니께서 저에게 손주라고 불러주셨을 때, 그 할머니께서 그간 '손주를 얼마나 많이 그리워하셨을까.'라는 생각에 연민을 넘어서 슬픔을 느꼈습니다. 그 이후로 그곳에 계신 할머니, 할아버지들께 단순한 봉사자가 아닌 손주와도 같은 존재처럼 살펴드려야겠다고 생각해서 청소, 빨래를 하고 식사를 도와드리는 것 외에 짬이 나면 틈틈이 말벗을 해드리곤 했습니다. 할머니께서는 제가 가면 "우리 손주 왔구나!"라며 반겨주셨고 다른 할머니, 할아버지들도 저를 손주처럼 대하시면서 좋아하시는 모습을 보면서 그 분들의 손발이 되어드리는 것 외에 정서적으로 기쁨을 드렸다는 데에 깊은 보람을 느꼈습니다. 실제로 그 분들께서는 제가 빨래 한 벌, 청소 하나를 더 하는 것보다 말벗이 되어드리는 것을 더 좋아하셨고 저 또한 그 분들에게 정신적인 위안을 드리면서 봉사활동 이상의 의미를 발견할 수 있었습니다.

처음 봉사활동을 하게 된 것은 순수한 목적에 의한 것은 아니었습니다. 그렇지만 빛 고을 요양원 봉사활동을 통해 처음에 제가 가졌던 순수한 목적과는 달리 스스로가 인격적으로 성숙해진 것을 발견할 수 있었습니다. 또한 봉사활동의 진정한 의미를 깨닫게 되면서부터는 봉사활동을 통해 더욱 풍부한 의미를 발견할 수 있었고, 다시 한층 성숙하게 되는 계기가 되었습니다.

**코멘트** 학생들이 제출한 봉사활동 포트폴리오를 보면 어느 봉사 단체에서 무슨 활동을 했다 등의 활동 내역에 치중하는 경우가 많습니다. '1학년 때는 무슨 활동, 2학년 때는 무슨 활동 등 학년별로 봉사활동 분야가 달랐다'는 것은 봉사활동 평가의 메리트가 될 수 없습니다. 또한, 가장 많이 등장하는 문구인 '편견이 사라졌다'는 소회로는 사정관들에게 진정성을 전달하기에 부족한 것이 사실입니다.

이러한 면에서, 장애인분들의 수족을 대신하는 것 외에 마음의 상처가 치유 되도록 돕는 것이 얼마나 의미 있는 봉사인지 깨달았다는 대목은 사정관들이 학생들의 봉사활동을 통해 보고자 하는 면모를 정확하게 체험한 것이라고 평가할 수 있습니다. 수시전형을 준비하면서 시간을 채우기 위해 봉사활동을 하는 것과 자신이 깨달은 바를 가지고 봉사활동을 하는 것은 작성된 활동내역서만 봐도 알 수 있습니다. 그것은 필력의 차이로 평가할 수 있는 것이 아니라 글에서 묻어 나오는 진심의 경중을 통해서 느껴지기 때문입니다.

**Tip.** 롤모델 스토리 To.영우

## PORTFOLIO STORY | 봉사활동 2
# 헌혈

### 생명을 나누며

학교의 헌혈 캠페인을 보고 평소에 체력에는 자신이 있었기 때문에 헌혈을 해도 별다른 탈이 없을 것 같았고 헌혈을 하면 경품을 준다는 말에 솔깃해서 처음으로 헌혈을 하게 되었습니다.

그런데 어느 날 어머니의 친구분이 교통사고를 당하셨다는 이야기를 듣게 되었습니다. 과도한 출혈로 수혈을 해야 했는데 수혈 받을 피가 많이 부족해서 수술 도중 죽을 고비를 여러 차례 넘기셨다는 것입니다. 어머니께 그 말씀을 들으면서 교통사고로 1분30초에 한 명씩 사망하거나 부상을 당한다는데 그 중에서 수혈을 받지 못해 죽는 사람들도 있겠구나, 예전에 헌혈했던 피도 위급 상황에 처한 누군가에게 도움이 되었으면 좋겠다는 생각에 그 이후로 학교에서 헌혈 캠페인을 하거나 길을 가다가 헌혈차가 있으면 꼭 참여하게 되었습니다. 헌혈하는 데는 20분 정도 소요되는데 피를 뽑은 후 잠깐 기운이 없다가도 이내 괜찮아집니다. 제가 헌혈하는 20분이 다른 사람의 20년을 살릴 수 있다는 것을 알게 되니 헌혈을 하는 것이 아깝지 않을 뿐더러 사람의 생명과도 직결된 봉사활동 이상의 가치를 지니고 있다는 생각이 들었습니다.

헌혈을 하면서 생명의 숭고함을 느끼는 것 외에도 저의 생각을 달라지게 한 것이 있다면, 제가 하는 작은 일이나 약간의 고생이 다른 사람에게 큰 도움이 될 수 있다고 생각될 때에는 망설이지 않고 하는 용기와 이타심이 생겼다는 것입니다. 나 자신의 이익만을 따져서 살 때에는 작은 것에 급급해지기 쉽지만 타인을 위할 때에는 제 마음과 정신이 더 여유로워진다는 이치를 깨달았기 때문입니다. 이 경험을 통해 저는 가능한 한 정기적으로 헌혈을 하고 있습니다. 저의 건강 상태를 점검할 수 있을 뿐만 아니라 다른 사람들을 위해 좋은 곳에 사용될 수 있기 때문에 가급적이면 정기적으로 헌혈을 하려고 노력하고 있습니다.

**코멘트** 일부 학생들 중에는 동아리활동이나 봉사활동을 작성하면서 본인이 느끼지 못한 점임에도 불구하고 잘 쓴 예문을 흉내 내서 쓰는 경우가 있습니다. 그럴듯하게 포장을 하는 것입니다. 사정관들은 수백, 수천 개의 포트폴리오를 검토하지만 화려한 수식어로 포장을 하는 사람과 투박하더라도 진솔하게 작성한 사람을 금세 구별합니다. 모든 사안에 인과관계가 있듯 느낀 점에도 인과관계가 있기 때문에 과장된 표현이나 감정을 꾸며서 작성하는 것은 감점요인이 될 수 있습니다. 처음에는 헌혈을 하면 경품을 준다는 말에 솔깃해서 하게 되었지만 일련의 소식을 접하면서 헌혈을 대하는 태도가 달라졌음을 솔직하게 이야기하는 것이 사실적이며 소회의 인과관계를 납득시킬 수 있다는 것입니다. 사정관의 관심을 끌 수 있는 것은 자신이 느낀 바를 솔직하게 작성하는 데에서부터 출발한다는 것을 유념해야 합니다.

항공학과 선배의 진로진학 전과정 롤모델 스토리

**PORTFOLIO STORY | 봉사활동 3**
# 행복 재활원 봉사

### 아이들에게 행복을 배우며

평소 봉사활동을 많이 하시는 어머니를 따라서 중학교 1학년 때부터 봉사활동을 시작하게 되었는데 제가 처음 봉사활동을 시작 한 곳은 행복 재활원으로 선천적으로 태어날 때부터 혹은 후천적 사고로 인해 기형적 장애를 가지게 된 사람들이 사회로 돌아오기 위해서 재활 활동을 하는 곳입니다. 저는 재활원이기 때문에 힘든 삶을 살아가는 사람들이 많을 거라고 예상했지만 서너 살짜리의 어린 아이들부터 한창 뛰어 놀 시기인 초등학생대의 어린아이들이 거동을 불편해 하는 모습을 보며 생경함과 안타까움을 느꼈습니다. 그러나 무엇보다도 놀랐던 점은 기형을 가져서 활동에 불편함을 느끼면서도 항상 웃고 있는 표정이었다는 것입니다. 또래의 건강한 다른 아이들과 비교하면서 우울해 할 수도 있는 상황임에도 불구하고 그늘이나 구김살 없이 밝게 지내는 모습을 보면서 사소한 일에도 짜증을 부리던 저의 모습이 부끄럽게 느껴지면서 저보다 나이가 어리지만 오히려 그 아이들이 세상을 사는 마음가짐은 저보다도 더 성숙했다는 생각을 했습니다.

제가 주로 그 곳에서 하는 일은 아이들에게 밥을 먹여 주고 목욕을 시키고 청소해 주는 일이 저의 일이었는데 어느 순간부터는 아이들에게 정이 들고 더 잘해주고 싶다는 생각에 그 곳에 들릴 때마다 아이들이 좋아할 만한 동화책을 가지고 가서 읽어주기도 하고 아이들이 좋아할 법한 이야기들을 준비해 가서 들려주었습니다. 정상적인 학교 생활을 하지 못하기 때문에 아이들이 접하지 못하는 부분이 있다면 책을 통해서, 저의 입을 통해서 들음으로써 조금이라도 도움을 주고 싶었기 때문입니다. 주어진 환경에 감사할 줄 알고 힘든 일을 겪게 되더라도 밝은 웃음을 잃지 않는 태도로 살아야 된다는 것을 깨닫게 해 준 아이들에게 고마움을 느낍니다.

**코멘트** 학년말이 되어서야 공공기관에서 봉사활동 시간을 쌓는 등 일종의 '과제' 식으로 봉사활동을 하는 경우 그 학생의 봉사 포트폴리오는 사정관의 주목을 전혀 끌 수 없습니다. 모 케이블티브이 프로그램의 진행자가 말하듯 진부한 것은 외면당하기 마련입니다. 박상형 학생은 봉사활동을 중학교 1학년부터 3년 동안 꾸준히 하였는데 입학사정관제에서는 이처럼 한 기관에서 장기적으로 봉사활동을 하는 것, 고등학교 때보다는 중학교 때부터 봉사활동을 하는 것을 높이 평가합니다. 요새는 봉사활동도 경쟁시대라는 명목 하에 해외로 봉사활동을 다녀오는 학생들도 더러 있는데 한 차례의 국제봉사활동보다는 지역사회에서 꾸준히 봉사활동을 하는 것이 유리합니다. 저학년부터 봉사활동을 하되 우체국, 공공기관 등 지극히 쉽게 접근할 수 있는 곳 보다는 힘들고 어렵더라도 사회의 마이너리티에 관심을 가질 수 있는 곳에서 봉사하는 것 또한 사정관들에게 인정받을 수 있는 선택요소이기도 합니다.

**Tip.** 롤모델 스토리 To.영우

## PORTFOLIO STORY | 진로 활동 1
# 캠퍼스 투어

**미래에서 온 타임머신을 탑승하며**

고등학교 3학년이 되던 해에 서울대학교에 재학 중이던 친형이 수험생 시절에 자기가 가고 싶은 대학을 미리 가보면 의욕이 솟고 목표했던 대학에 대한 열망이 커져서 공부하는데 도움이 될 거라고 권유를 하여 형과 함께 캠퍼스 투어를 하게 되었습니다. 오래 전부터 꿈꿔왔던 대학을 처음으로 보게 되어서인지 정문을 지나갈 때부터 무척 설레였습니다. 말로만 듣던 서울대 교내를 운행하는 버스를 보면서 캠퍼스의 크기를 실감할 수 있었고 뉴스를 통해 보았던 아크로폴리스를 실제로 보면서 반드시 그 자리에 다시 서고 싶다는 생각을 했습니다. 가장 관심 있게 본 곳은 공과대학건물이었는데 그 중에서 가장 유명한 301동, 302동 공학관은 건물 외형만으로도 저의 시선을 사로잡기에 충분했습니다. 특히 인상 깊었던 것은 기계과에 재학 중인 형의 친구를 따라 들어가게 된 창의공학설계 실습실의 모습입니다. 로봇을 직접 제작, 설계, 디자인을 하고 열띤 토론을 벌이는 창공실의 모습이야말로 제가 어렴풋이 꿈꿔오던 대학생활 같다는 생각에 긴장과 흥분을 감추지 못했던 기억이 납니다.

서울대학교 캠퍼스 투어는 저에게 많은 것을 남겨주었습니다. 아름다운 캠퍼스며 평소 동경하던 대학을 직접 방문하고 느껴보았다는 흥분까지 많은 것을 남겨주었습니다. 그 중에서 가장 중요한 것은 서울대학교 캠퍼스 투어가 저의 꿈을 더욱 더 분명하게 만들어주는 계기가 되었다는 것입니다. 직접 캠퍼스를 보고, 느끼고, 체험하면서 오랜 시간 가슴 속에서만 품어 왔던 꿈을 반드시 실현시키고야 말겠다는 생각을 하게 된 것입니다. 캠퍼스 투어를 하면서 가까운 미래에 이 곳에서 공부하고, 대학의 낭만을 느끼게 될 저 스스로를 그려보면서 저의 열정은 더욱 더 뜨거워져만 갔습니다.

**코멘트** 수험생들에게 학내 실험실, 연구실 등 현장 탐방을 통해 전공 내용을 간접적으로 체험하도록 오픈하고 전공에 관련된 다양한 정보를 제공하는 등 수시전형 러시로 대학교 차원에서 캠퍼스 투어와 모의 면접, 입학사정관제 설명회 등이 다양하게 개최되고 있습니다. 본인이 목표하는 대학에서 열리는 프로그램에 참가하면 전공 학과 현장 탐방 등으로 대학생활의 단면을 체험함으로써 학업 성취욕이 상승되며 차후 면접 시 학교에 대한 관심을 어필하는데 활용할 수 있는 장점이 있습니다.

박상형 학생 역시 평소에 동경하던 대학교에 직접 방문하고 체험함으로써 가슴 속에 품었던 열정을 더욱 뜨겁게 할 수 있었습니다. 또한 그곳에 있을 자신의 미래 모습을 그려보면서 스스로 확실한 동기부여를 했던 것입니다. 이러한 경험은 스트레스를 해소하는 데 도움이 될 뿐만 아니라 학습에 확실한 동기부여를 하는 방법으로 활용될 수 있습니다. 여러분도 기회가 된다면 자신의 꿈을 실현시킬 장소에 가서 직접 느끼고, 체험해 보기를 바랍니다.

항공학과 선배의 진로진학 전과정 롤모델 스토리

# PORTFOLIO STORY | 진로 활동 2
# 멘토링

**인생의 선배**

고등학교 2학년 때 사이버영재교육을 받을 당시 마지막 테스트 관문으로 고득점자들을 캠프에 보내주는 프로그램이 있었습니다. 마지막 테스트는 가장 심화된 내용으로 교과생활이나 일반 수업시간에서는 접하지 못했던 추상적인 문제가 출제되었습니다. 가장 난해했던 문제는 왜 창던지기에서 창을 던지면 앞부분이 먼저 떨어지는 것인가라는 질문이었는데 그 질문을 받고서는 혼자서 해결하기는 힘들다고 판단하여 선생님께 도움을 요청 드렸습니다. 선생님께서는 물리올림피아드에서 수상한 경력이 있는 3학년 선배 한 분을 소개시켜 주시면서 서울대학교 수시에 합격하였기 때문에 문제 해결에 도움을 줄 수 있을 뿐만 아니라 여러 가지 실질적인 조언을 받을 수 있을 것이라고 하셨습니다. 그때 선배를 알게 된 계기로 캠프 이후에도 이따금씩 만나서 물리를 공부하면서 완벽히 소화하고 싶었지만 미심쩍게 넘어갔던 부분들을 물어보기도 하였고 제가 가고 싶어하는 서울대 진학에 대해서 상담을 나누기도 하였습니다. 선생님께 여쭤보기에는 조금은 어렵고 친구들과 이야기하기에는 한계가 있는 부분에 대해서 거리감을 두지 않고 편하게 상담하고 조언을 받을 수 있는 멘토가 있었기 때문에 고등학교 2학년, 고등학교 3학년 생활이 더 든든해질 수 있었습니다. 그래서 저도 3학년이 되던 해에 사이버영재교육의 멘토링 참여를 자청하였고 저처럼 이공계 진학을 꿈꾸는 2학년 후배의 멘토로서 제가 공부하면서 느꼈던 애로사항과 진로 상담, 공부비법을 전수해주곤 하였습니다.

멘토 활동을 통해 후배들에게 많은 것을 가르쳐주었다고 생각하지만, 저 역시 이 활동을 통해 많은 것을 배울 수 있었습니다. 알고 있는 것을 표현함으로써 더욱 분명하고 확실하게 인식할 수 있었기 때문입니다. 또한 여러 친구들, 후배들과 새로이 사귀게 되면서 아름다운 학창 시절의 추억을 하나 더 추가할 수 있었기 때문에 의미 있는 활동이었다고 생각합니다.

**코멘트** 박상형 학생의 포트폴리오는 봉사활동과 자율체험활동 한 영역을 제외하고는 대부분 진로활동 위주로 작성되어있습니다. 수시전형을 겨냥하여 본인이 목표하는 학과에 맞춤형 인재임을 증명하는 훌륭한 사례이지만 한편으로는 지나치게 진로활동 위주로만 작성되어 있다고 볼 수 있습니다. 공부 외에는 다른 활동에서는 적극성을 보이지 않은 것으로 간주될 우려가 있기 때문에 중고등학교 생활을 하면서 다른 분야에도 도전을 시도하는 모습을 어필하는 활동이 있었으면 하는 아쉬움이 남습니다. 진로 위주의 공략을 펼치다 보니 자율체험활동 카테고리 안에 포함되는 사이버영재교육 중 일부인 멘토링 프로그램을 진로활동 중 하나로 포함시키는 등 진로활동이라고 명명할 수 없는 활동을 포트폴리오의 개수를 맞추기 위해 끼워 넣은 과욕은 감점요인이 될 확률이 높습니다.

Tip. 롤모델 스토리 To.영우

## PORTFOLIO STORY | 진로 활동 3
# 직업 체험 캠프

**장래희망을 처음으로 품게 되다.**

수학과 과학에 재능이 있다는 것을 알게 된 중학교 2학년 때 막연하게 이공계 쪽으로 공부를 해보면 어떨까 생각하던 중, 인터넷에서 진로 탐색을 위한 직업 체험캠프가 열린다는 공고를 보고 저의 재능을 재확인해 보고 혹시 다른 쪽에도 재능이 있는지 알고 싶은 호기심에 참가하게 되었습니다.

직업체험캠프에는 다양한 직업을 체험할 수 있는 부스가 설치되어 있어서 예술가, 연예인, 경찰, 의사, 과학자 등 자신이 관심 있는 분야를 모두 체험할 수 있었습니다. 가장 기억에 남는 직업체험은 연예인과 과학자라는 다소 상반된 직업입니다. 연예인 체험은 심리학동아리 학생들이 관중이 되어서 참가자가 연예인으로 느낄 수 있도록 해주었는데 연예인을 체험하면서 타인의 눈에 띄고 싶어 하는 제 내면의 심리를 발견할 수 있던 점이 흥미로웠습니다. 어색하기도, 유쾌하기도 한 시간이었지만 왠지 몸에 맞지 않는 옷을 입고 있는 듯한 기분이 들었던 반면 과학자를 체험하는 시간 내내 저에게 딱 맞는 옷을 입은 듯한 편안함을 느꼈습니다. 새로운 현상을 발견하고 그것을 연구한다는 체험 자체만으로도 흥분되고 즐거워하는 제 모습을 보면서 이공계 학문이 저에게 가장 적합하다는 것과 과학과 연구가 접목된 분야를 선택해야 제가 즐기면서 할 수 있고 만족감을 느낄 수 있다는 것을 깨닫게 되었습니다. 이전에는 장래희망에 대한 질문을 받을 때 "잘 모르겠다."라고 대답했던 반면, 이 캠프를 체험한 이후로는 "과학 분야에서 연구하는 계통의 일을 하겠다."라고 대답하게 된 것이 가장 큰 수확입니다.

**코멘트** 입학사정관전형에서는 자신의 재능을 빨리 발견하여 진로활동을 수행하는 사람일수록 유리합니다. 고등학교 생활 전부를 수시전형 준비에 올인하기에는 현실적으로 어려울 뿐만 아니라 차근차근 준비한 사람일수록 전문화된 진로활동을 할 수 있기 때문입니다. 이러한 면에서 진로체험활동은 본인의 내재된 재능과 성향, 관심분야를 발견함으로써 진로고민을 덜어주는 데 도움이 됩니다. 입학사정관제를 준비하면서 자신이 무엇을 해야 할지 아직도 모르겠다라고 말하는 학생들에게 이러한 성격의 캠프나 프로그램을 권유합니다.
직업체험캠프 활동 포트폴리오에 대한 코멘트를 하자면, 본인이 가장 기억에 남는 체험이 연예인과 과학자라고 밝힌 후 그 이유는 잘 설명을 했지만, 어떤 활동을 했는지에 대한 구체적인 내용이 빠진 점이 아쉽습니다. 사정관 입장에서는 박상형 학생이 연예인 체험으로 어떤 체험을 했기에 타인의 이목을 집중 받고 싶어하는 내재된 심리를 발견하였는지, 과학자로서 무엇을 연구했기에 자신에게 적합한 분야임을 깨달았는지 결론에 따른 "과정"을 궁금해할 것입니다.

항공학과 선배의 진로진학 전과정 롤모델 스토리

**PORTFOLIO STORY | 진로 활동 4**
# 대전 엑스포 방문

### 로봇과의 첫 만남

중학교 때 시 영재교육원에 다닐 당시 현장학습으로 대전 엑스포를 방문했습니다. 이곳에는 평소에는 볼 수 없는 스케일이 큰 과학 기술체들이 집합되어 있었습니다. 3D영상이 상영되는 스크린, 4D 입체 영화관, 로봇전시관, 레일 위에 떠서 빠른 속도로 움직이는 자기부상열차, 현란한 레이져 쇼 등 과학적 관심에 흥미를 더하는 첨단 기술들을 한눈에 볼 수 있었습니다. 엑스포 곳곳을 관람하면서 '이 많은 기술을 이룬 사람은 대체 누구일까.' 하는 궁금증과 미래에 내가 이 기술들을 리드할 수 있는 사람이 될 수 있을 것인가에 대해 진지하게 고민하게 되었습니다.

그 중 저의 호기심과 상상력을 가장 자극한 곳은 로봇전시관이었습니다. 축구 하는 로봇, 레일트레이서, 클리닝봇, 휴머노이드 등 공상과학영화에서만 보던 로봇들이 현실세계에 존재하는 모습을 보면서 로봇에 대해 지대한 관심을 가지게 되었습니다. 이전에는 막연히 연구하는 과학자를 꿈꿔왔다면 로봇전시관을 본 이후로는 제 손으로 직접 로봇을 발명해 보고 싶어졌고 로봇을 만들기 위해서는 어떤 학과에 진학해야 하는지 등 로봇과학자의 꿈을 구체화하게 된 분기점이 되었습니다.

일단 꿈을 분명히 하고 나자 그동안 쌓였던 입시 스트레스가 어느 정도 해소되는 것을 느꼈고, 더욱더 열심히 살고 공부해야겠다는 생각이 들었습니다. 엑스포 방문을 통해 과학자로서의 꿈을 더욱 강하게 열망하게 되었고, 이는 훌륭한 학습의 동기부여가 되었던 것입니다. 대전 엑스포를 방문한 경험은 저의 꿈과 스스로에 대해 반성해 보고 스스로를 되돌아보는 계기가 되었습니다. 이 계기를 통해 한층 더 성숙한 제 자신을 찾을 수 있었고, 또 더욱더 뜨겁게 꿈을 열망하는 제 자신을 찾을 수 있었습니다.

> **코멘트** 입학사정관제에서 평가하는 중요한 요소 중 하나는 진로성숙도입니다. 즉, 자신의 재능을 정확히 알고 이를 토대로 설정한 목표에 따라 어떠한 노력을 했는지를 평가하는 것입니다. 때문에 조기에 자신의 재능을 파악하기 위해 관심 있는 분야에서 개최하는 프로그램이나 교육현장, 캠프에 참여하여 진로선택의 동기부여를 하는 것이 좋습니다. 영재교육과 직업체험캠프를 통해 과학자라는 큰 그림을 그리고 엑스포를 관람하면서 진로를 구체화하는 것은 진로와 관련된 역량을 체계적으로 형성한 case라고 볼 수 있습니다. 자신의 진로를 설정했다면 교과, 비 교과 활동을 통해 본인이 어떠한 과정 중에 있고 미래에 무엇을 할 것인지 장기적으로 계획을 세워야 합니다. 이를 바탕으로 포트폴리오, 자기소개서, 면접에서 진로방향과 활동내역의 일관성을 증명하고 밀접한 연관관계에 있음을 설명하는 것이 입학사정관제의 핵심이라 할 수 있습니다.

Tip. 롤모델 스토리 To.영우

**PORTFOLIO STORY | 진로 활동 5**
# 과학 탐구 대회

### 실패는 성공의 어머니

교내 과학 동아리에서 그간의 연구 실적을 대내외로 알리고 실적을 쌓고자 참여하게 된 과학 탐구 대회는 2인1조로 짝을 지어서 어떤 것을 실험하고 그 실험에 대한 보고서를 써서 실험 과정, 실험 결과, 실험 태도, 보고서 작성능력 등을 평가받는 대회입니다. 보고서는 일반 인문계 고등학교 학생으로서는 처음 써보는 것이라서 보고서 쓰는 요령을 익히는 것이 가장 어려웠습니다. 동아리활동을 통해 다수의 실험을 체험해 보았고 이론과 원리도 많이 공부해서 나름 준비를 많이 해서 치렀으나 오차가 발생하여 원하는 결과를 얻지 못해서 무척 당황했었습니다. 그러나 저희 조는 결과의 단점을 보완하고자 오차가 나타난 이유, 저희가 했던 자세한 실험 과정을 자세히 기록 하는 등 보고서에 작성에 최대한 신경을 많이 썼습니다. 비록 저희가 원하는 실험결과를 내지는 못했으나 오차를 분석한 보고서 작성에 주안점을 둔 결과로 은상을 받을 수 있었습니다.
이 대회를 치르면서 오차범위를 예상하면서 실험하는 법, 예상하지 않은 결과가 나왔을 때에는 역으로 추적해서 원인을 발견하고 실험 초기의 설정부터 과정까지 수정하는 법을 배울 수 있었습니다.

흔히 실패는 성공의 어머니 라고 말하고는 합니다. 저는 과학 탐구 대회를 통해 이 말의 의미를 분명히 깨달을 수 있었습니다. 실패를 한 뒤에 좌절하는 것이 아니라 그것을 통해 더 큰 사람이 될 수 있고, 더 많은 것을 배울 수 있다는 것을 깨달았습니다. 누구나 실패를 할 수 있으며, 이 것을 어떻게 극복하느냐에 따라 어떤 사람으로 성장하는가가 결정될 수 있다는 것을 느꼈습니다.

**코멘트** 사정관들은 비록 실패를 겪었을지라도 좌절하지 않고 그것을 극복하기 위한 노력을 어필한 점에 가산점을 부여합니다. 입학사정관제에서는 결과물뿐만 아니라 어떠한 과정을 통해서 무엇을 느꼈는가 즉, 성장과정을 중요시 여깁니다. 실패를 통해 자신의 단점을 보완하기 위해 노력하며 성장통을 겪는 과정 가운데 그에 비례하는 진로와 인성이 성장하는 나이테가 생기기 때문입니다. 대회를 출전하면 본인의 실력이 향상된다는 가시적인 성과 외에도 대회를 준비하는 과정 중에 성장하게 되는 보이지 않는 정신적인 산물도 있습니다. 이 과정을 통해 체득한 점들이 진로 방향에 얼마나 부합하는지를 평가하는 것입니다.
포트폴리오에는 자신이 맡은 업무에 대해 정확히 명시해야 합니다. 과학탐구대회에서 자신이 속한 팀이 어떤 실험을 했는지, 어떤 오차가 발생했는지 부연 설명을 적는 것은 필수입니다. 추가 제출하여 증명할 수 있는 서류가 있을지라도 실험 내용과 결과를 간략하게 언급해야 기, 승, 전, 결을 갖춘 포트폴리오가 될 수 있을 것입니다.

항공학과 선배의 진로진학 전과정 롤모델 스토리

## PORTFOLIO STORY | 특기 활동 1
# 시내 물리 경시대회 입상

**학문의 즐거움에 눈을 뜨다.**

고등학교에 입학하면서 물리라는 학문의 매력에 빠지게 되었고 공부를 넘어서 연구를 하는 자세로 접근하게 되었습니다. 2학년 때는 때마침 멘토링 프로그램을 통해 물리올림피아드에서 수상했던 선배님을 만나서 물리에 대해 더 깊이 있게 공부할 수 있었습니다. 고등학교 3학년 때는 교내 경시대회 물리분야에서 금상을 수상하게 되었고 이를 계기로 선생님들께서 시도교육청에서 주관하는 물리 경시대회에 추천해주셔서 참가하게 되었습니다. 이 경시 대회는 시내 고등학교 재학생 중 물리분야에 우수한 학생들을 모아 물리문제를 푸는 대회였습니다. 우수한 학생들을 대상으로 하는 대회여서 심화된 내용 위주로 출제되었기 때문에 난해한 문제가 많았습니다. 물리라는 분야에 한창 빠져있던 때라서 학교 공부 못지않게 물리 공부에 집중한 결과 은상을 수상하게 되었습니다. 이 대회를 준비하면서 놀랐던 부분은 스스로 원하는 공부를 하는 것이 이렇게 즐거운 것이라는 것을 처음 알았다는 것입니다. 제가 원해서 공부했고 즐기면서 공부했기 때문에 그때 독학한 물리는 아직도 잊혀지지 않을 만큼 생생하게 기억 남아 있습니다.

시내 물리 경시대회를 통해서 저는 원하는 일을 하는 사람의 즐거움을 조금이나마 느낄 수 있었습니다. 그러나 한편으로는 지금 열심히 노력하지 않는다면, 나중에 제가 원하는 일을 하지 못할 수도 있다는 걱정이 들기도 했습니다. 그렇지만 저는 걱정으로 하루하루를 낭비하지는 않았습니다. 오히려 그것을 계기로 더욱더 열심히 살아야겠다고 다짐을 했습니다. 제가 원하는 일을 하면서 즐겁게 살기 위해서, 지금 조금 힘이 들더라도 조금만 더 노력하겠다고 결심했습니다. 오늘의 고통과 역경을 견뎌낸다면 장밋빛보다 더욱더 아름다운 미래가 펼쳐질 것이라 믿었기 때문입니다.

**코멘트** 전공분야와 연관된 경시대회 참가는 전공과 관련된 지식을 심화시킬 수 있으며 학생 개인의 열정과 능력을 보여주는 지표가 됩니다. 특히 수상경력이 있다면 본인의 능력을 객관적으로 검증받을 수 있기 때문에 진로 분야나 소질이 있다고 판단되는 분야에 매진하여 수상 이력을 쌓도록 노력하는 것도 플러스 요인이 됩니다.

물리에 대한 학구열, 은상 수상 외에 공부도 즐기면서 할 수 있다는 것을 알게 된 점을 일목요연하게 정리했습니다만, 면접 시 이 포트폴리오를 본 사정관들이 물어볼 수 있는 예상질문 1순위인 '본인이 생각하는 물리의 매력은 무엇인지' 언급했더라면 더 풍성한 포트폴리오가 되지 않았을까 하는 아쉬움이 남습니다. 포트폴리오를 보고 사정관들이 무엇을 궁금해할지, 어떠한 질문을 할지 염두 하면서 작성한다면 더 체계적으로 작성할 수 있을 것입니다.

Tip. 롤모델 스토리 To.영우

## PORTFOLIO STORY | 특기 활동 2
# C 언어 독학

**숨통을 트여준 출구, C언어**

고등학교 2학년 때 제가 속했던 교내과학동아리에 마인드 스톰이라는 로봇 제작 툴이 들어왔는데 제가 입력한 모션으로 움직이는 로봇들을 보면서 좀 더 세밀한 조정을 할 수 없을까 생각하던 중 컴퓨터 언어를 배우면 도움이 된다는 선생님의 조언을 듣고 컴퓨터 언어 세계에 입문하게 되었습니다. 컴퓨터에 대해 자세히 배워본 경험이 전혀 없었기 때문에 가장 기본이 되는 C언어를 잠깐 봐볼까 해서 책을 폈던 것이 화근이 되었습니다. 학교 공부에 지장을 받을 정도로 C언어에 빠져버렸기 때문입니다. 덕분에 간단한 논리회로를 쉽게 만들 수 있을 정도로 C언어에 능숙해졌지만 교과 공부보다 더 관심을 쏟았다는 면에서는 진로로 목표한 것 외에 스스로가 원하는 분야에 몰두하는 것에는 긍정적인 면과 부정적인 면이 있다는 생각이 듭니다. 자칫하면 성적에 영향을 미칠 수도 있고 학교 공부에 지장이 가기도 하기 때문에 스스로 조절할 줄 아는 마인드컨트롤이 필요한 것 같습니다.

하지만 이 정도의 흥미 분야가 없다면 학업에 지칠 때 에너지를 충전할 수 있는 활력소가 없기 때문에 공부 하면서 재미있다고 생각할 수 있는 분야를 하나 둘 정도 가지는 것이 입시 생활에 윤활유가 된다고 생각합니다.

C 언어를 공부하면서 저의 가능성의 스펙트럼이 더욱 넓어졌다고 생각합니다. 그 뿐만 아니라 이 활동을 통해서 저는 스트레스를 해소하면서 동시에 공부도 하는 일석이조의 효과를 거둘 수 있었습니다. 입시가 마냥 힘든 것이라고 생각하는 경향이 강했는데, 공부도 하면서 즐거움도 찾고 그로 인해 스트레스도 해소할 수 있다는 사실에 매우 즐겁게 공부했던 기억이 납니다.

**코멘트** 적절한 휴식과 특기생활은 집중력을 환기시키고 심리적인 여유를 제공하므로 장기적인 수험생활에서는 이를 활용할 줄 알아야 합니다. 특기와 취미를 접목시키면 공부 외의 분야에서도 실력을 발휘하게 되는 자신을 보면서 만족감이 높아지게 되고 결과적으로 학업의 효율성도 증대하게 됩니다. 진로분야인 로봇에 대해 연구하던 도중 C언어를 접하게 되어 독학으로 논리회로를 만들 수 있게 된 모습은 학문에 대한 열의 있는 접근, 독학을 통해 해당 분야를 완전하게 이해하는 학습 능력을 지닌 것으로 파악됩니다. 특기활동 포트폴리오는 잠재력과 가능성도 평가 요소에 포함이 되기 때문에 특기 사항의 기술적인 면만 병렬식으로 나열하기보다는 특기 사항을 체험하는 가운데 두드러진 장점을 분석하여 본인의 성향과 내재된 잠재력을 부각시키는 것을 권유합니다. 정량적인 요소만이 중요한 것이 아니라 그러한 활동들을 통해 어떤 사람으로 거듭났는가를 표현하는 것 역시 중요하다는 것을 명심해야 합니다.

항공학과 선배의 진로진학 전과정 롤모델 스토리

# PORTFOLIO STORY
# 독서활동

### ●● 위대한 설계 | 스티븐 호킹

우주가 어떻게 탄생되었는지, 왜 존재하는지에 대한 수많은 논쟁이 이어집니다. 하지만 이것이 신의 영역인지 과학의 영역인지 한 가지를 선택하고 싶지 않고 제가 할 수 있는 일도 아니기에 한 쪽에 치우치기보다는 둘 다 이해해보려 합니다. 무엇보다 주장하는 이론과 근거들이 정말 흥미로우니까요.

현 시대 최고의 천재로 일컬어지는 스티븐 호킹 박사의 책이라 어렵기도 했지만 소설처럼 생각하며 열심히 읽어나갔습니다. 우주와 관련한 이론과 그 발전과정을 보면서 얼마나 오랜 시간 쌓아온 과학적 지식인지 감탄이 절로 나왔습니다. 그러함에도 아직도 우주는 비밀에 싸여 있으니 과학이 풀어야 할 과제는 정말 상상할 수 없을 정도의 오랜 시간이 걸리겠다는 생각도 들었습니다.

천문학과 물리학에 대한 지식을 더 갖추어 읽으면 또 다른 감동과 해석도 가능할 것 같아 공부를 더 많이 해야겠다는 마음을 가지게 한 좋은 책이었습니다.

### ●● 과학 콘서트 | 정재승

학교 과제로 읽게 되었는데 제가 좋아하는 물리와 구체적 과학 사실을 사회에서 일어나는 현상과 연결하여 설명해 주고 있었습니다. 항상 딱딱한 이론으로만 배우게 되는 카오스 이론, 비선형 방정식 등 여러 과학 이론과 관계식이 증명되는 현상을 보니 지루할 틈이 없었습니다.

한 사람의 아는 사람을 계속 연결하다 보면 결국은 전 세계 사람들과 연결된다는 케빈 베이컨의 법칙, 실제론 오지의 있는 사람들 때문에 아닐 것 같기도 하지만, 또 웃음은 행복해서 나오는 것이 아니라 웃기 때문에 행복하다는 것, 아인슈타인조차 인간의 뇌 중 15%밖에 사용 못했다는 주장 등이 기억에 남습니다.

과학을 쉽고 재미있게 읽으니 보다 더 흥미가 생기고 관련한 전문적인 서적도 읽어보고 싶은 마음이 생기게 되는 책인 것 같습니다.

### ●● 파리대왕 | 윌리엄 골딩

노벨 문학상을 받은 작품이기도 했지만 제목이 왜 파리대왕일까, 의미는 무엇일까 하는 궁금증에 이 책을 읽게 되었습니다. 처음부터 그 의문은 풀리지 않았지만 아무도 없는 섬에 남게 된 아이들의 이야기가 점점 흥미진진해서 쉬지 않고 읽어 내려갔습니다.

#### Tip. 롤모델 스토리 To.영우

핵전쟁을 피하려던 아이들이 사회와 격리된 무인도에 상륙하여 구조를 기다릴 때까지는 순진함의 표상인 어린이들이 그렇게 잔혹해지리라고는 상상도 못했습니다. 그러나 인간의 본성은 정말 악한 것인지 결국 어른들처럼 뺏기 위해서, 안전해지기 위해서 친구를 죽이는 일까지 서슴지 않게 됩니다. 마지막에 어른들에 의해 구조될 때 그 악한 속성을 숨긴 채 다시 순진한 모습으로 돌아가는 것을 상상하니 끔찍하면서도 애처롭게 느껴졌습니다.

이후 파리대왕이 성경에서 근거한 '악마'의 의미를 내포하고 있다는 것을 알게 되었습니다. 아마 제목의 뜻을 알았다면 아이들이 보여주는 반전을 미리 예상할 수 있었을 것이라 재미가 조금 떨어졌을지도 모르겠습니다.


## 짧은 독서감상평 남기기

### ●● 칭찬은 고래도 춤추게 한다 | 켄 블랜차드

조련사로부터 범고래를 춤추게 한 방법이 칭찬이었다는 것을 사람들에게 적용하여 예시를 보여주는데 한 구절 한 구절 모두 동의할 만한 내용이었습니다. 무조건보다는 요령껏, 효과적으로 칭찬하는 방법, 그리고 스스로를 칭찬하는 방법을 찾게 만든 책이었습니다.

### ●● 장미의 이름 | 움베르트 에코

유럽 수도원에서 금서와 관련해서 일어나는 미스테리한 사건을 중세시대 역사적 배경과 더불어 썼는데 꽤 흥미진진한 소설이어서 이후 세계사에 많은 관심이 생기기도 했습니다.

### ●● 청소년을 위한 마음 휴식법 | 가토 다이조

수험생활에 지쳐 일상생활자체가 답답했던 저에게 미래에 대한 불안을 조금이나마 해소시켜 줄 수 있는 방법을 제시하고 있어서 도움이 되었습니다.

### ●● 에너지 버스 | 존 고든

누구나 겪을 수 있는 인생의 무기력함과 무능력함에 대한 기분에 대해 어떻게 극복해야 할지 하나의 방법을 알게 된 것 같아 유익했습니다. 더하여 저로 인해 주위 사람들도 긍정적으로 변할 수 있다는 내용에 남의 탓을 하기보다는 스스로 변화해야겠다는 생각을 했습니다.

## ●● 다빈치 코드 | 댄 브라운

종교적인 색채가 가미되어 있지만 현실에서도 논란이 많은 가톨릭 종교의 진실 여부, 다빈치 코드와 템플기사단에 대한 역사적 소재가 어두운 분위기로 이끌어 갑니다. 하지만 역사적 내용과 간혹 매칭되는 내용을 실제 자료와 확인해 보면서 중세시대 등에 대해 새로운 면을 볼 수 있었습니다.

## ●● 아웃라이어 | 말콤 글래드웰

재능도 빈익빈부익부현상이 적용된다는 말이 와 닿았습니다. 주위에서는 물론 자기 스스로도 자신을 믿고 기대를 하여 긍정적이 될수록 결과도 좋아진다는 것을 항상 염두에 두고 공부하고 있습니다.

## ●● 그리스 신화 | 장영란

그리스 신화는 신들의 이름이 갖는 상징적인 의미를 생각하며 읽는 것만으로도 꽤 재미있었습니다. 또 신과 인간과의 연결점을 찾아가며 삶에 대한 의문을 풀어보는 사색의 시간도 가질 수 있었습니다.

Tip. 롤모델 스토리 To.영우

## APPLICATION 1
# 논 구술 면접후기

내신등급을 올리고 수능공부를 해야 하기 때문에 수시준비에 올인할 수가 없는 것이 사실입니다. 고2,3학년이 되어 한꺼번에 준비하기에는 버거울뿐더러 수시원서를 접수하는 기간은 수능에 임박하고 모의고사를 자주 치르는 시기와 겹치기 때문에 심적으로도 부담이 됩니다. 때문에, 미리 수시준비를 하되 수능과 내신 공부와 병행하는 방법을 스스로 찾아내야 합니다.

이를테면 수능 전부터 수시에 올인해서 무턱대고 논술학원부터 다니는 것은 학업과 논술 모두를 놓칠 수 있기 때문에 가급적이면 추천하지 않습니다. 논술학원에 다니다 보면 자연히 교과, 수능 공부보다는 논술에 치중하게 되므로 집중력이 분산되기 때문입니다. 특히 고3은 정신적인 싸움이 관건이므로 집중이 흐트러지는 것은 큰 손해를 가져올 수 있기 때문에 수시 준비에도 무게 중심을 잘 잡는 것이 중요합니다. 평상시에도 구술 면접을 준비하는 차원에서 일주일에 몇 시간씩 짧게나마 연습을 하면서 면접 준비를 몸에 익히고 고가의 학원에 다녀서 벼락치기 식으로 학습하는 대신 많이 알려진 하이탑과 같은 시중의 교재들을 찬찬히 보면서 정리하면서 공부하는 것이 수능을 대비하면서도 구술면접도 대비할 수 있는 방안이 된다고 생각합니다.

또한, 평상시 담임선생님, 동아리선생님과 특별활동선생님과도 대화의 기회를 가져서 자신이 부족한 부분이 어떤 부분이며 어느 활동에 더 집중해야 하는지 코멘트를 받는 것을 추천합니다. 수시로 자신의 활동내역에 대해서 피드백을 받아서 자신이 부각시켜야 할 점, 주력해야 할 점을 리빌딩시켜 나가야 합니다. 선생님과 자주 상담을 하게 되면 차후에 추천서를 받을 때에도 학생의 장점을 잘 알고 계시는 상황에서 써주시기 때문에 개개인에게 맞는 최적의 추천서를 받는데도 도움이 됩니다. 미리미리 준비한 만큼 진로활동도 다양하게 체험하여 양질의 포트폴리오를 작성할 수 있습니다. 시간에 쫓겨서 준비하면 봉사활동도 남들이 다 하는 것을 하거나 평범한 공공기관에서 봉사활동을 되는 경우도 있는데 체험활동도 차별화시키는 것이 면접 때 사정관의 이목을 끌 수 있고 더 독창적인 답변을 준비할 수 있기 때문에 봉사활동부터 진로활동, 자율체험활동 또한 조기에 준비하는 것이 좋습니다. 무엇보다 내신은 여타 모든 활동의 기본이자 가장 중요하다는 잊지 말아야 합니다. 아무리 화려한 이력을 뽐내도 성적이 좋지 않으면 탈락할 수 밖에 없기 때문에 활동내역으로 성적을 커버한다는 생각을 버려야 합니다. 메인 메뉴는 성적입니다. 포트폴리오는 미리미리 작성하고 준비하되 가장 중요한 내신성적과 수능공부에 소홀히 하지 않도록 주의하는 것이 필요합니다.

# APPLICATION 2
# 후배들에게

저도 다른 학생들과 마찬가지로 중고등학교를 다니면서 방황하는 시간을 보냈지만 어떤 때보다 중요했던 고3생활을 긍정적으로 보낼 수 있어서 다행히 좋은 학교에 와서 즐거운 대학생활을 하고 있습니다. 고3이 되기 전까지는 세상 모든 것에 불만을 가졌었습니다. 급식이 맛없는 것이 불만이었고 화장실에서 따뜻한 물이 나오지 않는 것도 불만이었습니다. 그러다 고3이 되면서 '생각이 부정적이니 공부뿐만 아니라 일상이 더 힘들 수 밖에 없구나'라는 것을 깨닫고 매사를 긍정적으로 생각하려고 제 자신을 바꾸고 나니 공부하는 것부터 수월해지는 것을 느꼈습니다. 매사는 마음먹기 나름이다라는 말처럼 사물 하나, 상황 하나를 볼 때 좋은 쪽으로 해석하려고 하니 생각도 건강해지고 기분도 전환되는 효과를 볼 수 있었고 부담감과 의무감으로 임했던 공부생활에서도 기왕에 하는 공부라면 즐기면서 하자라는 모토를 가지게 되었습니다.

물론 모든 일이 좋은 방향으로만 흘러갔던 것은 아니었습니다. 저에게도 큰 고비가 있었는데 고등학교 3학년 초에 날개 없는 새가 추락하는 것처럼 모든 과목이 차례로 성적이 떨어질 때가 있었습니다. 하지만 당시에 짜증내고 좌절하기 보다는 성적이 좋았던 때를 생각하면서 성적이 좋았기 때문에 "다시 그 성적만큼 올릴 수 있는 능력이 나에게는 충분히 있다, 높은 곳에서 떨어진 공이 더 높이 튕겨 오르는 것처럼 이 기회를 타산지석 삼는다면 옛날보다 더 성적이 높아질 수 있다!" 라는 긍정적인 생각으로 이를 악물고 공부한 결과 대한민국 최고의 대학교에 진학할 수 있었습니다.

마음이 가벼워지는 방법은 생각을 조금만 바꾸는 것에서부터 시작합니다. 생각을 바꾸는 것은 일종의 나비효과와도 같아서 스스로 마음이 편해지고 결국 공부하는 데에도 큰 영향을 미치게 됩니다. 면접에서도 부정적인 학생들보다는 긍정적인 사고로 다져있는 학생들을 더 호전적으로 보는 것은 두말할 나위 없습니다.

사고방식 외에 생활패턴에 대해서 조언하자면 학생들이 가장 많이 씨름하는 잠에 대한 부분입니다. 주변을 보면 잠을 너무 많이 잔다거나 잠을 너무 많이 못 자서 생체리듬이 깨지고 공부하는데 방해를 받는 경우가 많습니다. 저는 힘들 때나 스트레스를 받을 때는 한숨을 자면서 해소하는 저만의 노하우가 있었는데 주로 여가시간에 잠을 청하는 방법을 택했습니다. 10분, 20분이 적어 보이지만 쪽 잠을 자고 일어나면 훨씬 개운한 컨디션으로 공부에 집중할 수 있었고 오랜 시간 자는 것보다 토막 잠을 활용하면 수면시간을 조절하게 되며 단시간에 피로를 푸는데도 좋습니다. 적절한 수면과 긍정적인 생각 이 두 가지가 고3생활을 이겨냈던 가장 큰 힘이었고 수험생들에게도 꼭 추천해 주고 싶습니다.

Tip. 롤모델 스토리 To.영우

## APPLICATION 3
# TIP

최근에는 수시전형과 입시사정관제 선발 비율이 높아지면서 학생들과 부모님들 사이에서는 순수하게 성적으로만 승부를 봐야 하는 정시보다는 성적 외 기타요소를 평가하는 수시, 입사제가 부담이 덜한 또 하나의 기회라고 판단하여 틈새시장을 공략하듯 입시사정관제나 수시전형 하나만 정해 놓고 그것에만 올인하는 경우가 많습니다.

그러나 입시사정관제와 수시전형 붐이 일면서 입시사정관제나 수시 한 가지만 붙잡고 있다가 탈락의 고배를 마신 후 수능에서 제 실력을 발휘하지 못하는 학생들이 점점 더 많아지기 때문에 더욱 유의해야 합니다. 지엽적으로 한 곳에 몰두하기보다는 입시의 큰 그림을 보는 눈이 어느 때보다도 요구된다고 할 수 있습니다. 전체적인 입시라는 큰 틀에서 모든 지원 방향을 고려한 후, 어느 유형의 지원에 얼만큼의 시간과 노력을 기울일 것인지를 계획하는 것이 중요합니다. 수시, 입시사정관제 선정 학생 비율이 높아졌다는 것은 그만큼 경쟁률도 치열해졌다는 것을 의미하기 때문에 탈락할 경우에도 대비를 해야 합니다.

때문에 어느 유형에도 지원할 수 있다는 가능성을 열어두어야 특별활동에만 치우친다거나 공부만 준비하느라 기타활동을 못하는 등 한 쪽으로 편중되는 것을 미연에 방지할 수 있습니다. 미래는 예측할 수 없기 때문에 불안하지만 그만큼 미리 준비할 수 있기 때문에 기대가 되는 것이라고 생각합니다. 자신을 한정시키지 말고 모든 전형을 고려하고 대비하는 것이 곧, 스스로에게 전형 선택의 기회를 더 부여하는 것이라고 할 수 있습니다.

또한, 입학사정관 전형에서는 스펙의 비중 못지 않게 내신성적이 합격 당락을 좌우하는 관건임을 잊지 말아야 합니다. 스펙이 다양한 학생을 대상으로 선발하는 것이 아니라 기본적으로 학습능력이 충분히 배양되어 있는 학생 중에서 선발하는 것이기 때문에 내신성적이 안 좋다고 무조건 수시, 입시사정관제전형으로 승부를 봐야 한다는 생각은 오히려 독이 될 수 있습니다. 전략을 세우려다가 오히려 실패하는 케이스가 종종 발생하는 것입니다. 성적과 스펙을 두루 갖춘 학생들이 선발되는 경우는 있어도 스펙은 다양하나 성적이 일정 수준 이상이 되지 않은 학생이 선발되는 경우는 드뭅니다. "공부+α"를 갖추었을 때 합격률이 높아진다는 것을 명심하고 공부와 주변 활동 두 가지 모두에 비중을 두고 준비하는 것이 대입의 문을 넓히는 것이라 할 수 있겠습니다.

항공학과 선배의 진로진학 전과정 롤모델 스토리

## BENCHMARKING CORNER
# 전문가 평가

박상형 학생은 어릴 적부터 영화를 즐겨 보던 가정환경에서 자라왔기 때문에 자연스럽게 로봇이 등장하는 공상과학 영화를 많이 보게 되었고 그에 대한 동경을 자신의 꿈으로 발전시켰습니다. 중학생 때부터 본인이 희망하는 진로에 관련된 경험을 조금씩 축적해 왔으며 고등학교 때 더욱 많은 활동을 함으로써 다양한 이력을 만들어 왔습니다. 단기간에 어떠한 지식을 습득함으로써 승부를 보려고 하는 것보다는 이렇게 장기간에 걸쳐 꾸준히 해당 분야 및 진로에 대한 관심을 갖고 자율적이고 적극적으로 관련된 활동 경험을 쌓는 것이 입학사정관제와 같은 입시제도에서는 훨씬 더 효과적입니다.

박상형 학생은 중학교 때 참가했던 직업 체험 캠프에서 어렴풋하게나마 자신이 열정을 갖고 임할 수 있는 일이 무엇인지 발견했으며 이후 대전 엑스포에 방문하여 다양한 종류의 로봇을 보고 흥미를 느끼면서 로봇공학자로서의 꿈을 키우게 되었습니다. 그리고 고등학교 때 교내 과학 동아리 활동을 하면서 본격적으로 로봇공학에 대해 연구하고 보다 구체적인 활동을 할 수 있었습니다. 이렇게 적극적으로 자신의 적성을 찾아 나선 곳에서 흥미를 느끼고, 그 흥미를 계기로 진로를 설정하고, 그 진로를 이루기 위해 노력하는 모습에서 본인의 목표를 이루기 위한 학생의 성실성과 끊임없는 열정을 엿볼 수 있습니다.

박상형 학생에게서 발견할 수 있는 또 다른 성공의 요인은 본인이 전공하고자 하는 분야가 아닌 다른 곳에서도 열정과 적극성을 발휘한 데서 찾을 수 있습니다. 예를 들어 스스로의 다양성을 키우기 위한 목적으로 미학의 대가인 진중권 교수의 강의를 들었고 여기에서 단순히 강의를 듣는데 그치지 않고 나름대로 느낀 점을 바탕으로 자기계발을 하기 위한 노력으로 이어지는 모습이 인상적입니다. 또한 중학교와 고등학교를 합쳐 6년의 시간 동안 단 한 해도 거르지 않고 봉사활동을 해 온 것을 볼 때 자신의 힘으로 주변의 어려운 이웃을 돕고 사회에 조금이나마 공헌하려는 박상형 학생의 높은 인격적 성숙도를 알 수 있습니다. 이것이 학생을 더욱 돋보이게 하는 것들입니다.

105

Tip. 롤모델 스토리 To.영우

## CAMPUS LIFE
# 학과생활 소개

기계항공공학은 일상생활에 필요 불가결한 미래자동차기술, 그리고 전 국토를 하루 생활권으로 현실화하는 초고속열차기술, 나아가 지구 전체를 국경 없는 세계국가로 만든 현대 항공기술과 다양한 응용성을 보여주며 미래 생활공간인 우주를 개척하는 인공위성우주기술, 우리 생활을 안락하고 편안하게 해주는 에너지기술과 수많은 현대식 공장들의 자동화된 첨단 로봇 생산시스템기술 등의 근간을 이루는 첨단핵심공학 학문분야입니다.

최근에는 학문의 복합화, 융합화 추세에 따라 극초미세 나노기술, 인간의 질병 치료와 연관된 인공장기 등 바이오-메카닉기술. 인체의 공학적 해석을 시도하는 스포츠과학기술 등 다양한 분야가 새로운 기계항공공학분야로 대두되고 있습니다. 기계항공공학은 이렇게 많은 분야를 다루고 있기 때문에 저희 학부에서도 정밀기계설계 공동연구소, 항공우주신기술 연구소, 차세대 자동차신기술 연구센터, 비행체기술 연구센터, 터보동력기계 연구센터 등 산학협동 연구 및 국제교류가 활발하게 이루어지고 있습니다.

이렇게 인간의 삶과 직접적으로 연결되어 있는 기술을 연구하고 발전시켜나가는 학문이기 때문에 공부를 하면서 구체적인 자신의 진로를 결정할 수 있게 된다는 점이 다른 학문 분야와는 차별성을 가지고 있다고 생각 됩니다. 실제로 졸업하신 선배님들의 이야기를 들어보면 학부를 졸업하고 연구소, 산업분야 등 다양한 무대에서 활동하고 계신 분들이 많이 있습니다.

앞으로 새롭게 연구되어야 할 부분도 많고 다양한 분야에 진출할 수 있다는 점이 저희 학부의 가장 큰 장점이라고 생각합니다. 한 가지 학교 생활을 하면서 아쉬운 점이 있다면, 저희 과는 모두 예상하고 있는 것과 같이 남학생의 수가 절대적으로 많은 비율을 차지하고 있습니다. 공학계열 학과의 경우 대부분 그렇겠지만 저희 학부도 여학생이 거의 없다시피 하기 때문에 때로는 내가 군대에 와있는 것이 아닌가 하는 생각이 들기도 합니다. 하지만 다른 측면으로 생각해 보면 학부생들끼리 서로 쉽게 친해질 수 있는 계기가 되기도 하기 때문에 이런 측면이 나쁘다고만 생각되지는 않기도 합니다.

항공학과 선배의 진로진학 전과정 롤모델 스토리

## CAMPUS LIFE
# 대표 강의 소개

저희 학부에서는 워낙 다양한 분야의 강의가 이루어지기 때문에 대표 강의를 어느 한 가지만 꼽기가 힘듭니다. 학년이 올라갈수록 더욱 다양한 과목에서 심화되어 있는 내용을 배우기 때문에 자신의 선택에 따라서 몇 가지의 분야로 나누어지기도 합니다. 따라서 저희 학부의 전체적인 교과 과정을 설명해 드리는 것이 강의에 대해 감을 잡는 데 도움을 드릴 수 있을 것이라고 생각합니다.

먼저, 기계항공공학부의 교과과정은 기계항공공학의 기초지식 습득을 위한 기초과정과 구체적인 전공과정으로 나누어집니다. 우선 기초과정은 기계항공공학분야에서 갖추어야 할 기본적이고 폭넓은 지식의 습득을 위한 과정으로 열역학, 고체역학, 유체역학, 동역학, 기계제도, 공학수학, 기계항공공학 실험 등의 과목으로 이루어지는데 이들은 전공 필수과목으로 지정되어 있기도 하기 때문에 반드시 이수하지 않으면 다른 심화 과정을 이해할 수 없습니다.

전공분야는 크게 기계공학과 항공우주공학 두 가지 전문화된 분야로 나누어집니다. 전공영역에 따라 기계공학 분야는 역학과 설계, 열전달, 기계요소설계, 기계공작법, 시스템해석 등의 과목이 필수과목으로 지정되어 있습니다. 이러한 필수 과목 외에도 기계항공공학부는 로봇공학 입문, 센서개론, 컴퓨터시뮬레이션과 설계, 컴퓨터이용기계가공, 유도항법시스템, 헬리콥터공학 등의 과목을 통해서 실용적인 전공 지식을 배우게 됩니다.

또한 최근에는 첨단 기술 동향을 따라가기 위해서 마이크로 기계공학, 나노 기계공학, 동력기관, 생체역학과 응용, 생체유동, 연소 및 대기환경공학과 같은 바이오, 환경 관력 교과목이 새로 신설되어 운영되고 있습니다. 워낙 다양한 강의가 개설되어 있고 또 반드시 들어야 하는 과목들이 많기 때문에 공부에 어려움을 겪는 경우가 많지만 뛰어난 교수님들께서 이론을 넘어 실험 등 학문을 실제로 적용할 수 있는 역량을 키워주시기 때문에 많은 도움을 받고 있습니다.

Tip. 롤모델 스토리 To.영우

**CAMPUS LIFE**
# 활동 동아리 소개

## M.A.F

M.A.F는 기계항공공학부 학생들로 이루어진 축구 동아리입니다. 원래 운동하는 것을 좋아하고 특히 축구는 제가 가장 좋아하고 즐겨 하는 운동이기 때문에 처음 학교에 입학했을 때 축구 동아리가 없는지 찾아보았습니다. 그러던 중 학교 동아리뿐 아니라 저희 학부 내에도 축구 동아리가 있다는 것을 알게 되었고 이왕이면 학부에 있는 동아리에 가입하는 것이 학부 사람들과 친해질 수 있는 기회도 많아질 것 같아서 M.A.F에 가입하게 되었습니다. M.A.F는 동아리 구성원이 많기 때문에 평소 함께 연습을 할 뿐 아니라 정기적으로 자체적인 경기를 진행하기도 합니다. 물론 그냥 시합을 하는 것은 재미가 없기 때문에 경기에 지는 팀이 그날 밥값을 낸다든지, 이긴 팀의 소원을 들어준다든지 하는 내기를 걸고 시합을 하는 경우가 많습니다.

또한 학교 내의 다른 축구 동아리와 친선 경기를 갖기도 하고 때로는 학교 외부에서 열리는 대회에 참가하기도 합니다. 아직 대회에 나가서는 좋은 성적을 거두고 있지는 못하지만 학부 사람들과 함께 뛰고 어울릴 수 있다는 점이 굉장히 좋습니다. 제가 처음 생각했던 대로 M.A.F라는 축구 동아리에 가입하고 나서 학부 사람들과 굉장히 친해질 수 있었습니다. 대학에 들어오고 나서 처음에는 어떻게 사람들과 친해질 수 있을까 조금은 고민을 하기도 했었는데 학부 동아리에 들어오게 되면서 자연스럽게 그런 기회가 마련되었습니다.

사실 좋아하는 운동을 한다는 것도 동아리 활동의 장점이라고 할 수 있지만 연습이나 경기가 끝나고 사람들과 함께 하는 뒤풀이 자리는 동아리 활동의 묘미라고 생각합니다. 식사를 함께 하고 자연스럽게 이어지는 술자리에서 서로 많은 이야기를 나눌 수 있고 또 사람들 사이에 벽이 없어지는 자리이기 때문에 진정한 친구를 만들 수 있는 좋은 자리이기도 합니다. 다른 동아리도 그런 측면이 많이 있겠지만 함께 뛰고 땀 흘리는 운동 동아리는 다른 동아리보다 사람들끼리 훨씬 빨리 가까워지고 깊은 관계를 갖는데 많은 도움이 됩니다.

행진스토리 셋

# 진로는 공부의 외 대안이 아니라 공부하는 이유이다

고봉익의 스페셜 메시지 3
현실 도피가 아니라 가장 치열한 현실이다 · 내 마음의 그래프 · 꿈을 계획으로 바꾸자 · 더 치열하게 자신을 넘어서기 · 시간의 능력자는 자신의 시간을 본다 **Tip**. 롤모델 스토리 To.민구

>> 고봉익의 스페셜 메시지 3

## 진로는 공부이외 대안이 아니라 공부하는 이유이다

한 학부모님께서 이렇게 말씀하신 적이 있었습니다.

**"우리 아이는 공부로는 아닌 것 같아서 뭐라도 잘하는 게 있는지 알아보고 싶어서 왔어요."**

실제로 많은 학부모님들이 기대하는 마음이 아닌 차선책으로 아이의 진로교육을 받으러 옵니다. 그러면서도 다시 한편으론 진로교육이 아이의 성적에 도움을 주길 내심 바라는 눈치도 보입니다.

대한민국 아이큐(IQ)가 전 세계 1위라는 스위스의 조사 자료가 있었습니다. 한국은 사교육비도 세계에서 1위입니다. 하루 중 공부시간도 세계 1위입니다. 중고생 학업 성취도는 세계 최상위권이고 대학 진학률도 세계 1위입니다. 공부와 관련한 것 중에는 놀라울 정도로 1등이 아닌 것이 없습니다. 그런데 고등학교 이후에는 정 반대의 일들이 일어납니다. 대학생들의 학력수준은 전 세계 하위권으로 떨어지고, '인재율'은 한국이 꼴찌를 합니다.(IQ,학력,대비)

노벨상 수상자도 제일 적고(경제수준 대비) 아이비리그 중퇴율도 대한민국이 1위입니다.

도대체 어떻게 이런 일이 일어날 수 있을까요? 세계에서 가장 똑똑한 아이들을 가장 많은 돈을 들여 가장 오랜 시간 공부를 시키고 가장 많이 대학을 보내고 있지만 고등학교 졸업 이후에는 마치 모래성이 무너지듯 대학생부터 일반인까지 모두 다 세계 속에서의 인재 경쟁력이 떨어지고 있는 것입니다. 그 원인에 대해 이제는 누구나 한목소리로 초중고 시절의 [진로교육의 부재]라고 이야기합니다. 실제 한국학생 아이비리그 중퇴율 1위에 대해 미국에서 발표된 논문에서도 장기적 인생목표(Long term life goal) 없이 무조건 명문대를 선호한 것이 대학 이후 혼란을 준 가장 큰 이유였다고 합니다. 성공의 가치를 모르고 성공하는 것이 불행이듯이, 공부의 이유를 모르고 공부를 잘하는 것 역시 슬픈 일입니다.

**진로교육 없이 공부를 해서 대학에 가다 보니, 한국 대학생들의 87%는 전공을 바꾸고 싶다고 합니다.**

그리고 이렇게 자란 한국 성인의 86%가 꿈 없이 산다고 대답한 것을 보면 다시 한 번 우리들의 슬픈 생애 현실을 확인할 수 있습니다.

진로 교육은 공부를 못해서 다른 대안으로 하는 것이 아닙니다. 진로교육은 그 자체로 인재를 양성하는 훌륭한 교육이며, 대한민국에서 가장 필요한 교육입니다. 진로 교육은 전교 1등도 진짜 인재가 되기 위해 꼭 받아야 하고, 또 진로교육을 받고 나면 진짜 공부하는 이유가 생기기에 모래성이 되지도 않을 것입니다.

### 현실 도피가 아니라 가장 치열한 현실이다

겨울방학 기간 동안 진로코치와 진로수업을 받았던 두 친구가 있다. 민구와 상민이다. 유독 두 친구는 진로수업을 너무 행복해하였다. 학교생활, 가정생활에서는 행복을 느끼지 못했기에 유독 진로수업에 몰입하였다. 그 어디에서도 경험하지 못하였던 친절한 멘토링의 세계를 맛보았기 때문이다. 경영컨설턴트와 외교관의 꿈을 찾는 과정은 그야말로 행복 그 자체였다. 그런데 진로코치는 한 가지 염려되는 부분이 있었다. 두 친구 모두 진로탐색의 과정이 학교생활 즉 공부와 너무 동떨어져 있다는 것이다. 진로수업이 자신의 미래에 대한 청사진을 그려 주었지만, 매일 매일의 학교생활에 의미와 열정을 주는 단계까지는 이르지 못했던 것이다. 이 부분이 못내 아쉬웠던 진로코치는 두 친구의 중간과정을 점검하였다.

"두 사람에게 한번 물어 볼게. 우리가 진로코칭 수업에서 배웠던 내용, 즉 꿈을 찾아가는 과정에서 느꼈던 가슴 벅찬 울림, 그리고 마음에 새긴 다짐들이 지금 새 학기를 앞둔 시점에, 잘 지켜지고 있니?"

진로코치는 8개의 쪽지가 담긴 상자를 꺼냈다. 쪽지에는 번호가 적혀 있다. 1번부터 8번까지 번호이다. 서로 번갈아가며 번호 순서대로 쪽지를 펴서 읽으면 상대방이 답변하는 것이다. 답변을 들은 뒤에는 쪽지를 읽었던 친구도 답변을 하게 하였다.

| 순서 | 상대방에게 던질 질문 |
|---|---|
| 질문1 | 너의 꿈은 무엇이니? |
| 질문2 | 그 꿈을 이루기 위해 무슨 전공을 공부할 거니? |
| 질문3 | 그 전공을 위해 가고 싶은 대학은 어디야? |
| 질문4 | 그 대학의 입학을 위한 전형 기준은 뭐야? |
| 질문5 | 입학의 기준과 현재 수준은 차이가 있어? |
| 질문6 | 그 차이를 메우기 위해 이번 학년의 목표가 뭐야? |

>> 생생 코칭스토리 3

| 질문7 | 학년 목표를 위해 이번 시험의 점수 목표가 있니? |
|---|---|
| 질문8 | 이 모든 것을 위해 하루하루 시간관리를 하니? |

"너의 꿈은 무엇이니?"
"경영컨설턴트."
"그 꿈을 이루기 위해 무슨 전공을 공부할 거니?"
"경영학이지."
"그 전공을 위해 가고 싶은 대학은 어디야?"
"음, 한양대학교."
"그 대학의 입학을 위한 전형 기준은 뭐야?"
"전.형.기준? 글쎄."
"입학의 기준과 현재 수준은 차이가 있어?"
"전형기준을 모르니까 당연히 차이도 모르지."
여기서부터 두 친구는 답변을 못했다. 예상했던 결과이다. 방학기간의 단기 진로탐색이었고 유독 자존감이 낮은 두 친구였기에 자기를 성찰하고, 직업의 꿈을 찾는 과정까지 진행하는 것만으로도 빠듯했다. 진로수업의 시작은 학생들에게 해방감을 주기에 충분하다. 답답한 학교생활과 공부에서 잠시 나와서, 자신이 누구인지를 깨닫게 도와주고 무엇을 향해 달려가야 하는지 발견하게 도와주는 것이기 때문이다. 하지만 진로수업의 완성은 결국 다시 학교생활로 돌아가는 것이다. 공부하는 이유를 깨닫고, 공부의 열정을 심어주는 것이 진로수업의 절정이기 때문이다. 그래서 지금 두 친구와 함께 이 부분을 점검하는 것이다. 코치는 쪽지에 적힌 나머지 세 개의 질문을 직접 읽어주었다.
"그 차이를 메우기 위해 이번 학년의 목표가 뭐야?"
"학년 목표를 위해 이번 시험의 점수 목표가 있니?"
"이 모든 것을 위해 하루하루 시간관리를 하니?"

두 친구는 말을 못 하고 있었다. 잠깐 동안의 긴장감이 흘렀다. 현재 상황을 점검하기 시작하자, 일부 부실했던 삶과 진로관리상태가 드러나기 시작한 것이다. 물론 진로코칭을 받은 대부분의 아이들은 제대로 꿈을 향해 가고 있는 경우가 많다. 그럼에도 이러한 점검은 필요하다. 새학기를 앞두고 진로수업의 다짐과 목표가 현실의 삶과 학교의 생활로 이어지기 위해 코치는 두 친구와의 점검을 생각한 것이다.

> **정윤숙 진로코치의 조언!**
> 진로는 지겨운 학교생활에 대한 현실도피의 과정이 아니다. 당장의 공부를 회피하고 장밋빛 미래를 꿈꾸는 것이 아니다. 제대로 된 진로수업은 지금 현재의 학교생활에 의미를 만들어주고, 공부의 열정을 심어주는 것이다. 진로는 공부하는 이유 그 자체이다.

"저는 의사가 되고 싶어요. 그래서 세계보건기구에 가고 싶어요. 오지의 아픈 사람들을 돕고 싶은 거죠. 제가 가진 재능을 사람을 돕는 일에 쓸 겁니다. 그래서 의대에 진학했어요."

세계 속에서 고군분투하는 한국인 선배의 영상을 보여주었다. 영상에 등장하는 학생의 '미래방향'을 4단계로 구분해 주고, 그 학생이 학창시절에 했던 노력을 '현재준비'라고 구분지어 설명해 주었다. 그리고 같은 방식으로 자신의 경우, 미래방향이 무엇인지 정리하고, 그 미래를 만들기 위해 올해 1년 동안 어떤 노력을 해야 하는지 4단계로 기록하는 시간을 가졌다. 미래방향의 마지막 단계는 진학이고, 그 진학을 위한 4가지 준비가 바로 현재준비인 것이다. 현재 준비의 항목은 진학을 위해 갖추어야 할 준비 1(공부), 진학을 위해 갖추어야 할 준비 2(습관), 진학을 위해 갖추어야 할 준비 3(경험), 진학을 위해 갖추어야 할 준비 4(지식)이다. 즉 공부와 습관, 경험, 지식이 모두 필요하다는 것이다. 자신의 상황을 점검하며 내용을 채워가는 두 친구의 얼굴에 진지함이 넘쳤다.

## >> 생생 코칭스토리 3

| 구분 | 단계 | 생각의 내용 | 선배 사례 | 나의 경우 |
|---|---|---|---|---|
| 미래방향 | 1단계 | 공부하는 이유 | 사람과 세상을 치료하는 삶 | 아이들에게 지식 나눔 |
| | 2단계 | 구체적으로 돕고 싶은 위치 | 세계보건기구 | 초등학교, 낙후된 지역 |
| | 3단계 | 그 역할에 이르기 위해 가져야 할 직업 | 의사 | 교사 |
| | 4단계 | 의사가 되기 위해 거쳐야 할 진학 목표 | 프린스턴 대학교 의과대학 | 서울교육대학교 |
| 현재준비 | 5단계 | 진학을 위해 갖추어야 할 준비 1(공부) | 꾸준한 내신 관리 수학, 과학 유학을 위한 영어 | 내신 성적 관리 특히 내가 약한 수학 |
| | 6단계 | 진학을 위해 갖추어야 할 준비 2(습관) | 시간 관리 습관 예습과 복습 습관 영어 단어, 듣기 훈련 | 신문과 뉴스 친해지기 시간 관리 습관 일기 쓰기 |
| | 7단계 | 진학을 위해 갖추어야 할 준비 3(경험) | 지속적인 봉사 동아리 방학 때 외국 대학 탐방 | 봉사 동아리 방학 때 교대 탐방 틈틈이 선생님 인터뷰 |
| | 8단계 | 진학을 위해 갖추어야 할 준비 4(지식) | 외국 대학의 입학 자료 롤 모델에 대한 독서 세계 문화 이해 독서 | 교대 전형 요소 확인 독서를 통한 배경 지식 |

"느낌이 좋아요. 그렇지 않아도 힘들었거든요. 엄마랑 다시 사이가 안 좋아져 옛날로 돌아간 상황이었어요. 공부도 안 되고, 진로수업 때 적었던 다짐이 무색해진 느낌 있잖아요. 그렇게 감동적으로 멋지게 꿈을 꾸었던 느낌은 사라지고, 초라하고 게을러진 현실이 너무 싫었어요."

### 내 마음의 그래프

보다 구체적으로 자신의 진로관리 상태를 알아보기 위해 마음의 그래프를 그려보기로 했다. 일반적인 다섯 가지 진로성숙도를 세분화하여 열 가지로 구분한 표를 아이들에게 보여 주었다. 간단하게 자신의 마음상태를 체크해 보고, 진로수업 때 거의 만점에 가까운 수준으로 올라갔던 성숙도가 어느 정도 관리되고 유지되는지 확인해 보았다.

## 생생 코칭스토리 3

| | 진로성숙도 | 내용 | 점수 |
|---|---|---|---|
| 1 | 진로 정체성 | 나는 나의 진로를 확신하는가? | |
| 2 | 자기 이해도 | 나는 진로를 찾기 위해, 나의 흥미, 재능, 성향, 적성 등을 살펴보았는가? | |
| 3 | 가족 일치도 | 나는 나의 진로에 대해 가족과 대화하고 있는가? | |
| 4 | 판단 합리성 | 나는 진로를 찾기 위해 자기탐색과 직업탐색을 동시에 추구하고 있는가? | |
| 5 | 진로 합리성 | 나의 진로와 관련된 타인의 의견을 수용하는가? | |
| 6 | 직업 이해도 | 나는 진로와 관련된 직업 정보를 다양하게 만나고 있는가? | |
| 7 | 정보 습득률 | 나는 진로와 관련된 정보를 나만의 방식으로 축적하고 있는가? | |
| 8 | 진로 지향성 | 나의 장기적인 진로를 위해 단기적인 목표를 세워 실천하고 있는가? | |
| 9 | 진로 준비도 | 나의 진로에 대해 구체적으로 준비하고 있는가? | |
| 10 | 진로 자율성 | 나는 진로를 찾는 과정을 스스로의 힘으로 주도하고 있는가? | |

5점 만점의 숫자를 적었던 것을 보고 각자 자신의 진로성숙도의 수준을 스스로 그래프로 그려보게 하였다. 이렇게 해서 한눈에 자신의 상황이 시각적으로 들어오게 하는 것이다.

아니나 다를까. 높은 것과 낮은 것이 확연하게 보이기 시작했다. 두 친구에게 서로 상대방의 그래프를 보여주고, 높은 것과 낮은 것을 말한 뒤,

왜 그 부분이 낮은지 간단하게 서로에게 설명해 주는 시간을 가졌다. 앞부분의 다섯 가지는 진로수업과정에는 높은 수준으로 올라섰지만, 뒷부분의 다섯 가지는 생활 속에서 이어지지 못한 부분이기 때문에 낮은 수준의 그래프를 그렸다. 쑥스러워하면서도 상대방에게 발표할 때, 자신의 현재 상황이 더욱 마음에 새겨지게 된다.

"자신의 마음을 그래프로 만드는 것은 매우 어려운 일이야. 하지만, 한번 두 번해 보면 자신을 보는 훈련이 될 거야. 불편하지만 자신을 보는 연습이 꼭 필요하다. 방법은 간단해. 스스로에게 던지는 질문이 필요하다. 그 질문은 가능하면 5점, 10점이나 100점 만점으로 스스로 사이즈를 말할 수 있는 내용이면 충분해. 수준과 범위, 정도 등을 묻는 질문이면 되는 거지. 가능하면 그 결과를 그래프로 그려보는 게 중요하다. 우리의 뇌는 시각화된 정보에 더 민감하게 반응하기 때문이야. 실제로 이렇게 막대그래프를 그리니까 마음의 크기가 한눈에 들어오지?"

"선생님, 그런데 자기 스스로 측정하는 것이라 정확하다고 보기는 어려울 것 같아요."

"좋은 질문이야. 그럴 때 방법이 있다. 다소 민망하더라도 친구나 가족에게 질문지를 주고, 점수를 기록해 달라고 하는 거야. 그런데 그런 부탁을 5명 이상에게 하면 완전 대박이다. 평균치가 나오거든. 바로 그렇게 해서 나온 결과그래프와 자신이 스스로 그린 그래프를 비교해 보면 자신이 어떤 부분을 정확하게 인식하고 있는지, 혹은 착각하고 있는지 한번에 알 수 있단다."

### 꿈을 계획으로 바꾸자

점검이 끝나고, 아주 화려한 장면을 화면에 보여 주었다. 아이들의 눈이 커졌다. 뭔가 꿈을 적은 것 같은데 크게 형식이 다르다. 연도가 있고, 나이가 있고, 목표가 있고, 그리고 공부목록, 자격증목록, 사람과의 네트워크관계, 역할 그리고 비용까지 빼곡하게 적힌 것이었다. 그 화면을 보여주는 진로코치의 머릿속에 하나의 장면이 스쳐지나간다. 어느 해 연말, 한 고등학교 대강당의 장면이다. 한 친구가 무대에 올라왔다. 스크린에 자료 하나가 떴다. 마이크를 잡더니 이 학생은 무대 위를 여유롭게 왔다 갔다 하면서 그 자료에 대해 설명을 하였다.

"이것은 제 인생의 로드맵입니다. 저는 제 인생의 크게 다섯 가지의 콘셉트로 구분해서 계획을 만들었습니다. 경험, 도전, 성장, 성취 그리고 환원입니다. 고등학교 1학년인 지금 저는 다양한 탐색과 경험을 통해 저의 가능성을 극대화할 것입니다. 공부와 운동, 예술, 그리고 제가 좋아하는 과학발명 등에 최선을 다할 것이며, 이 모든 과정에 독서를 통해 세상을 이해하는 통찰력을 키울 것입니다. 저의 꿈은 의료기업CEO입니다. 대학에 입학해서 더 높은 수준으로 도전하고, 졸업 이후 지속적으로 성장한 뒤, 40세에 꿈을 이루고 그리고 그 모든 성취를 세상에 환원하며 인생의 아름다운 후반전을 살 계획입니다."

"꿈은 그 자체로 두면, 계속 꿈으로 남지. 그 꿈을 체계화시키면 '계획'으

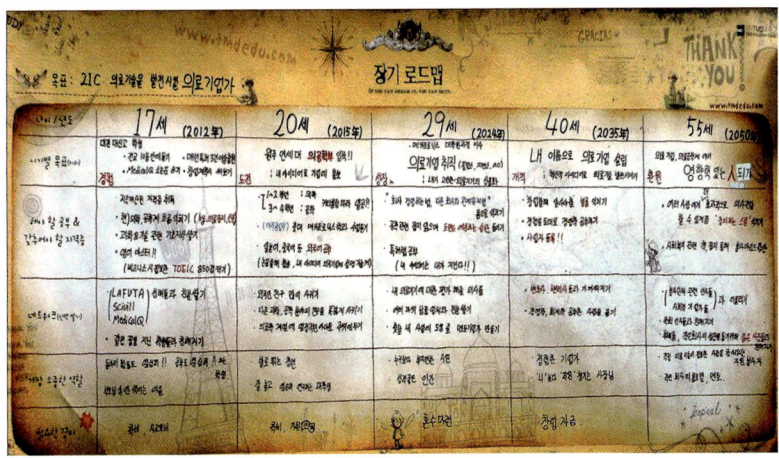

의료기업CEO가 되고 싶은 학생의 로드맵

## 생생 코칭스토리 3

교육컨설턴트가 되고 싶은 학생의 로드맵

로 바뀌는 거야. 지금 우리에게 필요한 것은 바로 '꿈이 계획으로 바뀌는 순간'이란다."

학생들은 코치가 보여준 이 로드맵에 매우 큰 관심을 보였다. 저런 그림을 자신도 그려서 책상 앞에 붙인다면 정말 흔들림 없이 공부할 수 있을 것 같은 기대감일 것이다. 그 기대감은 틀리지 않다. 이런 로드맵을 책상 앞에 붙인 학생들은 실제로 다른 삶을 살아간다. 로드맵의 기본적인 기

|  | 20세 / 2012년 | 27세 / 2019년 | 35세 / 2027년 | 43세 / 2035년 |
|---|---|---|---|---|
| 목표<br>(지위) | · 서울대 등 명문대 경영 / 공학과 | · 세계적 컨설팅 회사에 컨설턴트로 입사 | · 세계적인 컨설팅 회사 한국지사 파트너 | · 세계적인 컨설팅 회사 글로벌 파트너 겸 한국 지사장 / 아시아지역 Head |
| 해야 할 공부 &<br>갖추어야 할 자격증 | · 경영학<br>(전략, 마케팅, 생산, 물류, 재무회계, 경영관리, 정보통신, 국제경영등) 학습<br>· 재무 분석 관련 자격증<br>· MS Office Master<br>· 영어, 일어, 중국어 학습 | · 컨설팅 방법론 학습 및 적용으로 실력배양<br>· 컨설팅 방법론 각종 자격증 취득<br>· 글로벌 프로젝트 참여 | · 한국 기업에 대한 컨설팅 성공과 각 방법론 개발<br>· 명상사부와 한국 30대 기업 CEO / 주주 등의 클라이언트 확보<br>· 글로벌 프로젝트 매니저 | · 글로벌 기업 클라이언트 300여개 확보로 아시아 1등 매출액 창출<br>· 세계 / 아시아 지역 경제경영 포럼 상임위원<br>· UN 등 국제기구 자문위원 |
| 네트워크<br>(인맥 쌓기) | · 세계 여행을 통한 글로벌 시야확보 및 각 국가 대학생들과 네트워크 형성<br>· 대학 동문 선배 컨설턴트들과 정기적 만남<br>· 글로벌 기업 인턴 활동 | · 동료들과 좋은 관계를 유지하여 인간적인 매력 구축<br>· 바쁜 일정에 중요한 사람들과의 만남 유지 | · 한국경영자협회 등의 기업 경영진들과의 관계 형성<br>· 한국 언론사 등의 정기적인 기고와 칼럼 연재로 한국 시장의 나아갈 방향 제시 | · 공공부문, 민간부문 한국을 움직이는 리더들과의 조찬모임을 통해 다양한 관계 형성<br>· 글로벌 CEO들과의 지속적인 만남추진 |
| 가장 소중한 역할 | · 효도하는 아들 / 딸<br>· 리더십 있는 대학단체 / 동아리 / 학회리더 | · 탁월한 실력을 가진 조직 내 신임 컨설턴트<br>· 세상에 하나뿐인 사랑스런 그녀의 남친 / 그 남자의 여친 | · 시원스런 남편 / 아내<br>· 조직 내 가장 믿음을 주는 선배 | · 네 자녀의 아버지<br>· 한국정부 / 기업 / 연구단체 / 언론사 / 지방자치단체 혁신위원회 상임위원 |
| 필요한 경비 | · 학비: 연 0.85 X 4=3.4천만원<br>· 생활비: 연 0.7 X 4=2.8천만원 | · 해외 MBA 자금목표: 2억 모으기<br>(컨설턴트 3년간) | · 집 장만 프로젝트 완성 :<br>10억 모으기(컨설턴트 5년간) | · 컨설팅도서관 프로젝트 운동 :<br>100억 모으기(향후 10년 간) |

록법을 소개해 주었다. 일주일 뒤, 민구는 자신의 로드맵을 제출하였다. 드디어, 민구의 '꿈'은 '계획'으로 바뀌게 되었다. 꿈을 구체적인 목표로 바꾸는 순간 '계획에 따른 노력'이 탄생하는 것이다. 계획이 나오면 실천의 가능성이 높아진다. 꿈을 이루기 위한 단계별 로드맵을 그린다고 저절로 노력이 생기는 것은 아니다. 이 과정에서 매우 구체적인 전략이 꼭 필요하다.

"전략이 뭐죠?"

"전략이라는 것은 목표를 이루기 위한 최적의 선택을 말한다. 흔히 전략적으로 판단한다는 말을 들어본 적 있니?"

"네. 그런데 너무 어려운 말이에요."

"간단하다. 어떤 목표가 있다고 생각해 봐. 그 목표를 이루기 위한 방법과 도구가 여러 가지고 있다고 하자. 그 중에서 목표를 이루기 위해 가장 좋은 선택을 하는 게 바로 전략적인 판단이야. 진로에서도 마찬가지야. 직업의 꿈을 이루기 위해 가장 중요한 선택은 바로 학과다. 해당학과의 학문을 가장 잘 가르치는 대학과 내가 들어가고 싶은 대학, 그리고 내가 들어갈 수 있는 대학을 두고 고민하고 판단하는 것이 전략이지. 그런데 말이야. 이 과정에서 전략은 충분히 조정이 가능하다. 자신의 노력에 따라서 말이야."

"어떻게 전략을 세워요? 구체적으로 가르쳐 주세요."

### 윤정은 진로코치의 조언!

진로의 꿈을 이루기 위한 전략은 바로 진학을 위한 공부목표나 공부이외의 목표를 세우는 것입니다. 진학을 위한 객관적인 수준을 먼저 확인하고 자신의 현재 수준을 비교해 보는 것입니다. 그 격차를 줄이기 위해 구체적인 성적이나 학습목표를 세우는 게 바로 최적의 전략입니다.

코치는 진로의 목표를 이루기 위한 진학의 목표 찾고, 진학의 수준과 현

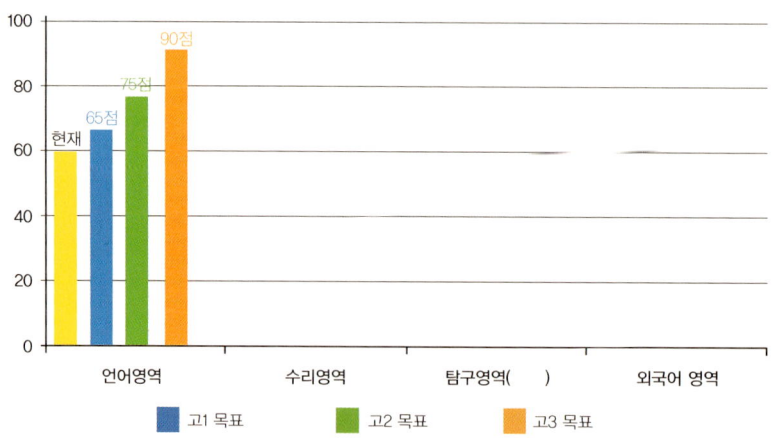

재 자신의 수준을 비교하는 방법을 소개해 주었다. 두 친구가 고등학생이기에 수능과 일반 내신을 나눠서 목표를 세우는 방법을 설명해 주었다. 특히 세 가지 주의점을 강조해 주었다.

1. 목표와 현재 나의 점수와의 차이점 보기
2. 그 gap을 줄이기 위한 구체적인 전략과 포부의 작성
3. 열심히 한다, 잘한다 등의 표현은 자제

"공감이 돼요. 제가 늘 그랬거든요. 열심히 하자, 잘 하자 등의 추상적인 말을 너무 많이 쓰게 돼요. 이제는 좀더 구체적인 목표를 쓰라는 거죠."

"맞아. 구체적인 목표는 노력의 목표를 말하는 것이기 때문에 가능하면 과목, 점수 등이 표현될수록 좋다. 어떤 목표든 숫자가 있는 목표와 없는 목표는 분명 차이가 있다. 가능하면 숫자를 넣어서 표현하는 게 좋다. 숫자가 들어있으면 목표의 크기를 판단하는 데 큰 도움이 된다."

"좋아요. 선생님. 그럼 제가 내신성적에 대한 전략을 담아서 내용을 만들어 볼게요."

이 부분에서 상민이는 매우 적극적이었다. 그 만큼 과거에 답답한 삶을 살았기 때문일 것이다. 그는 이제야 진로와 공부를 조금씩 연결시킬 수 있게 되었다. 그리고 다시는 과거로 돌아가고 싶지 않았다. 이번 만큼은

생생 코칭스토리 3

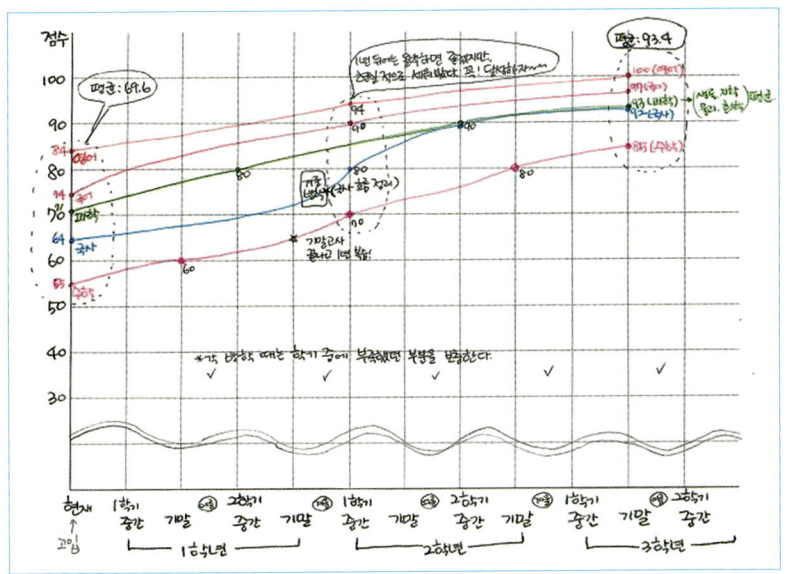

**윤정은 진로코치의 조언!**
진로는 공부하는 이유에 대한 가장 명확한 설명을 줍니다. 〈공부감성〉이라는 책의 용어를 사용한다면 '공부미래확신도'입니다. 학생으로 하여금, 자신이 지금 하는 공부가 미래의 꿈과 어떻게 연결되어 있는지를 확신하게 돕는 것입니다. 진로는 꿈과 공부를 연결하는 작업입니다.

꼭 목표를 향해 실천을 하고 싶었다.

그런데 여기서 끝나는 것이 아니다. 진로코치는 더 무서운 자료를 보여주었다. 아나운서를 꿈꾸는 친구가 책상 앞에 붙이면서 매월 체크하는 '진로관리체크 리스트'이다. 자신의 꿈을 이루기 위해 중학생, 고등학생 시절 매일의 삶 속에서 구체적으로 어떤 노력을 해야 하는지 스스로가 목표를 세워 체크하는 것이다. 이는 습관이론의 매우 핵심적인 부분이다. 습관을 바꾸는 데는 크게 3가지 원리가 필요하다. '자기계약, 자기기록, 그리고 자기조절'이다. 자기계약은 미래를 선언하고, 스스로에게 약속하고 다짐하는 것이다. 자기기록은 자신의 행동을 체크하여 객관화시키는 작

## >> 생생 코칭스토리 3

업이다. 바로 진로관리체크리스트가 여기에 해당한다. 자기조절은 구체적인 행동의 조절을 하는 것이다. 자료를 나눠주고, 자신의 꿈을 위해 매일 혹은 매주 아니면 매월이라도 해야 할 구체적인 행동목표를 공부, 능력, 지식, 습관 등의 항목에 따라 적어보게 하였다. 어려울 것 같아 보였지만, 막상 하나 둘 적기 시작하더니 꽤 많은 목록을 적기 시작했다.

| | 행동 | 횟수 | 점검표 |
|---|---|---|---|
| 공부관리 | 독서 포트폴리오 | 1주1권 | |
| | 체험 활동 기록 | 1개월1회 | |
| | 플래너 쓰기 | 1일1회 | |
| | 예습과 복습 | 1일1회 | |
| | 학교 정보 모으기 | 1주일1회 | |
| | 봉사 활동 | 1개월1회 | |
| 능력관리 | 뉴스 따라 하기 | 1일1회 | |
| | 책 소리 내어 읽기 | 1일1회 | |
| | 표현 녹음해서 듣기 | 1주일1회 | |
| | 거울보고 몸짓 해 보기 | 1일1회 | |
| | 토론 녹화 보기 | 1주일1편 | |
| | 목욕탕에서 숨 참기 | 1주일1회 | |
| 지식관리 | 신문 사설 읽기 | 1일1회 | |
| | 경제 신문 읽기 | 1일1회 | |
| | 100분토론 시청하기 | 1주일1회 | |
| | 아나운서 아카데미 가기 | 1주일1회 | |
| | 아나운서 홈페이지 보기 | 1주일1회 | |
| | 국사 및 세계사 공부하기 | 1개월1권 | |
| 습관관리 | 독서 포트폴리오 | 1주1권 | |
| | 체험 활동 기록 | 1개월1회 | |
| | 플래너 쓰기 | 1일1회 | |
| | 예습과 복습 | 1일1회 | |
| | 학교 정보 모으기 | 1주일1회 | |
| | 봉사 활동 | 1개월1회 | |

생생 코칭스토리 3 <<

## 더 치열하게 자신을 넘어서기

'학생들의 생생한 현장의 고민은 무엇일까? 정말 이 정도로 충분할까? 실제 학교생활과 공부시간, 그리고 스스로 학습하는 시간에 도움이 필요한 것이 또 있을까. 진로탐색과 진로설계를 진로수업에서 완성하고, 진로관리의 방법을 선사했는데, 과연 이것으로 충분할까.'

코치는 정말 필요한 도움을 주고 싶은 간절함이 있었다. 일반적인 진로수업에는 들어가 있지 않지만 코치는 민구와 상민이를 위해 진로, 진학, 학습을 넘어 매일의 '습관'을 약간 다뤄주고 싶었다.

"자신이 평소에 하던 공부의 방법을 모두 나열해 보자. 가능하면 이름을 붙여보면 좋겠어. 무작정 외우기, 연필로 색칠하며 공부하기, 벼락치기, 교과서파기 등 나름 적합하고 재미이름을 붙이면 어떨까."

개인에게 주어진 다양한 카드에 두 학생은 자신만의 공부법을 적는다. 평상시에 정말 공부를 안 하던 친구들이었지만 나름 재미있게 적는다. 심지어는 '시간 때우기', '공부하는 척하는데 아무생각 없기'도 나왔다. 그 내용을 상대방에게 발표하였다.

"그럼 한 번 더 작업을 해 보자. 자신이 적은 카드들을 한번 분류해 보자. 마음에 드는 공부법과 그렇지 않고 버리고 싶은 공부법을 분리한 뒤, 한 번 더 상대방에게 소개해 보는 거다."

활동이 한참 진행된 이후, 그 결과를 자신의 노트에 적게 했다. 상대방의 공부법 발표를 들었을 때, 마음에 드는 방법이 있다면 이 역시 자신의 노트에 기록하게 했다. 코치는 종이카드만 준비했을 뿐인데 내용은 모두 학생들에게서 나왔다. 여기서 멈추지 않았다. 코치는 대한민국사람으로서 공부의 달인으로 불리는 대부분의 사람들이 검증하였던 공부법들을 카드로 만들었고, 그것을 두 친구에게 나눠주었다. 조선무공부법, 뿌리공부법, 그물망공부법, 조명공부법, 공부 또 공부, 20분 전환법, 콩나무시루법, 단권화, 바라봄법칙, 매체활용공부법, 상관관계공부법 등 신기한 단어들을 접한 두 친구의 표정이 상기되었다. 단어카드를 보면서 최대한 내용을 유추하여 포스트잇에 그 의미를 적어보는 시간을 가졌다. 이미 학생들은 자신의 공부법에 이름을 붙여보는 연습을 하였기에 활동 그 자체가 낯설지는 않았다. 그리고 대부분 공부법의 이름은 뜻을 내포하고 있기에 학생들 스스로 토론을 통해 의미를 유추하는 일이 매우 흥미로웠다.

"저는 콩나물시루법을 소개할게요. 구멍이 뚫린 시루에 물을 부으면 구멍이 뚫린 밑으로 물이 다 빠져 나가는 것 같지만 시간이 지나고 살펴보면 어느새 싱싱하게 자라있는 콩나물을 발견하게 되는 것처럼 공부도 그와 같다는 것이죠. 처음 한 번 읽고, 두 번 읽고, 네 번 반복해 읽으면 처음엔 별로 다르게 느껴지지 않지만 콩나물이 자라듯 어느새 머릿속 지식은 쑥쑥 자라있는 걸 발견하게 된다는 것입니다."

"와~ 그럴싸한데!"

"이번에는 제가 단권화에 대해 소개할게요. 여러 가지 책을 보는 것이 아니라 단 한권의 책에 모든 정보를 모아놓고 그 책을 반복해서 봄으로써 자연스레 그림처럼 남도록 각인시킨 것을 말해요. 보통 교과서가 가장 기본이기 때문에 교과서를 중심으로 단권화하는 경우가 많습니다."

"이번에는 제가 다시 뿌리공부법을 소개할게요. 나무를 보면 큰 줄기에 작은 뿌리들이 하나하나씩 연결되어 있죠. 뿌리가 되는 것 하나를 공부하면 그에 연결된 다른 뿌리가 생기듯 다른 지식들도 생기게 되고 그 위에 싱싱한 잎이 나고 꽃이 피는 것처럼 나중에 좋은 결과를 얻을 수 있다는 것입니다."

"저는 거북이 공부법을 소개할게요. 거북이와 토끼의 경주를 생각하면 쉽습니다. 빨리 출발한다고 머리가 좋다고 승리하는 것이 아닙니다. 더디게 가면 어떨까요. 공부를 즐기면서 차근차근 알고 가는 게 중요합니다. 빨리 가는 토끼는 지나가는 길에 무엇이 있는지, 그리고 그 숲이 어떻게 생겼는지 알지 못할 수도 있지만, 느리게 가지만 차근차근히 간 거북이는 알고 있죠. 최후의 승자는 거북이입니다."

민구와 상민이는 카드에 적힌 공부법을 확인하기 위해 컴퓨터 검색을 하였고, 그 결과를 바탕으로 지금 번갈아 가며 경쟁적으로 내용을 설명하고 있다.

"'20분 전환법'을 설명하겠습니다. 한 마디로 말하면, 20분마다 과목을 바꿔서 공부하기입니다. 집중력이 떨어질 때 과감히 다른 과목을 선택하는 것이죠. 무조건 지속적으로 오랜 시간 공부한다고 해서 능률이 오르는 것은 아닙니다. 스마트폰으로 서칭해 보았더니 이 방법은 조승연이라는 공부기술의 달인이 고등학교 2학년 때부터 실천한 것입니다. 한 과목을 20분 동안 공부한 뒤 두뇌의 다른 부분을 사용할 수 있는 전혀 다른 과목으로 옮겼다가 다시 원래 공부했던 과목으로 돌아오는 것이 가장 효율적이라는 것을 발견했다고 합니다. 예를 들어 수학을 20분간 공부했다면 국어를 20분간 공부해 좌뇌와 우뇌 활동의 균형을 맞춘다는 것이죠. 사실 이 방법은 쉬운 방법은 아닌 것 같아요. 그리고 주의할 점이 있어요. 개인의 집중력에는 차이가 있으므로 20분이라는 시간은 달라질 수 있다는 것이죠."

경쟁적으로 조별 발표가 이루어졌다. 공부법 전문가들에게는 미안하지만, 진로전문가인 진로코치가 공부법의 영역을 넘어들었다고 생각하지는 않는다. 그냥 환경을 만들어주고, 아이들이 스스로 찾아가게 한 것일 뿐이다.

>> 생생 코칭스토리 3

### 시간의 능력자는 자신의 시간을 본다

공부법이 나왔으니, 코치는 내친 김에 한 가지 더 통찰력을 심어주고 싶었다. 일상의 공부는 결국 시험이라는 관문을 통해 열매를 맺고 확인을 한다. 진로코치가 시험의 기술을 가르칠 수는 없으나 적어도 학생들이 자신의 시험을 대비하는 통찰력까지는 가능하다고 판단하였다. 진로탐색 이후, 진학정보를 지나 현재의 노력을 열심히 하고 있는 선배들의 시험 달성률 그래프를 보여주고 신학기 첫 시험에 대비하라고 권면해 주었다. 시험을 치르고 난 뒤에 시험달성률 그래프를 그리는 경우가 있다. 일반적인 경우는 아니다. 자신의 시험기간 몰입도와 과목구성을 객관적으로 보기 위해 진행하는 컨설팅 방법론이다.

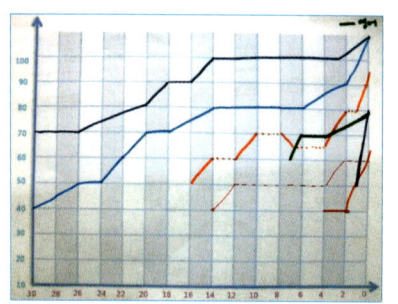 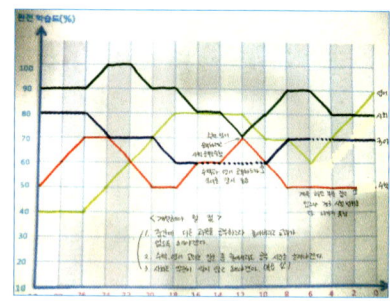

[시험기간의 공부달성률 그래프]

"선생님, 이 색깔은 무엇을 의미하죠?"
"과목을 말한다. 더 솔직히 말하면, 어떤 학생은 과목마다 색을 구분할 때 자신의 마음도 반영한 것이지. 붉은 색으로 표시한 과목은 '피나도록' 공부하고 싶다는 의지를 담았다고 해. 웃기지?"
"샘, 당연히 그래프가 올라간 것은 열심히 한 것이겠네요?"
"아니야. 열심히 했다는 게 아니라, 내용을 충분히 이해하였다는 것이지."
이렇게 질문을 받고, 코치가 해석해 주면서 내용을 풀어주었다. 이 과정에서 학생들은 자연스럽게 공부하는 과정의 주의점을 깨닫는다. 그래프의 세로축은 공부의 양이 아니라, '완전학습도'즉 이해도와 완성도를 체크한 것임을 깨닫게 되는 것이다. 점선은 공부를 중단한 경우이며 그 경우 간단하게 메모를 하여 이유를 설명하게 하였다.

"샘, 가로축이 시험기간이라면, 시험기간에 임박해서 급하게 그래프가 처음 시작되는 것은 벼락치기인가요?"

"맞아. 벼락치기이다. 그런데 꼭 기억할 것은 벼락치기의 완전학습도는 한계가 있다는 것이야. 결국 공부를 충분히 하지 못하고 시험을 치르게 되는 것이지."

급 공감하는 분위기가 연출되었다. 두 친구는 자신도 이런 그래프를 그려보고 싶다고 아우성이다. 코치는 샘플을 주었다. 그리고 첫 시험을 맞이하면서 미리 그림을 그리면서 4주 정도를 대비하라고 조언해 주었다. 그런 뒤, 시험이 끝나면 구체적으로 분석해 보라고도 당부하였다.

### 윤정은 진로코치의 조언!

진로는 원대한 미래에 대한 선언이자, 오늘 하루 치열한 공부에 대한 방법입니다. 진로, 진학, 학습, 습관은 모두 내용적으로 연결되어 있습니다. 꿈이 무엇이냐는 질문 뒤에는 항상 '그래서 지금 어떻게 준비하고 있는가'라는 질문이 따라온다는 것을 명심해야 합니다.

**Tip. 롤모델 스토리** To.민구

"민구 학생에게 경영학을 전공하고 있는 선배의 스토리를 소개합니다. 특히 이다혜 선배는 독서를 소중히 여겼으며 진학의 과정에서 독서의 힘이 큰 도움이 되었다고 합니다. 선배의 롤모델 성공스토리를 꼼꼼하게 읽어보고 자신의 적용점을 찾아보세요."

## HISTORY / HERSTORY
# ROADMAP

|  | 중등 | | | 고등 | | |
|---|---|---|---|---|---|---|
|  | 1 | 2 | 3 | 1 | 2 | 3 |
| 자율체험 활동 |  |  | 호주 여행 | 방과후 논술 |  |  |
|  |  |  | 성남외고 여름캠프 |  |  |  |
| 동아리 활동 | 독서부 | | |  |  |  |
| 봉사 활동 |  |  |  | 장애아 돌보기 및 일손 돕기 | | |
|  |  |  |  |  | 기아체험 24시간 자원봉사교육 |  |
| 진로 활동 |  |  |  | 아버지 친구분과의 정기적인 면담 | | |
|  |  |  |  |  | 글로벌 시민교육 캠프 |  |
| 특기 활동 |  | 사물놀이 |  | 성균관대 주최 영어 수학 경시대회 | | 통일 안보 학예 행사 |
|  | 독서 감상문 쓰기 대회 우수상 | | |  |  |  |
| 독서 활동 |  |  |  |  |  |  |

경영학과 선배의 진로진학 전과정 롤모델 스토리

# HISTORY / HERSTORY
# 성장과정

저는 평범하지만 화목한 가정에서 어린 시절을 보냈습니다. 금융업에 종사하시는 아버지 밑에서 자란 터라 금전적으로는 큰 문제가 없었기에 어려움 없이 곱게 자랄 수 있었지만, 그렇게 걱정 없이 자랐던 덕분인지 노는 것을 워낙에 좋아해서 어릴 때부터 사고가 나서 구급차에 여러 번 실려가기도 하고 병원에 장기간 입원도 하는 등 산전수전을 겪으며 살았습니다.

한 번은 초등학교 5학년 때 장난치다가 오토바이에 치이는 큰 교통사고를 당했는데, 그때 짧은 찰나에 정말 주마등처럼 죽음이 스쳐 지나가더라고요. 그때부터 저는 어린 나이였지만 삶과 죽음에 대해서 끊임없이 고민하였고 또 매일마다 하루하루를 그냥 흘려 보내는 것이 아니라 채워나가야 한다는 느낌으로 살 수 있게 되었습니다.

제가 존경하는 사람은 첫째는 부모님입니다. 부모님은 항상 저를 믿어 주시고 아껴 주시고 또 매일마다 누구보다도 열심히 노력하면서 살아가세요. 또 저는 김연아 선수도 굉장히 존경합니다. 김연아 선수는 세계 정상의 위치에 있는데도 불구하고 끊임없이 자신을 갈고 닦으며, 자신의 꿈을 위해서는 다른 모든 것을 포기하기까지 하는 강력한 의지를 갖고 있어요. 반면에 저는 매년 다이어리를 보면 잠깐 쓰다가 말았다가 또 쓰다가 말았다 하는 식으로 냄비처럼 쉽게 달아올랐다가 다시 사그라지는 성격이지만 'Slow and Steady finally wins the race'라는 말을 가슴속에 담고 정말 꾸준히, 그리고 천천히 제 꿈에 다가가고 싶습니다. 물론 아직까지는 제 꿈에 대해서 구체적인 꿈을 그리지는 못했어요.
하지만 저는 열심히 노력해서 글로벌 경제 무대에서 활발하게 뛰며 국가 경제 발전을 위해 일하는 위대한 인재가 되고 싶습니다.

Tip. 롤모델 스토리 To.민구

# HISTORY / HERSTORY
# 성공전략

**성공전략 1**
자신에게 맞는 입학 전형을 분석하라

사실 고등학생 때 학교 공부만 하기에도 바쁜데 대학의 입학 전형까지 알아보고 또 대비하라는 것은 현실적으로 어려움이 많습니다. 게다가 중학교 때 미리 준비했다가는 고등학교 때 다시 입학 전형이 바뀌게 될 위험도 있고요. 그럼에도 불구하고 이다혜 학생처럼 일찍부터 자신에게 적합한 입학 전형을 분석하고 일찍부터 대비하는 것은 매우 중요한 성공 전략입니다. 대학들은 다양한 학생들을 선발하기 위해 수많은 형태의 입학 전형을 제공하고 있습니다.

하지만 대학의 의도와는 달리 너무나 많은 선택권은 오히려 학생들을 당황하게 만들기도 합니다. 일단 자신을 먼저 분석하고, 자신의 약점과 강점에 맞는 입학 전형을 찾아 보십시오. 자신이 외국에서 살다 왔다거나 어떤 특기가 있다거나 혹은 남들과 구별될 만한 활동 내역이 있다거나 하면 적합한 입학 전형을 찾고 분석하여 장기 로드맵을 세울 수 있습니다. 이다혜 학생처럼 글쓰기에 상대적으로 강점이 있는 경우 저학년 때부터 논술특기자 전형을 준비하는 것도 좋은 방법입니다.

**성공전략 2**
논술 역량은 장기간 길러야 한다

일단 논술특기자 전형을 준비하기로 마음먹었다면, 이다혜 학생처럼 장기간에 걸쳐 논술 역량을 향상시키기 위해 노력할 필요가 있습니다. 일단 이다혜 학생은 어릴 때부터 꾸준한 독서 활동을 해 왔고 그것을 바탕으로 자신의 가치관을 확립할 수 있었습니다. 그래서 중학교 때 독서 감상문 쓰기 대회에서 꾸준히 수상할 수 있었지요.

뿐만 아니라 이다혜 학생은 고등학교 저학년 때부터 학교에서 지원하는 방과 후 논술 프로그램에 지원하여 야간 자율학습 시간에 논술 수업을 들으며 일찍부터 논술 역량을 길러 수시모집에 대비할 수 있었습니다. 대부분의 학생들은 고등학교 3학년이 되어서야 바쁘게 논술 면접에 대비하는데요. 이렇게 이다혜 학생처럼 장기간 준비해 온 학생과 경쟁하게 되면 당연히 이다혜 학생이 압도적인 우위를 보일 수 밖에 없습니다. 선택과 집중이 중요하다는 사실을 잊어서는 안됩니다.

경영학과 선배의 진로진학 전과정 롤모델 스토리

## PORTFOLIO STORY | 자율체험활동 1
# 방과 후 논술

### 논술로 일석이조 달성

고등학교 1, 2학년 때 방과 후 학습의 일환으로 논술을 공부하였습니다. 일주일에 3번씩 학교 선생님들께서 교과서를 활용하여 언어와 수리 논술을 공부하는 방법에 대해 가르쳐 주셨습니다. 논술의 경우, 대부분의 대학교에서 수시 전형으로 많이 활용됩니다. 논술 공부를 미리 해두어서 실력을 쌓아놓으면 수시에서 자신감이 생기게 됩니다. 그렇기 때문에 저는 고등학교 저학년 때부터 차근차근 대비를 한 것입니다. 그런데 대부분의 학생들이 논술을 배우기 위해 사교육을 받는 것 같습니다. 그래서 저도 논술을 배우려면 학원에 다니거나 과외를 받아야 하는 것이 아닌가 하고 고민을 많이 했습니다.

특히 그런 사교육들은 워낙 돈이 많이 들기 때문에 경제적으로 부담스럽고 심리적으로도 압박이 될 것입니다. 하지만 공교육의 경우 그런 걱정은 없었습니다. 저렴할 뿐만 아니라 검증된 교사한테서 교육을 받을 수 있다는 장점이 있었습니다. 특히 이 방과 후 논술 프로그램은 학교에서 배운 지식과 연계하여 더 깊은 사고를 할 수 있도록 도와주었기 때문에 논술 공부뿐만 아니라 학교 내신 시험이나 모의고사 준비에도 많은 도움이 되었습니다. 실제로 모의고사를 봤을 때 언어 영역 점수가 크게 향상되었습니다. 즉, 논술을 공부하면서 대학교 수시 합격을 위한 논술 실력 연마와 함께 정시 모집에서의 합격을 위한 수능 공부까지 하게 된 것입니다.

> **코멘트** 많은 학생들이 원하는 대학교에 입학하기 위한 전략으로 '논술'을 공부합니다. 요즘에는 초등학교, 심지어는 유치원 때부터 '논술'이라는 과목을 배운다고 합니다. 학교에서 논술 시험을 보는 이유는 주어진 지문을 정확하게 파악한 것을 바탕으로 자신의 생각을 논리적으로 전개할 수 있는가를 파악하기 위함입니다. 하지만 많은 사람들이 논술을 대학에 입학하기 위한 일회적인 수단으로만 생각하는 것 같습니다. 논술과 수능은 별개라는 사고도 그러한 생각의 일종입니다.

이런 점에서 이다혜 학생이 공교육을 통한 논술 학습을 하면서 이러한 이분법적인 사고에서 벗어나게 된 것은 큰 의미를 갖는다고 봅니다. 논술은 단순히 수시 합격을 위한 도구가 아니라 텍스트를 해석하고 논리적인 사고를 하는 것을 공부하는 것이기 때문에, 당연히 수능 시험과도 연관이 있고 대학 입학 이후의 공부 과정에 있어서도 큰 영향을 미치는 또 다른 학문이라는 것을 명심해야 할 것입니다.

Tip. 롤모델 스토리 To.민구

**PORTFOLIO STORY | 자율체험활동 2**

# 호주 여행

### 새로운 세계와의 만남

중학교 3학년 때 호주에 간 적이 있습니다. 아버지가 그곳으로 출장을 가게 되셨는데, 부모님께서 제가 호주에 동행한다면 저의 견문이 넓어질 것이라며 같이 가기를 권하셨기 때문입니다. 그동안 책이나 텔레비전에서만 보았던 호주를 직접 느낄 수 있었습니다. 특히 시드니, 캔버라와 같은 대도시를 여행하면서 정말 많은 것들을 보고 체험할 수 있었습니다. 가장 기억에 남는 것은 시드니의 '오페라 하우스'와 '퀸 빅토리아 빌딩', 캔버라의 인공호수 '벌리 그리핀', '커먼웰스 공원' 등입니다. 우선, 오페라 하우스는 한국에서도 많이 알려져 있는 곳이었고 인터넷이나 텔레비전에서 건물의 모습이 많이 나왔기에 어느 정도 상상은 하고 있었습니다. 하지만 실제로 보니 더 멋있었고 또 다른 감동이 있었습니다. 퀸 빅토리아 빌딩은 로마네스크 양식의 건물이었는데 한국에서는 볼 수 없는 이국적인 느낌이어서 참 마음에 들었습니다. 벌리 그리핀과 커먼웰스 공원은 그야말로 '도심 속의 자연'을 느낄 수 있게 하는 곳이었습니다. 한마디로 푸른 자연 경관을 자랑하는 공원입니다.

저에게 호주 여행은 크게 두 가지 영향을 주었습니다. 첫째, 세상을 보는 시야를 넓혀 주었습니다. 이 세상은 내가 상상한 것보다 그 이상의 것들이 더 많다는 것을 깨달았기 때문입니다. 둘째, 공부를 열심히 할 수 있는 계기가 되었습니다. 호주에는 인프라가 잘 구축되어 있다는 인상을 받았기 때문에 나중에 기업가 혹은 다국적 기업에 취직을 하게 된다면 이러한 곳에서 일을 하고 싶다고 마음을 먹었습니다. 이 목표를 달성하기 위해 현재 무엇을 해야 하는지를 고민하게 되었고 그 결과 공부를 열심히 하게 되었습니다.

**코멘트** 새로운 세계를 체험한다는 것은 자신을 변화시킬 수 있는 계기를 마련해 줍니다. 책, 영화, 텔레비전 등을 통한 간접 체험을 통해서 많은 깨달음을 얻고 다짐을 하게 되죠. 외국으로의 여행은 그동안 내가 알고 있던 상식들, 너무나 당연했던 것들이 통하지 않게 되는 문화충격을 가져다 줍니다.

특히 학창시절의 해외여행은 본인의 진로에 참 많은 영향을 주는 것 같습니다. 이런 삶도 있고 저런 삶도 있다는 것을 알게 되면서 나는 어떤 삶을 살게 될지를 고민하게 되는 것입니다. 이다혜 학생이 호주 여행을 통해서 본인에 대해 조금 더 생각할 수 있는 시간을 가졌다니 그것 자체로 그 여행은 큰 의미가 있는 것입니다. 나아가서 학생이 느꼈던 호주의 인프라, 문화 등에 비추어서 우리나라는 어떤 점을 더욱 발전시켜야 할지에 대해서도 생각해 보면 좋을 것입니다.

경영학과 선배의 진로진학 전과정 롤모델 스토리

**PORTFOLIO STORY | 자율체험활동 3**

# 성남외고 여름캠프

### 내면의 성장을 갖게 해준 캠프

저는 중학교 3학년 때 성남외고에서 주최하는 여름캠프에 참여한 적이 있습니다. 당시에는 중학생들 사이에서 외국어 고등학교의 인기가 높았고 저 또한 그런 학교에 관심이 많았습니다. 그렇기 때문에 성남외고에서 여름캠프를 한다고 했을 때 거기에 꼭 참여해서 그 고등학교에 대해 더 자세히 알고 싶었습니다. 운 좋게도 캠프에 참가할 자격을 얻어서 즐거운 시간을 보낼 수 있었습니다. 외국어 고등학교에서 주최하는 캠프답게 영어, 일본어, 중국어 등의 다양한 외국어를 원어민 선생님들이 가르쳐주었습니다. 학원처럼 주입식으로 딱딱하게 가르치는 것이 아니라 게임이나 연극 같은 즐거운 활동을 통해서 그 언어를 '체험'할 수 있었습니다. 캠프에서의 공부가 재미있었을 뿐만 아니라 제공된 음식도 매우 맛이 있었고 같이 지냈던 친구들, 선생님들 모두 좋았습니다.

이 성남외고에서의 캠프는 제 인생에 많은 영향을 미쳤습니다. 우선은 고등학교에 대한 생각이 달라졌습니다. 제가 그동안 막연하게 '부모님이 원하는 특목고에 가야지'라고 생각했던 것에서 벗어나 '정말로 이런 좋은 환경에서 공부하고 싶다'라는 열망을 갖게 된 계기가 되었습니다. 또한 꿈을 위해 지금보다 열심히 노력해야겠다고 생각했습니다. 캠프에 참가한 다른 친구들을 보면서 자극을 많이 받았습니다. 저의 실력이 아직 많이 부족하다는 것을 뼈저리게 느낀 것입니다. 그래서 캠프 후에는 정말 열심히 공부해서 원하는 고등학교에 가서 마음껏 공부하겠다고 다짐을 했습니다. 지금도 그때를 생각하면서 다시 꿈에 대한 결의를 다지고는 합니다.

> **코멘트** 외국어 고등학교를 비롯한 특수 목적 고등학교가 중학생들 사이에서 인기가 많습니다. 그 이유 중 하나가 바로 공부하기 좋은 환경을 갖추었다는 것이죠. 하지만 다들 막연하게 그런 학교에 가면 '그냥 좋으니까'라고 생각하기만 할 뿐 그 학교에 대해 자세히 알아보려고 하지는 않죠. 그런 일들은 부모님들이나 선생님들의 몫으로 돌아갑니다. 그렇지만 어느 학교에 진학할 것인지는 자신의 꿈, 인생에서 매우 중요한 일입니다.
>
> 그런 점에서 볼 때 이다혜 학생이 비록 외국어 고등학교에 대한 막연한 관심에서 시작된 캠프 참여였지만 이를 통해 자신이 어떤 학교에 진학하고 싶고, 그 학교의 환경은 어떻다는 것을 알게 되었다는 것은 바람직한 일입니다. 짧은 캠프였지만 이것이 학생들한테 많은 영향을 줄 수 있다는 것을 다시 한 번 생각해 볼 수 있는 체험입니다.

**Tip.** 롤모델 스토리 To.민구

## PORTFOLIO STORY | 동아리 활동 1
# 독서부

### 책 읽기의 즐거움

저는 중학교 1학년 때 독서부 활동을 했습니다. 그 계기는 사실 독서에 대한 관심 때문이라기 보다는 담임 선생님께서 교내 독서부 사서이셨기 때문입니다. 독서부 활동을 하면서 다른 학생들이 빌릴 수 있는 책 수보다 3권을 더 빌릴 수 있는 혜택을 누리게 되었습니다. 자연스럽게 저는 책과 가까워지게 되었습니다. 책에 관심이 없었지만 독서부 부원으로서의 역할을 하고자 책을 점검하고 책의 위치를 파악하면서 그동안 몰랐던 책의 존재에 대해서 알게 되었습니다. 따분하다고만 생각했던 책의 이미지와는 달리, 재미있고 신기한 책들을 발견하면서 점점 책을 좋아하게 되었습니다.

또한 독서부의 혜택을 누리고자 책을 1주일에 5권씩 꼬박꼬박 빌렸습니다. 처음에는 5권을 빌리긴 했지만 절반도 읽지 못했습니다. 하지만 점점 시간이 흐르면서 책과 가까이 하는 시간이 늘다 보니까 5권 모두 볼 수 있게 되었습니다. 쉬는 시간이나 하교 시간, 학원 가기 전의 자투리 시간을 활용하면서 시간이 날 때마다 독서했습니다. 거의 하루에 5~6권을 읽은 적도 있습니다. 그 정도로 독서를 하면서 1년에 약 240권을 대출하여 다독상을 받기도 했습니다. 자연스럽게 속독 능력도 기를 수 있었고 고등학교에 진학해서도 국어 공부에 도움이 되었습니다.

비록 독서를 좋아하는 마음으로 시작한 활동은 아니었지만, 그 활동으로 인해 책 읽기를 사랑하게 되었습니다. 책을 읽으면서 제 자신에 대해 많이 생각할 수 있었습니다. 그렇기 때문에 지금도 후배들에게 독서부 활동을 권하고 있습니다.

**코멘트** 독서를 취미로 삼는다고 하면 놀라는 사람이 많습니다. 책을 지루하다고 느끼는 사람이 많기 때문이죠. 하지만 책에 조금만 가까이 다가가려 노력한다면 그 생각은 달라질 것입니다. 어떤 사람들은 영화 보는 것보다 책을 읽는 것이 훨씬 흥미진진하다고 말하기도 하지요. 책장에 꽂혀있는 많은 책을 보면서 어떤 책을 읽을까 고르는 즐거움, 상상하는 재미, 책을 덮고 잠시 생각할 수 있는 여유 등 독서에서 느낄 수 있는 다양한 맛을 느낄 수 있다면 행운일 것입니다. 독서부 활동을 하면서 그런 재미를 느낄 수 있었다면 정말 다행이고 그것이 인생에 도움이 될 것이라고 생각합니다.

경영학과 선배의 진로진학 전과정 롤모델 스토리

**PORTFOLIO STORY | 봉사 활동 1**

# 기아체험 24시간 자원봉사교육

### 아프리카 친구들을 위한 작은 노력

저는 줄곧 봉사활동을 해보고 싶었습니다. 하지만 남들처럼 가까운 동사무소나 구청 등에서 서류를 정리하고 청소를 하는 것 같은 기계적인 일은 하고 싶지 않았습니다. 누군가에게 나의 마음을 나누어 줄 수 있는 뭔가 특별한 봉사활동을 원했습니다. 내가 어떤 활동을 할 수 있을까 고민하면서 찾던 중에 '기아 대책 본부'라는 곳의 주관으로 열리는 '기아체험 24시간 자원봉사교육' 활동에 대해 알게 되었습니다.

처음 이 활동을 발견했을 때 '기아'라는 말도 낯설었고 그것을 24시간 동안 체험한다는 것은 상상이 되지 않았습니다. 오히려 호기심이 생겼고 이 활동을 통해 스스로 더 성숙해지지 않을까 하는 생각에 참여하게 되었습니다. 정말 많은 활동을 했었는데, 구체적으로 아프리카 어린이들에게 보내는 신발 디자인하기, 아프리카 어린이들에게 희망의 메시지 보내기, 그들을 위한 공책 만들기 등등의 체험을 했습니다. 거창하고 힘든 활동은 아니었지만 이런 일을 하면서 어려움 속에서 살고 있는 그들에 대해 다시 생각해보게 되었습니다. 신발이나 공책 같은 것들은 우리가 얼마든지 가질 수 있는 것이지만 아프리카의 친구들은 멀리 떨어진 이곳 한국에서 보내주어야만 가질 수 있는 것들이라는 생각에 더 열심히 했습니다. 나와 같은 시간 속에 살고 있지만 그들은 물도 없는 세상에서 굶주린 채 살고 있었던 것입니다. '기아'의 의미에 대해 조금 더 진지하게 생각해볼 수 있는 시간이 되었습니다. 그 이후로 그들에게 실제적인 도움을 꾸준히 주고 싶다는 생각에 기아대책 본부의 회원으로 가입하여 금전적인 후원을 정기적으로 하고 있습니다.

**코멘트** 입학사정관제가 시행되면서 많은 수험생들이 '비교과'를 쌓기 위해 노력하고 있습니다. 그 중 하나가 봉사활동인데요, 대부분이 봉사의 질적 내용보다는 '시간'에 더 신경을 쓰곤 합니다. 물론 봉사 시간이 많으면 비교과 부문에서 좋은 점수를 얻을 수도 있겠습니다만 입학사정관들이 중요하게 생각하는 것은 어떤 봉사를 했느냐, 꾸준히 했느냐, 봉사를 어떤 마음으로 했고, 그를 통해 깨달은 바가 무엇이냐 등입니다. 그런 점에서 이다혜 학생이 기아 체험을 하면서 깨달은 것과 그 체험 이후로 쭉 이어진 관심과 작은 실천이 의미하는 바가 크다고 생각됩니다. 또한 봉사 활동을 통해 깨달은 것을 바탕으로 본인이 앞으로 어떤 삶을 살 것인지에 대해 생각하게 되므로 공부 하는 데에도 큰 동기부여가 될 것입니다.

Tip. 롤모델 스토리 To.민구

## PORTFOLIO STORY | 봉사 활동 2
# 장애아 돌보기 및 일손돕기

**장애에 대해 다시 생각해보다**

고등학교 1,2 학년 때 친구들과 함께 장애아를 돌보는 활동을 했습니다. 학교 내신시험이 끝난 후 반 친구들과 모여 버스를 타고 즐거운 마음으로 봉사활동을 하러 갔던 것이 생각납니다. 우리 주변에서 장애가 있는 아이들을 쉽게 볼 수 있는 것이 아니었기 때문에 조금은 낯설고 호기심과 두려움이 섞인 마음이었습니다. 하지만 우리들이 그들을 위해서 뭔가를 할 수 있다는 것에 매우 들떠 있었던 것 같습니다.

가장 기억에 남았던 것은 혀가 두 개인 아이에게 죽을 먹여주고, 발가락이 여섯 개인 아이에게 기저귀를 갈아주고, 변기물을 마시는 아이를 위해 화장실 청소를 열심히 했던 것입니다. 생각지도 못했던 심한 장애를 겪고 있는 아이들을 보면서 충격을 받았고 겁을 먹기도 했습니다. 하지만 그렇다고 해서 그들을 외면한다면 안된다고 생각했습니다. 그런 책임감과 연민, 동정심을 가지게 되면서 더욱더 열심히 일을 했습니다. 시간을 때우는 것이 아니라 진정으로 그들과 교감을 나눈다는 생각으로 임했던 것 같습니다.

그러던 중 한 아이가 주먹으로 제 눈을 때렸습니다. 저의 안경이 날아갈 정도로 심하게 맞은 것이었습니다. 제가 화장실에서 울고 있는데 장애우들이 모두 와서 저를 위로해 주었습니다. 그때 생각했습니다. '겉모습은 다르지만 이들도 우리와 같은 사람이고 남을 동정할 줄도 아는구나'라고 말입니다. 오히려 그들이 장애를 가졌다는 사실만으로 그들을 불쌍히 여겼던 내가 장애를 가졌던 것이 아닌가 하는 생각도 들었습니다.

> **코멘트** 우리는 봉사활동을 하면서 여러 가지를 느낍니다. 상대방에게 도움을 줄 뿐만 아니라 우리가 그들에게서 위안을 받기도 합니다. 이럴 때 바로 교감이 일어나는 것이지요. 이다혜 학생은 장애우들과 같이 지내면서 이런 교감을 맛보았던 것 같습니다. 그런 활동을 통해 그동안 가지고 있었던 편견이 점차 사라지고 세상을 바라보는 관점을 넓힐 수 있게 되는 것이죠.

학교에서 봉사활동을 반강제적으로라도 시키려는 것이 바로 이런 것을 느끼게 해주려는 것이 아닌가 싶습니다. 처음 동기는 무관심 혹은 단순한 호기심에서 시작했더라도 결과적으로 내가 얻는 것은 확 다를 수 있는 것입니다. 그렇기 때문에 학창시절 동안 너무 시험공부에만 몰두하기보다는 봉사활동도 같이 한다면 더 좋을 것 같습니다.

경영학과 선배의 진로진학 전과정 롤모델 스토리

**PORTFOLIO STORY | 진로 활동 1**
# 글로벌 시민교육 캠프

**세계 속의 나에 대한 깨달음**

저는 고등학교 1학년 때 삼성에서 주최한 '글로벌 시민교육 캠프'라는 활동에 참여했습니다. 국가간 경계가 사라지면서 더 이상 우리는 한 국가에만 소속된 국민이 아니라 전 세계라는 공동체에 속한 세계 시민(글로벌 시민)이라는 것을 강조했던 캠프입니다. 우리가 글로벌 시민으로서 지켜야 할 규범이나 태도에 대하여 교육하는 것이 이 캠프의 주된 목적이었습니다. 다양한 주제에 접목하여 교육이 이루어졌는데, 전 세계적인 환경문제나 기아 등 세계시민의 공동 참여가 필요한 문제에 대하여 관심을 가지고 이에 대하여 어떠한 태도를 취해야 하는지에 대하여 생각해 보는 시간을 가졌습니다.

제가 이 캠프에 참여한 계기는 학교 게시판의 포스터를 보고 흥미를 느끼게 된 것입니다. 포스터에 캠프 프로그램 소개 및 강연 주제들이 나와 있었는데, 이 중 글로벌화에 따라 개개인에게 새로운 역량이 요구되고 개인 차원에서 글로벌해져야 한다는 부분에서 특히 호기심을 느껴서 참가하게 되었습니다. 당시 고등학교 1학년으로서 진로와 나의 적성 등에 대해 조금씩 관심을 가지고 알아보는 시기였기 때문에, 특히 캠프에서 글로벌 시대에 필요한 역량 교육을 통해 배울 수 있는 점이 마음에 들었습니다.

캠프에서는 삼성에 실제 근무하시는 분들이 말하는 세계의 모습, 글로벌 시대라는 것을 느끼게 되는 본인의 경험을 말해주셨습니다. 이런 것들이 저를 매우 자극했습니다. 제가 우물 안의 개구리였다는 것을 일깨웠고 저의 시야를 세계로 향하게 하였습니다. 또한 글로벌 시민으로서 윤리 의식, 세계적인 기아와 환경 문제에 관심을 가져야 한다는 강연도 감명 깊었습니다. 이 주제에 대해 참가 학생들과 토론하면서 고등학생들이 작은 것부터 실천할 수 있는 것에 대해 고민하게 된 계기가 되었습니다.

**코멘트** 글로벌 시민, 글로벌 스탠다드 등등 요즘 신문에서 많이 볼 수 있는 것들이 바로 세계화에 관련된 것입니다. 세계화가 무엇인지는 알지만 그것이 나에게 어떤 의미를 갖는지는 잘 모르겠죠. 이다혜 학생은 글로벌 시민 교육 캠프를 통해 그 의미를 찾는 데 도움을 받을 수 있었을 것입니다. 분만 아니라 삼성 현직자들의 이야기를 들으면서 우리가 노력만 하면 한국보다 더 큰 무대에서 우리의 능력을 발휘할 수 있다는 것도 알 수 있었을 것입니다. 특히 이다혜 학생은 그동안 캠프에 많이 참여했던 것 같은데, 이런 캠프에 참여하면 나와 비슷한 고민을 하는 친구들과 의견도 나누고 다양한 방식으로 공부를 할 수 있게 되어서 좋은 것 같습니다. 시간 낭비라고 생각하지 말고 한번쯤 참여해보는 것도 괜찮은 활동입니다.

Tip. **롤모델 스토리** To.민구

**PORTFOLIO STORY | 진로 활동 2**
# 아버지 친구분과의 정기적인 면담

### 멘토를 만나다

저의 아버지는 금융계에 종사하십니다. 저도 자연스럽게 어렸을 때부터 아버지의 일에 대해 조금씩 알게 되었고 관심이 있었습니다. 중학교 3학년이 되면서 구체적으로 그 분야의 직종에 대해 알아보기 시작했습니다. 금융계에는 어떤 직업들이 있고 구체적으로 하는 일, 활동 무대, 갖추어야 할 소양 등 여러 가지 부분에 궁금증이 생겼습니다.

하지만 학교 선생님이나 텔레비전, 인터넷, 책 등으로는 한계가 있었습니다. 아무래도 생생한 조언을 들을 수 없었고 좋은 점만 포장했을 수도 있기 때문에 신빙성도 없었던 것입니다. 그때 아버지께서 당신의 친구분들을 소개시켜 주셨습니다. 아버지는 중소기업의 금융인들과 친분이 많았는데, 특히 인도, 중국, 미국 등의 다양한 나라로 대리석을 수출하는 일을 담당하는 분을 만날 수 있었습니다. 그 분과 면담을 하면서 그동안 내가 알고 있던 것은 빙산의 일각에 불과하다는 것을 깨달았습니다. 그분께서는 젊었을 때부터 맨몸으로 해외에 나가서 장사를 시작하셨습니다. 자신을 끊임없이 시험하고 도전하면서 사업과 결과 자신의 분야에서 엄청난 성공을 거둘 수 있었던 것입니다.

저는 그 분을 보면서 많은 것을 알게 되었습니다. 이 세상은 정말 넓다는 것, 그리고 본인의 꿈을 위해서 열심히 노력한다면 이루지 못할 것은 없다는 것입니다. 제가 공부를 하다가 힘들 때, 꿈이 멀어지는 것을 느낄 때는 그 분을 찾아가서 면담하곤 했습니다. 그것이 제가 지금까지 최선을 다해 노력해왔던 하나의 원동력이 되었습니다.

**코멘트** 본인의 진로와 관련된 구체적인 인물과 만나는 것은 정말 좋은 기회입니다. 비록 어떤 분야의 일을 하고 싶은지 명확하지 않더라도 이다혜 학생처럼 부모님의 친구분들이나 지인이 어떤 일에 종사하는지부터 알아보는 것도 좋을 것 같습니다. 아무래도 책이나 인터넷 같은 매체를 통해 보이는 모습은 다듬어지고 좋은 면을 위주로 각색되었을 가능성이 있습니다. 그렇기 때문에 진로를 탐색하는 학생들이 정확한 판단을 내리기 힘들게 되고 겉모습에 현혹되어 그 꿈을 좇게 될 수도 있습니다. 직접 어른과 만나서 면담을 하다 보면 어떤 고충, 보람된 일이 있는지 알 수 있고 그 분야로 진출하기 위해 어떤 노력을 해야 하는지도 확실하게 알 수 있습니다. 무엇보다 좋은 점은 지속적으로 만남이 가능하고 멘토링을 받을 수 있다는 것입니다. 많은 학생들이 이런 경험을 쌓을 수 있으면 좋겠습니다.

경영학과 선배의 진로진학 전과정 롤모델 스토리

# PORTFOLIO STORY | 특기 활동 1
# 사물놀이

### 마음의 휴식이 된 사물놀이

저는 학창시절에 사물놀이를 열심히 하였습니다. 제가 사물놀이에 관심을 가지게 된 계기는 중학교 2학년 때 공원에서 사물놀이 공연을 보았던 것입니다. 학교가 끝나고 집에 가는데 사물놀이를 하고 있었습니다. 북과 꽹과리, 장구 등과 같이 한국의 전통 악기가 그날따라 흥겹고 신선하게 느껴졌습니다. 이전까지 느꼈던 것과는 새로운 느낌이었습니다. 그래서 그날 이후로 사물놀이에 지속적인 관심을 가지게 되었습니다. 친구들과 관련된 공연도 보러 다니곤 했습니다.

그러다가 중학교 3학년 학교 축제 때 사물놀이 공연을 한다는 소식을 듣게 되었습니다. 이때 저도 사물놀이 공연에 연주자로서 참가하고 싶어서 신청하게 되었습니다. 바로 장구 부문으로 말입니다. 이렇게 해서 모인 참가자는 총 10명이었습니다. 그래서 저를 포함하여 장구 3명, 북 4명, 꽹과리 2명, 징 1명. 이렇게 역할이 배분되었습니다. 2주일간의 집중적인 연습을 거치고 나서 축제 때 전교생이 보는 가운데 공연을 하였습니다.

이 공연을 계기로 해서 저의 성격도 많이 바뀌었습니다. 남들 앞에 서는 것에 대해 정말 소극적이었던 제가 조금 더 자신감을 가지게 되었고 마음의 문을 열게 되었던 것입니다. 물론 사물놀이에 대한 관심도 꾸준히 이어졌습니다. 이후에도 사물놀이 동아리 활동을 계속 이어나갔습니다. 공부를 하다가 힘들 때, 일상에 지칠 때면 사물놀이 연습실로 가서 장단을 맞추곤 했습니다. 지금 생각해보면 사물놀이 활동은 단순히 동아리 활동에 그쳤던 것이 아니라 제가 저 자신을 컨트롤 하는 데에 정말 도움이 많이 되었던 것 같습니다. 친구들과 함께 연주하면서 추억도 쌓고 스트레스도 풀 수 있는 등 여러 가지 장점이 있는 것 같습니다.

**코멘트** 다른 사람과 함께 조화를 이루면서 악기를 연주하는 것은 어려운 일입니다. 본인의 악기 다루는 실력도 중요하지만 상대와 조화를 맞추는 능력이 보다 우선시 되어야 하기 때문에 엄청난 양의 연습이 필요하죠. 사물놀이도 그러한 활동 가운데 하나라고 생각합니다. 보기에는 그냥 악기를 두드리는 것처럼 보이지만 박자, 강약의 조절 등등 여러 가지 지켜야 할 음악적 약속, 상대방과의 약속 등이 복합적으로 어우러진 결과입니다. 이다혜 학생은 사물놀이를 계기로 해서 상대방과 조화를 이루는 것에 대한 깨달음을 얻게 되었을 것입니다. 또한 사물놀이를 하나의 여가 활동으로서 심신이 지쳤을 때 활용할 수 있다는 것이 공부하는 데에도 도움이 되었을 것이라고 봅니다.

Tip. 롤모델 스토리 To.민구

**PORTFOLIO STORY | 특기 활동 2**

# 통일 안보 학예 행사

### 다양한 관점의 존재에 대한 깨달음

고등학교 3학년 때 통일 안보에 관한 학예 행사에 참여했습니다. 학교에서 통일과 관련된 글짓기 대회를 열었던 것입니다. 사실 저는 '통일'이라는 것에 대해 어떤 특별한 생각이 없었습니다. 그냥 '통일'은 당연히 해야 한다는 식의 막연한 생각만 있었을 뿐입니다. 하지만 이번 행사에 참여하면서 그 관점이 조금 달라지게 되었습니다. 통일 안보에 관한 글짓기를 하면서 여러 가지 생각을 하게 되니까 조금 더 깊은 사고를 할 수 있었던 것 같습니다. 통일을 실제로 현실화한다고 했을 때를 가정하면서, 그 상황, 현재의 정권 구도와 관련하여 본 정치적인 상황, 통일을 위한 절차적 방법 등등을 생각해보고 관련 자료를 찾아보면서 대한민국의 국제 정세나 통일에 대한 현재의 구도 등을 좀 더 현실적인 시각으로 바라볼 수 있게 된 것입니다.

특히 기억에 남는 것은 사람들마다 통일에 대해 생각하는 것이 다양하다는 것이었습니다. 저는 모든 사람들이 통일은 당연히 해야 하는 것이라고 생각할 줄 알았습니다. 하지만 꼭 그런 것만은 아니었습니다. 같이 대회에 참여한 친구들의 글을 보면서, 통일은 꼭 하지 않아도 된다 혹은 필요악이다 등등의 시각도 있다는 것을 알게 되었습니다. 이런 것들은 저한테 약간 충격이었습니다. 그 이후로 이 세상에 당연한 것은 없다는 것을 새삼 느끼게 되었고 나아가서 사물과 세상을 바라보는 관점에 대한 상반된 관점에 대해서도 진지하게 고민을 해야 할 필요성을 느꼈습니다.

**코멘트** 남북 통일은 여러 가지로 민감한 문제입니다. 우리나라 내에서도 각자의 이해관계에 따라 통일을 바라보는 시각이 다르지요. 교과서에서는 이산가족에 대한 문제나 역사적인 동일 민족성을 강조하면서 통일은 당연한 것이고 언젠가는 이루어질 것이라고 다루는 경향이 있습니다. 주입식 교육이 이루어지는 우리나라에서는 학생들이 자연스럽게 이러한 관점을 받아들이게 됩니다. 하지만 꼭 그런 의견만 옳은 것은 아니고 서로의 입장에 따라 다양한 논의가 있고 그럴 필요가 있습니다. 학교에서 이런 문제들에 대해 토론이 이루어지기 힘들기 때문에 자신과 반대되는 견해에 대해 생각을 해볼 기회가 없을 것인데, 이다혜 학생이 참여한 글짓기 대회 등의 기회를 통해 하나의 주제에 대해 다양하게 생각하는 방법을 배운다면 좋을 것 같습니다.

경영학과 선배의 진로진학 전과정 롤모델 스토리

**PORTFOLIO STORY | 특기 활동 3**

# 독서 감상문 쓰기 대회 우수상

### 책과의 소통

저는 중학교 시절 매년 독서 감상문 쓰기 대회에 나가서 우수상을 받았습니다. 앞서 말했듯이 저는 독서부 활동을 하면서 책을 많이 읽었기 때문에, 따로 논술 학원을 다니거나 대회 준비를 위해 공부를 하지는 않았음에도 불구하고 대회에서 좋은 성적을 거두었던 것 같습니다. 평소에 책을 읽으면서 읽은 책들을 정리하고 개인적인 느낌을 간단하게나마 메모하고 요약하는 것을 즐겼던 것이 독서 감상문을 잘 쓸 수 있는 이유가 되지 않았나 싶습니다. 이 대회는 평소에 감명 깊게 읽었던 책들 중에서 한 책을 선정하여 그것에 대해 감상문을 쓰는 방식이었습니다. 그래서 읽었던 책을 감상문을 쓰기 위해서 여러 번 읽게 되었는데 이 과정이 참 중요한 것 같습니다. 비록 같은 내용을 읽는 것이었지만 다시 한 번 더 읽을 때마다 새로운 것을 알게 되고 다른 느낌을 받게 되어서 감상문의 내용이 다채롭고 풍요로워지는 것 같습니다.

이 대회를 나가면서 여러 가지를 깨닫게 되었습니다. 첫째는 좋은 책은 10번을 반복해서라도 읽을 가치가 있다는 말을 실감하게 된 것입니다. 감명 깊게 읽었던 책은 이미 내용을 알고 있더라도 읽을 때마다 지루하지 않고 생각할 거리를 계속 던져줍니다. 제가 책을 읽고 있는 저의 환경이나 생각 등과 결합해서 그때마다 다른 사고를 하게끔 유도하는 것이죠. 이것은 직접 해보지 않고는 느낄 수 없는 일종의 카타르시스를 가져다 주었습니다. 둘째는 저의 독서 방식이 잘못되지 않았다는 것을 깨닫게 된 것입니다. 대회에서 상을 타면서 저의 독서 방식에 대해 자신감을 가졌고 독서에 대한 흥미가 지속될 수 있었습니다.

**코멘트** 책을 읽다 보면 그 책의 저자나 인물들과 대화하는 느낌을 받습니다. 이다혜 학생이 느낀 것처럼 나에게 질문을 던지기도 하고 생각해볼 거리를 제시하기도 합니다. 그럴 때마다 책에 더욱 빠져드는 느낌이 들고 생각이 깊어지게 되는 것입니다. 그런 과정을 거치고 책 읽기를 끝내면 마음이 꽉 차는 것을 느끼고 학교 수업을 듣는 것보다 더 많은 것을 배운 느낌이 듭니다. 특히 책의 내용이나 자신의 느낌을 짧게나마 기록하는 것은 독서의 여운을 지속시키는 데에 일조합니다. 이런 독서 습관을 기른다면 독서 감상문 쓰기 대회에 나가서도 훨씬 좋은 글을 쓸 수 있고 자신감도 얻을 수 있을 것입니다.

Tip. 롤모델 스토리 To.민구

PORTFOLIO STORY | 특기 활동 4
# 성균관대 주최 영어 수학 경시대회

### 비교과와 수능 동시에 잡기

저는 고등학교 2학년 때 성균관대학교에서 주최하는 영어 수학 경시대회에서 입상했습니다. 이 대회에 나가게 된 계기는 본인의 실력을 테스트해보기 위함이었습니다. 학교에서 성균관대학교에서 경시대회를 주최한다는 소식을 듣게 되었을 때, 이 대회에 참가해서 꼭 입상하여 자기소개서를 장식하자는 마음보다는, 수능을 대비한다는 생각으로 내가 그동안 공부를 잘 해온 것인지를 확인하고자 하는 마음이 더 컸습니다. 고등학교 1학년 때 처음 이 대회에 대해 알게 되어서 준비를 했습니다. 그때는 경시대회 상위 40%에 머물렀습니다.

이후 제 실력의 위치를 확인하게 되어서 더 열심히 공부하여 준비했습니다. 그 결과 2학년 때는 상위 7%에 들게 되었습니다. 저의 실력이 노력한 만큼 향상되었다는 생각에 정말 기뻤고 뿌듯했습니다. 그리고 나름대로 좋은 성적이었다고 생각했기 때문에 제가 가고 싶었던 성균관대학교에 입학하는 것에도 조금은 도움이 되지 않을까라는 생각을 하게 되었습니다. 지금 생각해보면 그 예감이 맞았던 것 같습니다.

하지만 경험에 비추어 봤을 때, 경시대회나 캠프 등의 활동은 수능에 지장을 주지 않는 선에서 참여하는 것이 좋다고 봅니다. 수능 과목과 연계할 수 있는 경시대회를 나가는 것도 하나의 좋은 전략이라고 생각합니다. 수능 공부도 하면서 비교과도 챙길 수 있는 기회이기 때문입니다. 특히 성균관대학교 경시대회는 대학교에서 주최하는 것이기 때문에 그 대학교를 목표로 한다면 한번쯤은 도전해 볼 만한 것 같습니다. 학교 입장에서 볼 때 이 대학교에 관심이 많고 공부도 열심히 하는 것 같다는 인상을 주기 때문입니다.

> **코멘트** 수학이나 영어 등의 과목을 대상으로 하는 경시대회는 한 번쯤 나가보면 좋을 것 같습니다. 경시대회 문제는 수능 문제보다 약간 심화되어 있으면서 다루는 범위는 비슷하기 때문입니다. 어려운 문제에 대비하여 공부하다 보면 실력이 훨씬 좋아질 것이고 내신이나 모의고사 점수도 향상될 수 있습니다. 동시에 경시대회 입상까지 한다면 비교과도 챙길 수 있으니 일석이조입니다. 특히 이다혜 학생의 경우처럼 목표로 하는 대학교에서 주최하는 경시대회는 저학년 때부터 준비를 하여 입상을 한다면 수시를 대비하여 좋을 것입니다. 요즘엔 인터넷 상에서 이런 대회 정보를 많이 얻을 수 있으니 꼭 학교 포스터나 선생님을 통해서만이 아니라 스스로 능동적으로 찾아서 미리미리 대비하면 좋겠죠.

경영학과 선배의 진로진학 전과정 롤모델 스토리

# PORTFOLIO STORY
# 독서활동

## ●● 친디아 비밀병기 화교&인교 | 박형기

고등학교 2학년 중간고사가 끝나고 3뼘짜리 작은 책상에서 오랜 시간을 버티며 내가 왜 이렇게 공부를 해야하는지 잠시 방황하고 있을 때 접한 책이었다. 자신은 3만 원짜리 시계를 차고 다니면서도 3000억 원 이상의 돈을 기부한 사람인 리카싱은 이렇게 말햇다. "부귀라는 두 글자는 사실 따로따로 표시해야 한다. 진정한 재산은 누구도 가져갈 수 없는, 자기가 벌어들인 금전을 사회를 위해 사용하려는 참된 속마음에 있다." 자신의 사리사욕만 채우는 졸부 대신에 내 능력으로 정정당당하게 돈을 벌어서, 사회를 위해서 환원하겠다는 다짐을 했다.

## ●● 인간관계론 | 카네기

고등학교 시절 친구들이랑 서먹서먹해진 경우가 있었다. 사소한 오해로 발생한 일이었는데, 서로 스트레스를 받다 보니 어떻게 하지 못하고 관계가 악화된 것이었다. 이때 학교 생활에서 인간관계로 인해 힘들어하고 있는데, 아빠가 특별히 사다주신 책이 바로 데일 카네기의 인간 관계론이었다. 사소한 것에서 인생을 바꾼 것까지 여러 가지 예시와 행동지침을 말해주어 더 좋은 인간관계로 나아갈 수 있도록 도와주는 책이었다. 친구 생일 선물로 이 책을 고른 적이 있을 만큼 이 책에 애정을 가지고 있는데, 여러 번 읽고 이대로 실천을 한다면, 감정을 붉히지 않으면서도 서로 원하는 것을 얻을 수 있는 최상의 결과를 만들어 내는 사람이 될 수 있을 것이다.

## ●● 프레임 | 최인철

사람은 누구나 자신의 프레임으로 세상을 바라본다. 지금 내 상황이 너무나도 괴로운데 이 세상을 바꿀 수 없다면 이 것을 바라보는 자신의 시각을 바꾸면 되는 것이다. 지금 시중에 자기계발서가 많이 나와있지만 이 책은 다른 책들과는 달리 저자의 경험으로 만든 그런 법칙에 따르기를 강요하지 않는다. 독자가 살면서 만날 상황들 속에서 감춰진 프레임들을 예시로 들어주고 있어서 거시적으로 상황들을 바라볼 수 있게 해주어 부담이 없으면서도 유익하다. 무심코 지나쳤던 상황들에 있어서 사람의 무의식적인 생각을 발견해나갈 때마다 짜릿함을 맛보게 해주고 보통사람들의 프레임에 휩싸이지 않고 더욱 나은 판단을 할 수 있도록 도와준다.

**Tip.** 롤모델 스토리 To.민구

# 짧은 독서감상평 남기기

### ●● 변신 | 카프카

인간 내면에 숨겨진 본성에 대해서 너무나도 잘 묘사한 카프카의 책은 문제집에서 단문으로 접한 후, 찾아보게 된 책이었다.

### ●● 죽은 시인의사회 | 톰슐만

Carpe diem. 이 말이 고등학교 시절 나를 즐겁게 한 그 단어이다.

### ●● 우리들의 행복한 시간 | 공지영

영화로도 나왔던 이 책의 감동은 역시 책으로 접했을 때 더 큰 것 같다.

### ●● 파리대왕 | 윌리엄 골딩

아이들을 통해서 인간 내면에 있는 사악함과 순수성에 대해서 잘 묘사한 책이다.

### ●● 타나타노트 | 베르나르 베르베르

사후 세계. 그곳도 인간 세계와 유사하다는 것을 작가 자신의 독특한 시각으로 표현한 책이다.

### ●● 한강 | 조정래

내가 읽은 첫번째 장편 대하 소설이다. 우리 아버지들의 세대에 대해서 조금은 더 이해할 수 있게 되었다.

### ●● 경청 | 조신영

내 주장을 말하는 것보다 어려운 것이 바로 경청이다. 경청을 통한 나 자신을 바꾸는 법을 배우게 되었다.

경영학과 선배의 진로진학 전과정 롤모델 스토리

# APPLICATION 1
# 논 구술 면접후기

대치동 논술학원의 선생님을 초빙해 학교에서 하는 방과후논술에서 논술 대비를 시작했습니다. 고등학교 2학년 겨울방학 때부터 시작해서 학기중에는 일주일에 한번 야자가 끝나고 2시간을 했고, 수능이 끝난후, 대학논술보기 직전에는 학원(파사쥬논술-김현문선생님)에서 10시간 이상을 보냈습니다. 서강대, 성균관대 논술 시험에 붙은 학생으로서 감히 말씀드리자면 너무나도 어중이떠중이 학원들이 많습니다

지금부터라도 독서를 해야 한다, 논어사상을 정리해주겠다 등으로 학생들을 현혹시키는 학원에서부터, 맞춤법에 초점을 맞추시는 선생님을 피하셔야 합니다. 명심하십시오. 논술은 평가항목이 있는 시험입니다. 채점을 할 수 있는 평가 항목이 있고 주어진 제시문을 얼마나 압축되고 핵심적 단어를 사용해 문제의 요구사항을 집어내는가가 관건입니다. 자신의 의견을 서술하라는 문제가 아닌 이상 제시문의 내용을 압축한 핵심용어를 사용해 그 제시문을 일목요연하게 압축시켜 재구성하는 것이죠. 다시 한번 말씀드리지만, 선생님께서 개념화된 언어[평가항목]로 말씀하시는지 꼭 확인하시길 바랍니다.

예를 들자면, 제시문 (가),(나),(다)는 창조와 파괴를 말하고 있지만 원인, 배경, 결과를 보는 관점에서 다르지. 일단, (가)는 창조와 파괴가 세계의 본질이라고 말하는데, 무목적성과 무방향성을 지니며, 계속 순환하며 원형을 유지하는 것이지. 이에 비해 (나)는 시장 경제 체제의 성장에 대해서 말하고 있는데 여기서 창조는 내부역동성을 지닌 자본주의적 원리인 거야.

가혹하지만 실력 좋은 선생님을 만나서 '나도 늘 수 있다!' 라는 믿음 하나만으로 그냥 힘드셔도 꾹꾹 버티시기 바랍니다.

참고로 말씀드리자면 논술은 교과지식 (사탐) 과 연결되는 점이 많습니다. 자신이 선택한 과목이 나오면 그 과목에서 중점적으로 다루는 핵심 키워드[개념화된 언어]를 알기 때문에 그런 약간의 운도 작용한다는 뜻입니다. (그렇다고 사탐 모두를 할 수 없기 때문에 운이라고 말하는 것이죠.)

구술면접에서는 일상생활에서 화두가 되고 있는 것들에 대한 자신의 생각을 물어보았습니다. 예를 들자면, "중국의 위안 절상화에 대한 동아시아 무역구조의 변화를 예측해서 말해 보시오." 처럼 평소의 배경지식을 묻는 문제였습니다. 매일 신문을 많이 읽는 것이 물론 좋겠지만 시간이 없는 수험생들에게는 사설 쪽만 읽는 것을 추천해드리고 싶습니다.

Tip. 롤모델 스토리 To.민구

# APPLICATION 2
# 후배들에게

1-2학년까지는 오로지 언수외만 하고 2학년 겨울방학부터 인강으로 사탐을 깔끔하게 정리합니다. 그때부터 논술도 건드리기 바랍니다[기출문제(독서강조X)를 중심으로 하는 학원에서]. 3학년 때부터 '다시' 기출문제를 중심으로 마무리 작업에 들어간 후 여름방학 때부터 나오는 대로 EBS문제집을 다 풀기 바랍니다. 수능이 끝나면(수능날 쉬고, 수능 다음날 하루 쉬고 바로 나간다) 약간의 (7일 정도?)에 좋은 논술학원을 골라서 거의 12시간 이상을 논술학원에 있으십시오. 놀지 마세요. 아직 대학에 붙은 것이 아니니까요.

저는 고등학교 때 스케쥴러를 꾸준히 썼는데 저는 하루 일정을 쓰는 곳을 네 칸으로 나누었습니다. 점심먹기 전 / 저녁먹기 전 / 야자시간1 / 야자시간2로 나누어서 점심먹기 전의 쉬는시간과 자습시간에는 '수능특강 윤리 5-9단원 풀고 오답' 이렇게 써서 시간을 나누어 공부했습니다. 이렇게 하다 보니, 시간에 너무 얽매이지도, 공부량에 너무 얽매이지도 않으면서 시간을 효율적으로 보낼 수 있었습니다.

공부하다가 지칠 때면 노래를 들으면서 푼 문제들을 채점을 했는데, '로맨틱겨울-김진표' 의 노래가 아직도 기억에 남습니다. 오가는 시간, 차에서 공부도 하기 싫은데 잠도 안 올 때는 PMP에 미국 시트콤 'FRIENDS' 를 보았습니다. 약 30분간 계속 웃다 보면 어느새 기분이 좋아져 있었습니다. 영화 '행복을 찾아서', '세 얼간이', '악마는 프라다를 입는다' 를 추천해 드리고 싶습니다. '

진인사대천명 열심히, 성실하게, 끝까지, 차분하게 노력하고 나머지는 하늘에 맡기기 바랍니다. 열심히 끝까지 차분하게 한 사람이 이깁니다. 최후엔 그 사람이 이깁니다. 그러니까 지금 이 순간도 모든 것을 포기하고 오로지 공부에 올인하십시오. 헛구름 잡지 말고 뜬구름 따라다니지 말고 가장 우선순위인 수능을 정말 열심히 하세요. 훗날 되돌아 봤을 때 정말 후회하지 않도록. 나는 정말 열심히 했어. 나는 학창시절을 되돌리고 싶지 않아. 이렇게 자신에게 당당한 하도록 열심히 하기 바랍니다.

## APPLICATION 3
# TIP

저는 논술 시험을 치르고, 수능성적과 내신성적을 반영해 대학에 입학한 학생입니다. 그다지 머리가 좋지도 않았고 다른 학생들에 비해 외국어 실력이 월등히 높지도, 내신 성적이 그리 뛰어나지도, 그렇다고 수능이 잘나오지도 않는 학생이었습니다. 입학사정관제다, 외국어특기자전형이다, 등등의 대학을 갈 수 있는 여러 방법들에 고마워하기는커녕 이도저도 아닌 채 방황하는 학생이었죠. 스펙을 쌓는다고 경시대회도 기웃거리고 중국어학원도 기웃거렸지만 이미 타고난 다른 학생들을 따라갈 수 없었고, 나의 이 모든 노력들이 딴 곳에 버려진다는 생각밖에 들지 않아 많이 괴로워했습니다.

저처럼 특출난 게 없다고 생각되는 그냥 '평범하게 초등학교, 중학교에서 교과과정대로 인생을 살아오신' 학생분들은 다른 들려오는 뜬 구름을 모두 포기하고 수능에 올인하시기 바랍니다. 수시 전형 준비한다고 수능을 소홀히 했다가 수능 최저등급에 걸려서 대학에 불합격하는 아이들도 부지기수고, 수능을 잘 봤는데 논술의 수능우선선발 전형 대상자여서 합격한 아이들도 여럿 보았습니다. 수능을 주로 하되, 논술, 내신을 약간씩 챙기기 바랍니다.

그리고 대학마다 논술시험일정과 전형, 수능반영비율이 모두 다른데다가 공부에 정신이 없다 보니 친구들 사이에서도 '어! 그런 게 있었어?'라고 신청 날짜를 넘겨 시험을 못 본 경우를 많이 보았습니다. 그러므로 대학별로 수능'내신'논술반영비율 / 구술면접여부 / 논구술시험날짜 / 원서접수날짜 / 수능최저등급여부 / 수능우선선발여부 / 합격발표날짜 / (관심있는 학과의)전년도 경쟁률 등을 한 곳에 모아 표로 정리해 두면 원서 접수할 때 수월할 겁니다.

Tip. 롤모델 스토리 To.민구

## BENCHMARKING CORNER
# 전문가 평가

### 긍정적인 마음가짐을 갖다

힘든 학창 시절을 극복하기 위해 가장 필요한 것은 수학 실력이나 영어 실력이 아니라 바로 긍정적인 마음가짐입니다. 이다혜 학생은 어릴 때부터 긍정적이고 낙천적인 태도를 길러 왔는데요, 이 때문에 힘든 수험 생활에도 주눅들지 않고 열심히 생활할 수 있었습니다. 봉사활동만 하더라도 다른 학생들과 달리 이다혜 학생은 시간만 채우는 봉사활동이 아니라 진정한 의미의 봉사활동을 하기 위해 자발적으로 도움을 나누어 주었고 또 학교 생활을 하는 와중에서도 다른 대외 활동을 준비하면서 스트레스를 받지 않고 긍정적으로 도전할 수 있었기에 좋은 결과를 얻을 수 있었습니다. 이렇게 긍정적인 마음가짐을 갖추는 것은 하루 이틀 만에 가능한 것이 아닙니다. 조금씩 작은 것에 감사하고 행복을 느끼는 것에서 시작해야만 합니다.

### 사고의 폭을 넓히다

이제는 수학능력시험이나 논술 면접뿐만 아니라 점점 일반 교과 과정 속에서도 독서를 통한 폭넓은 사고력을 강조하는 추세입니다. 현재 국가적으로도 독서 교육을 활성화하기 위해 노력하고 있고 수시모집을 위한 포트폴리오에도 항상 독서 활동이나 독서 목록 부분이 포함되어 있습니다. 이다혜 학생은 중학교 때부터 이미 독서부 활동을 통해 이러한 사고력을 기를 수 있는 바탕을 마련하였으며 고등학교 때는 방과 후 논술 프로그램을 통해 사고의 폭을 더욱 넓히고 그것을 글로써 풀어내는 역량을 기를 수 있었습니다. 사고의 폭을 넓히고 그것을 또 남에게 표현하고 설득하는 능력은 대학 입시뿐만 아니라 자신의 꿈을 실현하는 데 있어 가장 중요한 역량 중 하나입니다. 따라서 사고의 폭을 넓히기 위해 장기적인 로드맵을 갖추어 놓고 실천하는 것이 중요합니다.

### 세계를 보는 시각을 갖추다

이다혜 학생은 어렸을 때부터 부모님을 통해서 세상은 넓고 할 일은 많다는 이야기를 들으며 자라났습니다. 자연스럽게 한국 밖 세상에 대해 많은 관심을 갖게 되었고 책을 통해 그리고 다른 매체를 통해 세계적인 이슈에 대해 관심을 가지게 되었습니다. 그러던 이다혜 학생은 중학교 3학년 때 아버지와 함께 호주 여행을 다녀올 기회를 가졌고, 그 곳에서 직접 세계를 보는 큰 시야를 갖출 수 있었습니다. 그리고 고등학교 때 이다혜 학생은 삼성에서 주최한 글로벌 시민교육 캠프에 참여하여 국제적인 환경 문제나 기아 문제의 심각성과 이에 대한 해결책에 대해 배우면서 세계적인 시각을 직접 삼성에서 근무하는 국제적인 인재들로부터 전해 들으면서 세계를 보는 넓은 시각을 갖출 수 있었습니다.

## CAMPUS LIFE
# 학과생활 소개

제가 속하여 있는 경영학과는 말 그대로 경영에 관해서 폭 넓게 배우는 학과입니다. 제가 그랬듯이 여러분들에게도 경영학이라고 하면 막연하게 느껴지리라 생각이 듭니다. 사실 경영을 위해 배워야 하는 분야가 워낙 폭이 넓고 다양하기 때문에 경영학의 세부 전공만 들어도 경영학과가 아니라 학부라고 생각이 들 정도입니다.

경영학의 세부 전공은 인사, 재무, 마케팅, 전략, 회계, 조직, 생산관리 등 분야가 정말 다양합니다. 어떤 부분은 비슷하게 겹치는 분야도 있지만, 어떤 부분은 이게 같은 학과 안에 묶일 수 있는 과목들인가 싶을 정도로 너무나 차이가 나기 때문에 공부를 할 때 어려운 부분도 있습니다.

하지만 이렇게 학문 분야가 넓고 다양한 것은 다른 순수 학문들처럼 어떤 특별한 목적성 없이 학문 그 자체가 목적인 학문이 아니라, 학문을 가지고 실제적으로 기업 현장에서 써야 하는 실용 학문이기 때문에 그런 부분들이 생기는 것입니다. 바꾸어 말하면 여러분들이 회사나 다른 조직을 경영해 나갈 때 정말 실질적인 도움을 입을 수 있는 공부라는 뜻이지요. 다른 학문이나 전공을 비하하는 것은 아니지만 어쨌든 경영학은 그런 점에서 동기부여도 더욱 확실하고, 실질적인 학문이라고 볼 수가 있을 것 같습니다.

저희 학과의 정원은 400여 명인데, 학과가 큰 데도, 특별히 과반을 나누거나 하지는 않습니다. 인원이 너무 많아서 정말 모르는 사람은 계속 모르게 되는 구조이기도 하지만, 그래도 누구에게든지 접근할 수 있는 기회가 열려있다는 점이 좋습니다. 경영대 공부를 하는 사람들답게 다들 사교성도 좋고, 재미 있는 친구들이 많습니다. 여러분들도 함께 이 분야에서 좋은 사람들과 함께 재미있는 공부를 해 나갔으면 합니다.

**Tip.** 롤모델 스토리 To.민구

## CAMPUS LIFE
# 대표 강의 소개

### 글쓰기 기초와 실제 | 김성수 교수님

'저희 성균관대에서는 1,2학기 수강신청을 학기 초 하루에 몰아서 하게 되는데요 아무런 정보도 없이 수강신청을 하게 되면 1년동안 대단히 고생을 하게 되기 때문에 '배워서 남주자' 라는 싸이월드 클럽에서 미리 교수님들의 강의 평가와 요령들을 파악하는 것이 바람직합니다. 저는 이 곳에서 '학점은 버릴지언정 남는 것은 많다' 라고 선배들이 평가하는 김성수 교수님의 글쓰기 기초와 실제 강의를 신청했습니다. 김성수 교수님은 대단히 압박 있는 과제를 학기 내내 부여하시는데요, 정말 힘들지만 그래도 학기가 끝나면 정말 남는 게 많은 수업이에요.

이 수업은 온라인 출석체크가 이루어지고요, 수업 시간에 다루는 자기소개서, 자유주제 에세이 등 여러 글들을 합쳐서 문집을 내는 것이 기말고사 시험을 대체합니다. 저는 중간고사 성적이 안 좋았던 터라 학점을 보충하기 위해 가산점이 나오는 과제를 두 번 신청했는데 한 번의 가산점 과제에 10장이 넘어가더군요. 정말 이해도 가지 않는 대학교에서의 문집들과 참고 문헌들을 해석해서 마감날까지 제출하느냐고 엄청 고생하고 결국 문집은 100쪽이 넘어갈 정도로 과제량이 많았지만 결국 A+이 나와 좋은 기억으로 남아 있습니다.

한가지 팁을 드리자면, 김성수 교수님은 글쓰기 과제로 대부분 정해진 주제 없이 자유 주제를 주시는데 많은 학생들은 뭘 쓸지를 몰라 당황하지만 저처럼 자신의 고등학교 / 대학교 삶에 대해서 진솔하게 써 보는 것이 오히려 낫겠다는 생각이 듭니다. 그러면 빡빡한 전공 수업들에 대해서 투정 부리기도 하고 자기 걱정 거리들을 풀어내기도 하면서 마치 일기 형식의 보고서를 제출할 수 있을 것입니다. 자연스럽게 글쓰기 과제 부담도 덜고, 자신을 되돌아 볼 기회도 되고 일석 이조의 방법이지요.

## CAMPUS LIFE
# 동아리 활동 소개

### GNC

친구 소개로 알게 된 고등학교 선배님이 동아리 회장이어서, 처음에는 그냥 밥을 얻어먹으러 선배님을 만났다가 가입하게 되었습니다. GNC는 중앙동아리로 마술과 타로카드 동아리입니다. 매주 목요일마다 선배님들로부터 마술 팀은 마술렉쳐를 타로 팀은 타로렉쳐를 받았습니다. 축제 때 타로 팀은 타로부스를 열어 손님의 타로점을 봐줄 수 있을 정도가 되었고, 마술 팀은 사람들 앞에서 공연을 할 수 있을 정도로 실력이 쌓였습니다.

저번 기말고사 시험 기간에 같이 밤을 샐 때 너무 피곤하다는 한 선배님을 위해 신문지를 깔고, 그 위에 돗자리를 깔아서 임시 침대로 만들어드린 기억이 있습니다. 그 선배는 코까지 골며 6시간 동안 일어나지 않았습니다.

더운 여름날 에어컨 밑에 있고 싶은 친구들, 마술을 자신이 좋아하는 여자에게 보여주고 싶은 친구들, 친구들에게 타로를 봐주며 용돈을 벌고 싶은 친구들, 점 같은 것에 끌리는 친구들, 정말 가족 같은 분위기 속에서 야식도 먹고 놀러도 다니고 하면서 학교 생활을 보내시고 싶은 친구들께 추천해 드립니다.

동아리를 통해 만난 사람 중 기억에 남는 사람은 송창근 오빠입니다. 오빠는 버스로 통학했는데 버스에서 마술 연습을 했는데 옆에 있던 여자분이 관심을 보여서 커플로 이어진 드라마 같은 사랑의 주인공이셨죠. 그 분은 1,2학년 때 C와 D가 난무하는 성적을 받다가 4학년 때 올 A+을 받아 수석을 해서 '할 수 있다'라는 자신감을 심어준 분이기도 합니다.

행진스토리 넷

# 진로는 학교가 아니라 학과를 먼저 선택하는 것이다

고봉익의 스페셜 메시지 4
주도적, 다면적, 종합적 그리고 체계적 탐색 • 따뜻하고 섬세한 직업탐색 속으로 • 바텀업(Bottom-up)이 아니라 탑다운(Top-down) **Tip.** 롤모델 스토리 To.영석

>> 고봉익의 스페셜 메시지 4

# 진로는 학교가 아니라 학과를 먼저 선택하는 것이다

대부분 우리 아이들의 진로는 무엇부터 시작했을까요? 지금까지 많은 학생들은 일단 이름난 대학을 먼저 목표로 정했습니다. 그리고 제대로 된 탐색 없이 중3과 고1의 수학성적으로 계열을 정했고, 마지막 모의고사로 지역을 결정 한 뒤, 수능성적에 맞춰서 다시 대학을 결정하고 최종 마지막에 학과를 결정하곤 했습니다.

**하지만 진짜 진로교육에서는 대학은 가장 나중에 정해야 합니다.**

고1인 B양도 중학교 때까지는 막연히 부모님이 기대했던 S대학교에 진학하는 것이 목표였다고 했습니다. 그런데 고등학교 올라와서 성적이 조금씩 떨어지면서 S대학에 갈 실력이 안 된다는 불안감에 정신적 방황을 하게 되었고 부모님과의 갈등이 점점 심해지면서 결국 가출까지 하게 되었다고 합니다.

엄마의 권유로 진로교육을 받기 시작한 B양은 자신의 재능과 성향 등을 발견해 나가는 과정인 '나 발견하기'를 통해 자신감이 많이 회복되었고 두 번째 과정인 '세계발견하기' 과정에서 탑다운(Top-down)방식으로 세계를 탐색해 나가다가 호텔리어라는 직업을 도출하게 됐습니다.

그러고 나서 B양은 호텔리어와 관련한 대학을 전 세계적으로 찾아보았고 결국 스위스 로잔대학을 알게 되었으며 지금은 로잔대학을 준비하며 열심히 공부하고 있습니다.

참고로 진로교육 중에 두 번째 단계인 '세계발견하기'에서 탑다운(Top-down)방식이란 먼저 전 세계(정치, 경제, 사회, 문화등)가 어떻게 이루어져 있는지를 조망해 보고, 그 각 세계 안에 어떤 계열이 있는지, 그 계열 안에 세부적으로 어떤 분야가 있는지, 그 분야 안에 어떤 직업들이 있는지, 그 직업을 가지려면 어떤 학과가 맞는지를 전체에서 세부로 '탐색'해 나가는 것을 말합니다. 탑다운 방식의 마지막에 학과가 도출되는데 그 최종 도출된 학과는 어느 대학교가 제일 좋은지 전 세계적으로 찾아보는 게 좋습니다.

특히 요즘 진로체험견학이나 롤모델 특강 등이 많이 유행하는데 탑다운 방식으로 세계발견하기를 하지 않은 채 진행하는 견학 등은 견학한 한 회사만 알게 되는 매우 단편적인 직업정보가 될 수 있습니다.

생생 코칭스토리 4 <<

### 주도적, 다면적, 종합적 그리고 체계적 탐색

영석이는 방학을 앞두고 부모로부터 기숙학원에 등록하라고 압박을 받는 상태였다. 어머니 소개로 진로코치를 만나게 되었고, 그로서는 기숙학원을 회피하기 위한 방법의 하나로 진로코칭을 수용하였다. 진로코칭을 받고, 꿈이 생겼다고 흥분하는 모습을 보이며 스스로 해보겠다고 하면 기숙학원을 면할 수 있을 것 같았다. 스스로 생각하기에 최고의 전략임에 틀림이 없었다. 그런데 그의 계획은 진로코치를 만나면서 수포로 돌아갔다. 진로코치를 만나면서 영석이에게는 무슨 일이 벌어진 것일까.

"인서울(in-서울)이면 좋겠어요."

"그게 다니?"

"네!"

"무조건 서울 안에 있는 대학이면 되는 거니?"

"맞아요"

"무슨 일을 하고 싶은데?"

"너무 많아요."

"열정이 넘치는구나!"

물어보는 질문마다 잠시의 주저함도 없이 시원하게 단답형으로 답변한다. 영석이는 유독 진로코치와 의사소통이 잘 되는 학생이다. 과연 얼마나 많은 직업정보가 그의 머릿속에 있을까.

"직업창문을 한 번 만들어 보자."

"직업창문이요?"

진로코치는 일단 영석이로 하여금 기본적인 직업의 정보를 만날 수 있도록 도와주었다. 그런 뒤에 그 중에서 가장 흥미롭게 다가오는 직업을 골라보게 하였다.

"아나운서, 기업고위임원, 행정부고위공무원, 기자, 호텔지배인, 통역사, 국회의원, 항공기 승무원, 직업군인, 경호원, 외교관, 스포츠트레이너,

## 생생 코칭스토리 4

약사, 한의사, 도시계획가, 은행원, 항공기 조종사, 노무사, 법무사, 변리사, 일반공무원, 게임자키, 판사, 변호사, 다이어트프로그래머, 와인감별사, 제과제빵사, 바텐더, 선장 및 항해사, 도선사, 사회복지사, 가축사육자, 동물조련사, 청소년상담사, 상담전문가, 직업상담가, 심리학자요."
"이게 다 너의 관심 직업이니?"
"좀 많죠?"
"그렇구나. 그럼 지금부터 '직업창문'을 한 번 만들어 보자."
"네? 직업창문이요!"

| 구분 | 잘하는 것 | 잘하지 않는 것 |
|---|---|---|
| 좋아하는 것 | A | B |
| 좋아하지 않는 것 | C | D |

좋아하는 것, 좋아하지 않는 것 그리고 잘하는 것, 잘하지 않는 것을 기준으로 자신의 관심직업을 재배치해 보는 활동이었다. 일단 활동의 방법 자체가 영석이의 흥미를 끌었다. 영석이는 자신이 고른 직업을 간단하게 배치하기 시작하였다. 이 활동이 영석이에게 그나마 매우 쉬웠던 것은 영석이가 전반적인 자기이해와 자기성찰의 과정을 이미 진행하였던 학생이기 때문이다. 일반적인 학생들은 자신이 좋아한다는 것과 잘 한다는 것을 기준으로 무엇인가를 판단하기조차 어려워하기도 한다.
"와 샘! 막상 적어놓고 보니까, 진짜 제가 좋아하는 직업이 참 많네요."
"영석이에게 가장 의미 있는 것은 어떤 칸일까?"
"좋아하고 잘하는 것이 모인 칸이겠죠?"

| 구분 | 잘하는 것 | 잘하지 않는 것 |
|---|---|---|
| 좋아하는 것 | 아나운서, 기업고위임원, 행정부 고위공무원, 기자, 호텔지배인, 통역사, 국회의원, 항공기 승무원 | 약사, 한의사, 도시계획가, 은행원, 항공기 조종사, 노무사, 법무사, 변리사, 일반공무원, 게임자키, 판사, |

|  |  |  |
|---|---|---|
|  | 직업군인, 경호원, 외교관, 스포츠트레이너 | 변호사, 다이어트프로그래머, 와인감별사, 제과제빵사, 바텐더, 선장 및 항해사, 도선사 |
| 좋아하지 않는 것 | 사회복지사, 가축사육자, 동물조련사, 청소년상담사, 상담전문가, 직업상담가, 심리학자 |  |

직업창문활동을 통해 영석이의 희망직업군이 어느 정도 좁혀졌다. 이후 진로코치는 영석이의 희망직업이 더 좁혀질 수 있도록 직업의 세부적인 정보를 함께 공유하였다. 이 과정에서 영석이 자신의 특성을 자세히 알아보았다. 먼저 영석이 자신이 생각하는 스스로의 강점, 약점, 관심 영역을 기록하면서 살펴보았다. 그리고 부모님이 생각하는 영석이의 모습을 인터뷰해 보았다. 두 가지 살핀 내용의 공통점과 차이점을 분석해 보았다. 그 사이에 진로적성, 진로성향, 직업흥미 등의 검사를 통해 영석이의 직업가능성을 확인해 보았고, 마지막에는 앞부분의 탐색 내용과 검사내용을 종합적으로 비교해 보았다. 영석이가 검사했던 내용을 자신의 강점 측면에서 비교한 내용은 다음과 같다.

|  | 진로적성 | 진로성향 | 직업흥미 |
|---|---|---|---|
| 강점 | 1. 인간친화(매우 높음) - 다른 사람의 기분, 성격, 동기를 잘 이해하고, 적절하게 반응하는 일에 대한 관심과 능력이 높다. 사람을 배려하는 능력 탁월, 갈등을 앞장서서 해결하고자 함. 리더역할을 매우 잘 해냄. 집단 내 갈등 사태를 자기 힘으로 수습하려는 욕구가 강함, 집단 내 조화 추구, 타인의 권리와 의무에 관심이 매우 높다. 다른 사람을 다룰 수 있는 능력이 많다.<br>2. 신체운동(높음) - 다양한 신체활동에 참여하기를 좋아하고, 자신의 신체를 균형있게 조절할 수 있으며, 신체를 이용한 모든 활동을 잘 하는 편 - 사람이나 동물의 움직임을 관찰해서 그들을 묘사 | 1. 관대하고 느긋하다.<br>2. 어떤 사람이나 사건에 대해 별로 선입견을 갖지 않고 개방적이다.<br>3. 재밌는 재담을 떠들어대며, 재치있는 농담과 이야기를 끊임없이 하기 때문에 사람들이 주위에 몰려듦<br>4. 순발력이 뛰어나며 많은 사실들을 쉽게 기억함<br>5. 강한 현실감각으로 타협책을 모색하고 문제를 해결하는 능력이 뛰어남, 협상 잘함<br>6. 자기가 좋아하는 일에 열정을 바침<br>7. 과제 수행에 대한 즉각적 보상이 있는 일에 능함 | (E 진취형)<br>열정적, 경쟁적, 낙천적, 재치있는, 야망이 있는, 권력 지향적인. |

## >> 생생 코칭스토리 4

같은 방식으로 진로적성, 진로성향 그리고 직업흥미 차원에서 자신의 약점을 확인해 보았다. 자신이 인지하는 스스로의 모습과 검사결과가 말하는 모습을 결합하여 자신을 새롭게 인식하는 활동이 진행될 때마다 영석이는 그저 신기할 따름이다. 자신을 이해하고, 자신을 알아가는 새로운 기준을 배우는 것이 생각보다 재미있었다.

"참 이상해요. 제가 부족한 부분을 알아간다는 것도 이상하게 흥미롭게 다가와요."

"그건 영석이의 마음이 건강하기 때문이다. 자신의 부족한 부분을 인정하고 수용할 수 있다는 거니까."

"그건 당연한 거잖아요. 못 하는 거, 부족한 거는 어쩔 수 없는 건데요."

"영석이에게 당연한 것이 다른 친구들에게는 그렇지 않을 수도 있단다."

"그래요?"

"그래. 그런 면에서 영석이는 수용이 잘 되는 학생에 속한다. 자신의 강점과 약점을 이해하고 수용할 수 있다는 것은 그만큼 최적의 선택을 할 수 있는 가능성이 높다는 것이지."

| | 진로적성 | 진로성향 | 직업흥미 |
|---|---|---|---|
| 약점 | 1. 음악지능(낮음) - 음악적인 표현을 잘 이해하고 표현할 수 있는 능력 부족. 음악을 들으면, 음조나 리듬에 변화를 감지하는 것이 어렵다.<br>2. 공간지능(낮음) - 낯선 곳에서 방향감을 잃고, 길찾는 능력이 떨어진다. 물건을 보기 좋게 배치하거나, 새로운 물건을 만드는 능력이 부족 | 1. 즉흥적 행동을 한다. 행동에 대한 장기적인 결과를 보지 못함<br>2. 일을 한꺼번에 처리함. 일을 마지막에 폭발적으로 함(목표달성을 못해서 성적이 잘 안 나옴)<br>3. 어떤 종류의 일이든 길게 끄는 것을 참지 못함<br>4. 타인의 반대 의견을 차분히 듣는 참을성이 부족함<br>5. 일을 마무리 짓거나 구체적인 행동절차를 따르도록 하는 것이 어려움<br>6. 규칙과 규제에 제한받는다고 느끼기 쉬움 | (R 현장형)<br>1. 운동, 신체활동을 통한 일, 또는 물건을 수리하거나 만드는 것과 같은 기술 및 건설분야/정비와 관련된 일 선호하지 않음<br>2. 충동적, 소박한 것을 싫어함, 꾸준하지 않음 |

생생 코칭스토리 4

이 활동을 통해 영석이는 자신을 이해할 수 있었다는 것이 가장 큰 의미로 다가왔다. 하지만 결과적으로는 자신의 강점, 약점, 관심이 반영되어 진로적성, 진로성향, 직업흥미와 비교분석을 통해 희망직업, 적절한 직업을 도출하는 것이 중요하다. 활동을 종합적으로 검토하면서 관심이 가는 직업을 추려낼 수가 있었다. 겹치는 직업을 표시해 보았다.

| | 진로적성 | 진로성향 | 직업흥미 |
|---|---|---|---|
| 관심직업 | 1. 인간친화- **변호사**, **심리학자**, 자영업자, **외교관**, 대통령, 정치가, 아나운서, 기자, **심리치료사**, 승무원, **개인사업가**, **CEO**<br>2. 언어- **언론인**, **방송인**, **아나운서**, **변호사**, 통역사, 번역사, 한국어강사, 심리학자, **외교관**, **방송PD**, **경영자**<br>3. 신체운동(적성)- 경찰 | 1. 친구, 음식, 다양한 활동 등 오감으로 보고 듣고 느끼고 만질 수 있는 생활에 모든 것을 즐긴다.<br>2. 추상적인 아이디어나 개념에 대해 별로 흥미가 없음<br>3. 책을 통해서보다는 직접 경험을 선호하며 스릴과 자극적인 것을 좋아함<br>4. 주위의 사람이나 일어나는 일에 관심이 많음<br>5. 자극적인 것을 좋아하며 성취욕이 강함<br>6. 협상하는 것을 즐김<br>7. 관심직업- **경영자**, 항공조종사, CIA 요원, **사업가**, **정치인** | (E 진취형)<br>1. 개인이나 조직의 목적을 위해 다른 사람을 지도 통제 및 설득하는 활동을 선호<br>2. 관심 학과- 경영학, 법학, 정치학, 정치외교학, 국제통상학, 관광개발학, 보험학<br>3. 관심직업- **정치인**, **변호사**, **기업경영자**, **TV아나운서**, 항공기 승무원, 보험관리자, 영업 책임자 |

"자, 이제 거의 끝났구나. 이전에 보았던 직업창문 내용을 다시 한번 볼까."

"샘, 세 가지를 종합한 결과가 나왔어요."

"그 세 가지가 뭔지 한번 정리해 볼 수 있겠니?"

"그러니까. 저와 부모님이 함께 고민해 보았던 저의 강점, 약점, 그리고 관심사항이 그 첫 번째였고요. 그 다음으로는 진로적성, 진로성향, 그리고 직업흥미 등의 검사 결과였어요. 세 번째는 직업창문을 통해 내가 좋아하는 것, 잘 하는 것을 기준으로 직업을 구분해 본 거였죠. 이 세 가지를 종합한 결과가 이미 제 눈에는 보여요."

## >> 생생 코칭스토리 4

"눈치가 참 빠르구나. 직업창문의 결과에 겹치는 직업을 한번 표시해 볼까."

"아나운서, 기업고위임원, 외교관, 변호사, 그리고 심리학자요!"

| 구분 | 잘하는 것 | 잘하지 않는 것 |
|---|---|---|
| 좋아하는 것 | 아나운서, 기업고위임원, 행정부고위공무원, 기자, 호텔지배인, 통역사, 국회의원, 항공기 승무원, 직업군인, 경호원, 외교관, 스포츠트레이너 | 약사, 한의사, 도시계획가, 은행원, 항공기 조종사, 노무사, 법무사, 변리사, 일반공무원, 게임자키, 판사, 변호사, 다이어트프로그래머, 와인감별사, 제과제빵사, 바텐더, 선장 및 항해사, 도선사 |
| 좋아하지 않는 것 | 사회복지사, 가축사육자, 동물조련사, 청소년상담사, 상담전문가, 직업상담가, 심리학자 | |

### 정윤숙 진로코치의 조언!

진로는 주도적, 다면적, 종합적 그리고 체계적 접근이 필요합니다. 주도적이라는 것은 학생이 모든 활동을 스스로 참여하면서 자신을 발견해 간다는 겁니다. 다면적이라는 것은 다양한 측면에서 학생 자신과 직업을 이해하는 과정이죠. 종합적이라는 것은 다면적 탐색을 아우르는 작업을 말합니다. 체계적이라는 것은 이 모든 과정이 즉흥적이지 않고 코치의 역량 속에서 순서화되어 있는 것입니다.

### 따뜻하고 섬세한 직업탐색 속으로

"우선 직업 그 자체에 대해 정확한 정보를 더 만나는 게 필요하고, 그 다음에는 그 직업이 자신의 특성에 맞는지 살피는 일이 필요할 것 같다. 다음의 카드를 유심히 살펴볼까?"

5개 정도의 직업이 추려진 상황에서 영석이는 이제 직업의 세부적인 정보를 분석해 보아야 한다. 그래서 최종적으로 자신의 꿈꾸는 하나의 직업을 만나야 하는 시점이 된 것이다. 다양한 기준에 따라 5개의 직업을

## 생생 코칭스토리 4

알아보는 작업은 좀 더 정교한 정보와 고민이 필요했다. 기본적으로 해당 직업이 하는 일, 교육, 자격, 훈련 등은 있는 그 자체로 받아들일 정보였다. 하지만 능력, 지식, 환경, 성격, 흥미, 가치관 등의 자기 자신에 대한 정보를 통해 직업을 이해하는 작업이기에 다소 어려웠다. 영석이는 각각의 기본 직업 정보를 살핀 후에 자신의 생각을 적어보았다.

| | 기본정보와 자신의 적합성 |
|---|---|
| 능력 | 강점: 듣고 이해하기 / 논리적 분석 / 추리력<br>약점: 글쓰기(단순명료하게 설명하는 것 어렵고, 어휘력도 부족하다☞ 국어공부, 논술, 신문 & 책읽기 등으로 극복), 읽고 이해하기(공감이 안되면, 잘 이해되지 않음) |
| 지식 | 영어 / 국어 / 역사 / 사회와 인류 / 법<br>(향후 공부하면 될 것이라 생각하는데, 사회와 인류, 법은 흥미가 떨어진다. 암기할 것들이 많아서) |
| 환경 | 정신적 부담 / 업무처리 신속성 / 업무미래 / 실수의 심각성<br>(앉아서 근무-활동적인 성격이라 답답할 수 있을 것 같다. 실수의 심각성 – 성격상 덤벙대고 꼼꼼하지 못해서 걱정이 된다) |
| 성격 | 리더십 / 꼼꼼함 / 성취 / 노력 / 신뢰성 / 정직성<br>(꼼꼼함, 노력 부족하다.) |
| 흥미 | 관습형(Conventional) / 진취형(Enterprising)<br>(관습형 보통- 끌리지는 않지만, 나쁘지도 않다. 하면 할 수 있을 것 같다.) |
| 가치관 | 고용안정 / 애국 / 신체활동 / 이타 / 타인에 대한 영향 |

"영석아, 어떠니? 이렇게 정리하니까. 좀더 직업이 깊이 이해가 되지 않니?"
"외교관에 대한 선택이 막연하게 생각되지 않는 것 같아서 좋아요. 외교

관은 되기는 어렵지만, 되기만 한다면 열심히 행복하게 할 수 있을 것 같은 생각이 들어요."

가볍게 이야기했지만, 각각의 항목에 대해 자신의 생각을 적으면서, 영석이의 마음속에서 외교관은 그저 막연하게 꿈꾸는 직업은 아니었다. 모든 열정을 다해서 하고 싶은 마음이 들지는 않았던 것이다. 이런 방식으로 영석이는 나머지 4개의 직업을 순서대로 분석하면서 보다 정교한 이해를 하였다. 놀라운 것은 그 과정을 통해 자연스럽게 마음 깊은 곳의 음성을 들을 수 있게 되었다는 것이다. 자신이 정말 최선을 다해 직업으로 갖고 싶은 것이 무엇인지 스스로의 확신을 찾아갈 수 있었다는 것이다.

"경영자가 되면, 겉으로는 그럴싸하겠지만 장기적으로 평생의 직업으로는 스트레스를 너무 받을 것 같아요."

이런 방식으로 하나씩 정리가 되어갔다. 그러다가 마지막 직업정리 과정에서 영석이의 심장은 쿵쾅거리기 시작했다.

"바로 이거구나 하는 생각이 들어요. 아나운서요! 옛날부터 TV에 나오고 유명해지고 싶은 마음이 많았는데, 연예인이나 가수는 자신이 없어서 포기했었어요. 막상 아나운서가 되는 방법을 살펴보니까 가수와 연예인이 갖춰야 할 필수 조건이 없고, 내가 가지고 있는 재능만으로 될 수 있을 것 같다는 생각이 들었어요. 외교관 시험보다는 더 쉬워 보이고요. 언어능력의 경우 평소 흥미가 있고, 금방 습득하는 것 같아요. 현재 성적이 그리 높지 않은 것은 지속적으로 공부하지 않기 때문인데, 내가 되고자 하는 목표가 분명하다면, 열심히 할 수 있을 것 같아요."

진로코칭의 초기단계가 마무리 된 정도에서 영석이는 이미 큰 변화를 겪고 있었다. 대충 진로코칭을 받는 척하면서 방학 기숙학원에 들어가지 않으려고 했던 전략을 스스로 뒤집어버린 것이다.

"샘, 저 기숙학원 들어가고 싶어요. 이번 방학에 열심히 해서 최대한 가능성을 높이고 싶어요. 아나운서의 꿈을 이루는 데에 성적이 꼭 필요해요."

### 바텀업(Bottom-up)이 아니라 탑다운(Top-down)

"기억나니? 영석아!"

"뭐가요?"

"처음 만났을 때 했던 말."

"무슨 말이요?"

"인서울."

"아! 그거요? 맞아요. 기억나요."

"지금도 그 생각에는 변함이 없니?"

"아니요. 변함이 있어요! 아나운서가 되기 위해 정말 필요한 학과를 가고 싶어요."

"기특하구나!"

"뭐가요?"

"바텀업(Bottom-up)에서 탑다운(Top-down)으로 바뀌었거든!"

사실이다. 영석이는 완전히 바뀌었다. 돈 잘 버는 일을 하고 싶고, 그저 인서울 대학에 가면 된다고 말하는 방식은 바텀업(Bottom-up)에 가깝다. 자기성찰도 없고, 직업탐색도 없기 때문에 추상적이고 시대적이며 기성세대가 원하는 방식으로 결정하는 것이다. 그나마 판단의 기준은 현재의 성적 정도이다. 현재의 수학성적으로 계열을 결정하고, 마지막 모의고사로 지역을 결정한 뒤 그 다음을 대학을 결정하는 방식이다. 그런데 영석이는 지금 그 반대의 생각을 하게 되었다. 자기성찰과 직업탐색의 과정을 거친 뒤에 하고 싶은 직업을 찾게 되었고, 그 직업을 이루기 위해 가장 필요한 학과를 먼저 고민하게 된 것이다.

"어떤 학과를 가면 좋을까?"

"벌써 알아봤어요. 언론, 방송, 정치외교, 사회학과, 국어국문 등이 주로 아나운서로 진출하는 학과예요."

영석이는 지금 진로설계의 정석을 그대로 자신에게 적용하고 있다. 앞서 영석이는 다면적이고 종합적이며 체계적인 흐름으로 자기성찰의 과정을 거쳤고, 이를 통해 직업을 탐색하는 자신만의 기준점을 찾았다. 그런 다음, 희망하는 직업인 '아나운서'를 결정하였다. 아나운서가 되기 위해 가장 적절한 학과를 탐색하였다. 가장 건강한 방식으로 자기탐색, 직업탐색, 학과탐색, 대학탐색 등의 순서를 진행하고 있는 것이다. 여기서 영석이가 학과를 선정하고 직업의 그림을 그리는 데 큰 도움이 되었던 것은 '직업로드맵'이다.

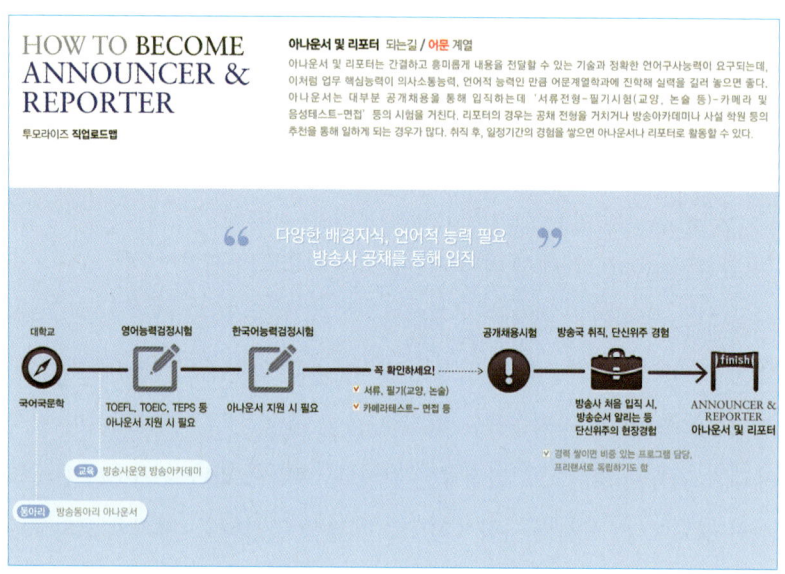

그런 다음 영석이는 그 학과에 대한 가장 최신의 취업정보 등도 살펴보았다. 첫 번째 그림은 언론방송매체관련 학과의 취업 분야를 확인해 본 것이다. 현실적인 정보를 보면서 학과 졸업 이후의 전망을 살펴보았다.

그 다음에는 해당 학과의 취업률과 성비구성 그리고 전공일치도와 정규직 분포도를 알아보았다. 학과에 대한 기본적인 교육내용을 알아보는 것은 기본이다. 기본적인 교육과정의 정보에 머무르지 않고 이렇게 시대적 지표를 보는 작업은 영석이의 판단에 큰 도움이 되었다.

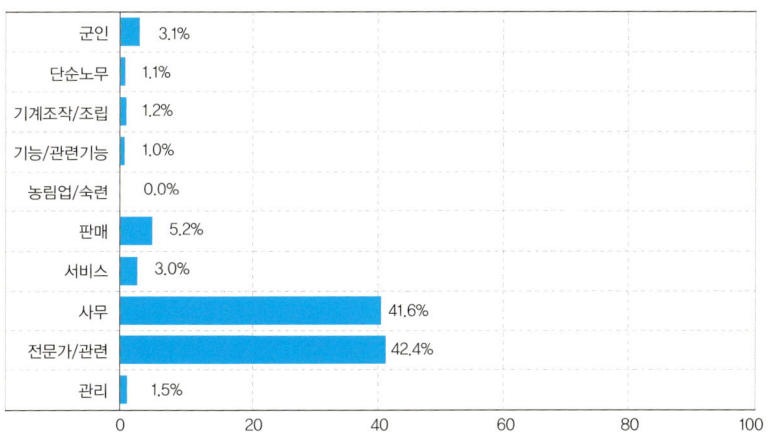

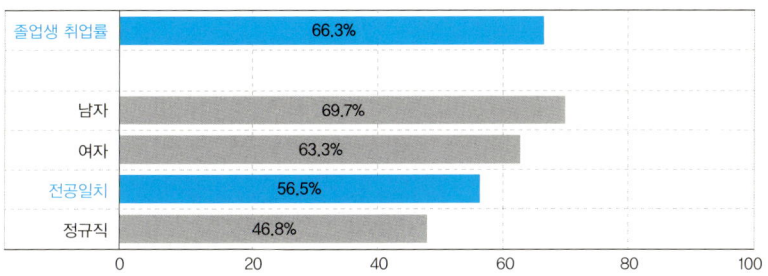

이번에는 언론방송매체학과를 졸업한 이후의 구체적인 진출 분야에 대해서도 알아보았다. 크게 세 가지 분야로 나눠서 알아보았다. 정부기관, 일반기업 그리고 연구소 분야이다. 아나운서가 되기 위해 학과를 탐색했지만, 일단 학과탐색에 들어간 이상 학과정보를 자세히, 그리고 객관적으로 알아보는 것이 꼭 필요하다.

| 정부기관 | 한국방송광고공사 |
| --- | --- |
| | 한국방송영상산업진흥원 |
| | 한국언론재단 |
| | 국제방송교류재단 등 |

>> 생생 코칭스토리 4

| 일반기업 | 언론사(방송국, 인터넷방송업체, 사내방송국, 신문사, 잡지사 등) |
|---|---|
| | 출판사 |
| | 광고기획사 |
| | 광고대행사(교육미디어, 문화미니어, 뉴미디어 등) |
| | 인터넷컨텐츠기획 및 제작업체 등 |

| 연구소 | 한국광고연구원 |
|---|---|
| | 한국방송개발원 |
| | 한국언론연구원 등 |

영석이는 이러한 학과탐색의 내용을 기초로 자신의 진로로드맵을 작성해 보았다. 직업로드맵과 진로로드맵 이 두 가지를 가지고 있는 학생들은 꿈을 이룰 가능성이 매우 높다. 왜냐하면 탑다운 방식에 근거하여 아주 구체적인 현실의 목표를 수립하고, 노력을 하기 때문이다.

"샘, 저 기숙학원 갔다 와서 꼭 찾아뵐게요. 나름 공부목표를 세웠어요. 제가 메일로 그 내용을 자세히 보내드릴게요. 응원해 주세요. 알았죠!"

영석이는 이렇게 기숙학원에 들어갔다. 엄마가 밀어 넣은 게 아니라, 자신이 가겠다고 하면서 입소하였다.

| 나이 / 년도 | 19세 | 20세~28세 | 28~34세 | 35~49세 | 50세~ |
|---|---|---|---|---|---|
| 시기별 목표 | 중앙대 신방과 합격 | 중앙대 신방과 학생 | KBS 아나운서 공채 합격 퀴즈 프로그램 진행 스포츠 뉴스 진행 라디오(청소년 대상) 진행 | KBS 브론즈 마우스 상 섭외1순위, 전국민이 아는 아나운서 | 아나운서 국장 대학교에서 강의 |

166

## 생생 코칭스토리 4

| 해야 할 공부 & 갖추어야 할 자격증 | | | | | |
|---|---|---|---|---|---|
| | 수시 & 정시 준비<br>1) 학생부: 고3 내신 1등급 (국,영,수,사)<br>2) 수능: 국어 1등급 영어 1등급, 수학 2등급(*), 사탐 1등급<br>3) 논술 준비<br>4) 적성평가 준비 | 신문방송학과 전공<br>한국어 능력시험<br>영어 Toeic 900 이상<br>1차 테스트 준비<br>(발음 연습, 카메라 테스트, 외모관리)<br>2차 필기시험 준비<br>(영어,상식 등)<br>3차 심층 카메라테스트<br>4차 면접고사 준비 | 스포츠 관련된 지식 쌓기<br>스포츠(축구,농구) 중계 연습<br>퀴즈 관련된 상식 계속 쌓기<br>스피치/ 커뮤니케이션 관련 지식 및 연습<br>청소년을 이해하고 공감하는 능력(청소년 상담 서적, 심리 관련 책 등) | 리더십 관련 공부<br>인적자원 관리 공부<br>언론정보 관련 대학원 공부 | 아나운서들의 강점을 발견해 주고 그들과 소통하는 능력을 개발<br>세상에 대한 다양한 정보 습득 |

### 정윤숙진로코치의 조언!

진로는 바텀업(Bottom-up)이 아니라 탑다운(Top-down)의 흐름으로 진행해야 합니다. 무조건 대기업 목표를 시작으로 지금의 수학성적으로 계열 정하고, 마지막 모의고사로 지역 결정한 뒤, 수능성적으로 대학 결정하고 마지막에 학과 결정 하는 게 아닙니다. 자기성찰 이후 직업탐색을 하고, 직업을 찾은 뒤, 그 꿈을 이루기에 최적의 학과를 찾는 게 우선입니다.

**Tip. 롤모델 스토리** To.영석

"탑다운 방식으로 학과를 먼저 찾은 영석이를 응원하면서 비슷한 방식으로 학과를 먼저 설계하고 꿈을 향해 달려가고 있는 신우일 선배의 롤모델 스토리를 소개합니다. 각종 문학창작활동과 교지편집부 활동 등에 참여하면서 인론징보학과 신학의 꿈을 실현한 선배의 이야기를 통해 영석 학생의 꿈에 한 걸음 더 다가가세요!"

## HISTORY / HERSTORY
# ROADMAP

|  | 중등 | | | 고등 | | |
|---|---|---|---|---|---|---|
|  | 1 | 2 | 3 | 1 | 2 | 3 |
| 자율체험 활동 | 한글날 자기주도적 학습 | | | 마산고– 광주제일고 자매결연 | | |
|  | 학생회 활동 | | | | | |
|  | 종교활동 (성당) | | | | | |
| 동아리 활동 | | | | 합창부 활동 | 밴드부 활동 | |
| 봉사 활동 | 장애 이해 교육 및 장애 체험 활동 | | | 무궁화 우량 묘목 나눠주기 | | |
| 진로 활동 | | | | | 교지 편집부 활동 | |
|  | | | | 독서 포트폴리오 활동 | | |
|  | | | 각종 백일장 참여 | | | |
| 특기 활동 | 시 낭송 발표대회 참가 | | | | | |
| 독서 활동 | | | | | | |

## HISTORY / HERSTORY
# 성장과정

자기소개서에서도 언급하였듯 저의 성장과정에 있어서는 가족과 학교가 가장 큰 영향을 미쳤습니다. 먼저 가족의 경우, 나이차가 많이 나는 형들의 영향을 주로 받았습니다. 형들은 어릴 적부터 성적, 학습법, 학교 생활 등 다양한 부분에서 저의 충실한 멘토 역할을 해주었습니다. 또한 학급의 리더로서 맡은 일을 잘 할 수 있도록 많은 도움말을 주는 한편, 학교 생활에 쉽게 적응하게 도와주었습니다. 덕분에 매 학년의 생활에 빨리 적응할 수 있었고 어릴 적부터 다양한 리더십 활동을 할 수 있었습니다. 물론 중학교 시절 초기에는 형들의 충고를 일절 거부한 채 방황의 시기를 겪기도 했지만 지금까지도 형들의 조언과 도움은 학생의 본분에 충실한 생활을 할 수 있도록 제게 하나의 나침반 역할이 되고 있습니다.

아버지께서는 학창시절 글쓰기를 좋아하셨고, 국문과 교수가 꿈이셨습니다. 그런 아버지를 따라 어릴 적부터 다양한 문학을 골고루 접할 수 있었고, 백일장 대회도 여럿 참가했습니다. 신문기자의 꿈을 가지게 된 것도 평소 글쓰기에 관심이 많으신 아버지의 영향을 받았기 때문입니다. 어머니께서 제가 스스로 학습하는 능력을 키울 수 있도록 많은 도움을 주셨습니다. 학업과 관련하여 크게 간섭을 하지 않으신 것 오히려 제게는 편안한 마음으로 학업에 열중할 수 있는 계기가 되어, 지금도 감사하게 생각하고 있습니다.

학교의 경우, 중학교 1학년 담임 선생님의 영향이 컸습니다. 당시 학업에 열중하지 않고 소위 조금 논다는 친구들과 어울리며 방황의 시간을 가졌습니다. 그러다가 성적표를 받고는 말 못할 초라함에 적잖은 충격을 받았습니다. 그때 담임 선생님께서 제게 이런 말씀을 해주셨습니다. "노는 것은 1년으로 충분했잖니. 이제부터는 네 미래를 위해 학업에 열중하렴. 네 글쓰기 실력과 그 통솔력을 앞으로 사회를 위해 쓰기 위해서는 지금은 자기 계발에 투자할 시간이란다."

그 어떠한 말보다도 소중한 조언이었습니다. 이후 공부 방법을 다시 익히고 노력한 결과, 그때부터 전교 10위권 안에 드는 성적을 늘 유지할 수 있었습니다. 이처럼 제가 학창시절에 리더로서의 경험을 쌓고 글쓰기와 학업에 집중할 수 있었던 것은 부모님과 형제, 그리고 담임 선생님의 영향이 컸습니다.

Tip. 롤모델 스토리 To.영석

## HISTORY / HERSTORY
# 성공전략

신우일 학생은 경희 대학교 중국어학과 1학년에 재학하던 중, 다시 입시에 도전하여 입학사정관제라는 전형을 통해 같은 학교 언론정보학과에 합격하였습니다. 신우일 학생이 처음 불합격했던 이유는 크게 두 가지가 있습니다. 첫 번째 이유는 시간부족이었습니다. 입학사정관제에 대한 막연한 생각만 있었을 뿐 실행에 옮기지 못하였기에 정보와 시간 부족으로 전형을 제대로 준비하지 못했습니다. 자기소개서를 완벽히 준비하지 못해 한 대학밖에 지원할 수 없었던 것도 큰 이유였습니다. 좋은 경험과 활동이라면 자기소개서 맥락과는 다소 맞지 않음에도 억지로 넣어 분량을 채웠던 것입니다.

신우일 학생은 이후 패인을 분석하고, 다시 한 번 입시의 문을 두드렸습니다. 이전과 달리 충분한 시간 동안 입학사정관제를 준비하였으며, 전문가의 도움을 받아 완벽한 자기소개서를 만드는 것에 중점을 두었습니다. 또한 신우일 학생은 EBS에서 시행한 수시모집 대비 입시 컨설팅 이벤트에 당첨되어 입시전문가로부터 1:1 컨설팅을 받을 수 있는 기회를 얻었습니다. 체계적인 포트폴리오를 구성하는 방법을 배울 수 있었고, 그 결과 자신의 진로에 맞는 최상의 포트폴리오를 만들었습니다. 학업을 병행하면서도 대외활동을 통해 상을 받았던 합창부와 밴드부 활동을 강조하였습니다. 또한 맥락과 어긋나는 활동은 좋은 활동일지라도 과감히 버렸습니다. 자신의 장점을 정리하면서 그만의 슬로건도 내걸 수 있었습니다. "공부만 하자가 아니라 공부도 하자"라는 독특한 슬로건은 신우일 학생을 합격의 길로 이끌어주었습니다.

지난날 준비 부족으로 자신감마저 사라졌던 신우일 학생은 입시전문가의 도움으로 체계적으로 자기소개서와 포트폴리오를 준비하기 시작했습니다. 준비하는 동안 재경 학생의 자신감은 급격히 상승하였고, 떨지 않고 면접을 보며 준비해 온 모든 것을 면접관에게 보여줄 수 있었습니다. 이러한 노력의 결과, 경희대학교 언론정보학과에 당당히 합격할 수 있었습니다. 여러분도 입학사정관제도에 대한 철저한 분석과 체계적인 준비를 통해, 입시에서의 좋은 결실을 얻길 바랍니다.

언론정보학과 선배의 진로진학 전과정 롤모델 스토리

**PORTFOLIO STORY | 자율체험활동 1**
# 한글날 자기주도적 학습

**리더십을 발휘할 수 있었던 계기!**

제가 다니던 마산 중학교는 1학년들을 대상으로 창의적 재량 활동을 위한 다양한 프로젝트를 진행하는 시범학교에 선정되었습니다. 시범학교로 선정된 뒤, 우리 반은 프로젝트 하나를 시행하게 되었습니다. 저는 그 프로젝트의 대표로서 참여하게 되었고, 주제를 직접 선정하게 되었습니다. 의미 있는 활동을 하고 싶었던 까닭에 저는 당시 사회적 이슈로 떠올랐던 공휴일 선정 문제로 눈을 돌렸습니다. 평소 한글날이 매우 중요한 날이라고 생각하고 있었기 때문에 한글날을 국경일로 제정하자는 서명운동을 프로젝트로 진행하게 되었습니다.

이 프로젝트는 학생들에게 한글날의 중요성을 알리고, 직접 서명운동을 펼치는 것으로 진행되었습니다. 그리고 이를 문서화시켜 행정 안전부 장관께 전달하는 절차로 진행되었으며, 한글날을 국경일로 제정하자는 의견을 전달하는 것에 그 의의와 목적을 함께 두었습니다. 저는 서명을 촉구하는 피켓을 적극적으로 만들고, 학생들에게 프로젝트의 목적을 효과적으로 설득하기 위해 프레젠테이션도 여러 차례 진행하였습니다. 또한 서명운동을 점검한 후 최종결과물을 서류로 작성하여 행정 안전부에 보내는 과정까지 직접 참여하였습니다. 다행스럽게도 이러한 저의 노력이 헛되지 않았습니다. 정부 관계자로부터 답신이 온 것입니다. 정부에서 프로젝트에 관심을 보였다는 것 자체만으로도 충분히 큰 성과를 얻은 것이라 생각합니다. 중학교 1학년이라는 어린 나이에도 불구하고, 중대한 프로젝트를 주도할 수 있었다는 것이 제게는 너무 좋은 경험이었습니다. 리더십을 발휘할 수 있는 좋은 계기가 되었다고 생각합니다. 저는 여기에 그치지 않고 리더십을 더욱 공고히 하기 위해 학생회에 열심히 참여하는 등 다른 노력도 기울였습니다. 이 프로젝트를 통해 얻은 자신감은 제게 학창시절뿐만 아니라 입학사정관제 전형을 준비하는 데에도 좋은 자양분이 되었으리라 믿어 의심치 않습니다.

**코멘트** 중학교 1학년임에도 불구, 신우일 학생은 프로젝트의 대표로 참여하여 피켓을 만들고 서명운동을 촉구하는 등, 매우 적극적으로 활동에 임하였습니다. 신우일 학생이 지닌 리더십의 가장 큰 장점은 적극성입니다. 적극적으로 주제를 선정하고 프로그램을 짜는 등 프로젝트 전반에 참여했던 것입니다. 또한 또래 학생들을 독려하여 프로젝트를 성공적으로 끝마쳤던 점도 장점으로 들 수 있습니다. 피켓과 프레젠테이션으로 학생들을 설득하는 데 이바지하였고 이것은 프로젝트의 목적을 이루기 충분했습니다. 이 프로젝트는 신우일 학생의 리더십이 빛을 발했던 활동이라고 볼 수 있습니다. 여러분도 망설이지 말고 주위의 여러 프로젝트에 참여하여 자신만의 리더십을 발휘하고, 또한 입시 전략으로도 잘 활용해 보기를 바랍니다. 물론 리더십은 하루 아침에 향상될 수 있는 것은 아니지만 꾸준히 용기를 가지고 노력하다 보면 어느샌가 향상된 리더십을 발견할 수 있을 것입니다.

Tip. 롤모델 스토리 To.영석

PORTFOLIO STORY | 자율체험활동 2
# 마산 고등학교- 광주제일고등학교 자매결연

### 선입견(지역감정)을 해소

저의 모교인 마산고등학교는 도 교육청의 지역감정완화 사업에 따라 광주제일고등학교와 자매결연을 맺게 되었습니다. 그래서 2년에 한 번씩 광주와 마산을 번갈아 오가며 각 학교 학생들이 교류할 수 있는 행사가 진행되었습니다. 고교 1학년 당시, 반장으로 활동하고 있었던 저는 학교 대표로서 광주에 방문하게 되었습니다.

교류 일정은 광주를 방문하여, 우선 광주 일대의 명소를 탐방하고 이후, 광주제일고교 학생들과의 교류할 시간을 갖는 것으로 이루어졌습니다. 탐방 중 여러 활동을 하였는데, 두 가지가 특히 인상 깊었습니다. 먼저, 제일고교를 탐방했던 것이었습니다. 야구로 알려진 학교답게 야구부가 활성화되어 있는 점이 특이했습니다. 또, 학교 내에 박물관과 역사관 등이 갖춰져 있어 학교가 마치 하나의 역사 기념관처럼 보였던 것이 매우 인상 깊었습니다. 다른 하나는 광주 지역을 탐방하면서 5.18 민주 성지와, 민주 공원 등을 살펴본 것입니다.

사실 이전에는 전라도에 대해 막연한 거리감을 가지고 있던 저였습니다. 마치 어르신들께서 공산주의 체제에 대해 기본적으로 갖고 계신 생각처럼 제게도 막연한 선입견이 있었던 것입니다. 때문에 처음 학교 대표로 광주를 가게 되었을 때, 내가 과연 광주에 가서 무엇을 배울 수 있을까 고민을 하기도 하였습니다. 하지만 이러한 선입견도 잠시 광주의 학생들과 같이 식사를 하며 선입견과 거리감은 눈 녹듯 사라졌습니다. 그곳의 학생들도 저와 비슷한 생각과 꿈을 가진 보통의 학생들이었던 것입니다. 순간, 선입견으로 광주 학생들을 바라봤던 저의 얼굴이 붉어졌습니다.

이번 탐방을 통해 저는 지역감정과 관련해 많은 것을 깨닫게 되었습니다. 알고 보면 마산과 광주는 민주화의 뿌리로 이어져 있는 도시인데, 왜 이런 지역감정이 생겼는지에 대해 제 스스로 많은 생각을 한 계기가 되었습니다. 지역감정을 고민 없이 받아들이고 잘못된 시각으로 사람을 바라봤다는 점은 옳지 못한 행동이었습니다. 광주 탐방은 알게 모르게 전라도에 대한 지역감정이 조금은 있었던 제게 지역감정이라는 것은 구시대의 안좋은 악습일 뿐이다라는 인식을 가질 수 있도록 해준 소중한 경험이었습니다.

언론정보학과 선배의 진로진학 전과정 롤모델 스토리

**코멘트** 신우일 학생의 본 경험은 학교 간의 자매결연에 따른 단순한 탐방이 아니라 큰 깨우침을 얻을 수 있었던 소중한 경험이었습니다. 막연히 갖고 있던 선입견은 쉽게 해소하기 어렵습니다. 신우일 학생 또한 광주를 방문하기 전 까지는 지역 감정이라는 선입견에 사로 잡혀 있었습니다. 광주에 가서 무엇을 배울 수 있을까 긴가민가했을 테지만, 광주를 방문함으로써 민주화 성지인 광주에 대해 새롭게 알게 되고, 지역 감정을 극복할 수 있었습니다.

선입견은 리더십을 함양하는데 방해가 되는 요소 중 하나입니다. 선입견을 해소하기 쉽지 않은 만큼, 학교에서 주어진 여러 기회를 놓치지 말고 활용하는 것도 중요합니다. '백문이 불여일견'이라는 말처럼, 가끔씩 듣는 것보다 한 번 직접 보는 것이 더 기억에 남고, 많은 것을 깨닫게 합니다.

물론 보는 것에 그치지 않고 그것들을 통해 자신이 가졌던 기존의 생각을 되짚어 보고 틀린 점을 고쳐나가야 더 많은 것을 깨달을 수 있습니다. 신우일 학생은 이러한 것들을 충분히 해냈고 선입견을 해소하여 더 큰 리더십으로 세상을 바라보게 되었습니다. 여러분들도 학창 시절의 여러 경험들을 쉽게 흘려 보내지 말고 충분한 생각과 반성을 통해 깨달음으로 발전시킬 수 있길 바랍니다.

Tip. 롤모델 스토리 To.영석

**PORTFOLIO STORY** | 자율체험활동 3
# 종교활동(성당)

### 리더십 함양

어릴 적부터 부모님의 영향 아래 성당에 다니게 되었습니다. 성당에 남다른 애착이 있었던 저는 주일학교에 열심히 참가하였고, 그 결과 중·고등부 학생회 회장을 역임하게 되었습니다. 또한 마산시내에 있는 성당 중·고등부 학생들의 연합모임에서도 리더로서 활동하며 성당 축제 '신하부로'를 기획하기도 하였습니다. 학생의 참여가 한정적인 학교 축제와 달리 성당 축제 '신하부로'는 학생들이 처음부터 끝까지 축제를 직접 기획하였습니다. 저는 성당축제에서 연극을 맡아 준비하게 되었습니다. 기획 단계에서 연극의 전반을 책임지며 극을 선정하고 배역을 나누는 것부터 각종 역할 분담, 대본 구하기, 대본 해석, 분장까지 중고등부 학생들과 의기투합하여 연극을 구성하는 것이 저의 역할이었습니다. 저는 이 축제에서 학교의 학생회장처럼 기획 회의를 통해 여러 의견을 수합하고 연극을 구성하며 축제 준비에 적극적으로 참여하였습니다.

연극을 준비하는 데 있어 어려웠던 점은 각기 다른 학생들의 스케줄을 효과적으로 조율하는 것이었습니다. 연극을 준비할 당시 다들 시험 기간이 겹쳐 있었기 때문입니다. 또한 학생회 활동을 하면 시간을 뺏기고 성적이 떨어진다고 생각하는 학생들이 많았습니다. 학생회 활동은 재미가 없다고 단정짓는 학생들도 많았습니다. 학생회 활동이 재미가 없다 싶으면 슬슬 나오지 않는 학생들도 부지기수였습니다. 즉, 학생회가 어떻게 행동하느냐에 따라 학생들이 참여하느냐, 아니냐가 갈렸던 상황이었습니다. 저는 이러한 상황을 극복하기 위해 학생회장의 자리에서 다른 학생들보다 몇 배로 노력하였습니다. 재미있는 학생회 활동을 진행하였고, 성적을 떨어뜨리지 않기 위해 공부도 그 어느 때보다 열심히 하였습니다. 학생의 자리를 굳건히 지키고 있는 모습을 보여주며 학생회 활동이 결코 허무한 시간 낭비는 아니라는 것을 몸소 보여 주었습니다. 또한 강압적인 분위기가 아닌 소통하는 학생회를 만들었습니다. 다 같이 참여하고 상의하는 분위기를 만들자 학생회가 활성화되었습니다. 저는 그때 리더라는 자리는 이렇게 구성원들이 서로 화합할 수 있는 분위기를 만들어주는 자리임을 깨달았습니다.

특별히 기억에 남았던 점이 있다면, 저와 또래 학생들이 적극적으로 다른 이들 앞에 나설 수 있는 기회를 만들어줬다는 점이 아닐까 싶습니다. 연극에서 주인공 역할을 맡았을 당시, 사실 저는 연극에 큰 관심이 없었습니다. 회장이라는 직함으로 주인공 역할을 맡는 행운을 얻게 된 것입니다. 연극을 연습하면서 어떤 무대에 주인공으로 설 수 있다는 것은 아주 좋은 기회였습니다. 또한 사람들과 호흡을 맞춰 연습하는 것도 좋은 경험이었습니다.

**코멘트** 리더의 자리를 통해, 리더십을 더욱 함양할 수 있었던 좋은 기회였습니다. 흔히 종교활동이나 학생회 활동을 학업에 방해가 된다며 소홀히 하거나 등한시 하는 학생들이 많습니다. 또 짧게 이런 활동을 경험해 보고, '재미가 없다'며 흥미를 쉽게 잃어버리는 학생도 많습니다.

신우일 학생도 이런 점 때문에 많은 고민을 하였습니다. 그는 먼저 본인 스스로를 타인의 모범으로 삼았습니다. 자기 자신부터 열심히 공부하며 학생의 본분을 지켰던 것입니다. 또한 재미있고 흥미로운 학생회를 만들기 위해 자기 자신을 낮출 줄도 알았습니다. 이를 통해 강압적인 분위기가 아닌 소통하는 화합의 분위기를 만들어 낼 수 있었던 것입니다.

이렇게 신우일 학생이 스스로를 먼저 변화시킬 수 있었던 것은 리더의 위치에 있었기 때문입니다. 리더로서 책임감을 갖고, 남다른 리더십을 발휘했던 것입니다. 학창시절에 리더십을 함양하기 위해서는 단체를 불문하고 한 번쯤 직접 리더의 자리를 맡아 보는 것이 중요합니다. 이를 통해 구성원들과 소통하는 방법을 배우고, 책임감을 충분히 기를 수 있기 때문입니다.

Tip. 롤모델 스토리 To.영석

**PORTFOLIO STORY | 자율체험활동 4**
# 학생회 활동

### 구성원 간의 갈등을 중재하는 능력을 배웠던 기회

저는 중학교 때부터 꾸준히 학생회 활동을 해왔습니다. 1, 2학년 때는 학급의 반장을, 3학년 때는 전교 학생회 부회장으로서 활동하였습니다. 고교 진학 후 1학년 때는 학급 반장, 2학년 때는 총학생회 차석부회장으로 활동하였습니다. 이처럼 꾸준한 학생회 활동을 통해 남다른 리더십을 키웠습니다. 하지만 저는 꼭 리더가 되고 싶은 욕심 그 자체를 채우기 위해 이러한 활동을 한 것은 아닙니다. 학생회 활동을 통해서 리더십 그 이상의 많은 것을 배우고자 했습니다. 예를 들어, 학생총회를 진행함에 있어서도 진행 능력과 의사 조율 능력, 그리고 계획 추진 능력 등을 향상시킬 수 있었습니다. 무엇보다 학생회에서 일할 임원들을 직접 뽑는 과정을 통해 사람 보는 눈이 성장했고, 이를 통해 구성원 간의 갈등을 해소하는 방법을 충분히 배울 수 있었습니다.

고등학교 학생회에서 부 총학생회장을 역임했을 때 입니다. 저는 축구경기 심판을 봤었는데 골이 들어가기 직전 상황에서 공격자의 반칙이냐 아니냐를 두고 양팀 간 갈등이 일어났습니다. 만약 그 골이 인정된다면 승패가 결정 나는 것이었기에 갈등은 쉽게 해결되지 않았습니다. 고민 끝에 제가 대안을 제시하였습니다. 협상을 제시하고 잘 조율하여 경기를 무사히 끝낼 수 있었습니다.

이를 통해 리더는 편파적 사고를 지양하고 구성원 간의 갈등을 중재할 수 있는 능력을 지녀야 한다는 것을 몸소 깨달았습니다. 또한 경기 진행이 순조롭지 않으면 전체 일정에 문제가 발생하게 되는 것과 같이 리더는 철저한 계획을 바탕으로 일을 추진할 때에 그 일이 순조롭게 마무리될 수 있다는 것도 알게 되었습니다. 이 활동이 제게 특별한 의미로 기억되는 것은 '행동을 통해 진정한 리더가 된다'는 소중한 경험을 했기 때문입니다.

**코멘트** 신우일 학생은 중학교 시절부터 꾸준히 학생회 활동을 해왔습니다. 학생회 활동은 리더십뿐만 아니라 대화 진행 능력, 상대방과의 갈등을 조율하는 능력, 계획을 추진하는 능력 등을 배울 수 있는 좋은 기회입니다. 이런 능력은 상대방을 이해하는 능력을 바탕으로 합니다. 신우일 학생은 학생회 간부를 스스로 뽑는 등 상대방의 능력을 이해하도록 노력하였습니다.

이러한 노력의 결과는 사람들간의 갈등을 해결하는 데에도 큰 몫을 하였습니다. 또래들 간의 갈등 중재는 결코 쉬운 일이 아닙니다. 또한 갈등을 중재하고자 대안을 제시하는 것 또한 쉽지 않습니다. 하지만 신우일 학생은 학생회 활동을 통해 남다른 갈등 중재 능력을 배울 수 있었습니다. 이렇듯 상대방을 이해하고 갈등을 해결하는 능력을 키움으로써 리더십을 충분히 향상시킬 수 있습니다. 학생 여러분도 학생회 활동을 할 기회가 주어진다면 망설이지 말고 적극적으로 활동해 보길 권합니다.

언론정보학과 선배의 진로진학 전과정 롤모델 스토리

**PORTFOLIO STORY | 동아리 활동 1**

# 합창부 활동

### 쉽게 포기하지 말자

마산고등학교는 합창부의 전통이 유명한 학교입니다. 그래서 저는 고교에 입학하면서부터 합창부에 들어가고 싶다는 생각이 들었습니다. 또한 중학교 때부터 밴드활동을 통해 꾸준히 음악활동을 해왔기 때문에 합창부 활동은 음악 관련 활동의 연장선상에서 충분히 새로운 경험이 될 수 있을 것이라 생각했습니다. 오디션을 통해 합창부에 들어간 뒤, 베이스 파트를 맡아 열심히 배우고 연습하였습니다.

합창부 담당 선생님께서는 무섭기로 소문난 선생님이셨습니다. 연습량이 많아 학교에서 점심과 저녁시간을 합창부에 투자하는 날이 많았습니다. 점심시간에 연습을 끝내면 그 짧은 시간 동안 허겁지겁 점심을 먹고 수업에 늦게 들어가기도 하였습니다. 1학년 1학기 기말고사 점수도 평균 10점 정도 떨어지는 등 체력과 학업능력이 바닥을 보이는 듯 했습니다. 하지만 저의 선택으로 시작한 합창부를 그리 쉽게 포기할 수 없었습니다. 맡은 일에 최선을 다하고 싶었습니다. 다시 제 자신을 채찍질해 가며 학업과 합창부 연습을 열심히 병행하였습니다. 바쁜 일정이 계속 이어졌습니다. 여러 대회에 참가하면서 대회 전 어떤 날은 하루 종일 연습하기도 하였습니다. 학업에 많은 지장이 생겼습니다. 그래도 합창부를 포기할 수 없었던 것은 공연을 끝낸 뒤 얻었던 보람과 관객들의 호응 때문이었습니다.

그 결과 경남중등학예발표대회에서 마산고교 합창부가 최우수상을 수상하게 되었습니다. 뿐만 아니라 성산아트홀과 3.15아트센터라는 큰 무대에서 공연을 해봄으로써 많은 사람들 앞에 설 수 있는 자신감을 키우게 되었습니다. 돌이켜 보면, 대학 입시와 내신 공부라는 힘든 고교 생활 속에서 시간을 쪼개어 가며 활동했던 합창부 생활은 비록 당시에는 힘들었을지라도, 학업에서 오는 부담을 잠시 잊고 제 자신을 찾을 수 있는 좋은 계기가 되었습니다.

**코멘트** 합창부 활동을 통해 신우일 학생은 수상 경력뿐만 아니라, 많은 관중 앞에 서는 소중한 경험을 하였습니다. 동아리 활동은 적극적으로 참여 한다면 좋은 경험이 되고 입시에서 큰 장점으로 활용됩니다. 적극적인 참여는 동아리 활동에 책임감을 불어 넣어주고 리더십을 키울 수 있는 좋은 기회가 될 것입니다.

하지만 이런 동아리 활동을 할 때에는 학업을 포기하지 않는 마음을 갖는 것이 중요합니다. 또한 끈기를 가지고 매 활동에 임하는 것도 매우 중요합니다. 신우일 학생이 동아리 활동을 단순한 활동이 아닌 학업 스트레스를 해소하는 기회로 삼았던 것처럼 동아리 활동을 할 때에는 긍정적인 자세를 갖는 것도 중요합니다. 긍정적인 마음으로 동아리 활동에 임하면 주어지는 과제며, 그것을 수행하는 것도 훨씬 수월할 것입니다.

Tip. 롤모델 스토리 To.영석

## PORTFOLIO STORY | 동아리 활동 2
# 밴드부 활동

**학업 스트레스 해소**

성당에서 처음으로 베이스라는 악기를 배우게 되었고, 성당에서는 꾸준히 반주팀 활동을 통해 베이스 연주를 했습니다. 그 경험을 바탕으로 중학교 2학년 때 밴드부가 생기자 밴드부에 들어가서 활동을 하게 되었습니다. 하지만 고등학교에 진학한 뒤 공부에 대한 부담과, 이미 합창부 활동을 하고 있었기 때문에 시간을 많이 뺏길 거 같아 밴드부를 포기하였습니다.

그러나 합창부 활동을 하다 보니 음악에 대한 열정이 더욱 더 커졌습니다. 그래서 고2 초기에 합창부가 삐끗하면서 존폐위기를 맞자 저는 밴드부로 자리를 옮겼습니다. 그때 마침 베이스 파트가 없어 저는 베이스를 맞게 되었습니다. 학교 밴드부의 생활은 매우 힘들었습니다. 성당과 달리 시설이 열악했기 때문입니다.

학업에 소홀히 할 것 같다는 걱정은 늘 제 머릿속에 떠돌았습니다. 하지만 내가 하고 싶은 활동을 하나 더 하게 된다고 해서 공부에 소홀해진다면 부모님도 실망시키는 일이 될 뿐만 아니라 저 자신에게도 실망할 것 같다는 생각에 더욱더 주어진 시간을 아껴서 사용하게 되고, 하루 하루를 더 열심히 살아갈 수 있게 되었습니다. 그리고 악기를 다루면서 그 순간만큼은 공부를 떨쳐버리고 나만의 음악에 빠질 수 있었습니다. 일주일 동안 열심히 공부하고 그 스트레스를 밴드부를 통해 풀었습니다. 그래서 밴드부에 들어가서 성적이 더 떨어진 것이 아니라 더 오르게 되는 기이한 현상이 벌어졌습니다. 그리고 밴드부 활동을 통해 마산 창동가요제에 나가 최우수상을 수상함으로써 학교의 명예를 높이는 등, 밴드활동을 통해 생긴 추억들은 영원히 잊지 못할 것입니다.

**코멘트** 동아리 활동을 할 때는 자신에게 맞는 동아리를 선택하는 것도 중요하지만, 책임감을 갖고 활동에 임하는 것이 매우 중요합니다. 동아리 활동을 하게 되면 일시적으로 성적이 떨어지는 현상을 겪기 때문에 많은 학생들이 동아리 활동에 직극적으로 나서지 못하는 경우가 많습니다. 학업을 제쳐두고 동아리 활동을 하면 계속 성적이 떨어질 것이고, 동아리 활동에 소극적으로 행동하고 학업에 열중한다면, 동아리 활동을 하는 시간은 시간낭비로 느껴질 것입니다.

동아리 활동과 공부를 잘 병행하면 시너지 효과를 발휘할 수 있습니다. 동아리 활동은 나름대로 입시에서 장점이 될 것이며, 성적 또한 동아리 활동으로 학업 스트레스가 해소되어 좋은 결과를 얻을 수 있을 것입니다. 하지만 이 둘을 병행 할 때에는 책임감을 갖고 노력하는 것이 중요합니다. 또한 시간을 쪼개가며 공부해야 하기 때문에 끈기와 부지런함을 가져야 합니다. 여러분도 자신에게 맞는 동아리를 택하고 열정적으로 활동하는 한편, 학업과 적절하게 잘 병행하여 좋은 결실을 맺을 수 있기를 바랍니다.

언론정보학과 선배의 진로진학 전과정 롤모델 스토리

## PORTFOLIO STORY | 봉사활동 1
# 장애 이해 교육 및 장애 체험 활동

### 장애인에 대한 인식 변화

장애 이해 교육 및 장애 체험 활동은 2004년 1박 2일에 걸쳐 경남 청소년 자원봉사센터에서 했던 활동입니다. 학생들이 장애를 직접 체험하는 활동으로 보면 될 것 같습니다. 중학교 수련회에서 배우는 하나의 프로그램이었습니다. 당시 중학생이었던 저는, 장애인에 대한 편견이 어느 정도 있는 상태였고, 그들은 평범한 사람들과는 조금 다른 사람이라고 생각하고 있었습니다.

프로그램의 목적은 장애인에 대한 바른 인식에 대해 교육을 받고, 바른 인식으로 장애인을 바라보자는 것이었습니다. 하지만 선생님의 설명만 들었을 때는 기존의 인식을 바꾸기가 결코 쉽지 않았습니다. 프로그램은 장애인의 어려움을 직접 겪어보는 것으로 이루어졌습니다. 안대로 눈을 가리고 길 찾아가기, 한 발이나 한 손을 사용하지 못하는 활동들이 이어졌습니다. 급우들과 함께하는 활동을 통해 흥미를 가지고 참여할 수 있었습니다. 그렇게 봉사활동에 임하는 동안 장애인에 대한 불편한 인식은 점차 희미해져 갔습니다.

이전에 장애인의 어려움과 관련하여 글쓰기를 몇 번 한 적이 있었습니다. 하지만 장애의 어려움을 직접 체험해 보니 '백 번 듣는 것보다 한 번 직접 보는 것이 낫다는 말을 실감하게 되었습니다. 저로서는 백 번 쓰는 것보다 백 번 겪어보는 것이 나았던 활동이었습니다. 이 활동을 통해 '아, 만약 내가 어느 날 갑자기 장애인이 된다면 이런 기분일까. 다른 사람들이 나를 이상한 사람처럼 생각하고 내게 행동을 한다면 이런 기분이겠구나'라는 생각을 하게 되었습니다. 장애인의 고충과 마음을 이해하게 되었던 좋은 경험이 되었습니다. 또한 제 자신에게 장애인에 대한 인식을 변화시킬 수 있었던 좋은 기회였습니다.

> **코멘트** 봉사활동은 단순히 다른 사람에게 도움을 주는 것뿐만 아니라 자신을 좋은 방향으로 변화시키는 데에도 큰 도움을 줍니다. 신우일 학생의 경우 학교 수련회에서 마련한 프로그램을 통해 이런 봉사활동을 경험하였습니다. 하지만 이렇게 선생님들이 마련해 놓은 봉사활동이 아니라 직접 봉사활동을 찾아서 해 보는 것이 더 중요합니다. 직접 찾고 경험해 보는 과정을 통해 봉사활동은 더 큰 의의로 다가올 것입니다.
>
> 봉사활동을 처음 해 보는 학생의 경우라면, 학교 공고나 선생님 등을 통해 좋은 정보를 미리 얻는 것이 중요합니다. 다양한 정보를 통해 자신에게 맞는 봉사활동을 찾는다면, 봉사활동은 매우 좋은 기회로 여러분에게 다가올 것입니다. 그리고 봉사활동을 한 뒤 봉사활동의 일정과 봉사활동을 하면서 느꼈던 점을 따로 기록해 두는 것도 잊지 말아야 합니다. 또한 망설이지 않고 봉사활동에 참여하는 자신감을 갖는 것도 중요합니다.

Tip. 롤모델 스토리 To.영석

**PORTFOLIO STORY | 봉사 활동 2**
# 무궁화 우량 묘목 나눠주기

### 뜻 깊은 봉사활동을 하자

매해 식목일을 맞이하여 나라꽃사랑시민모임에서는 시민들에게 무궁화우량묘목을 나눠주는 행사를 하고 있습니다. 고교 1학년 때 제 모교가 시범학교로 선정이 되면서, 무궁화 우량 묘목 나눠주는 활동을 포함하여 많은 활동을 알게 되었습니다. 식목일을 맞아 무궁화 우량 묘목을 나눠주는 행사가 가장 뜻 깊을 것이라고 판단해서 이 행사를 신청하여, 방과 후 친구들과 함께 자원봉사자로서 참가하였습니다.

'무궁화 우량 묘목 나눠주기' 행사에서는 여러 봉사활동이 이뤄졌습니다. 나무를 옮기는 것 뿐만 아니라 사람들이 몰려오면 행사장 내 질서를 유지시키는 것이 주를 이뤘습니다. 많은 사람들이 몰려와 나무를 받아가고, 행사의 취지를 배워가는 등 성황리에 진행되었습니다.

봉사활동을 끝내고 난 뒤, 저는 많은 생각을 하게 되었습니다. 봉사활동을 하기 전에는 '아, 그냥 식목일이라서 나무 나눠주는구나'라고 막연하게 생각하였는데, 막상 자원봉사자로서 활동하다 보니 많은 것을 새로이 배울 수 있었습니다. 행사 내내 나라꽃사랑시민 모임 관계자들로부터 많은 이야기를 들을 수 있었는데, 이 작은 실천이 얼마나 큰 의미를 내포하는지를 깨달을 수 있었습니다. 단순한 나무 심기가 아닌 지구를 살리고, 나아가 무궁화를 통해 애국심도 고취할 수 있는 중요한 일이라고 생각했습니다. 환경오염이 날로 심각해져 가는 오늘날, 식목일을 맞이하여 다른 나무도 아닌 우리나라꽃 무궁화의 묘목을 시민들에게 나눠줌으로써 애국심을 고취하고 자연 보호의 고귀한 정신까지도 전파할 수 있는 좋은 봉사 경험이었습니다.

**코멘트▶** 봉사활동의 종류는 무궁무진합니다. 거동이 불편한 장애인을 돕는 일부터 식목일에 무궁화를 나눠주는 행사까지 매우 다채롭습니다. 일단 봉사활동을 하고자 마음을 먹었다면, 먼저 자신이 진정으로 해 보고 싶은 활동이 무엇인지 파악하는 것이 가장 중요합니다. 자신이 원하는 활동을 선택한다면 봉사하는 것이 더 흥미롭고 다음 봉사활동으로 자연스럽게 이어질 수 있을 것입니다. 개인적으로 느끼는 흥미와 함께, 뜻 깊은 활동을 택하는 것도 중요합니다. 기억에 오래 남고, 자신의 장점으로 활용할 수 있습니다

신우일 학생의 경우, '무궁화 묘목 나눠주기' 행사를 선택하여 재미있게 봉사활동을 끝마칠 수 있었습니다. 봉사활동을 단순히 입시 전형에 활용하려는 목적으로 한다면, 그저 하기 싫은 숙제일 뿐입니다. 하기 싫은 숙제는 그저 시간 낭비로 밖에 느껴지지 않을 것입니다. 봉사활동을 해야 하나 선뜻 손이 가지 않는 학생이라면, 신우일 학생과 같은 방법을 사용해 보는 것도 좋습니다. 생각만 하지 말고 실천하는 것이 중요하다는 말을 덧붙이고 싶습니다.

언론정보학과 선배의 진로진학 전과정 롤모델 스토리

## PORTFOLIO STORY | 진로 활동 1
# 교지 편집부 활동

**나의 꿈, 가자!**

앞에서도 말씀 드렸듯, 학창시절 밴드부와 합창부 등의 활동을 통해 끈기를 배우고 학업스트레스를 해소하였습니다. 하지만 이 활동들은 결국 제가 되고자 하는 '기자'라는 꿈과 직결되는 활동은 아니었습니다. 저는 꿈에 대한 투자도 필요하다고 생각되어 고교 시절 저의 향후 진로와 관련된 활동을 하기로 결심하고 마산고 교지편집부인 '무학'의 부원으로 활동하였습니다. 학생회 활동과 밴드부, 합창부 활동으로 인해 1학년 때는 교지편집부에 많은 시간을 할애하지 못했습니다. 하지만 교지 편집부 활동에 좀 더 적극적으로 임하겠다는 생각에 2학년 때부터는 본격적으로 활동하기 시작했습니다.

교지편집부에서 저는 먼저 월간 이슈를 정리하고 국내외 핫이슈 탑 10을 선정하는 일을 맡았습니다. 이 활동을 통해 저는 한 달을 돌아보면서, 국내외 이슈를 정리하고 사회적 문제에 대해 고민하는 시간을 가졌습니다. 또한 인터뷰 진행도 하였습니다. 부장선생님을 시작으로 여러 사람들과 인터뷰를 진행하면서 인터뷰에 대한 많은 공부를 할 수 있었습니다. 효과적인 인터뷰 방법과 더불어 취재 시 상대방을 배려하는 방법 또한 배울 수 있었습니다. 다양한 주제의 사건을 취재했던 경험은 제게 많은 도움을 주었습니다. 교지편집부 활동을 통해 공부를 하면서도 틈틈이 저만의 생각을 개진한 글도 써보고, 한 해 동안 이슈가 되었던 사건을 정리해 보는 등 글쓰기 실력을 꾸준히 점검해 볼 수 있었습니다.

체계적이고 전문적인 절차를 거쳐 배운 것은 아니지만, 이 활동을 통해 저는 제 꿈을 향해 한 걸음 더 다가갔다고 생각합니다. 졸업 즈음 3년 동안 작성한 글을 보니 하나하나 모아보니 꽤 많은 양이 되어 있었습니다. 마산고교 교지에 제 이름을 남길 수 있다는 것 자체로도 충분히 의미 있는 활동이었습니다. 이러한 교지편집부에서의 활동은 제가 합격한 입학사정관 전형에 제출한 포트폴리오 구성에 있어서도 중요한 부분을 차지했다고 볼 수 있습니다.

**코멘트** 교지 편집부의 역할은 학교와 관련된 여러 기록들을 남기는 것입니다. 학생들에게 알리고 싶은 여러 가지 사항들이나 학교 행사, 소식들을 학교의 소식지인 교지에 담아내는 활동이기 때문에 자신의 기록물이 인쇄물 형태로 남고, 또 오랫동안 보존된다는 점에서 매력을 찾을 수 있을 것입니다. 신우일 학생과 같이 언론과 관련된 학과에 뜻이 있는 학생들에게는 언론과 관련된 여러 가지 일들을 미리 체험하는 좋은 기회가 될 수 있기에 매우 의미 있는 활동이라고 봅니다.

또한 하나의 교지를 만들기 위해 편집부의 여러 구성원들이 노력하는 과정에서 어떤 식으로 각자의 역할을 다 해야 할지, 또 전체가 하나의 목소리를 내기 위해서는 어떤 식으로 상호간 의사 소통이 이루어져야 할 지에 대해서도 많은 것을 배울 수 있는 활동입니다.

Tip. 롤모델 스토리 To.영석

PORTFOLIO STORY | 진로 활동 2
# 백일장

### 글쓰기를 갈고 닦다

저는 초등학교 때부터 지역에서 개최하는 여러 백일장에 참여하였습니다. 3.15 전국 백일장, 합포의 얼 전국 백일장 등 각종 백일장에 참여하였고 수상 경험 또한 여럿 가지고 있습니다. 특히 중학교 시절 '제15회 합포의 얼 전국백일장' 참가를 통해 글쓰기 관련 능력을 향상시킬 수 있었고, 수상과 더불어 입상작이 책에 게재되는 행운을 얻기도 하였습니다. 이외에도 제17회 전국 백일장에서도 중등부 산문부 차하를 받게 되었고 제42회 중등학생 종합학예발표대회 수필 부문에 학교 대표로 참가하여 차상을 받기도 하였습니다.

국문과 교수가 꿈이셨던 아버지의 영향으로 어릴 때부터 저는 아버지의 손을 잡고 백일장 대회에 참가하였습니다. 백일장을 준비하는 과정에서 꾸준하게 글 쓰는 습관을 기를 수 있었다고 생각합니다. 백일장 참가가 없었다면 글쓰기에 재능이 있다는 사실을 미처 파악하지 못하였을 것입니다. 아무래도 기자라는 꿈을 가질 수 있게 된 가장 큰 이유가 여러 번의 백일장 참가였다고 저는 생각합니다. 또한 다수의 수상 경험은 제게 있어 글쓰기에 대한 자신감을 꾸준히 심어주었습니다. 독서 포트폴리오 작성을 할 당시 독서노트를 수월하게 쓸 수 있었던 것은 이런 백일장 대회를 통한 충분한 독서 습관 때문이었습니다. 바른 독서 습관으로 책을 금세 읽고 또 백일장으로 향상된 글쓰기 능력으로 감상 평을 손쉽게 작성할 수 있었습니다. 이 독서노트는 제가 입학사정관제를 준비할 때 톡톡히 도움을 주었습니다. 어릴 적부터 꾸준히 키워 온 글쓰기에 대한 자신감이 있었기에 진로를 결정하고도 마음을 다잡지 못해 낭비하는 시간이 없었고, 면접 준비 시에도 진로에 관련한 여러 날카로운 질문에 답할 때 큰 도움이 되었습니다.

**코멘트** 신우일 학생에게 백일장 활동은 어릴 적부터 많은 것들을 배우게 해 준 소중한 활동입니다. 아버지의 영향으로 시작한 글쓰기 습관이, 이렇게 다수의 백일장에 참가하면서 자연스럽게 실력 향상으로 이어졌습니다.
하나의 매끄러운 글을 완성한다는 것은 결코 쉬운 일이 아닙니다. 평소 글쓰기 좋아하는 사람들도, 하나의 아이디어를 떠올리게 되면 어떤 도입으로, 어떤 전개과정을 거쳐 어떤 메시지를 전달할 것인지, 마지막 마침표를 찍는 순간까지 고민에 고민을 거듭하는 과정을 거쳐 한 편의 글이 완성됩니다. 이러한 과정들을 반복해서 경험할 수 있는 백일장 대회에 지속적으로 참가한다는 것은 기술적인 면이나 아이디어의 측면은 차치하더라도, 하나의 완성된 생각을 만든다는 점에서 많은 도움이 되었을 것입니다.
여러분도 기회가 된다면 교내,외에서 열리는 여러 백일장 대회에 참가해 보길 권합니다. 하나의 생각을 발전시키고 그것을 하나의 글의 형태로서 마무리하는 단계까지 직접 경험하다 보면 훨씬 더 성숙한 글쓰기를 할 수 있을 것입니다.

언론정보학과 선배의 진로진학 전과정 롤모델 스토리

# PORTFOLIO STORY | 진로 활동 3
# 독서 포트폴리오 활동

### 사고능력 향상

고등학교에 입학했을 때, 생활기록부에 독서노트를 기재하는 방안이 생겨났습니다. 학생이 책을 읽고 감상문을 작성하여 담임선생님께 제출하면 담임선생님께서 그 내용을 생활기록부에 기재하시는 방식이었습니다. 이 활동이 수시 모집 전형에서도 고려 대상이 된다는 소식에 당시 담임 선생님께서는 독서 활동을 매우 강조하셨습니다. 생활기록부에 독서활동 내역이 기재되기 시작하였기 때문에 독서의 중요성은 점차 증가했습니다. 선생님들께서는 입학사정관제에서 요구하는 인재상은 단순히 수능문제를 많이 맞추는 학생보다는 교양이 풍부한 학생을 원한다고 하시면서 꾸준히 독서 노트를 작성하기를 권하셨습니다.

또한 포트폴리오 제도가 생기면서 목록에 이름을 올리기 위해서는 성과물이 있어야 했습니다. 그래서 저는 책을 열심히 읽게 되었고, 그동안 읽지 않았던 책들을 찾아 읽을 수 있는 계기가 되었습니다. 일반적인 독후감 노트와 같은 형식으로 독서 노트를 만들었습니다. 책 이름부터 얼마의 기간 동안 읽었는지, 줄거리와 감상평을 직접 손으로 적었습니다. 덕분에 입시 자료로 제출할 때 독서노트는 신빙성을 갖게 되었습니다. 또 독후감뿐만 아니라 담임선생님께서 내주셨던 과제로, 신문 스크랩을 하는 것도 병행하였습니다. 신문을 스크랩하여 그 기사에 대한 저의 의견을 적는 것이었습니다. 학업을 핑계로 그동안 소홀히 했던 신문 구독을 꾸준히 하는 계기가 되었고, 기사들을 찾아 읽으면서 자연히 시사에 많은 관심을 가지게 되었습니다.

이러한 활동을 통해 저는 1학년 때부터 꾸준히 독서를 하고, 독서 노트에 그에 대한 감상을 한 페이지 정도로 요약하여 작성하는 습관을 키웠습니다. 단순히 책을 읽는 것만으로 끝나는 것이 아니라 그 책을 읽은 뒤 자신의 생각을 직접 노트에 글로 작성해 봄으로써 작문 능력도 향상시키고 사고능력 향상에도 도움이 될 수 있었습니다.

> **코멘트** 독서노트 작성은 작문 능력이 느는 것에 그치는 게 아니라 사고 능력을 향상시키고, 자기 생각을 논리 정연하게 적는 연습을 통해 논리적으로 글을 구성하는 방법을 배울 수 있습니다. 이러한 독서노트 작성이나 신문 스크랩 등 작문 활동은 꾸준하게 이어가는 것이 무엇보다 중요합니다. 또한 간단 명료하기보다는 상세하게 설명하듯 적는 방법이 중요합니다. 단순히 목록을 채우는 것이 아니라, 알차게 작성해야 신빙성을 갖는 좋은 자료가 될 수 있습니다.
> 알차게 적은 독서노트는 입학사정관제에서 커다란 장점으로 작용할 수 있습니다. 꾸준히 글을 쓰는 연습은 논술뿐만 아니라 구술 면접에도 좋은 영향을 미칠 것입니다. 지원하고자 하는 전형에서 양질의 포트폴리오를 구성하길 원한다면, 고교 초기부터 신우일 학생처럼 꾸준히 준비해 보십시오. 입시 전형에서 좋은 자료로 활용할 수 있을 것입니다.

Tip. 롤모델 스토리 To.영석

**PORTFOLIO STORY | 특기 활동 1**

# 중학교 대표로
# 시 낭송 발표대회 참가

### 자신감을 얻을 수 있었던 경험

중학교 재학 당시, 저는 마산사랑 학예대회 글짓기 부문 장려 2회 수상, 마산사랑 교내 학예행사 시 낭송 부문 최우수 수상 등 특히 문학과 관련하여 많은 상을 수상하였습니다. 국어 선생님의 제안으로 경남 도 교육청에서 주관한 제7회 마산사랑 학예대회 중등 시 낭송 부문에 학교 대표로 나가게 되었습니다. 시 낭송은 처음이기에 처음에는 거절하였으나, 선생님과의 상담 끝에 결국 참가하기로 결심하고, 본격적으로 대회 준비를 시작하였습니다. 시 낭송은 처음이고, 평소 사람들 앞에 설 기회가 많지 않아 매우 긴장했습니다. 혼자서 녹음을 해 가면서 몇 번이고 시 낭송을 하고 그것을 듣는 연습이 반복되었습니다. 이러한 노력의 결과 저는 시 낭송을 잘 할 수 있는 방법을 스스로 깨달았습니다. 시 낭송을 잘 하는 방법은 의외로 간단했습니다. 자신감을 가지는 것입니다. 떨지 않기 위해서는 발표 대회 장소에서는 더 주의해야 합니다. 시 낭송을 잘 하는 다른 참가자들 앞에서 주눅이 들지 않아야 하는 것입니다. 자신감을 잃지 않는 방법은 충분한 준비에 있습니다. 처음에는 시를 많이 읽어보아야 합니다. 또한 그 시에 대한 사전조사를 하고 강약 포인트에 대한 연구를 하는 것도 매우 중요합니다.

이러한 노력의 결과, 저는 처음임에도 불구하고 동상을 수상할 수 있었습니다. 태어나서 처음 해 본 시 낭송이었기에 이번 활동은 더욱더 특별한 경험으로 기억되었습니다. 심사위원들을 비롯한 관중들이 보는 앞에서 감성을 최대한 살려 시를 낭송하는 경험은 결코 쉽게 주어지지 않을 **훌륭한 경험**이었습니다.

**코멘트** 시 낭송 발표대회와 같이 사람들 앞에 서는 활동은 소중한 경험이 되며, 자신감을 키울 수 있는 계기가 됩니다. 하지만 긴장과 두려움으로 이런 기회가 주어졌을 때 포기하는 학생들이 많습니다. 긴장과 두려움을 해소시킬 수 있는 방법을 신우일 학생은 충분한 준비와 연습이라고 말해 주고 있습니다. 집에서 혼자 녹음하며 연습할 정도로 신우일 학생은 열심히 연습하였고, 이 결과 시 낭송을 무사히 마쳤을 뿐만 아니라 동상을 수상할 수 있었습니다.
자신감이 부족하여 이런 기회를 주저했다면, 충분한 준비와 연습을 통해 도전해 보아야 합니다. 자신감은 여러 활동을 거치면서 더욱 커지고, 훗날 입시에서 면접을 볼 때 많은 도움을 줄 것입니다. 또한 충분한 준비는 충분한 시간이 있어야 가능하기 때문에 학교 공고나 선생님을 통하여 미리 정보를 알고 있는 것이 중요합니다.

언론정보학과 선배의 진로진학 전과정 롤모델 스토리

## PORTFOLIO STORY
# 독서활동

### ●● 칭찬은 고래를 춤추게 한다 | 켄 블랜차드

'칭찬은 고래를 춤추게 한다' 이 책은 대중들에게 많이 알려진 책입니다. 저는 이 책이 왜 베스트셀러가 되었는지 그 이유를 알아보기 위해 책을 읽게 되었습니다. 이 책은 제목에서도 알 수 있듯이 칭찬의 중요성을 말하고 있는 내용의 책이었습니다. 하지만 이 책에서 말하고자 하는 것이 단순히 칭찬의 중요성만을 알리기 위한 것은 아니라고 생각합니다. 대인관계에 있어서 사람의 말이라는 것이 얼마나 위대한 힘을 가지고 있는지를 깨달을 수 있었던 책이었습니다. 중학교 시절 읽은 책이었기에 이 책을 통해 저는 사람을 대함에 있어서 말을 함부로 해서는 안 되겠다는 생각을 하게 되었습니다. 이를 통해 저는 많은 사람들 앞에 학생회 임원, 즉 리더의 입장으로 상대방을 잘 대하게 되었습니다. 또한 이 책은 '긍정의 힘'을 가질 수 있도록 해 준 책입니다. 칭찬은 고래를 춤추게 할 만큼 좋은 것인 만큼, 긍정적인 사고와 칭찬을 하는 습관은 나 스스로가 발전할 수 있는 원동력이 되었습니다.

### ●● 모리와 함께한 화요일 | 미치 앨봄

이 책은 중학교 때, 학교 독서 퀴즈대회로 인해 읽게 되었습니다. 독서 퀴즈 대회 선정 책 중에서 이 책이 포함되어 있었기 때문에 읽게 되었습니다. 이 책은 루게릭 병에 걸려 삶을 얼마 남겨두지 않은 모리와 그의 제자 미치 앨봄이 모리가 죽기 전까지 화요일마다 만나서 인생에 대해서 이야기를 나누었던 일을 바탕으로 내용이 구성되어 있습니다. 이 책을 좀 더 인상 깊게 읽을 수 있었던 것은 소설이 아니라 실화였기 때문입니다. '살아 있는 이들을 위한 열 네 번의 수업'이라는 부제를 가지고 있는 이 책은 정말 죽음을 직전에 남겨 둔 모리 스승이 모든 사람들에게 전해 주는 인생 교훈의 이야기였습니다. 특히 인상적이었던 구절은 '"의미 없는 생활을 하느라 바삐 뛰어다니는 사람들이 너무 많아. 자기들이 중요하다고 생각하는 일을 하느라 분주할 때조차도 그 절반은 자고 있는 것과 같지. 엉뚱한 것을 쫓고 있기 때문이야. 인생을 의미 있게 보내려면 자신을 사랑해 주는 사람들을 위해서 살아야 하네. 자기가 속한 공동체에 봉사하고 자신에게 생의 의미와 목적을 주는 일을 창조하는 것에 헌신해야 하네." 그 순간 나는 그의 말이 옳다는 것을 깨달았다. 다만 그 동안 알면서도 그렇게 하지 못했을 뿐이었다.'라는 부분이었습니다. 전 이 부분을 읽고 난 다음, 더욱더 제 꿈은 '기자'에 대한 확고한 목표를 세우고 한 걸음씩 다가가야겠다는 다짐을 하였습니다. 목표가 있는 사람에게는 하루하루를 의미 있게 살아갈 수 있을 것이라고 생각했기 때문입니다.

**Tip.** 롤모델 스토리 To.영석

●● 공부 기술 | 조승연

중학교 1학년 때, 방황하던 시절이 있었는데 그때 이래서는 안되겠다는 생각이 들어 본격적으로 공부를 하기 위해 책상 앞에 앉았습니다. 하지만 초등학교 때와는 조금 다른 수준과 다른 공부 방법이 필요할 것 같다는 생각에 빨간색 표지가 인상적이었던 '공부기술'이라는 책을 읽게 되었습니다. 이 책에서 가장 인상 깊었던 것은 저자가 말하고 있는 학생들이 공부에 대하여 잘못 알고 있는 진실 일곱 가지였습니다. 첫째, 바른 자세로 앉아서 공부해야 한다. 둘째, 교실에서 껌을 씹지 마라. 셋째, 꾸준히 공부하라. 넷째, 시험 공부는 많이 할수록 좋다. 다섯째, 노트 정리 잘하고 문제집을 많이 풀고, 참고서를 많이 보면 공부를 잘한다. 여섯째, 잡학에 능하면 학교 공부를 못 한다. 일곱째, 배운 것은 여러 번 복습해 가능하면 외워두어라. 이 일곱 가지 잘못된 진실에 대한 저자의 설명을 읽고서 나름대로의 자기주도적 학습 방법을 터득한 것 같습니다. 그리고 잡학에 능하면 학교 공부를 못한다는 거짓. 그 거짓을 통해 저는 제가 하고 싶었던 음악 활동들, 밴드부와 합창부를 더 적극적으로 할 수 있었던 계기가 되었습니다. 어떻게 공부를 해야 될지 막연하게 고민만 하고 있는 학생이라면 한 번쯤 읽어보면 좋은 책입니다.

## 짧은 독서감상평 남기기

●● 도쿄타워 | 릴리 프랭키

'내 인생에서 해야 할 일'을 찾아 살아가는 릴리 프랭키의 성장소설로써. 이 책을 읽으면서 적어도 나 자신에게 부끄럽지 않은 사람이 되어야겠다고 다짐을 하게 되었던 책입니다.

●● 문학의 숲을 거닐다 | 장영희

아름다운 단편 문학들로 이루어져 있는 이 책은 저의 감수성을 자극해 준 책이었으며 수필을 쓸 때 도움이 많이 된 책이었습니다.

●● 삼국유사 | 일연

국사 공부에 좀 더 도움을 얻기 위해 읽은 책이었지만, 학교 공부를 하면서 읽기에는 내용이 너무나도 어려워서 대학교에 입학하면 다시 한 번 꼭 읽어보아야겠다고 생각한 책 중의 하나입니다.

●● 황금물고기 | 황시내

에세이스트인 황시내의 작품으로써 음악과 미술, 그리고 문학을 융합한 내용의 글이었습니다. 당시 음악에 관심을 가지고 있었기에 이 책을 읽게 되었습니다.

### ●● 전태일 평전 | 조영래

고등학교 1학년 때, 담임선생님께서 기자가 꿈인 제게 한번쯤 꼭 읽어보라고 추천을 해 주신 책입니다. 이를 통해 청년노동 운동가 전태일씨의 삶을 알게 되었으며 우리나라 노동운동 역사에 대해 생각해 볼 수 있는 시간이 되었습니다.

### ●● 한나의 선물 | 머라이어 하우스덴

어린 소녀, 한나가 죽음 앞에서 태연한 모습을 보면서, '죽음'이란 것이 이렇게 아름다울 수도 있구나라는 생각을 하게 되었으며 한나의 순수함에 감동을 하며 읽었던 책입니다.

### ●● 마이클 군의 위대한 하루 | 앤디 앤드루스

'폰더 씨의 위대한 하루'의 청소년 판인 이 작품은 청소년기에 꼭 한번쯤은 읽어 보아야 할 책입니다. 트루먼, 아인슈타인, 링컨 등 유명한 위인들로부터 듣는 삶의 지혜 이야기는 학창시절 큰 도움이 되었습니다.

### ●● 연금술사 | 파울로 코엘류

제가 읽었던 책에서 공통적으로 발견할 수 있는 '꿈!' 이 책이 바로 그 꿈에 관한 책입니다. 자신의 꿈을 찾아 떠나는 한 소년의 이야기, 그 소년을 닮아가고자 저도 꿈을 가지고 살아가고 있습니다.

### ●● 진짜 경쟁력은 국어실력이다 | 홍성호

고등학교 3학년 시절, 수능공부만 하기에는 머리가 터져버릴 것 같다는 생각에 미리 글쓰기 자질이라도 길러보자는 생각에 읽게 된 책이었습니다.

### ●● 청소년을 위한 서양 철학사 | 강성률

윤리 공부를 하던 중에 '좀 더 서양 철학사를 쉽게 배울 수 있는 부분은 없을까?'라고 고민하다가, 학교 도서관에서 발견하여 읽게 된 책이었습니다. 이 책을 통해 좀 더 서양철학 공부에 있어서 도움을 얻을 수 있었습니다.

### ●● 세계의 교양을 읽는다 | 최병권, 이정옥

수시 면접을 대비해서 읽기 시작한 책입니다. 교양 공부에 대한 중요성이 커져가고 있는 것이 지금 대학 교육의 상황이기 때문에 고등학생일지라도 교양에 소홀해서는 안 된다고 생각하여 읽게 되었습니다.

Tip. 롤모델 스토리 To.영석

# APPLICATION 1
# 논 구술 면접후기

저는 면접 시험 전날까지도 면접관들이 어떤 질문을 할지 고민하며 잠을 제대로 자지도 못했습니다. 경희대학교의 면접은 1차 잠재력 면접과 2차 학업적성 면접으로 나누어 진행됩니다. 1차 잠재력 면접에서는 제출한 서류의 사실 여부 판단에 관한 질문을 하며 경희대학교 창학 이념과 부합하는 인재상인지를 평가합니다. 따라서 자신이 제출한 서류, 즉 포트폴리오와 자기소개서에 대해 복습을 반드시 하고 면접에 임해야 하는 것이 핵심입니다. 간혹 자신이 제출한 서류 내용도 모르는 상황에서 면접에 임하는 경우가 종종 있다고 합니다.

1차 면접은 15분 정도로 진행되었으며 면접관 4명과 학생 1명으로 진행되었습니다. 즉 4:1 면접방식이었습니다. 면접장에 들어서자 면접관 4명이 저를 바라보며, 질문을 던지기 시작했습니다. 홀로 보는 면접이기 때문에 매우 긴장하고 떨릴 수 있습니다. 하지만 충분하게 연습을 한다면 떨리는 부분도 자신감으로 극복할 수 있을 것이라 생각됩니다. 면접에서는 여러분이 작성한 자기 소개서를 바탕으로 여러분에 대한 질문을 받게 됩니다.

면접에서 저는 반수라는 특이한 이력 때문에 그 부분에 관한 질문을 중점적으로 받게 되었습니다. "작년 입시에서의 실패요인은 무엇이라고 생각하느냐?"는 질문에 지방학생이라서 정보력이 부족했기 때문에 입학사정관 전형을 적극적으로 지원하지 못했다고 답변을 했으나 면접관께서는 다시 단지 정보력 때문이냐고 반문하셨습니다. 그래서 저는 그러한 반문에 잠시 당황하기는 하였으나 이렇게 답하였습니다. "물론 정보력이 유일한 실패요인이라고 말할 순 없습니다. 입학사정관제에 대한 정확한 정보가 부족했기 때문에 서류준비를 늦게 시작하였고, 서류준비와 학업을 병행하다 보니 이것도 저것도 아닌 상황이 발생하게 되어 실패했다고 생각합니다." 라고 대답하였습니다. 이처럼 자신에게 불리한 질문이 올지라도 당황하지 않고 솔직하게 말하는 것이 가장 중요합니다. 면접관들이 자신에게 불리한 질문들을 계속 하는 것은 그만큼 자신에 대해 더 알고 싶다는 것이기 때문에 좋은 현상입니다. 따라서 반문과 다른 질문에 당황하지 않는 것이 좋습니다.

2차 면접은 학업적성면접으로 진행되기 때문에 사회 이슈에 대한 관심을 가져야 됩니다. 그래서 신문이나 뉴스를 통해 꾸준히 사회적 문제에 대해 관심을 갖는 연습을 해야 합니다. 또한 그 문제에 대해 스스로 의견을 내 보고, 조리 있게 정리해 보는 연습도 중요합니다. 면접이라고 해서 말로 준비하는 것이 아니라 직접 써보면서 자신의 생각을 정리해 보아야 합니다. 이렇게 공부를 충분히 한다면, 2차 면접에서 좋은 결과를 얻을 수 있습니다. 저의 면접후기가 여러분들에게 조금이나마 도움이 되기를 바라고, 지금 이 책을 보는 순간부터 하나하나씩 준비를 잘해서 꼭 좋은 결과가 있기를 바라겠습니다.

# APPLICATION 2
# 후배들에게

제가 다른 출판사와의 인터뷰에서도 똑같이 언급했던 두 가지 제 가치관을 이 글을 읽고 있는 예비 대학생들에게 전해 주고 싶습니다. 먼저 첫 번째 말은 "The early bird catches the worm." "일찍 일어나는 새가 벌레를 잡는다."라는 속담입니다. 저는 처음 입학사정관제에 지원할 때 자기소개서와 서류를 원서접수기간이 되어서야 시작하였기 때문에 체계적이고 좋은 포트폴리오가 되지 못했습니다. 그래서 입학사정관제를 준비하고 있으시다면 학교 선생님의 도움과 지원하고자 하는 대학의 입학사정관 상담실 등을 활용해서 꾸준히 입학사정관제를 준비하셔야 '합격'이라는 결과를 얻을 수 있을 것입니다.

두 번째로 해주고 싶은 말은 제가 계속해서 언급하였던 '공부만 하자가 아니라 공부도 하자' 라는 가치관입니다. 중고등학교 6년이라는 학창시절은 여러분의 인생에 있어서 다시는 돌아오지 않을 한번뿐인 소중한 시간들입니다. 그 시간을 좋은 대학 입학이라는 목표만을 위해 올인하는 것은 바람직하지 않다고 생각합니다. 제가 밴드부와 합창부 같은 동아리 활동들을 하지 않았더라면 공부로 인한 스트레스를 풀 수 있는 방법이 없었을 것입니다. 여러분들도 스트레스를 다른 방향으로 풀려고 생각하지 말고, 자신이 좋아하는 일 즉, 취미를 만들어서 해소한다면 중고등학교 생활이 훨씬 재미가 있을 것입니다.

두 말과 더불어 평범한 이야기일수도 있지만 저는 "꿈을 가져라"고 말해 주고 싶습니다. 제게 기자라는 꿈이 없었다면 경희대학교 언론정보학과에 다시 반수를 통해서 도전할 수도 없었을 것이며 제가 공부하는 목표 또한 좋은 대학교 입학이라는 세속적인 목표로만 그쳤을 것입니다. 하지만 꿈이 있다면 그 꿈을 이루기 위해, 그리고 10년 뒤 20년 뒤 그 꿈을 이룬 자신의 모습을 상상하며 지금 자신에게 주어진 그 시간을 헛되이 보내지 않을 수 있을 것입니다.

타인에 의한 공부는 절대 성공할 수 없습니다. 부모님의 잔소리에 떠밀려서 공부를 하게 되면 좋은 대학교에 입학할 수는 있을지 몰라도 대학교에 와서 결코 성공할 수 없습니다. 지금부터라도 스스로 공부할 수 있는 공부 스타일을 만들어 가는 것이 중요합니다. 여러분들은 각자 자신의 삶이라는 영화 속의 엑스트라가 아니라 주인공이 되어야 합니다. 사소한 일 하나를 함에 있어서도 자신 스스로 할 수 있는, 그래서 자신이 한 일에는 책임을 질 수 있는 그런 사람이 될 수 있도록 지금 이 순간부터라도 노력한다면 분명, 여러분은 성공할 수 있을 것입니다. 비록 저도 아직 제 삶을 성공한 삶이라고 말할 수는 없지만 지금까지의 삶에는 충분히 만족하며 살아가고 있습니다. 적어도 제가 선택한 결과이니 후회를 하지 않는 것입니다. 여러분들도 스스로의 선택으로 성공한 삶을 살아갈 수 있도록 노력하기를 바라며 저는 여기서 물러가겠습니다!

Tip. 롤모델 스토리 To.영석

# APPLICATION 3
# TIP

경희대학교가 저를 선택한 이유는 경희대학교 입학사정관에서 저를 원하는 인재상으로 여겼기 때문이라 생각합니다. 경희대학교에서는 다양한 인재상을 원하고 있는데 그 중에서도 저는 멀티형 인재에 부합했다고 생각합니다. 리더십 전형을 지원하였지만, 리더십 전형이 단순히 리더십 경험만 있다고 합격할 수 있는 것은 아닙니다. 리더십 경험은 지원자격일 뿐이기에 리더십 경험 이외에 자신의 다른 장점들을 표현 할 수 있어야 합니다. 그래서 저는 합창부와 밴드부 등의 동아리 활동들과 '신문기자'가 되기 위한 첫걸음이었던 교지편집부 활동을 하면서도 학업에 소홀히 하지 않고 꾸준히 내신 관리를 하였던 점을 장점으로 내세웠습니다. 또한 이와 더불어 중학교 때는 학교 프로젝트였던 '한글날 국경일 제정 서명운동'의 주체로써 정부 부서에 관련 서류를 보냈던 활동도 활용하였습니다. 이처럼 대학입시라는 과제 앞에서도 저는 많은 활동들을 경험한 저의 장점을 크게 평가 받아 합격할 수 있었다고 생각합니다.

또한 저는 자기소개서에 가장 중점을 두었습니다. 저는 같은 스펙을 가지고 있었음에도 불구하고 첫 대학입시에는 서류평가도 합격하지 못한 채 실패하고 말았습니다. 입시전문가의 도움을 받는 것이 중요하다고 생각할 무렵, EBS에서 주최한 수시입학상담 이벤트에 당첨되어 많은 도움을 받았습니다. 그 이벤트에 당첨이 되어서 저는 1:1 수시입학 컨설팅을 받을 수 있게 되었고, 그 상담을 통해서 저는 많은 것을 깨달을 수 있었습니다. 그 선생님께서는 제게 아무리 좋은 서류를 가지고 있더라도 그것을 자기소개서에 하나의 주제로 연관 짓지 못한다면 그것은 절대 좋은 서류가 될 수 없다고 조언해주셨습니다. 활동을 하였다는 것을 반드시 자기소개서에 언급하라고 조언해주셨습니다

그 때 저는 제 실패요인이 무엇인지 알 수 있었으며 그 이후로 자기소개서 작성에 온 힘을 다했습니다. 첫 입학사정관에 도전하였을 때 합창부와 밴드부 활동과 같은 동아리 활동을 전혀 언급하지 않고, 단지 제 리더십 경험만을 자기소개서의 절반 이상에 기록했던 실책을 되풀이 하지 않았습니다. 저의 장점과 학창시절 활동을 바탕으로 자기 소개서의 주제도 바로 잡았습니다 장점을 바로 아는 것과 더불어 아무리 좋은 경험과 활동일지라도 제 자기소개의 큰 맥락에 어긋나는 활동과 경험이었다면 과감히 버렸습니다. 그리고 학업을 병행하면서도 대외활동을 통한 수상 경험까지 있을 정도의 합창부와 밴드부 활동을 더욱 강조 하였습니다. 그 결과 "공부만 하자가 아니라 공부도 하자"라는 저만의 슬로건에 어울리는 자기소개서가 만들어 질 수 있게 되었습니다. 학생회, 동아리, 봉사활동 경험들의 장점을 되살린 결과 자기 소개서는 저의 합격에 날개를 달아 주었습니다.

언론정보학과 선배의 진로진학 전과정 롤모델 스토리

# BENCHMARKING CORNER
# 전문가 평가

### 일관성 있는 활동으로 진로를 준비하자

신우일 학생은 활동은 크게 두 가지로 나눠집니다. 먼저 교지편집부, 각종 백일장 참가, 시 낭송 발표대회 참가, 독서 포트폴리오 작성 등을 통해 작문 실력을 늘리고, 사고 능력에 중점을 두는 활동을 하였습니다. 글쓰기를 필요로 하는 활동을 꾸준히 이어나감으로써 신우일 학생은 자신의 진로인 기자에 대해 만만한 준비를 하였습니다. 또한 교지편집부 활동을 통해 인터뷰를 진행하고, 취재를 하면서 기자에 대한 연습을 미리 할 수 있었던 것도 좋은 선택이었습니다. 이렇게 진로에 대한 여러 활동을 미리 겪어봄으로써 신우일 학생은 진로를 더욱 공고히 하며, 입학사정관제를 준비할 때 큰 장점으로 활용할 수 있었습니다.

두 번째로는 학생회 활동, 한글날 자기주도적 학습 등을 통해 리더십을 발휘할 수 있는 활동을 놓치지 않았다는 점입니다. 리더십은 리더의 자리에서 활동을 해 봐야 경험할 수 있습니다. 리더의 자리에서 학생들을 이끌어가면서 활동을 처음부터 끝까지 참여해야 리더십이 발휘되고, 책임감을 느낄 수 있습니다. 신우일 학생은 중학교 때부터 학생회 활동을 하였고, 한글날 자기주도적 학습을 통해 행사의 처음과 끝까지 참여하여 리더십을 함양할 수 있었습니다. 이렇게 꾸준하게 활동을 한 결과, 신우일 학생은 한글날 자기주도적 학습에서 좋은 결과를 얻게 되었습니다. 또한 리더십은 적극적으로 여러 활동을 하는데 기폭제로 작용하였고, 또 자신감으로 이어져 입학사정관제 면접에서 떨지 않고 자신의 의견을 말할 수 있게 하였습니다.

### 충분한 준비와 연습으로 활동에 임하자

신우일 학생은 처음 입학사정관제 전형에 지원했을 당시 넉넉하지 않은 시간과 연습 부족으로 탈락의 고배를 마셨습니다. 하지만 신우일 학생은 학창시절 당시 누구보다도 충분한 연습과 준비로 여러 활동에 임했습니다. 시 낭송 발표대회에서는 집에서 홀로 녹음을 해가며 발표를 준비하였고, 독서 포트폴리오 작성에서는 꾸준히 독서노트를 작성하는 모범적인 면모를 보여주었습니다. 이런 자세로 활동에 임한 끝에 신우일 학생은 좋은 결과를 얻을 수 있었습니다.

입학사정관제의 경우, 미리 준비하지 못해 탈락했던 경험을 교훈 삼아, 경희대학교 중국어학과 재학 시절 신우일 학생을 열심히 전형을 준비하였습니다. EBS를 통해 입시전문가를 만나 상담을 받은 뒤 신우일 학생은 여러 연습 끝에 자기 소개서를 더욱더 치밀하게 작성할 수 있었습니다. 충분한 준비는 "공부만 하지 말고, 공부도 하자"라는 특유의 슬로건을

**Tip.** 롤모델 스토리 To.영석

내걸 수 있는 여유도 만들어 주었습니다. 자신을 제대로 파악할 수 있었던 것은 바로 시간이 충분했기 때문입니다.

여러분도 신우일 학생처럼 입학사정관제와 같은 수시 전형을 준비하고 있다면, 미리 정보를 습득하는 것이 중요합니다. 또한 선생님과의 상담은 수시 전형을 준비할 때 큰 도움이 됩니다. 충분한 연습과 준비로 입학사정관제를 미리 준비한다면 합격은 여러분의 것입니다!

### 꾸준하게 포기하지 말고, 활동을 해야 길이 보인다

신우일 학생은 밴드부와, 합창부 그리고 성당 축제에 참여하는 등 학업과 진로와는 조금 다른 여러 활동을 진행하였습니다. 학업과 이런 활동을 병행하는 것은 쉽지 않았습니다. 학습 시간이 부족해지고, 체력이 많이 소모되는 활동이 이어졌습니다. 특히 합창부의 경우 대회 전날에는 하루 종일 준비하는 등 합창부에 전념해야 했습니다. 또 밴드부의 경우 열악한 시설에서 연습을 해야 했으며, 성당 축제는 학생들의 참여를 이끌어내는 어려움이 있었습니다.

신우일 학생은 학업에 대한 스트레스를 해소하고, 취미를 계발하기 위해 이런 활동을 시작하였으나, 처음에는 학업이 뒤처져 성적이 떨어지는 등 부정적인 결과를 얻기도 하였습니다. 하지만 신우일 학생은 열심히 노력하였습니다. 학업에 방해가 된다는 우려는 시간을 쪼개 학업에 소홀히 하지 않고, 극복해 나갔습니다. 이렇게 끈기 있게 노력한 결과 신우일 학생은 합창부와 밴드부에서는 각각 대회에서 수상을 하고, 성당 축제에서는 연극을 성황리에 마칠 수 있었습니다. 또한 이 경험들은 자기 소개서에서 큰 장점으로 활용되었습니다. 꾸준하게 포기하지 않는다면, 동아리 활동은 여러분에게 좋은 장점이 될 것입니다.

언론정보학과 선배의 진로진학 전과정 롤모델 스토리

# CAMPUS LIFE
# 학과생활 소개

경희대학교 언론정보학과는 2010학번까지는 언론광고홍보전공과 방송영상스피치전공으로 나뉘어졌으나 2011학번부터는 저널리즘, 광고, 커뮤니케이션, 영상 트랙으로 나누어질 예정입니다. 아직 새로운 트랙의 경우에는 관련된 설명이 없어서 언론광고 PR전공에 관한 설명을 드리겠습니다.

먼저 언론정보학과 교육목표는 신문과 방송, 잡지를 포함한 대중매체 전반에 대한 이론과 실무를 익히고 광고와 홍보와 같이 커뮤니케이션을 전략적으로 활용하는 분야에 대한 응용교육을 실시하는 것으로 하고 있습니다. 언론광고홍보전공에서 다루고 있는 주요 교육영역은 이론 및 연구 분야, 저널리즘 분야, 광고 홍보 분야로 구분됩니다. 대중매체와 이들 매체가 활용되는 영역을 장르별로 나누고, 이론과 실무를 균형 있게 편재시킴으로써 언론정보학과 교과과정 전반에 대한 기초교육의 성격을 띠고 있습니다.

이론 및 교육 분야에서는 커뮤니케이션 이론이나 연구방법론 등을 통해 사회조사 영역과 같은 대중 매체의 기획 및 리서치 전문인을 양성하고, 보다 심화된 교육과 연구를 통해 언론학 분야의 전문 연구자를 양성합니다. 저널리즘 분야에서는 신문, 방송, 출판, 잡지 등 전통적인 대중매체 분야의 전문인을 양성하는 것이 기본이지만, 요즘은 인터넷과 같은 온라인 매체가 활성화됨에 따라 사회진출 영역이 기존의 대중매체에서 뉴미디어 쪽으로 확장되고 있습니다.

광고홍보 분야에서는 정보매체의 상업적 응용분야로서 각광을 받고 있으며, 전문교육을 통해 전문 광고 및 홍보인을 양성 하여 업계에 진출시키고 있습니다.

다음으로 방송영상스피치 전공에 관한 설명을 하겠습니다. 교육목표는 첫째. 영상테크놀로지의 제반 응용분야를 실무적으로 교육하고 이를 토대로 정보사회를 이끌 창의적인 영상전문인력 양성입니다. 둘째, 대인, 문화, 협상 등 면대면 커뮤니케이션 현상에 대한 커뮤니케이션적, 심리적 이해를 바탕으로 커뮤니케이션 전문가 양성입니다. 방송영상의 주요 교육내용은 인터넷, 애니메이션, 멀티미디어, 미디어아트 등의 디지털 영상분야와 인터넷제작 분야로 구분됩니다. 또한 매체를 통하지 않은 면대면 커뮤니케이션영역은 휴먼커뮤니케이션과 스피치 분야로 구분할 수 있습니다. 휴먼커뮤니케이션 분야는 대인간, 문화간 커뮤니케이션, 설득커뮤니케이션을 이론적, 경험적으로 이해 학습할 수 있도록 교과를 편성하였습니다. 스피치 분야는 토론과 스피치 실습을 통한 커뮤니케이션능력을 배양할 수 있게 구성하고 있습니다.

## Tip. 롤모델 스토리 To.영석

활동 및 진로의 경우에는 디지털 영상 분야에서는 뉴스, 드라마, 다큐멘터리 제작 등과 같이 아날로그 방식에 기초한 영상실습을 토대로 디지털 편집을 통해 완성하는 전체적인 과정을 다양한 실무교육을 통해 학습하고 있으며, 그 결과 졸업생들은 방송이니 프로딕션과 같은 영상제작 분야로 진출하고 있습니다. 다음으로 인터넷제작 분야에서는 영상정보를 구현하는 디지털 기술과 이를 네트워크화하는 인터넷 영역을 교차시킴으로써 창의적인 응용력을 겸비한 인터넷 산업의 기획 및 연출자로서 사회에 진출하고 있습니다. 또한 휴먼커뮤니케이션 분야에서는 카운슬러, 협상전문가, 인사담당자, 전문강사 등 면대면 커뮤니케이션에 대한 이해를 활용할 수 있는 모든 직종으로 진출 가능합니다. 마지막으로 스피치 분야에서는 아나운서, 스피치전문가, 정치 대변인 등 커뮤니케이션 능력을 발휘할 수 있는 사회 분야로 활동이 가능합니다.
경희대학교 언론정보학과 홈페이지를 통해서도 다양한 학과 정보를 확인 할 수 있습니다.

언론정보학과 선배의 진로진학 전과정 롤모델 스토리

# CAMPUS LIFE
# 대표 강의 소개

### 현대사회와 미디어 | 김인영 교수님

1학년 1학기 때 수강했던 강의로, 보통 1학년 때 듣게 되는 수업입니다. '현대사회와 미디어' 라는 이 강의는 사회제도로서 미디어를 이해하는 데 있어서 필요한 사회의 구조와 기능을 알아보는 것으로 시작합니다. 여기에 사회계층, 사회변화 등의 사회학적 이론들을 정리하는 것으로 사회학적 지식을 먼저 습득합니다. 그리고 신문, 방송과 같은 대중매체에서부터 종합유선방송, 위성방송, 인터넷 등과 같은 뉴미디어의 영역을 전반적으로 살펴봅니다. 이로써 사회학으로 미디어를 포괄적으로 알아보면서 언론정보학에 대한 이해를 높이는 것이 이 강좌의 목표입니다. 저는 많은 전공 교수님들의 강의 중에서 김인영 교수님의 강의를 수강 신청하여 듣게 되었습니다.

이 강의는 시험을 치를 때 타 강의와 마찬가지로 논술 형식으로 성적을 평가합니다. 하지만 다른 시험들과 달리 암기 위주의 시험이 아니라 배운 이론들을 우리 생활 속의 사건들과 연관시켜서 논술해야 합니다. 공부하기 전에는 어려워 보일 수 있지만, 그런 두려움을 금방 극복됩니다. 암기 위주의 시험공부가 아니기 때문에 시험을 준비할 때 흥미를 갖고 임할 수 있기 때문입니다. 그리고 이론을 현실과 연결시켜서 생각하는 연습을 통해, 어려운 이론을 쉽게 이해할 수 있습니다.

또한 중간고사 이후에는 조별로 '현대사회와 미디어'라는 주제를 가지고 PT를 하는 시간을 가졌습니다. 저희 조는 당시 유행했던 '나는 가수다' 프로그램에서 임재범이라는 가수가 '임재범 신드롬' 이라는 현상을 일으킬 수 밖에 없었던 이유에 대해서 언론정보학적 연구를 하고 발표를 했었습니다. 유행하는 프로그램뿐만 아니라 다양한 주제로 다른 조의 발표가 이어졌습니다. 발표를 통해 현실에서 발생하는 일 하나 하나가 모두 미디어 이론들을 바탕으로 설명할 수 있다는 사실은 매우 흥미로웠습니다. '아, 이것이 미디어 공부의 묘미이구나'라는 생각을 하게 되었고 저도 모르게 점점 강의에 빠져 들었습니다.

경희대학교 언론정보학과 출신이었던 교수님, 즉 선배님으로부터 듣는 강의였기 때문에 더욱더 재미가 있었습니다. 학교에 대해 궁금했던 것을 질문할 수 있었던 것이 가장 컸습니다. 학교의 숨은 명소와 맛집, 데이트장소 등 유익한 정보가 강의 내내 이어졌습니다. 교수님과 학생들의 공감대가 형성되어서인지 수업은 수월하게 이뤄졌습니다. 그리고 교수님의 강의 방식은 학생의 눈높이에 맞춘 맞춤형 수업이었다는 생각이 들었습니다. 그래서인지 수업을 마치기가 힘들지 않았습니다. 언론학도로써 첫 발걸음을 떼는 1학년 학생들, 또 아직 언론정보학이 어떤 것인지 감이 잡히지 않는 학생들에게 반드시 들어야 하는 강의로 추천하고 싶을 만큼 좋은 강의였습니다.

행진스토리 다섯

# 진로는 단순한 직업선택이 아니라 평생성공 계획이다

고봉익의 스페셜 메시지 5
저는 문과 이과만 선택하면 돼요 • 직업은 왜 갖는 걸까 • 행복과 성공의 의미가 직업에 영향을 준다 • 롤모델이 가르쳐 준 깨달음 Tip. 롤모델 스토리 To.가연

>> 고봉익의 스페셜 메시지 5

## 진로는 단순한 직업선택이 아니라 평생 성공계획이다

두 개의 라이프사이클 그래프가 있습니다. 하나는 다수 사람들의 라이프사이클로서 태어나서 20대 중반까지 상승하다가 직업을 선택하는 20대 중반부터 계속 비슷한 수준의 영향력으로 살아가다가 경제력을 상실한 순간부터 뚝 떨어진다고 합니다.

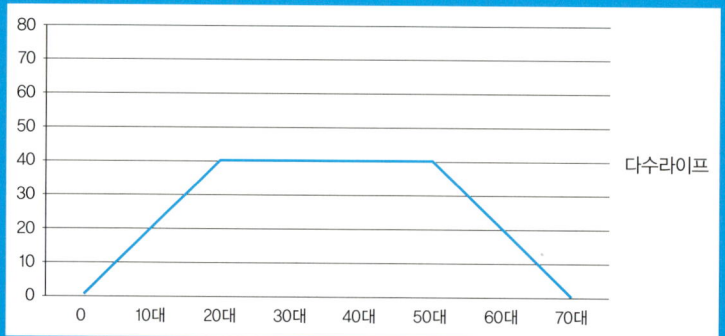

그런데 성공한 사람들의 그래프는 일반적인 그래프와는 달리 꾸준히 계속 올라간다고 합니다. 예를 들어, 80살에 죽으면 79살에 가지고 있는 영향력보다 80살에 가지고 있는 영향력이 더 큰 것입니다. 이것이 바로 제대로 된 진로교육의 결과입니다.

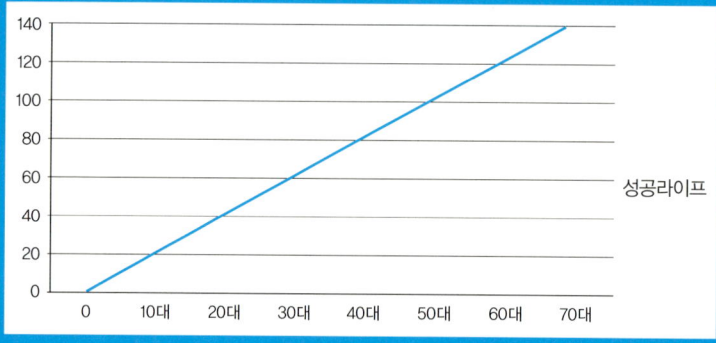

우리가 접해 온 대부분의 진로교육은 20대 중반에 직업을 선택하는 것에 초점이 맞춰져 있습니다. 20대 중반에 직업을 선택하는 것에 집중하는 진로교육은 성공하는 삶을 사는 데 도움을 주지 못합니다. 첫 번째 라이프사이클 그래프처럼 살아갈 수 있는 것이지요. 진짜 진로 교육이란 두 번째 그래프처럼 평생의 아름다운 성공계획을 세워갈 수 있도록 해 주는 것입니다.

### 저는 문과, 이과만 선택하면 돼요

"저는 이런 곳이 있는 줄도 몰랐는데, 어느 날 아이가 신문광고를 들고 와서 여기 와보고 싶다고 하더라고요. 그래서 왔어요."

가연이 어머니의 말이다. 가연이는 당돌한 학생이다. 거의 모든 아이들이 부모님의 손에 끌려서 억지로 와서 상담을 받곤 한다. 그리고 대부분 학습의 문제로 부모님은 아이들을 데려오고, 그러다가 학습 멘토링 전에 동기 때문에 진로 멘토링을 하곤 한다. 하지만 가연이는 달랐다.

"저보다 가연이랑 직접 상담하시면 돼요."

그래서 직접 가연이를 만났다. 가연이와의 초기상담은 매우 짧으면서도 명확했다.

"선생님, 저는 지금 문과를 가야 할지, 이과를 가야 할지 너무 고민이 돼요. 그래서 공부도 잘 안 되고요. 수학과 과학은 지금까지 잘 해왔어요. 대회에서 상도 많이 받았고요. 영재반 수업도 듣고 해요. 그런데 요즘 수학이 너무 싫어지면서 질리고 있어요. 그리고 점점 하면 할수록 이게 맞나 하는 생각도 들고요. 영어는 잘하는 편이에요. 그래서 고민이에요. 수학과 과학을 잘하면 이과 가야 한다고 들었거든요. 그래서 과고를 준비해야 하나라는 생각도 하지만, 막상 마음에 확신도 없고, 그래서 너무 답답해서 왔어요."

"그렇구나. 그럼, 선생님이랑 진로에 대해 함께 고민하며 찾아보자. 다른 곳에서는 그냥 여러 가지 검사하고 그거 해석해 주면서 넌 이과다, 문과다 이러는데 여기는 그런 곳이 아니야. 어차피 많은 검사들이 측정하는 요인은 모든 것을 다 측정하는 게 아니기 때문에 이런 검사들은 한계를 가지고 있단다. 가연이도 여러 군데 다녀봐서 알겠지만, 어떤 검사를 하느냐에 따라 결과가 다르게 나오는 경우도 많이 봤을 거야."

"네 맞아요."

"그래, 그래서 여기서도 진로 관련해서 여러 가지 검사를 하기는 한단다.

>> 생생 코칭스토리 5

하지만 그것의 결과에 대해서 그대로 받아들이기보다, 정말 내가 이런가 다시 생각도 해 보고 또 공통적인 것들을 분석, 비교하면서 그렇게 함께 고민하며 찾아가게 될 거야."

가연이와의 첫 만남은 이렇게 시작되었다. 가연이는 자기에 대한 기준도 높고 자존심도 강한 아이이다. 하지만 그 또래 친구관계에 있어서는 어려움이 많은 것으로 보여졌다. 표정도 매우 날카롭고 경계심도 많고, 그래서 처음에는 마음을 잘 열지 않고, 딱 자기가 해야 할 것들만 의사소통했던 아이. 그리고 실수나 실패에 대한 두려움과 불안도 높은 것 같다. 가연이는 자신의 모습에 대해 진로카페에 이렇게 기술하였다.

1. 나는 다른 이의 인정과 명예를 중요시한다.
2. 나는 경쟁과 시험 등이 있을 때 실력을 잘 발휘한다.
3. 나는 자기 주장이 강하다.
4. 나는 성취감을 느끼는 것을 중요시하며 성취감이 일을 하는 목적이 되는 경우가 다분하다.
5. 나는 내가 다른 사람보다 어떤 일을 못 하는 상황을 싫어한다.
6. 나는 매우 조용한 환경에서만 집중할 수 있으나 집중하면 장기간 많은 분량을 한다.
7. 나는 다른 대상(어떤 현상이나 기계) 등을 탐구하는 것을 좋아한다.
8. 나는 비판, 연설 등의 공적인 말하기를 좋아하며 잘한다.
9. 나는 설득, 분석적 글쓰기를 잘한다.
10. 나는 내가 아닌 다른 생명체를 관찰하고 탐구하는 것을 싫어한다.
11. 나는 실패할 확률이 큰 일은 도전하지 않는다.
12. 나는 공감을 잘 못 한다.
13. 나는 새로운 대상을 만들어 내는 것을 싫어한다.
14. 나는 새로운 것을 배우는 것을 좋아한다.

15. 나는 어떤 일에 있어서 이윤 창출을 중요시하며 효율성을 추구한다.

"가연아, 가연이를 보면 샘의 청소년기 때 모습이랑 매우 비슷한 것 같아. 네가 쓴 내용을 보니 샘의 중학교 때 모습이랑 정말 똑같아. 다른 사람의 인정이 중요하고, 앞에 나가서 이야기하는 거 좋아하고, 실수나 실패하는 거, 지는 거 정말 싫고. 그리고 사람들 마음 잘 모르겠고. 그런데 가연아 어때? 지금 샘 성격 많이 달라진 것 같지 않니?"
"네, 지금 딱 봐도 그런데요. 진짜 그런 학생이었어요?"
"응, 어렸을 때부터 같이 자란 나에 대해 정말 잘 알았던 친구가 고3 때 나한테 너 무슨 과 갈 거냐고 물었던 기억이 나. 음, 그때 심리학과에 관심이 있어서 심리학과 가고 싶다고 했더니, 그 친구가 네가 무슨 심리학과냐고, 다른 사람들보다 더 사람들 마음을 모르는 애가 무슨 심리학과 가냐고 했어. 그래서 내가 뭐랬는줄 아니?"
"뭐라고 했는데요?"
"그래서 배우러 간다고 했지. 사람들의 심리에 대해서 모르니까 배우고 싶다고. 하하!"
"후훗, 재미있어요."
"그랬더니 그 친구가 웃으면서 아무 말도 못하더라고."
진로코치는 가연이와의 정서적 공감을 만들고 있었다. 물론 실제로 코치 자신의 청소년기 모습과 가연이는 비슷했다.
"그리고 샘이 중학교 때까지 정말 너랑은 좀 다르게 수학은 정말 못했고, 대신 외국어를 좀 잘했거든. 언어 쪽이 강했어. 그래서 외고 가려고 준비했었는데…… 흠, 그런데 떨어졌어."
"그랬군요."
"그때 충격 그 자체였지. 그런데 더 억울했던 건 뭔지 아니? 그때는 시험 보고 들어갔었거든. 그런데 오히려 영어시험은 한 개 틀렸나 정말 잘 봤는데, 수학에서 틀린 거야. 그런데 그 수학 문제가 다 고등학교 수학 문제였던 거 있지. 난 이해가 안 됐어. 왜 외고 시험을 보는데 수학 점수로 당락이 결정되는지, 그것도 배우지도 않은 수학시험을 내놓고 말이야. 아무튼, 그때의 실패 경험은 나한테 있어서는 정말 충격적이고 억울하고 받아들이기 힘든 결과였어. 그런데…….”

"그런데요?"

"지금 와서 감사한 건, 그렇게 실패를 하면서 겸손이라는 것도 배우게 되었고, 그리고 무엇보다 그때 외고 안 가고 일반 고등학교 갔던 게 나한테 오히려 결국 유리한 점이기도 했어. 샘이 수시로 대학을 들어갔거든. 그리고 또 그때의 충격으로 고등학교 들어가기 전에 수학 정석 책을 독학으로 공부하면서 수학이 너무 재미있어졌거든. 그러면서 이런 생각이 들었어. 실패를 통해서 내가 얻고 싶어 했던 것은 못 얻을 수 있지만, 오히려 내가 생각지도 못한 더 귀한 것들을 배우게 되고 얻게 되고, 내가 성장할 수 있는 계기가 될 수 있구나 하고."

가연이는 눈 하나 깜박거리지 않고 자신의 앞에 있는 진로코치의 이야기를 듣고 있었다. 몰입 그 자체였다. 그날 집에 돌아간 가연이는 진로카페에 이렇게 소감을 적었다.

1. 실패를 통해 배우는 것이 있으므로 항상 실패를 두려워하기보다는 도전하고 노력하자.
2. 돈이 직업의 목적이 아닌 내가 잘하고 좋아하는 것을 바탕으로 직업 선택을 하자.
3. 강점과 약점, 나를 앎으로써 강점은 극대화시키고 약점은 보완하자.
4. 특정 직업에서도 나의 강점만 사용되지 않으므로 약점을 보완하는 노력도 필수적이다.

## 생생 코칭스토리 5

● 바라는 점

1. 나를 정확히 앎으로써 나의 강점을 부각시키는 방법, 약점을 보완하는 방법을 찾는다.
2. 다양한 직업의 세계에서 내가 갖고 싶은 직업들을 알아본다.

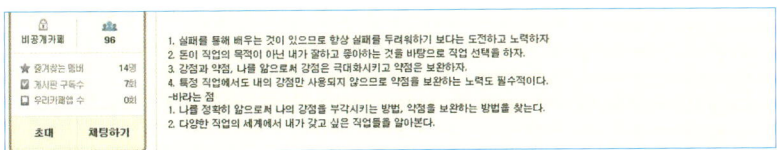

### 정윤경 진로코치의 조언!

진로를 소재로 만나는 과정은 매우 다양합니다. 코치와 학생이 만나기도 하고, 부모와 자녀의 관계로 대화하기도 합니다. 중요한 것은 학생들과 얼마나 소통을 할 수 있느냐입니다. 진로코칭에서 가장 핵심이 되는 소통의 키워드는 다루는 정보보다 앞에 있는 코치가 얼마나 학생과 공감대를 형성할 수 있느냐입니다. 학생의 귀를 열게 하여 정보를 넣는 것보다, 학생의 마음을 열어 공감하게 만드는 것이 핵심입니다.

## 직업은 왜 갖는 걸까

가연이는 자기탐색과 성찰 이후, 직업탐색을 진행하였다. 관심이 있는 직업을 최종 6개로 좁혔다. 각 직업의 특징을 살피고 가연이의 생각을 살펴보았다.

| 직업 | 나의 생각 |
| --- | --- |
| 변리사 | 다양한 분야가 있어 내가 원하는 전공을 선택하고 그 분야에서 변리사의 역할을 할 수 있음. 특허를 작성하고 저작권 분쟁시 소송을 할 수 있다는 점 |
| 행정학연구원 | 국가의 여러 문제들을 연구하여 이상적인 해결방안을 제시한다는 점. 국가문제 해결을 돕는다는 pride, 사회적 현상 연구하는 분석적 사고 |

## 생생 코칭스토리 5

| 교수 | 학생들에게 내가 아는 지식을 전달함. 또한 동시에 스스로 연구를 하여 발표함. 분석적 사고와 잘 맞음 |
|---|---|
| 재료공학기술자 | 다양한 신소재 실험을 통한 분석, 공정을 통한 개발 |
| 인공위성개발원 | 인공위성을 궤도 도달 유도 흥미, 탐사자료 분석함 |
| 경제학자 | 특정 수치를 가지고 분석 및 해결방안 모색. 총체적 시장의 흐름을 파악하는 재미 |

이후 가연이는 보다 더 구체적인 직업탐색을 거치면서 3가지 직업을 다시 추려 보았다. 인공위성개발원, 경제학자, 그리고 변리사이다. 각각의 특징에 근거하여 강점과 약점을 가연이가 정리해서 진로카페에 글을 실었다.

### 인공위성개발원:

1. 강점: 정보 수집, 관리 능력과 논리적 분석 능력을 가지고 있으며 특성이 탐구형으로 부합되고 성취 중시, 신뢰성 포함한다.
2. 약점: 확률에 대한 흥미 부족하다.

### 경제학자:

1. 강점: 논리적인 분석과 결론을 도출하여 해결방안을 제시하고 이를 분석적 글로 옮겨 표현한다. 꼼꼼한 성향과 성취를 중요시한다.
2. 약점: 진취형의 특징을 나타내지 못해 설득이나 추진활동을 도전해 볼 기회가 없다.
   수학이나 과학의 강점이 많이 발휘되지 못한다.

### 변리사:

1. 강점: 논리적 사고와 지학, 생물, 화학, 물리 등에 대한 전반적인 지식과 외국어 능력을 가지고 있다. 탐구형과 진취형에 알맞으며 꼼꼼함과 신뢰성을 포함한다.

2. 약점: 흥미가 다소 떨어지는 기계공학이나 생물관련직이 많다.

```
인공위성개발원:
1. 강점: 정보 수집, 관리 능력과 논리적 분석 능력을 가지고 있으며 특성이 탐구형으로 부합되고 성취 중시, 신뢰성 포함한다.
2. 약점: 확률에 대한 흥미 부족하다.
경제학자:
1. 강점: 논리적인 분석과 결론을 도출하여 해결방안을 제시하고 이를 분석적 글로 옮겨 표현한다. 꼼꼼한 성향과 성취를 중요시한다.
2. 약점: 진취형의 특징을 나타내지 못해 설득이나 추진활동을 도전해볼 기회가 없다.
수학이나 과학의 강점이 많이 발휘되지 못한다.
변리사:
1. 강점: 논리적 사고와 지학, 생물, 화학, 물리 등에 대한 전반적인 지식과 외국어 능력을 가지고 있다. 탐구형과 진취형에 알맞으며 꼼꼼함과 신뢰성을 포함한다.
2. 약점: 흥미가 다소 떨어지는 기계공학이나 생물관련직이 많다.
```

"그런데 말야, 가연아. 직업을 왜 갖는 걸까?"

"음, 자기가 하고 싶은 걸 하기 위해서? 아니면 돈을 벌기 위해서? "

"그렇지. 아주 잘 아네. 직업의 의미, 그 직업을 갖는 의미, 그 의미에 대해 샘이랑 한번 이야기해 볼까?"

"직업의 의미요? 수업시간에 어디서 들은 것도 같긴 한데요."

"그래. 아마 들은 적 있을 거야. 아까 가연이가 이야기한 것처럼 자신이 하고 싶은 것을 하는 것, 다른 말로는 직업의 심리적인 의미, 자아실현이라는 말로 표현하기도 하지. 운동을 잘하고, 음악을 잘하고, 가르치는 걸 잘하고, 그림을 잘 그리고, 컴퓨터를 잘하고 등등. 직업을 통해서 정말 자신이 원하는 것, 잘하는 것을 하면서 행복을 느끼게 되지. 그런 의미에서 심리적인 만족을 주는 게 직업이기도 해. 그런데 그냥 이것만을 가지고는 직업을 설명하기는 어려워. 아까 지원이가 이야기했듯이 직업은 돈을 벌기 위해서. 다른 말로 정리하면, 경제적인 측면에서의 의미가 있지. 샘은 피아노 치고 노래 부르는 걸 엄청 좋아하거든, 그래서 거의 매일 음악을 가까이하고 있는데, 내가 너무 하고 싶고, 잘 하는 것이긴 하지만, 피아노 치는 걸 직업이라고 말하진 않거든. 취미라고 하지."

"그렇네요."

"그런데 말야, 가연아 직업의 의미는 이 두 가지만 있는 게 아니란다."

"그럼, 뭐요? 무슨 의미가 또 있죠?"

"예를 들면 이런 거야. 한 사람이 문을 따는 것을 엄청 잘해. 금고를 따는 것도 잘하고, 운동신경도 좋고, 다른 사람 몰래 집에 숨어들어가는 거, 사람들 속이는 걸 진짜 잘해. 게다가 그걸 이용해서 돈을 벌어."

"흐흐, 도둑이요?"

"그래, 도둑. 두 가지만 생각한다면 도둑도 직업이네. 내가 잘하고 좋아하는 것도 하고, 돈도 벌고, 그런데 도둑을 직업이라 이야기할 수 있을까?"

"음, 물론 직업이 뭐냐고 물으면 도둑이라고 말하긴 어렵겠네요. 하지만 그 사람의 직업이 도둑이긴 할 듯……."

"그래. 그래서 우리는 직업이라는 것을 이야기할 때 사회적인 의미도 생각해야 하는 거란다. 사회적으로 어떤 의미가 있을지. 모든 직업이라는 것은 사회란 곳에 속해 있단다. 사회란 곳에 있을 때 의미가 있지. 자신만을 위한 취미 생활도 아니고, 돈이란 건 혼자만의 세상에서는 의미가 없고 사회 속에서 필요한 도구이지. 이게 바로 직업의 사회적 의미라 할 수 있단다. 사회적으로 영향력을 끼치는 것, 사회에 무언가 기여할 수 있는 것. 단지 우리가 생각하는 돈을 기부하고 무언가 어려운 사람들을 도와주는 봉사라는 개념이 아니라, 핸드폰 하나를 만들더라도 핸드폰을 통해서 사람들이 편리해지는 것이 참 많잖아. 사람들이 그 회사(직업)를 통해 많은 유익을 얻게 되는 거잖아. 문화 사업을 통해 사람들이 즐거움을 얻기도 하고 말이야. 이런 측면에서의 직업의 의미가 바로 사회적 의미라 할 수 있어."

"예전에는 이런 거 들었을 때 그냥 시험 보려고 달달달 외웠는데, 직업의 의미는 무엇인가, 경제적, 심리적, 사회적 의미 등. 그런데 이런 뜻이었는지 이제야 이해하게 된 것 같아요."

"그래, 직업의 의미는 이렇게 세 가지로 정리할 수는 있지만, 사람마다 이 직업의 의미에 대해 우선순위라는 게 다른 것 같아. 그냥 직업이라는 걸 선택하게 될 때, 이 세 가지 의미를 따져보게 되는 것 같아. 직업이 예술가인 많은 사람들은 아마 자신의 자아실현이라는 심리적인 의미를 우선순위로 생각했기 때문에 그 직업을 택했을 거고, 어떤 사람들은 경제적 의미를 더 중요하게 생각해도, 자신이 정말 좋아해서 하는 일이 아니라도 참고 일을 해서 그 경제적 보상을 가지고 취미 활동을 더 잘 할 수 있는 삶을 살기 원하는 사람 등 이런 사람들은 경제적 의미를 더 중요한 우선순위를 둔거고, 마지막으로 자신이 좋아하는 일, 잘하는 일까지도 아니고 그렇다고 돈을 많이 주는 것도 아니지만, 사회에 기여하는 것 자체에 의미를 두고 그런 직업을 택한 사람도 있단다. 바로 사회적 의미를 더 중요하게 생각하는 사람들이지. 여러 가지 직업을 선택함에 있어서 이런 세가지 의미를 생각한다면 판단에 큰 도움이 된단다. 요즘은 전직도 많잖아. 이런 직업적 가치관이 영향을 많이 주기도 한단다."

"그러게요, 어른들 보면 정말 그런 것 같아요. 단지 1차적으로 나에게 맞는 직업만 생각했었는데. 경제적인 의미, 사회적인 의미 이런 것이 정말 영향을 많이 주는 것 같아요."

"그래, 네가 검사한 직업 가치관 검사에서도 이런 걸 이야기해 주기도 하지."

"그러게요. 전 돈도 중요한 것 같아요."

"샘은 가연이가 이런 세 가지 의미를 잘 고려해서 살아갔으면 좋겠어."

진로코치는 여기까지 이야기하고 잠시 말을 멈췄다. 뭔가를 강조하고 싶은 분위기를 풍겼다. 가연이는 더 집중하는 자세로 그 다음 코치의 말을 기다리고 있었다.

"단순히 수학, 과학 잘하니까 이과, 언어나 사회 잘하면 문과. 이런 차원에서 학과를 선택하고 직업을 선택하는 것은 오히려 위험하단다. 이러한 직업의 의미를 제대로 알고, 자신의 직업과 학과를 선택하는 게 중요하단다."

"딱 제 이야기인데요."

>> 생생 코칭스토리 5

"그럼 가연이는 어떤 직업의 의미를 가지고 있니?"
"글쎄요. 아직은 잘 모르겠어요."
"당연하다. 아직 어려울 거야. 그 누구도 이전에 자세히 가르쳐주고, 가연이의 생각을 기다려주면서 이 부분을 정리해 주지 않았을 거야."

> **정윤경 진로코치의 조언!**
> 직업을 왜 가져야 하는지에 대해 친절한 설명이 필요합니다. 우선은 직업의 일반적인 세 가지 의미 즉 경제적, 사회적, 심리적 의미를 설명해 주어야 합니다. 어떤 선택에 영향을 주는 사고의 상위구조를 깨닫게 도와주는 것은 가장 높은 수준의 코칭입니다.

### 행복과 성공의 의미가 직업에 영향을 준다

12장의 카드를 책상 위에 늘어놓았다. 직업의 의미를 파악하는 것은 '직업관'을 이해하는 것이다. 진로코치는 직업관의 이해를 돕기 위해, 간단한 활동을 준비하였다. 12개의 카드를 세계관과 가치관으로 구분하여 배치해 보는 활동이다. 다소 어려울 수 있지만, 너무 깊게 들어가지 않을 각오로 가연이에게 활동을 제안하였다.

정확하게 각각의 의미를 이해할 수는 없지만 가연이는 신기해하는 눈빛으로 퍼즐을 맞추듯 카드배치를 시작하였다. 놀랍게도 가연이는 코치가 의도한 카드배치를 정확하게 만들어주었다.

"자세한 의미를 정확하게는 모르지만, 왠지 생각의 크기가 다른 것 같아서 이렇게 배치를 해 보았어요."
"가연이의 직관력은 샘의 청소년기를 꼭 빼닮았다. 호호!"
"샘~ 자화자찬이신 거죠!"

| 세계관 | 가치관 |
|---|---|
| 자연관 | 결혼관 |
| 우주관 | 양육관 |
| 역사관 | 직업관 |
| 국가관 | 성공관 |
| 사회관 | 행복관 |
| 인간관 | 인생관 |

진로코치는 잠깐의 시간을 주었다. 그리고 컴퓨터 사전을 활용하여 각각의 정의를 찾아 기록해 보게 하였다. 세계관의 내용은 모두 사전에 단어 풀이가 실려 있었다. 코치는 내용의 이해여부를 확인하지 않고, 가볍게 의미를 읽어보았다. 각각의 심오한 의미를 이해할 수는 없겠지만 어느 정도 다른 단어와의 차이점은 이해하는지 확인해 주었다.

| 세계관 | 가치관 |
|---|---|
| 자연관 | 자연에 대한 사고 방법<br>자연에 대한 관념이나 견해 |
| 우주관 | 천문학의 입장에서 본 우주에 관한 관찰이나 견해 |
| 역사관 | 역사가의 역사에 대한 의식<br>인간의 역사에 관한 여러 문제에 대한 견해 |
| 국가관 | 나라 또는 국가에 대한 가치관이나 태도<br>통일적인 전체로서의 국가의 목적, 의의, 성립, 형태 따위에 대하여 가지는 견해 |
| 사회관 | 통일된 전체로서의 사회에 대한 의의와 가치에 중점을 둔 견해나 주장 |
| 인간관 | 인간의 기원 본질·목적·운명 등에 관한 포괄적인 생각<br>인간을 파악하는 관점 또는 그 관념 |

## >> 생생 코칭스토리 5

문제는 가치관이었다. 가치관의 용어는 의외로 사전에 쉽게 풀어져 있는 정의가 없는 게 있었다. 양육관, 성공관, 행복관을 찾을 수 없었다. 가연이는 궁금한 마음에 코치에게 질문을 할 생각이었다. 그런데 도리어 코치가 질문을 먼저 던졌다.

"가연아, 다른 단어의 풀이를 보고, 한번 가연이가 행복관의 의미를 만들어 볼래?"

"자신이 무엇을 행복이라고 여기는지에 대한 관점이나 견해요."

"그럴싸한데! 그럼 가연이는 언제 행복하다고 생각하니, 무엇을 행복이라 생각하니?"

"글쎄요."

"그럼 성공관의 개념도 비슷한 방식으로 만들 수 있겠네?"

"당연하죠."

"그럼 나의 질문도 미리 알아차릴 수 있을까?"

"네, 제가 생각하는 성공은 무엇인지 물어보실 거였죠?"

"댓츄 롸이츄~!"

"죄송해요. 아직 잘 모르겠어요. 이런 질문을 이렇게 진지하게 받아보고 고민해 본 적이 없어요."

| 가치관 | |
|---|---|
| 결혼관 | 결혼에 대한 견해나 주장 |
| 양육관 | |
| 직업관 | 직업에 대하여 가지고 있는 일정한 관념<br>개인이나 사람이 직업에 관하여 가지고 있는 근본적인 태도나 견해 |
| 성공관 | |
| 행복관 | |
| 인생관 | 인생의 의의, 가치, 목적 따위에 대한 관점이나 견해<br>인생에 대한 전체적·통일적·직관적인 사고 방법 |

문과 이과만 결정해 달라고 찾아온 가연이는 지금 새로운 세계를 찾아가고 있다. 그런데 싫지가 않다. 아주 어려운 이야기를 최대한 쉽게 풀어주려고 노력하는 코치의 모습이 감사하다.

"바로 여기에 힌트가 있다. 무엇을 행복이라고 여기는지, 무엇을 성공이라고 여기는지가 직업관에 영향을 준다. 만약 풍족하게 먹고 누리며 사는 것을 행복이라고 여기는 사람이 있다면 이 사람의 생각하는 성공의 개념도 비슷할 것이다. 이 사람이 갖게 될 직업의 심리적, 경제적, 사회적 가치 중에 가장 큰 것은 무엇일까."

"경제적 의미가 클 것 같아요."

"이제 조금 흐름이 이해가 되니? 어때, 어렵지 않니?"

"이해가 돼요, 충분히."

## 롤모델이 가르쳐 준 깨달음

이후 가연이는 지속적으로 정교한 직업탐색을 거치면서 '경제학자'라는 직업을 희망직업으로 택하게 되었다. 가연이는 자신의 롤모델도 찾게 되었다. 바로 로버트 루카스이다. 가연이는 로버트 루카스에 대한 자료를 조사하면서 놀라운 사실을 깨달았다. 다음은 가연이가 진로카페에 남긴 글이다.

"로버트 루카스는 자신의 경제학 분야에 있어서 수학적 사고방식과 케인스 전의 전통 방식을 추구하는 경제학자로서 경제학의 발전에 지대한 공헌을 했다. 우리나라에는 이처럼 세계의 경제시장을 이끌어갈 경제학자가 존재하지 않는다는 의견이 많은데 미래에 내가 경제학 발전에 도움이 되었으면 좋겠다. 어쩌면 이것이 내가 찾아낸 직업의 사회적 가치인 것 같다."

"가연아, 경제학자가 되기 위해서, 바로 네가 말한 사회에 공헌을 세우

## 생생 코칭스토리 5

는 것을 하기 위한 걸 목표로 구체적으로 한번 로드맵을 작성해 보자. 그전에 지금까지 한 것들을 정리해 볼까? 가연이가 정말 하고 싶은 게 무엇인지."

"요즘 경제적으로 한국이 많이 위태위태하잖아요. 그런 걸 해결하고 싶어요."

"그럼, 그러한 목표를 좀더 구체적으로 써보고, 그리고 그걸 하기 위해서는 어떤 방법, 어디에 취업해서 할 수 있는지도 알아보고 정리해 볼까? 그리고 각각의 선택에 대한 직업의 의미도 따져보고."

"저의 목표는 세계의 경제위기 대비 및 해결의 이상적인 방안을 제안하고 국가 금융 기관에 도움을 주는 경제학자가 되는 거예요. 사회적으로 경제위기는 수만 명의 실업자를 낳거나 소비자들을 긴장시키는 국가상의 심각한 문제입니다. 그러므로 국가를 위해 모든 이들이 원만한 경제 상황에서 일을 할 수 있는 사회를 조성하는 데 도움이 되고 싶어요."

| | 28세 | 40세 | 58세 |
|---|---|---|---|
| 시기별 목표 | 대학원을 졸업하고 국가연구기관에 들어가서 외환위기의 대처 – 대비 방안 연구 논문 완성<br>국내에 국한되지 않는 연구를 하기 위해 해외로 나감(미국) | 40세까지 다양한 경제 연구를 하여 총체적인 나의 경제관을 담은 책 완성<br>특정 대학교의 교수가 되어 학생들을 가르침 | 교수직에서 내려와 은퇴 후 여가 생활을 즐김<br>문학소설을 씀 |
| 해야 할 공부 & 갖추어야 할 자격증 | 박사과정까지 이수한 후 분야에 대한 전문적 지식 필요<br>미국으로 나가서 생활하기 위한 능숙한 영어 실력 필요<br>미국의 문화, 사회, 정치를 전반적으로 이해해야 경제세태를 파악 가능하므로 미국에 대한 전반적인 지식. 박사 과정까지 이수한 전문가. 해외에서 연구하기 위한 특정 국가의 언어, 문화, 사회 등을 완전히 파악. 구체적으로 미국에서 유명한 경제학자(롤모델 루카스 등)을 만나 경제학을 더 배움 | 책을 완성하기 위한 연구실적, 확립된 경제관 등의 지식<br>학생들을 가르치기 위한 의사소통능력, 포용력 등 인간관계 능력 | 문학 소설을 쓰기 위한 기본적 언어학 지식<br>여가 생활(디자인) 등을 즐기기 위한 기본 지식 |

## 생생 코칭스토리 5

| 네트워크<br>(인맥) | 1. 정확한 정보를 제공 받기 위한 연구진<br>2. 경제학 분야에 대한 지식을 토론할 수 있는 경제학자 | 1. 정확한 정보를 제공 받기 위한 연구진<br>2. 경제학 분야에 대한 지식을 토론할 수 있는 경제학자<br>3. 교수로서 활동하면서 다양한 학생들 | 1. 은퇴기로서 옛친구들과 네트워크를 이루고 심 |
|---|---|---|---|
| 가장 소중한 역할 | 연구원 | 교수 | 노년기의 노인 |
| 필요한 경비 | 해외 거주비, 연구비 | 책을 발간하기 위한 출판비 | 여가생활을 즐기기 위해 준비해 둔 돈 |

"처음에는 당장 고등학교를 목표로 해서 가능한 직업이 무엇이 있을까 생각했는데 멘토링을 통해서 거꾸로 나와 잘 맞을 것 같은 장래 희망을 찾고 목표를 이루기 위한 로드맵을 그리게 되었다. 평소 무심코 지나갔던 나의 특성들을 정리하여 내가 구체적으로 어떤 사람인지도 알 수 있었고, 개인의 부와 명성보다는 사회적 기여의 소중함의 개념도 이해할 수 있었다. 비록 경제학자라는 현재의 꿈이 바뀔 수도 있지만 직업과 미래를 그리는 방법을 알게 되어 앞으로 계속 활용할 수 있을 것 같아 보람을 느낀다. 또한 구체적인 측면에서 장래를 바라보는 연습도 해야 할 것 같다."

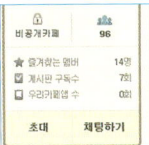

**Tip.** 롤모델 스토리 To. 가연

"경제학과에 진학하여 경제학자를 꿈꾸는 가연 학생에게 도움이 되는 최지원 선배를 소개합니다. 중학교 때부터 교지편집부에서 활동을 하고, 고등학교 때부터는 경제신문을 읽고, 경제 관련 경험을 하면서 결국에 경제학과에 진학한 선배의 롤모델 스토리입니다."

## HISTORY / HERSTORY
# ROADMAP

|  | 중등 | | | 고등 | | |
|---|---|---|---|---|---|---|
|  | 1 | 2 | 3 | 1 | 2 | 3 |
| 자율체험 활동 |  | 시화전 관람 |  |  | 수련회 | 임원활동 |
| 동아리 활동 |  | 교지 편집부 부원 | | |  |  |
| 봉사 활동 |  |  |  | 서울 어린이 병원 |  | 양로원 봉사 |
| 진로 활동 |  |  |  |  | 경제 한마당 대회 | |
|  |  |  |  |  | 경제신문 읽기 | |
| 특기 활동 |  |  |  | 스포츠 댄스 |  | 환경 미화 대회 |
|  |  |  |  |  |  | 말하기 대회 |
| 독서 활동 |  |  |  |  |  |  |

## HISTORY / HERSTORY
# 성장과정

제 유년시절 기억의 시작은 독일입니다. 4살 때 아버지의 직장 때문에 독일에서 한동안 체류했었는데, 사실 한국어도 모르는 어린 한국 여자아이인 제가 타지인 독일에서 살아가기란 쉽지 않았습니다. 게다가 소심하고 내성적인 성격 탓에 다른 친구들에 비해서 원활한 사회생활을 하지 못하기도 했습니다. 하지만 독일에서의 생활은 지금 생각해 보면 지금 저의 인성의 밑거름이 되어주었습니다. 여러 문화가 어떻게 조화를 이룰 수 있는지 직접 보았고, 낯선 곳에 놓인 사람에 대한 배려와 이해심을 기르는 값진 기회였던 것이지요. 하지만 반면에 한국인이라고 무시당하고 외면당했던 아픈 기억도 있습니다. 그래서 남들이 편견에 사로잡혀 저를 무시해도 저만큼은 다른 사람을 절대 무시하지 않기로 굳게 다짐했습니다. 저는 무시당했을 때의 그 상처와 서러움을 누구보다도 잘 알고 있기 때문입니다.

그때의 다짐이 지금까지 이어져 저의 진로계획에도 크나큰 영향을 미쳤습니다. 저의 꿈은 다문화가정이나 새터민 등 사회적 약자를 변호하는 인권 변호사가 되는 것입니다. 제가 감히 그들의 모든 것을 안다고 할 수 없지만, 적어도 그들이 타지에서 차별과 무시를 받으면서 느끼는 애석함을 알면 공감할 수 있기 때문입니다. 제가 설계한 진로를 향해 조금씩 다가설 수 있는 여러 활동을 하고 있는데요, 그 중 하나가 외국인 학생에게 언어도우미가 되어주는 것입니다. 언어도우미란 말 그대로 언어공부를 도와주는 자원봉사자를 뜻합니다. 한국에 거주하는, 혹은 단기연수 온 학생에게 한국어를 가르쳐주고, 한국의 명소들을 관광하면서 한국문화도 가르쳐주는 활동을 하는 것이 제 임무입니다. 독일에서 언어장벽 때문에 고심이 많았던 저이기에 선뜻 이런 활동에 나설 수 있었습니다. 저는 외국어를 잘하는 편이 아니지만 외국인 친구들과 비교적 친하게 지내는 편입니다. 그래서 주변 사람들이 외국인을 마치 동기생과 대화하듯 쉽게 친해지는 저를 신기해하는데, 아마도 독일에서의 다사다난한 사건을 겪으며 느낀 바가 많았기 때문이라고 생각합니다.

Tip. 롤모델 스토리 To.가연

# HISTORY / HERSTORY
# 성공전략

### 학생부 성적은 언제나 중요하다

내신 성적의 의미는 아무리 강조해도 지나치지 않습니다. 최지원 학생은 고등학교 시절 다양한 분야의 대내·외 활동에 참여하면서도 언제나 내신 시험의 중요성을 잊지 않았습니다. 최지원 학생은 평소에 선생님의 수업에 집중하였으며 예습과 복습을 철저히 하고 모르는 것은 적극적으로 선생님에게 질문하면서 내신 시험을 철저하게 대비하였습니다. 그 결과 최지원 학생은 거의 전 과목의 성적을 1등급으로 유지할 수 있었고 자연히 높은 성적을 바탕으로 학생부 중심 수시모집 전형을 준비할 수 있었습니다. 결국 최지원 학생은 고려대학교에 학생부 우수자 전형으로 합격할 수 있었습니다. 입학사정관 제도가 확대된다고 해도 학생부 성적의 중요성은 여전히 높습니다. 같은 학교, 같은 학과에 지원하는 학생들의 활동 포트폴리오는 대부분 큰 차이를 보이지 않기 때문에 마지막 당락을 가르는 요소는 다시 결국 학생부 성적이 되는 것이지요. 따라서 저학년 때부터 철저하게 내신 성적을 관리하는 것이 입시 성패를 결정하게 됩니다.

### 전공 관련 역량을 미리 쌓다

최지원 학생은 고등학교 때부터 꾸준히 경제학과에 진학하기 위한 준비를 해 왔습니다. 처음에는 단순히 학교에서 배우는 내용 외의 지식을 쌓고 싶어 신문의 경제, 사회면 읽기로부터 시작하여, 또 고등학교 2학년 때는 KDI 경제한마당 대회를 준비하고 도전하면서 최지원 학생은 경제학 관련 역량을 미리부터 쌓을 수 있었습니다. 신문에서 쉽게 풀어 쓴 경제 기사나 칼럼을 찾아 읽으면서 최지원 학생은 세상을 보는 자신만의 눈을 만들어 갔으며 이는 논·구술에도 큰 도움이 되었습니다. 특히 최지원 학생은 전국 10,000명이 넘는 참가자들과 함께 KDI 경제 한마당 시험을 치르면서 학문적으로만이 아니라 내적으로도 크게 성장할 수 있었습니다.

**PORTFOLIO STORY | 자율체험활동 1**

# 2학년 수련회

### 커다란 도전의 장이 된 수련 활동

학생이라면 누구나 참가하는 평범한 수련회가 저에게는 잊을 수 없는 특별한 경험인 이유가 있습니다. 수련활동 첫날, 저는 훈련을 받다가 발목부상을 입었습니다. 의사선생님과 학교선생님께서는 안정을 위해 귀가할 것을 권고하셨습니다. 하지만 저는 수련회의 의미를 말 그대로 제 자신의 인내심을 수련하는 기회로 삼고 싶었습니다. 더욱이 집에 돌아가고 나서의 아쉬움과 허탈함을 생각하니, 힘이 닿는 대로 수련활동을 해야겠다는 생각이 들었습니다. 물론 깁스를 한 다리를 이끌고 돌아다니는 것조차 힘겨웠고, 일행에서 뒤처질 때에는 눈물도 나려고 했습니다. 다행히 선생님과 친구들의 도움으로 무사히 수련과정을 밟았고, 후반부에는 나름대로 요령과 적응력이 생겨 혼자서도 걸을 수 있었습니다. 처음부터 저의 한계를 속단하고 포기하려 했다면 무척 후회했을 것입니다. 수련활동은 저에게는 하나의 커다란 도전의 장이었습니다. 이 경험을 계기로 저는 더 이상 도전을 두려워하지 않고, 저의 역량에 한계점을 두지 않는 자신감을 가지게 되었습니다.

응급실까지 실려간 상황에서 많이 아프고 힘든데다 서럽기까지 했습니다. 집에서 안정이 필요하다는 의사선생님의 말에 옆의 친구가 이 참에 쉬는 게 좋겠다고 얘기할 정도로 수련회 자체가 힘들었기에 잠깐은 고민하기도 했지만 제 나름대로는 단순히 소통에 목적을 두는 형식적인 수련회 참여가 아니라 실제로 모든 활동에 참여하는 정말 '수련'하는 수련회로 이번 기회를 삼기로 결심했습니다. 사실 자세한 사정을 모른다면 흔하디 흔한 수련회에 다녀온 일이 뭐가 그리 대단한 경험이 될 수 있느냐고 얘기할 지도 모릅니다. 하지만 제 자신에게는 신체적으로 닥친 어려움에 역발상적인 아이디어로 대응하여 그 어떤 활동 이상으로 큰 의미와 깨달음을 준 소중한 체험이었습니다.

> **코멘트** 사실 각종 수련회는 누구나 흔히 경험하는 활동입니다. 하지만 일상적인 경험 속에서 최지원 학생은 자신만의 깨달음을 발견해 가는 차별성을 보여주고 있습니다. 몸이 아프고 힘들었기에 회피하고 싶은 일정이지만 어린 나이임에도 불구하고 자신의 어려움을 넘어 끝까지 참여하고자 하는 인내로 수련회라는 형식적이 될 수 있는 행사를 실제 몸과 마음을 수련하는 기회로 삼은 것입니다. 이처럼 같은 것을 보고 경험하더라도 개성적인 발상과 사고로 역량의 발전을 꾀할 수 있는 인재는 평가자들에게 어떤 상황에서든 훌륭하게 성장할 수 있는 좋은 인재로 인식될 수 있습니다. 여러분도 어떤 활동을 통해 무엇을 배웠다는 단조로운 경험담을 넘어서는 창조적 교훈을 이야기할 수 있도록 깊이 생각해 보기를 바랍니다.

Tip. **롤모델 스토리** To.가연

**PORTFOLIO STORY** | 자율체험활동 2
# 시화전 관람

### 당돌한 중학생의 쾌거

중학교 때 교지 편집부 활동을 하면서 저는 기사를 쓰기 위한 목적으로 시화전 관람을 계획하였습니다. 마침 인사동 아트센터에서 정호승 시인과 박항률 화백의 전시회가 열리고 있다는 얘기에 한달음에 달려가 감상 겸 취재를 하게 되었습니다. 전시는 박항률 화백의 그림에 정호승 시인이 시를 곁들인 시화전이었는데 고등학교 문학 시간에도 자주 언급되는 정호승 시인인지라 그분에 대한 설렘과 기대를 가득 안고 작품들을 세심하게 감상하고, 또 작가와의 인터뷰에도 참여하였습니다. 역시나 기대에 어긋나지 않게 직접 작품을 감상하고, 또 시인과의 대화를 나눠 보니 그분의 시에서 느껴지는 잔잔하고 여운을 남기는 감성적 이미지를 그대로 읽어낼 수 있었습니다.

워낙 유명한 분들인지라 작가와의 인터뷰는 인산인해를 이뤘고 전문 기자들도 많이 참석하였습니다. 그런 자리임에도 저는 제 감상과 궁금증, 또 취재라는 목적을 달성하기 위해 작품 속에 담긴 시인의 메시지에 대하여 적극적으로 여쭤보았습니다. 기자도 아닌 중학생이 당돌하게 질문한 터라 당황하셨을 법도 하지만 정호승 시인께서는 친절한 태도로 성의껏 대답해 주셨고 덕분에 저는 그 자리에서 가장 관심을 받는 인터뷰어가 되는 기분 좋은 경험을 할 수 있었습니다. 저의 질문에 대한 시인의 답변 내용뿐만 아니라 직접 인터뷰를 하여 주목을 받은 재미있는 에피소드까지 기사로 작성하여 학교 교지에 싣게 되었고 훌륭한 기사로 관심을 받을 수 있었습니다. 낯설고 부담스러운 상황임에도 적극적으로 임하여 제가 원하는 소기의 성과를 얻어낸 경험은 이후에도 제 적극성과 자신감의 큰 바탕이 되었던 것 같습니다.

> **코멘트** 적극성과 진취적인 자세는 성공하는 사람들의 가장 기본적인 덕목이라고 할 수 있습니다. 최지원 학생은 어린 나이임에도 불구하고 성인들과 전문 기자들이 대거 참여한 인터뷰에서도 자신이 궁금한 바에 대해 적극적으로 의견을 개진하고 답변을 듣는 적극적이고 진취적인 마인드로 훌륭한 기사를 작성해 내는 모습을 보여줍니다. 이와 같은 적극적인 자세야말로 사소한 경험을 통해서도 큰 교훈을 이끌어 내 자신감을 키우는 밑바탕이 된다고 할 수 있습니다. 여러분도 주변의 어떤 활동에도 자기 주도적이고 진취적으로 접근하여 만족할 만한 성과를 거두는 연습을 해 보기 바랍니다. 그와 같은 경험이 누적된다면 입시의 과정에 있어서도 성공적인 결과를 이끌어 낼 수 있을 것입니다.

경제학과 선배의 진로진학 전과정 롤모델 스토리

**PORTFOLIO STORY | 자율체험활동 3**

# 임원 활동

### 리더의 덕목을 익히다

입시준비 때문에 삭막하고 힘들어질 수 있는 고3 시기를, 저는 보다 많은 사람들과 대면하며 배려와 이해심을 기르고 싶어서 임원활동을 하게 되었습니다. 임원활동을 통해 제게 있던 가장 큰 학교생활의 변화는 모든 친구들의 말에 귀 기울이게 되었다는 것입니다. 예전의 저는 저와 취미나 사고방식이 비슷한 친구들과 주로 사귀어왔습니다. 하지만 임원활동을 할 때에는 모든 급우들과 일일이 대화를 하며, 다양한 가치관과 삶의 방식을 알게 되고 배우게 되었습니다. 그러면서 저와 다른 많은 것들을 보다 여유와 이해심을 가지고 받아들이게 되었습니다. 저는 리더로서의 회장이기보다, 저의 명랑성과 적극성을 살려서 활력소 같은 회장이 되기 위해 노력하였습니다. 권위적인 회장이 아닌, 항상 뒤에서 도와주는 회장이 되기 위해 노력했습니다. 작은 학급을 통해, 더 넓은 사회로 도약하는 법을 배운 것입니다.

물론 고3이라는 시기의 특성상 모두들 시간이 부족했고, 그런 면에서 역할을 분담하는데 어려움이 많았습니다. 다들 바쁜데 누구는 하고, 누구는 안 한다는 감정싸움이 심해졌고 부반장이었던 친구가 임원활동을 스펙으로만 생각하는 불성실한 측면이 있어서 학급을 이끄는 리더십을 발휘하기가 좀처럼 쉽진 않았습니다. 결국 제가 공부하고 학원가는 시간을 조금 희생하더라도 더 많이 일하는 쪽으로 마음을 정리하면서 조금 다툼도 있었지만 잘 설득하고 협력해서 이끌어갈 수 있었습니다. 힘든 시간을 거치면서 의사표현을 확실하게 하고, 활발한 커뮤니케이션을 통해 할 수 있는 일과 할 수 없는 일을 명확히 구분하는 것이 성공적인 업무 수행의 지름길이라는 사실을 몸으로 익힐 수 있었습니다. 또한 부반장이었던 친구와도 치열하게 고민하고 다투기도 했지만 오히려 더 좋은 관계로 발전하여 대외적으로는 손발이 참 잘 맞는 파트너라는 평가를 받기도 하였습니다. 의견 수렴과 원활한 커뮤니케이션이 리더의 최우선적 덕목임을 배울 수 있었던 임원활동이었던 것 같습니다.

> **코멘트** 최지원 학생은 학급 임원으로 활동하면서, 의견의 수렴과 원활한 커뮤니케이션이 훌륭한 리더가 되기 위한 첫걸음이 된다는 점을 배웠다고 이야기합니다. 이런 경험은 어떤 진로, 어떤 학과를 희망하든지 자신의 발전적인 미래를 위한 소중한 자산이 됩니다. 모든 집단에서 전체를 대표하고 이끌어가는 리더의 자리는 매우 중요하기 때문입니다. 그러므로 입학사정관제에서 주목할 만한 활동내역이 바로 교내 임원으로 활동한 이력입니다. 내가 만약 어떤 것의 대표를 맡아서 주도적으로 활동한 사항이 있다면, 자신의 능력을 대변해 줄 수 있는 좋은 비교과로 쓰일 수 있습니다. 어떤 일을 하든지 사람과의 커뮤니케이션, 그리고 어떤 일을 주도하는 역할을 맡아 본 사람의 역량은 좋은 영향을 미치기 때문에 그러한 기회가 주어진다면 반드시 도전해 보기 바랍니다.

**Tip.** 롤모델 스토리 To.가연

## PORTFOLIO STORY | 자율 체험 활동 4
# 독일 생활

**적극적인 아이로의 변화**

저는 4살 때, 아버지의 직장 때문에 독일로 이사가게 되면서 유년시절을 독일에서 보냈습니다. 한국어도 기억 못 하는 어린 나이에 외국에 나가서 생활하게 된 데다, 원래 소심하고 내성적인 성격이었기에 유년기의 독일 적응기는 쉽지만은 않았습니다. 언어와 성격의 문제란 어린 아이들의 세계에서 결정적인 부분이었고 원활한 어울림을 방해하는 큰 장애물이었기 때문입니다. 하지만 독일에서 겪었던 어려움과 고민들은 지금의 제가 인격적으로 성숙한 사람이 되고자 하는 의지를 다지게 하는 소중한 자산이 되었던 것 같습니다. 낯선 한국인이었기에 받았던 무시와 차별의 아픔을 기억하기에 역지사지의 마음으로 낯선 환경을 접하고 힘들어하는 사람들에 대한 배려와 이해심을 기를 수 있었고, 여러 문화가 어떻게 조화를 이루며 살아가야 하는지에 대한 가치관도 정립하였습니다. 특히 무시당할 때의 상처와 서러움을 너무도 잘 알기에 제가 성장하여 어떤 위치에 서게 되든지 타인을 함부로 무시하지 않아야겠다고 결심하였습니다.

당시에 외국인 이민자가 자기 나라의 문화를 소개하는 프로그램에 참가해서 그 동네의 주민들에게 우리 나라의 문화를 소개하는 기회를 갖게 되었습니다. 한복을 예쁘게 차려 입고 사람들 앞에 서 서예, 송편 만들기, 제기 차기 등의 여러 가지 우리 문화를 소개해 주자, 그곳의 친구들이 저를 대하는 태도가 많이 바뀌었던 기억이 납니다. 그렇게 아이들의 관심을 받게 되자 풀이 죽어 있고, 내성적이던 성격에서 탈피할 수 있었고, 그러한 관심 속에서 거짓말처럼 적극적이고 자신감 있는 성격으로 바뀌기 시작했습니다. 차별을 넘어서 자존감을 키워나간 그 순간이 제 인생의 전환점이 아닐까 합니다.

**코멘트** 경험은 돈으로도 살 수 없는 소중한 재산이라고들 합니다. 특히 어린 나이에 남과 다른 환경을 접해 봤다는 사실은 자기 자신의 개인적 성숙을 위해서도 도움이 될 뿐 아니라 입시에서 자기 자신만의 스토리를 갖게 해 주는 플러스 요인이 됩니다. 최지원 학생은 어린 시절 가족의 사정으로 인해 겪어야 했던 독일 생활에서 많은 어려움을 겪었지만 그것을 극복하는 과정에서 타인에 대한 배려와 이해심, 문화적 차이의 인식과 극복 등 자신의 가치관을 정립하는 계기로 삼았다고 이야기합니다. 힘든 과정을 극복하고 그것을 자신을 살찌우는 경험으로 내면화하는 과정은 누구에게나 감동을 주는 서사가 될 수 있습니다. 여러분도 여러분만의 차별화된 경험이 있다면 그것을 통해 자신이 무엇을 배웠으며, 어떤 장점으로 활용될 수 있는지를 고민해 보기 바랍니다.

경제학과 선배의 진로진학 전과정 롤모델 스토리

## PORTFOLIO STORY | 동아리 활동 1
# 교지 편집부 활동

### 다른 각도에서 생각하는 연습

고등학교 때는 특별히 동아리 활동에 시간을 할애하지 않았지만 중학교 때 교지 편집부 활동을 열심히 했던 기억이 아직도 납니다. 주요 임무는 월간으로 발행되는 학교 신문과 연간으로 발행되는 교지를 만드는 작업이었습니다. 동아리 활동에 큰 의미를 두지 않고 있다가 2학년 국어 시간에 선생님의 권유로 편집부에 가입하게 되면서 본격적으로 동아리 활동의 즐거움을 느끼게 되었습니다. 직접 취재를 하고 편집과 교정에도 직접 참여하면서 우리들의 노력으로 인쇄되고 출간되는 하나의 결과물이 탄생한다는 뿌듯함이 컸습니다. 편집부 친구들과도 오랜 시간을 함께 일하다 보니 가족처럼 친근한 분위기 속에서 즐겁게 활동할 수 있었습니다.

편집부 활동을 하면서 여러 활동들을 하였고, 그것들은 각각 다양한 의미로 저에게 다가왔습니다. 그 중에서도 제게 가장 인상적이었던 것은 일상의 모든 일들에 저만의 의미를 부여하고, 진지하게 모든 것들을 대하게 되었다는 사실입니다. 이를테면 그냥 심심풀이로 보던 영화도 편집부원이라는 자각을 통해 보다 깊이 있게 보고, 나름대로 철학적으로 분석하여 감상평이라도 작성하게 되었습니다. 책이든, 신문 기사든, 전시나 공연이든 이전까지라면 그냥 즐기면서 흘려 보냈을 스쳐가는 경험들조차 한 번 더 생각하고, 나에게, 우리에게 어떤 의미를 주는 지를 고민해 보고 기록하는 습관이 생겼습니다. 또한 사소한 것들에 대한 애정만큼이나 내 곁에 함께하는 사람들의 소중함을 느낄 수 있었기에 책임감과 협동심의 가치에 대해서도 진지하게 고민하는 시간이 되었던 것 같습니다.

**코멘트** 학창 시절을 구성하는 커다란 요소 중의 하나가 바로 동아리 활동입니다. 단순히 공부를 하는 공간으로서의 학교 자체가 아니라 자신이 흥미를 갖고 원하는 분야에 대해 더욱 깊이 있는 경험을 할 수 있는 동아리 활동은 자신의 입시 포트폴리오에도 영향을 미칠 수 있습니다. 최지원 학생은 자신이 관심을 갖고 있던 편집부라는 공동체 활동을 3년간 하면서 책임감과 협동심의 가치에 대해 배우고 사회성을 함양하는 기회를 가질 수 있었습니다. 최지원 학생이 일상의 작은 경험들을 그냥 지나치지 않고 분석하고 기록하며 비판적 사고를 함양해 나갔다는 점은 깊이 있는 대학에서의 학문을 받아들일 자질이 되는지를 중점적으로 평가하는 대입 평가에서 강력한 장점으로 작용하였을 것입니다. 동아리 활동을 하면서 자신만의 차별화될 수 있는 활동기록을 보여줄 수 있도록 노력해 보기를 바랍니다.

Tip. 롤모델 스토리 To.가연

## PORTFOLIO STORY | 봉사활동 1
# 서울 어린이 병원 봉사

**감사하고 만족하는 삶을 배우다**

아무리 풍족하고 완벽한 조건을 가진 사람이라고 하더라도 자신이 가진 것에 온전히 만족하는 사람은 없을 것입니다. 저도 예외는 아니어서 금전적인 여유가 없는 것 같은 집안 환경이 안타깝고, 저의 외모에 대해서도 종종 불만을 느끼곤 하였습니다. 하지만 어머니의 권유로 서울 시립 어린이 병원에 봉사활동을 다녀 온 후 제 자신과 제가 가진 것을 대하는 저의 태도는 많은 변화를 겪게 되었습니다.

병원의 아이들은 주로 소아마비나 뇌성마비 환자들인데, 대부분 부모에게 버림받은 무의탁 아동들이라고 합니다. 신체적, 정신적 고통을 견디며 생활하기에 외견상으로는 6~7세의 아이라고 보여지지만 프로필을 확인하니 20세 정도인 성인들도 많이 있었습니다. 바깥 활동을 못하고 영양 상태도 좋지 않아 그렇게 왜소할 수 밖에 없었다는 얘기를 듣고 많은 충격을 받았습니다. 따가운 햇볕 속에서 마음껏 활동하면서도 그것의 소중함을 모른 채 짜증을 부렸고, 건강하게 자랐기에 통통한 몸매에 열등감마저 가졌던 제 자신에 대한 부끄러움이 밀려왔습니다. 제게는 너무도 당연한 것이어서 불만족스러웠던 많은 것들이 어떤 사람들에게는 간절히 바라면서도 누릴 수 없는 축복과도 같은 것이었음을 망각한 채 살아왔다는 깨달음은 제 마음에 큰 변화를 불러일으켰습니다. 주어진 것에 감사하고 만족할 줄 아는 여유를 가지는 것, 그리고 자신이 가진 것들을 가치 있게 나누는 삶을 제 신조로 삼게 된 값진 체험이었습니다.

> **코멘트** 인간 문명이 발전하는 원동력은 끊임없이 보다 나은 것을 추구하는 우리들의 욕망 때문일 것입니다. 하지만 우리가 가진 것들에 대한 반성과 감사가 수반되지 않은 무분별한 욕심은 이미 가진 것들조차 망쳐버리는 부작용이 발생할 수 있기에 진보에는 발전적 사고가 함께해야 하는 것 또한 분명합니다. 최지원 학생은 몸이 불편한 무의탁 아동들을 돌보는 어린이 병원 봉사활동을 통해 자신에게 주어진 것들에 항상 불만족했던 자신을 반성하고 감사하며 만족할 줄 아는 여유를 배울 수 있었습니다. 이를 바탕으로 자신이 가진 것들을 가치 있게 나누는 삶을 꿈꾸고 있습니다. 개인의 안위에만 치중하지 않고 자신의 재능을 나누고자 하는 인격과 사회성을 지닌 인재는 입학사정관들에게 긍정적으로 어필할 수 있는 준비된 합격자일 것입니다.

경제학과 선배의 진로진학 전과정 롤모델 스토리

## PORTFOLIO STORY | 봉사활동 2
# 양로원 봉사

### 살가운 손녀가 되어 본 시간

고3 때 인근 양로원에 봉사활동을 다닌 적이 있습니다. 사실 봉사활동 시간을 채우기 위해서라는 마음으로 방문한 것이었지만 실제로 봉사를 경험하며 많은 것들을 느끼고 배울 수 있었습니다. 처음에는 양로원 잡초 뽑기 같은 간단하고 사소한 일부터 시작해서 점차 목욕을 도와드리고 말동무도 되어드리는 등 어르신 분들과 함께하는 시간을 가지게 되었습니다. 사실 저희가 느끼기에는 말동무가 되어드린다는 것이 참 사소한 일처럼 보이지만 그분들에게 있어서는 적지 않은 의미를 가지는 시간이라는 것을 느낄 수 있었습니다. 한참 어린 저희들과 대화하면서 이런저런 각자의 사연들로 이야기 꽃을 피우며 어린이처럼 즐거워하시는 그분들의 모습을 볼 때면 왠지 가슴이 먹먹해져 오곤 했습니다.

젊은 시절 장교였던 정정한 어르신, 그 옛날 여성 여행 가이드였다고 자랑하시던 유쾌한 할머님, 자식들에게 버림받은 가슴 아픈 사연을 묻고 살아가시는 어르신 등 젊은 날의 추억 보따리를 풀어놓으시는 모습은 보람 이전에 제게도 즐거운 시간들이었습니다. 과거의 빛나던 추억과는 달리 너무나 무료한 현재를 살아가고 계시는 어르신들에게는 젊은 날의 추억들을 저희 같은 젊은이들과 함께 공유한다는 것만으로도 힘이 되고 위안이 된다는 사실을 체험하면서 참 보람된 체험이라는 생각을 많이 했습니다. 또한 언젠가 그분들의 나이가 되실 저희 부모님께서도 추억을 벗삼아 생활하는 무료한 시절이 올 것이라는 생각에 남일 같지 않았고, 그때가 되면 제가 더 잘해 드리리라 결심도 하게 되었습니다. 시작은 의무감으로 나섰지만 단기간임에도 뜻 깊고 값진 교훈을 얻었기에, 수능이 임박해서 더 나갈 수 없어지자 너무나도 아쉽고 안타까웠을 정도로 제게는 소중한 경험이었습니다.

> **코멘트** 많은 학생들이 봉사를, 단순히 주어진 시간을 채우기 위한 일회적인 이벤트로 생각합니다. 최지원 학생 또한 자신이 처음 양로원 봉사에 나설 때 크게 다르지 않은 마음가짐이었음을 고백하지만, 즐거워하는 어르신들의 모습을 통해서 생각에 많은 변화를 가지게 되었다고 이야기합니다. 사실 시간 채우기로 한번씩 왔다가는 어린 학생들의 방문이 양로원과 같은 곳에 계시는 분들에게는 오히려 번거로운 일일 수도 있음에도 그 분들의 천진한 유쾌함이 최지원 학생의 마음을 열고 진심을 이끌어낸 것입니다. 마찬가지로 봉사활동에 나서는 여러분들이 조금씩만 더 마음을 열고 존중 어린 진심을 나누어 드릴 마음의 준비가 되어 있다면 그 곳에서 만나게 될 사람들에게나, 봉사활동에 나선 자신에게나 단지 의례적인 만남이 아닌 뜻 깊은 시간이 될 수 있을 것입니다.

Tip. 롤모델 스토리 To.가연

**PORTFOLIO STORY | 진로 활동 1**
# 경제 신문 읽기

### 신문을 통한 교양 쌓기

학교 공부 이외에 저는 개인적으로 조선일보, 동아일보 등 주요 일간지 경제면에 청소년들을 위해 쉽게 풀어 쓴 경제 기사들을 꾸준히 정독하고 관심 가는 기사들은 스크랩해서 정리하곤 했습니다. 경제와 관련된 칼럼들도 마찬가지로 많이 찾아 읽었으며 둘 다 배경 지식 향상에 많은 도움이 되었다고 생각합니다. 서브프라임 모기지 사태나 리먼브라더스 파산과 관련된 기사를 읽으면서 이런 엄청난 경제적 사건이 발생했음에도 고등학생들은 그런 이슈와 문제들에 대해 잘 모르고 큰 관심이 없다는 생각에 놀랐던 기억이 아직도 생생합니다. 경제에 대한 깊은 관심을 갖게 해 준 고마운 습관이었고, 저의 발전에도 많은 도움이 되었습니다.

당시에 고려대학교 심관호 교수님이 칼럼을 많이 기고하셨고 관심 있는 내용이 많아 스크랩도 많이 했었습니다. 입학 후에 실제로 교수님을 뵙게 되니 괜히 매우 친근한 느낌이 들어서 재미있었습니다. 중국의 경제적 부상과 함께 한국이 샌드위치 상황에 처해 있다는 내용의 칼럼을 읽었는데 어떻게 이렇게 쉽게 조목조목 글을 잘 쓰시나 하고 놀라워하면서 고려대 경제학과에 지원해서 배우고 싶다는 생각을 하던 기억이 아직도 납니다. 입학 후에 술자리가 있어 많은 대화를 나누면서 작은 소망을 이룬 듯한 기분에 나름 뿌듯함을 느낄 수 있었습니다.

신문을 읽으라는 얘기는 수험생들에게 익숙한 이야기지만 사실 시간은 없고 지면은 많아 막막한 기분이 들기도 합니다. 하지만 사설과 칼럼에만 집중해도 분량에 대한 부담 없이 웬만한 시사 상식은 습득이 가능하다고 생각합니다. 특히 사설이나 칼럼은 필자의 주장이 들어 있기에 일반 기사보다 훨씬 재미있기도 합니다. 그런 식으로 차츰 읽는 지면을 넓혀 나가는 것이 중요하며 저 역시 이를 통해 경제뿐 아니라 정치, 사회 전반에 대한 지식들을 많이 습득하고 시야를 넓힐 수 있었습니다.

**코멘트** 많은 학생들이 알고 있음에도 놓치고 지나가는 부분 중에 하나는 바로 신문 읽기의 중요성입니다. 각종 시사 상식은 물론이고 사회, 정치, 경제, 문화에 대한 다양한 기사와 칼럼, 논평이 존재하기에 신문을 읽는다는 것은 우리 사회를 읽는 것에 다름 아닙니다. 또한 신문의 기사는 정제된 문장과 논조로 쓰여지기에 학생들이 논리력과 사고력을 익히는 데에도 안성맞춤입니다. 최지원 학생은 평소 자신이 관심 있는 분야인 경제에 대한 기사와 칼럼을 중심으로 신문읽기를 생활화하여 전반적인 배경지식을 습득하고 자신의 시야를 넓혀 나가는 발판으로 삼았습니다. 바쁘다는 이유로 신문을 외면하지 말고, 본인에게 흥미가 가는 분야의 기사와 사설, 칼럼을 위주로 꾸준히 신문을 읽고 생각을 정리하는 습관을 길러본다면 후에 논술이나 면접을 준비하는 과정에 있어서도 많은 도움이 될 것입니다.

경제학과 선배의 진로진학 전과정 롤모델 스토리

**PORTFOLIO STORY | 진로 활동 2**
# 경제 한 마당 대회

### 역량을 객관화하고 자신감을 얻다

제가 고등학교 2학년에 재학하던 시기는, 미국의 서브프라임 모기지 사태가 도화선이 되어 국제적 경기가 불안정했던 상태였습니다. 양산되는 실업자, 오르는 물가 등을 보며, 저는 제가 학과수업을 통해 배운 것 이상의 경제와 사회의 연결고리를 심도 있게 공부하고 싶었습니다. 또한 막연한 국부정책보다 분배정책에 관심이 있던 저는 당시 한창 화두였던 예산수립을 새로운 시각으로 조명하고 싶었습니다. 제가 경제공부를 하며 가장 놀라웠던 사실은 사회의 모든 구성요소들이 보이지 않는 끈으로 연결되어 있다는 것이었습니다. 특히, 경제학에서의 승수효과개념을 통해, 정부의 작은 재정정책이 국가 전체, 사회 모든 방면의 부흥을 결정할 수 있다는 사실이 저에게 신선한 충격을 주었습니다. 경제는 단일한 학문으로 국한된 것이 아닌, 모든 사회현상과 긴밀한 상관관계를 갖는다는 것을 알고 난 후, 저는 사회를 간 학문적인 관점에서 조명하게 되었습니다. 그리고 아주 미미하고 사소해 보이는 것에도 깊은 주의를 기울이게 되었습니다.

경제 한마당 대회는 한국 경제개발연구원에서 매년 개최하는 행사로 규모도 상당하고 매년 참가자 수가 기하급수적으로 늘어나 경제에 관심 있는 학생들이 많이 참가하는 권위 있는 대회입니다. 평소 경제에 대한 관심도 많고 개인적으로 공부해 왔지만 대회를 위해 단기간에 빡빡한 준비를 하는 것이 쉽지만은 않았습니다. 1, 2년 동안 준비해도 수월치 않은 수준이었지만 대외활동에 참가해 다른 학교 애들과 경쟁해 보고 싶다는 마음에 지원하게 되었습니다. 한 달 정도를 완전히 매진해서 준비하고 시험을 치렀습니다. 부족한 준비기간 때문인지 입상은 실패했지만 그래도 상위 10% 내에 들어가는 성과를 거두었습니다. 이를 통해 아무리 급박하고 어려운 상황이어도 도전하면 가능하다는, 뿌듯함을 느낄 수 있었고, 그와는 반대로 논리정연하고 일목요연한 글을 작성하는 기술이 아직은 부족하다는 것을 대회를 통해 확인하였습니다.

**코멘트▶** 입학사정관제가 본격적으로 시행되면서 지원자들의 관심과 역량을 보여줄 수 있는 다양한 대회참가 경력 또한 주목 받고 있습니다. 본인이 지원하고자 하는 학과와 연계되거나 진로와 연관되는 대회에 주도적으로 참가한 경력은 단순히 입상 여부를 떠나 자신만의 스토리를 만들어가는 데 큰 도움이 됩니다. 최지원 학생 또한 경제학과에 지원하고자 했기에 평소 관심을 가지고 공부해 왔던 경제 지식을 측정해 볼 수 있는 경제 한마당 대회에 참가하여 자신의 실력을 겨루어보고자 준비하는 과정에서 많은 것들을 얻을 수 있었음을 이야기하고 있습니다. 집중하여 준비하는 과정에서 역량을 확인하고 자신감을 얻게 되는 경험은 수상 이상의 가치를 가지는 발전적인 자극이 됨을 기억하면서 여러분도 자신의 능력을 갈고 닦으며 뽐낼 수 있는 다양한 대회에 도전해 보기 바랍니다.

Tip. 롤모델 스토리 To. 가연

**PORTFOLIO STORY | 특기 활동 1**

# 건전한 통일 안보관 확립
# 청소년 자기 주장 말하기 대회

## 뜻밖에 배운 도움과 협력의 법칙

평소에 낭랑한 목소리와 발표력을 가졌다는 이야기를 듣곤 하던 저는 발표대회 소식에 귀가 솔깃했습니다. 발표 주제 또한 제가 관심이 많은 통일 안보관 확립이었기 때문에 기꺼이 참가하게 되었습니다. 그런데 뜻밖에도 급우들은 자기들이 도와주겠노라며 자기들 앞에서 직접 연습을 해보라고 하였습니다. 그러면서 어색하거나 부족한 부분은 청자로서 몇 번이고 직접 수정해 주는 것이었습니다. 처음 뵙는 선생님들께서도 격려해주시고 악수까지 해주셨습니다. 모두의 협력에 힘입어, 저는 서울시 대회 은상 수상이라는 만족할만한 성과를 거두었습니다. 사회는 변화무쌍한 현상들로 가득하지만, 그 속에는 일정한 법칙이 내재합니다. 이 경험을 통해, 저는 어떤 일을 이루기 위해서는 자신 하나만이 아닌 여러 사람의 도움과 협력이 필요하다는 사회적 법칙을 몸소 깨닫게 되었습니다.

수상에 대한 특별한 감회보다도 사실 저는 대회를 준비하고 출전하는 일련의 과정 자체가 큰 의미이자 감동이었습니다. 혼자만의 성과가 아니라 도와준 모든 친구들과 함께 누릴 수 있는 기쁨이 되었다는 사실이 더 뿌듯했습니다. 금상을 받은 학생은 새터민(탈북자) 학생이었습니다. 자신의 체험에 근거해 설득력 있게 이야기를 풀어가는 이 학생을 보면서 막연한 의견 피력보다 몸소 체험한 것을 설득력 있게 풀어나가는 것이 가장 중요하다는 사실을 느낄 수 있었습니다. 같은 맥락에서 책만 읽고 말하는 것을 벗어나 직접 경험한 얘기를 자신의 목소리로 담아내는 것을 고민하게 되었습니다. 또한 원만한 교우관계를 가진 새터민 친구들을 보면서 그들도 우리와 다를 바 없는 사람들이라는 사실을 깨닫고 새터민을 바라보는 시각이 많이 바뀌기도 했습니다.

**코멘트** 자신의 생각을 논리적으로 정리하고 조리 있게 표현하는 능력은 대학에서뿐만 아니라 차후에 사회 생활을 함에 있어서도 필수적으로 요구되는 자질입니다. 할 일을 열심히 하는 것 이상으로 자신의 성취를 정리하고 포장하여 많은 사람에게 어필해야 할 필요성이 점점 더 대두되고 있기 때문입니다. 최지원 학생은 자신의 발표력에 대한 자신감을 바탕으로 말하기 대회에 출전하여 은상을 수상하는 성과를 거두면서 그와 같은 능력을 지닌 인재라는 사실을 효과적으로 증명해 보이고 있습니다. 또한 대회를 준비하는 과정에서 주변 친구들의 도움에서 성공을 위해서는 자기의 능력 이상으로 여러 사람들의 도움과 협력이 필요하다는 성숙한 깨달음을 덤으로 얻었다고 말합니다. 이와 같은 감회는 평가관들이 대회에서의 성과 이상으로 학생의 인성까지 높이 평가할 수 있는 의미 있는 스토리가 되었다고 생각됩니다.

## PORTFOLIO STORY | 특기 활동 2
# 스포츠 댄스

### 도전과 성취의 즐거움

고등학교 때 체력 관리를 하기 위해서 나름대로 즐길 수 있는 운동을 찾던 중 우연한 기회에 스포츠 댄스를 접하게 되었습니다. 낯선 종목이지만 실제로 배워보니, 물론 운동의 효과도 효과지만 일단 재미가 있어서 너무 좋았습니다. 남녀가 함께 하는 것도 있고, 혼자서 하는 것도 있었는데 여러 종목을 이것저것 다양하게 시도해 보면서 감을 잡아가기 시작했습니다. 댄스에 익숙하지 않은 몸이라 처음에는 좀 힘들기도 했지만 새로운 동작을 배우고 연습을 통해 몸으로 익혀 어려운 동작을 완성하는 과정은 공부와는 또 다른 재미가 있었습니다.

처음에는 단지 재미있기 때문에 한다는 생각이 강했는데 다양한 종목을 접하고 직접 익혀 나가면서 점점 도전의식이 제 안에서 자라나는 것을 느꼈습니다. 서툴던 무언가를 자꾸 노력하고 도전해서 성취한다는 쾌감은 기분 좋은 설렘이었고 무엇을 시도하더라도 해낼 수 있을 것 같다는 자신감을 제게 선물해 주었습니다. 비록 취미생활 선에서 배우고 즐기는 활동이었고 실제 대회 같은 것에 출전할 정도로 진지하게 접근하지는 않았지만 스포츠 댄스를 배우면서 경험한 운동의 즐거움, 그리고 성취감은 제가 스포츠 댄스에 도전하지 않았다면 느껴보지 못했을 각별한 추억이 되었습니다. 또한 함께 운동하는 사람들과도 친교를 나누고 취미를 공유할 수 있는 사람들과 함께 운동하면서 나름대로 자신이 건강해지는 것을 느껴서 더욱 좋았던 것 같습니다. 이후에도 꾸준히 체력을 단련하고 즐길 수 있는 취미 생활로 가꿔나갈 생각입니다.

> **코멘트** 학업이라는 한가지 측면에 대한 몰두만으로 인생을 살아가는 것은 힘들기도 할 뿐더러 삶의 즐거움 중 많은 부분을 놓치고 지나가는 것일 수도 있습니다. 물론 바쁜 학창시절, 공부 이외의 스포츠 활동에 많은 시간을 투자하는 것은 어려운 일임을 모두 잘 알고 있지만 그럼에도 불구하고 건강한 신체에 건강한 정신이 깃든다는 말처럼 자신만의 취미 생활, 자신만의 운동을 정하여 꾸준히 단련해 가는 것은 너무나도 권장할 만한 일이 아닐 수 없습니다. 최지원 학생은 스포츠 댄스에 도전하여 건강 이외에 도전과 성취의 즐거움까지 덤으로 얻으면서 친교를 쌓고, 체력도 단련시키는 훌륭한 취미 생활을 영위하고 있습니다. 여러분도 휴식시간을 운동과 함께 알차게 보내면서 공부 이외의 새로운 성취에도 도전해 보기 바랍니다.

Tip. 롤모델 스토리 To.가연

**PORTFOLIO STORY | 특기 활동 3**
# 환경 미화 대회

### 앞장서는 리더십

고등학교 3학년 때 임원활동을 하면서 교내에서 개최되었던 환경 미화 대회를 주도했던 일은 잊지 못할 경험이었습니다. 대부분 초등학교 때부터 교실을 정돈하고 다양한 사물을 활용해 장식하고 꾸미는 일을 해 보곤 하지만 실제 해 보면 작업들이 굉장히 디테일하고 시간 소모가 크다는 것을 알 수 있습니다. 특히나 고등학교 3학년 학생들의 경우 예민하고 시간이 촉박한 관계로 반 학생들의 대대적인 도움을 요청하기가 어려운 상황이 대부분이고, 그래서 어쩔 수 없이 반장, 부반장이 대부분의 작업을 담당하여 진행할 수 밖에 없는 경우가 많기도 합니다. 제 경우에도 최대한 친구들에게 돌아가는 부담을 최소화하면서, 꼭 필요한 부분만 미술반 친구들의 조력을 빌렸을 뿐 대부분의 작업을 제 시간을 투자하여 완성해냈습니다.

속으로는 나만 희생하는 것 같다는 불만감도 솔직히 들기도 했지만 임원이라는 책임감 하에 바쁜 시간을 쪼개고 쪼개서 완성하고 나니 반 친구들이 매우 만족스러워하고 서로 칭찬해주는 것을 들으면서 뿌듯함을 느낄 수 있었습니다. 일단 자투리 시간을 최대한 활용하여 바쁜 스케줄을 핑계 삼기보다는 그 시간에 좀 더 효율적으로 일하는 것을 배울 수 있어서 제 자신에게도 유익한 시간이었다고 생각합니다. 또한 일의 분배에 있어서도 정말 바쁘고 사정이 있는 친구들에게는 뒷정리와 같은 간단한 활동들 위주로 임무를 부여하고 중요한 일에는 제가 앞장서서 일하는 등 학우들의 협동심을 이끌어내면서 일을 추진하는 리더십을 향상시키는 경험이 되었습니다. 친구들의 찬사도 받고, 교훈도 얻었으며, 실제 환경 미화 대회에서는 2등이라는 좋은 성적을 거둬 고생한 보람도 느낄 수 있었던 1석3조의 추억이었습니다.

**코멘트** 고등학교 때의 임원활동은 보통 공부 잘하는 학생들이 자신의 이력에 리더십이라는 항목을 추가하기 위한 부가적인 활동내역 정도로 치부되기 십상입니다. 따라서 실제로 초등학교, 중학교 때처럼 실제적인 활동으로 이어지기 어려운 경우 또한 많습니다. 최지원 학생은 바쁜 고등학교 3학년 생활 속에서 학급의 반장으로서 주변 친구들의 많은 조력을 얻기 어렵고 또한 자기 자신의 시간을 많이 희생하여야 한다는 점을 정확하게 직시하고, 본인이 직접 조금 더 활동하는 솔선수범으로 임원의 임무인 환경 미화 대회를 성공적으로 준비하여 좋은 성과를 거두고 있습니다. 최지원 학생처럼 책임감을 가지고 지시하는 리더가 아니라 앞장서는 리더의 모습을 보여준다면 주변인들의 신뢰와 응원을 받는 리더가 될 수 있을 뿐 아니라 자신의 인간 관계 대처 능력을 향상시키는 데도 큰 보탬이 될 것입니다.

# PORTFOLIO STORY
# 독서활동

### ●● 유토피아 | 토마스 무어

고등학교 2학년 때 뉴스와 사설란에는 반사회적 범죄 및 부의 양극화 문제가 심심찮게 거론되었습니다. 이에 대한 원인을 생각하던 저는 부패해 가던 영국사회를 일으키기 위한 용기와 진취적 사고를 가졌던 토마스모어의 유토피아를 떠올렸습니다. 그리고 이 책이 현대의 우리에게 발전적인 해결책을 제시할 수 있을 것이라고 생각하였습니다. 물론 처음에는 공동생산, 공동분배를 하며 소박한 공동체를 누리는 대신, 인간적 생기와 역동성이 느껴지지 않는 유토피아의 사회에 저는 부정적이었습니다. 하지만 이 책을 통해 저는 현대사회의 문제점을 분배의 측면에서 재조명하게 되었습니다. 즉, 생산량 자체가 부족한 것이 아닌, 그것의 부적절한 분배로 인한 상대적 빈곤감 및 정신적 소외가 사회를 병들게 하고 있다는 것을 깨달은 것입니다. 나아가, 이를 극복하기 위해서는, 누구나 최소한의 인간다운 삶을 누릴 수 있도록 배려하고, 사회적 약자에 대한 보호를 넘어 이들과 상생하려는 원원정신이 필요하다고 생각하게 되었습니다.

### ●● 오래된 미래 | 헬레나 노르베리 호지

중학생 때 같은 교지편집부원이었던 친구가 '오래된 미래'를 추천했습니다. 그때는 지나쳤는데, 고등학교 1학년 때 우연히 서점에서 '오래된 미래'를 발견했습니다. 역설적이고 독특한 책 제목과, 모성애와 따뜻한 인정이 느껴지는 표지의 사진이 제 이목을 끌었습니다. 이 책은 여느 책들과 같이 개발에 대한 반성적 검토를 소재로 하고 있습니다. 하지만 오래된 미래가 저에게 큰 울림으로 다가오는 까닭은 개발에 대한 비판을 역설하기보다, 라다크의 아름다운 공동체를 가슴으로 느끼게 하기 때문입니다. 이웃 간의 정을 중시하고, 자연과 조화를 이루며, 긍정적인 자세와 여유를 갖는 라다크인의 삶의 방식을 통해 저는 개발의 물결로 상실된, 제가 느껴보지 못한 전통과 공동체의 아름다움을 간접경험 할 수 있었습니다. 특히 조급해하지 않고 여유롭고 포용력 있는 라다크인의 삶의 자세를 통해, 앞만 직시하고 달리던 제가 주변과 제 자신을 돌아 볼 줄 아는 넉넉한 심성을 가지게 되었습니다.

### ●● 당신들의 천국 | 이청준

고등학교 2학년 때 접한 '당신들의 천국'이라는 제목의 책이 저에게 묘하게 끌렸습니다. '우리들'이 아닌 '당신들'이라는 지시어가 냉소적이고도 슬프게 다가왔기 때문입니다. '당신들의 천국'의 조원장과 나환자의 마찰과 화해의 과정을 통해, 진정한 공동체를 위해서는, 약자의 입장이 되어 그들을 이해하려는 실천적 열정이 필요함을 느꼈습니다. 보다 나은 사회로 발

**Tip.** 롤모델 스토리 To.가연

전하기 위한 무수한 개혁안과 공약 속에는 하나같이 "우리들의 천국을 위해"라는 구호가 내재되어 있습니다. 하지만 정작 '우리'에 속하기를 갈망하는 소외층은 외면당하곤 합니다. 약자들을 위한 헌신과 선의가 우월감이나 자아도취적 만족을 위한 수단으로 변질되지 않기 위해서는 그들을 동정의 대상이 아닌 하나의 인격체로서 대우해야 하며, 이들에게도 사회의 일원으로서 열린 기회가 주어져야 함을 느꼈습니다. 나아가 이 사회가 진정한 우리들의 천국이 되기 위해서는, 약자의 심정을 헤아리고 그들의 고통을 나누는 작은 정성이 첫걸음임을 배우게 되었습니다.

## 짧은 독서감상평 남기기

### ●● 개미 | 베르나르 베르베르

베르나르 베르베르는 그만의 독특한 상상력을 바탕으로 개미의 시각에서 세상을 바라보는 놀라운 소설을 창조해 냈는데요, 분량이 꽤 되는데도 책이 정말 흥미로워서 숨 쉴 틈 없이 읽었던 것 같습니다.

### ●● 베로니카 죽기로 결심하다 | 파울로 코엘료

저는 열정적으로 매일매일 살았지만 가끔은 저도 우울하거나 힘들 때가 있었어요. 그럴 때마다 제게 힘이 된 책이에요. 자살을 기도했다가 정신병원에 갇히게 된 베로니카의 이야기를 통해 삶의 아름다움과 의미에 대해 알려준 좋은 작품이었습니다.

### ●● 경제학 콘서트 | 팀 하포드

경제한마당 대회를 준비하는 과정에서 읽었던 경제 교양서입니다. 저자는 복잡한 수식이나 이론을 사용하지 않고 우리 일상 속에서 찾을 수 있는 경제학 이론을 설명해 주는데요, 정말 경제학이 얼마나 중요한 학문인지 제 스스로도 깨달은 것이 많았습니다.

### ●● 맨큐의 경제학 | 그레고리 맨큐

경제한마당 대회를 준비하는 과정에서 읽었던 경제 교양서입니다. 저자는 복잡한 수식이나 이론을 사용하지 않고 우리 일상 속에서 찾을 수 있는 경제학 이론을 설명해 주는데요, 정말 경제학이 얼마나 중요한 학문인지 제 스스로도 깨달은 것이 많았습니다.

### ●● 죽은 경제학자의 살아있는 아이디어 | 토드 부크홀츠

경제학을 공부하다 보면 아담 스미스로부터 시작해서 지금까지의 사상적인 흐름을 따라가는 것이 쉽지가 않아요. 이 책은 경제학사를 이끈 훌륭한 학자들의 이론과 철학을 쉽고 재치 있는 언어로 풀어내었고 경제학을 공부하는 데에도 많은 도움을 주었습니다.

### ●● 천개의 찬란한 태양 | 할레드 호세이니

아프가니스탄에 남겨진 두 여자의 이야기를 통해 절망 속에서 조그만 희망을 찾아 가는 힘든 중동 여성들의 삶을 그려 낸 책이에요. 세계적인 베스트셀러이기도 하고, 아프가니스탄이라고 하면 부정적인 인상이 강한데 이 책을 통해 새로운 시각을 갖게 되었습니다.

### ●● 해리포터 시리즈 | 조앤 롤링

학창 시절에 공부만 하면 힘들잖아요. 그래서 쉴 때 TV를 보거나 하는 대신 저는 책을 읽었습니다. 해리포터 시리즈는 정말 대단한 것 같아요. 한 사람의 머릿속에서 이런 거대한 상상력의 세계가 창조되었다는 데서 감동을 받았습니다.

Tip. 롤모델 스토리 To.가연

# APPLICATION 1
# 논 구술 면접후기

제가 지원한 고려대학교 학생부우수자전형의 장점 중 하나가 논, 구술 준비를 따로 할 필요가 없다는 것입니다. 심층면접보다는 인성면접에 가까웠고, 면접내용도 철저히 자기소개서와 학생부에서 도출한 것이기 때문에 자소서를 쓰는 과정 자체가 면접준비라고 할 수 있지요. 다만, 조리 있게 또박또박 자신의 생각과 의견을 개진하는 연습을 평소에 많이 하면 좋습니다. 인성면접의 장점이자 단점이 바로 이 점인데요. 별다른 지식이나 정보를 습득해 갈 필요는 없는 대신 말하기 태도나 발표력을 그 자리에서 평가한다는 것입니다. 그래서 단기간의 훈련이 면접 당시에 큰 효과가 발휘되지 않을 겁니다.

저 같은 경우에는, 다니던 논술학원에서 전날에 자소서를 바탕으로 면접연습을 해 봤는데, 엄청 혼 많이 났어요. 제가 봐도 저의 대답이 미숙하고 어눌할 정도로 연습할 때는 못했고, 집에 와서 걱정도 많이 했는데, 당일날 교수님과 조교님 앞에 서니까 대답이 술술 나오더라구요. 학교 생활이나 자소서의 내용을 더욱 심도있게 물어보는 정도였습니다. 저에게는 고등학교 3학년 1학기 때 회장 일을 맡았는데, 힘들지 않았느냐, 그리고 흔하디 흔한 질문이지만 가장 중요한 지원 동기, 수학을 잘하던데 경제와 수학이 어떻게 연관이 있느냐에 대해 물어보셨죠. 동기 같은 경우에는 제가 일목요연하게 말하기 위해 어느 정도 외워갔어요. 서울대 특기자전형과 같은 심층면접이 아니고 인성 면접을 하는 학교의 경우 자소서의 기본 내용을 외워가는 것을 필수랍니다. 수학은 제가 원체 좋아했고 경제와 접목시켜 많이 생각해봤기 때문에 이 질문도 별 무리없이 해낼 수 있었습니다.

자신의 특기와 지원하는 학과를 접목시켜 생각하는 연습을 하세요. 절대로 점수가 모자라서 하향지원하거나 막연히 취직잘되는 학과-관련, 상경계열-이어서 지원했다는 느낌을 주면 안 돼요. 그러니 면접 전에 해당 학교 지원 학과 홈페이지에 들어가서 역사나 업적을 알보고 가세요. 저의 경우 고려대 경제학과에 대해 얼마나 아는지에 대한 질문을 받았는데, 솔직히 정말 당황스러웠습니다. '경제학과'에 대해서는 많이 알아갔지만, '고려대'에 대해서는 조사하지 않았거든요. 그래서 흔한 대답만 하고 나왔어요.(국내 최고의 교수님들, 오래된 역사 등등 그래도 다른 질문에 답을 잘해서 만회한 것 같습니다.)

## APPLICATION 2
# 후배들에게

제 고등학교 시절은, 한마디로 요약하자면 치열했다는 겁니다. 중학교 때 질풍노도의 사춘기때문에 공부가 습관화되어 있지 않은 상태에서 고등학교에 입학했는데, 처음에는 성적이 부진하고 힘들었습니다. 모의고사의 경우 언수외는 겨우 1등급이 나왔지만, 외국어를 제외하고는 모두 커트라인에 걸렸습니다. 사실, 저는 수능보다 내신에 더 자신이 있었기 때문에(그리고 수능은 단기간에 가시적인 성과를 내기 힘들기 때문에 쉽게 내신에 의존했던 게 아닌가 싶습니다. 후배분들은 수능성적이 쉽게 오르지 않는다고 실망하지 마세요. 가시적 성과가 나타나는 시점은, 수능 당일이 될 수 있습니다.) 모든 내신 점수를 잘 챙겨서 서울대 지역균형에 지원하는 것이 목표였습니다. 그런데 시험시간을 잘못 알아 시간안배에 실패하여 기술가정을 마킹을 못 해버리는 사태가 발생했습니다. 그래서 기술가정을 3, 4 등급을 받고서 서울대 지역균형은 꿈도 못꾸게 되었습니다. 이날의 악몽은 고등학교 3년 내내 저를 괴롭혔는데요. 기술가정은 일주일에 세시간이나 배당되기 때문에 보기보다 가중치가 높아요. 그래도 저는 포기하지 않고 다른 내신을 잘 챙겼습니다.

후배들 모두가 잘 알겠으나 국어 수학 영어 사회 과학은 물론이고 도덕까지도 잘 챙겨야 하는 전략 과목 중 하나입니다. 저는 음악, 미술, 체육도 열심히 했어요. 스트레스를 해소할 배출구가 많이 없다 보니 그나마 여유있는 과목인 음미체로 대신한 거죠. 체육시간에 땀이 뻘뻘 날 정도로 줄넘기하고 스포츠댄스를 추곤 했어요. 저의 경우 미술을 좋아해서 모두가 등한시 여기는 미술 시간에 열심히 그리고 조각칼로 막 파댔죠.

학교 교과목은 자신에게 최선의 취미가 되지는 못하겠지만, 그래도 취미생활화하려고 해보세요. 그리고 자투리시간에 음악을 듣는 것도 좋은 방법이구요. 자꾸 자투리시간에도 공부하라고 강조하는 분들도 있는데, 그건 급박한 시험이 목전에 있는 경우에만 해당돼요. 너무 자투리시간을 공부에 활용하려는 압박감으로 인해 자투리시간에 공부하고 공부해야 할 좋은 시간에 놀아버리는 목적전치현상이 발생할 수 있답니다.

Tip. 롤모델 스토리 To.가연

## APPLICATION 3
# TIP

앞서 말씀드렸지만, 저는 제가 내신형 학생인 줄 알았습니다. 고등학교에 막 입학했을 때 모의고사 성적을 과신하기에는 성적이 부진했고, 수능보다는 심층성이 덜한 내신에 왠지 더 자신이 있었습니다. 그리고 내신을 보다 많이 반영하는 전형은 정시가 아닌 수시이고, 수시 중에서도 입학사정관제이지요. 사실, 입학할 때부터 입학사정관제를 결정한 것은 아니었어요. 그 당시에는 입학사정관제이 도마 위에 있었을 뿐, 구체적인 정보가 보급이 안 된 상태였거든요. 그래서 일학년 때에는 내신을 조금 챙기고, 틈틈이 모의고사공부를 하면서 학교생활을 했어요.

저는 동아리활동을 못 했지만 가능하면 자신의 꿈과 관련된 동아리활동을 하나 정도 하세요. 하지만 어떤 동아리를 했느냐보다는 어떻게 동아리활동에 임했느냐가 중요하기 때문에(동아리 자체의 성질보다 지원자의 사회성이나 책임감에 주목하거든요.) 자신이 관심있는 분야를 찾아 회원으로 활동하세요. 봉사활동도 시간 많다는 1학년 때 많이 하시고요. 자신이 했다는 것을 입증할 만한 봉사활동을 찾아서 하세요. 양로원이나 병원 같은 공식 기관에서의 노력봉사가 그 예입니다. 입학사정관제 면접 당시 많이 경험하고 느낀 것이 있어야 대답이 술술 나옵니다. 아무리 제한된 몇몇개의 활동 안에서 대답을 철저히 준비해 가도, 뜻밖의 질문에 임기응변을 하려면 경험이 소위 말해 '말할 거리'가 많아야 합니다. 꼭 입학사정관제 면접이 아니더라도 고등학생시절, 없는 시간 짬을 내서 한 소중한 경험은 인생을 살아가는 데에 많은 도움이 돼요.

제가 이렇게 말하면 고등학교 2, 3학년 학생들 중 일부는 '어쩌지? 이미 늦었다.'라고 생각할 수 있습니다. 하지만 꼭 그렇지만은 않아요. 앞서 말씀드렸듯 저도 고등학교 1학년 때에는 활동한 것도 없고, 소위 '스펙'이라 불릴 만한 실적도 없었어요.(교내상 몇 개를 제외하고요.)그래서 고등학교 2학년 때부터 열심히 했어요. 병원 봉사활동을 그때부터 꾸준히 갔어요. 이때 조언이 있다면, 하나의 기관에서 꾸준히, 오랫동안 봉사하는 것이 중요해요. 여기저기서 한다거나, 혹은 한 번에 많이 하고 그만두는 것은 큰 어필이 될 수 없어요. 봉사의 의미는 꾸준함과 인내심을 보는 것인데, 여기저기서 두서없게 한다거나 한 번에 많이 해버리는 행위는 '귀찮아서 한번에 몰아서 해버렸군.'이라는 인상을 심어 줄 수 있거든요. 입학사정관제가 의미있는 이유는, 그 한계는 분명히 존재해도 개인의 '인성'에 주안점을 둔다는 것입니다. 그렇기 때문에 자신이 인성을 함양해 온 과정, 아무리 사소한 경험이라도 자신에게 의미있는 무언가로 체화시킨 과정을 면접자 앞에서 개진한다는 느낌으로 임하세요. 저의 경우 1학년 때 한 활동이 없어서 서울대학교 자소서에 입상도 못한 경제경시를 준비하면서 느낀 점이나, 수련회에서 발을 다쳐서 기브스를 하고도 무사히 수료했다는 경험을 썼는데, 오히려 친숙하면서 독창적이라는 평을 들었습니다.

경제학과 선배의 진로진학 전과정 롤모델 스토리

## BENCHMARKING CORNER
# 전문가 평가

### 다양한 활동에 주도적으로 참여하다

최지원 학생은 어린 시절 해외 생활에 적응하는 과정에서 많이 고생도 하였지만, 그 시절의 경험을 통해 내성적이던 성격에서 탈피해서 자립심을 갖춘 적극적이고 자신감 있는 성격을 갖추게 되었습니다. 그리고 그때의 경험을 바탕으로 최지원 학생은 중고등학교 시기에 다양한 활동에서 두각을 나타낼 수 있었습니다. 중학교 때 교지 편집부 활동을 하면서 시화전 관람을 가게 된 최지원 학생은 전문 기자들도 주저하는 상황에서 정호승 시인에게 직접 질문을 하고 인터뷰를 하여 주목을 받았으며 이 내용을 학교 교지에 싣기도 하였습니다. 또 경제 한마당 대회를 준비할 때에는 며칠 동안 밤을 새면서까지 적극적으로 대회를 준비하였고 입상은 하지 못했지만 상위 10% 이내에 드는 기염을 토했습니다. 이외에도 청소년 말하기 대회, 환경 미화 대회, 스포츠 댄스 등 교과 외 모든 활동에서 최지원 학생은 항상 주도적으로 참여하면서 단순한 스펙이 아닌 자신만의 스토리를 쌓을 수 있었습니다.

### 자신의 한계에 맞서 싸우다

최지원 학생은 최선을 다해 모든 활동에 참여하며 자신의 한계를 극복해 나갔습니다. 학생부 성적을 최상위 수준으로 관리하는 것도 매일 성실하게 학업에 임해야만 가능한 어려운 일인데, 최지원 학생은 그 와중에도 경제 한마당 대회를 준비하고 말하기 대회를 준비하면서 항상 최고의 결과를 거두기 위해 잠을 줄여가며 열정적으로 도전하였습니다. 경제 과목도 선택하지 않았던 상태에서 경제 한마당 대회를 준비하기 위해 최지원 학생은 매일같이 밤을 새워 가며 시험을 준비하였고, 건전한 통일 안보관 확립 청소년 말하기 대회에서도 고등학교 3학년 기말고사라는 중요한 시기를 앞두고 대회를 준비하면서 때로는 스트레스도 많이 받았지만 결과적으로는 은상이라는 좋은 결과를 얻을 수 있었습니다. 이렇게 매일매일 자기 자신을 경쟁 상대로 삼아 왔기에 최지원 학생은 다른 누구보다 더 우수한 성과를 쌓을 수 있었으며 입시에서도 좋은 결과를 거둘 수 있었습니다. 내신 시험과 수능 시험에서는 등수와 백분위가 매겨지지만, 입시에서는 그리고 인생에서는 등수가 매겨지지 않기 때문에 결국 자기 자신을 극복하는 것이 승리의 비결입니다.

**Tip.** 롤모델 스토리 To.가연

## CAMPUS LIFE
# 학과생활 소개

제가 재학하는 학교 및 학과는 고려대학교 경제학과입니다. 입학사정관제로 입학한 만큼 진학 전에 경제학과에 관심이 많았어요. 여기서 제가 하고 싶은 말은 경제학과에 대한 교과서적 설명이 아니에요. 그정도는 여러분이 학교에서 많이 배웠을테니까요. 입시라는 관문을 앞에 둔 고등학생의 상황에 접목시켜 설명하고 싶어요. 많은 학생들이 경제학과는 상당히 수학적인 과목이라고 생각을 합니다. 그런데 그것은 편견이 아닌 사실입니다. 수학과와 다른 점이 있다면 수학과는 수학의 본질, 원리원칙에 대해 연구하는 학문이라면 경제학과는 그것의 상당 부분을 현실에 적용하는 학문이라고 보면 됩니다. 그래서 가급적이면 수학에 관심 있는, 혹은 수학에 두각을 나타내는 학생들에게 추천합니다. 면접관에게도 수학을 잘하는 것이 큰 장점으로 다가올 수 있고요.

수학이 아니더라도, 경제 자체에 관심이 많으면 더욱 적격입니다. 그래도 고등학생 때 배운 경제와는 확연히 다르다는 것을 아셨으면 좋겠습니다. 대학생 때 배우는 경제는 고등학생 때 배운 것을 더욱 심층적으로 분석하는 것이며, 연쇄적인 인과관계를 끊임없이 탐구합니다. 그러다 보니 수요 곡선 그래프의 미세한 모양 하나하나에도 주의를 기울이고, 그 미세한 변화를 감지하기 위해 미분, 적분도 배우는 것입니다. 경제학과는 유망한 학문입니다. 상경계열이라서가 아니라, 이 사회를 움직이는 동력이 인간의 경제적 사고, 경제적 유인이기 때문입니다. 자본주의 사회에서는 더욱 그러하고요. 그런 경제적 유인이 모여 이 사회를 어떻게 구성하고 작동시키는지가 경제학과에서 배우는 것입니다. 하지만 그에 못지않게 어렵습니다. 문과에서 배우는 과목 중 가장 어렵고 그만큼 타과와 많이 차별화되고 진입장벽도 높습니다. 여러분이 일단 경제학과에 입학하여 무사히 대학과정 커리큘럼을 마친다면, 다른 학생들과는 차별화된 자신의 모습을 발견할 수 있을 것입니다.

저는 고등학생 때 공부에 주안점을 두느라 여러 가지 경험을 못한 것이 한이 되어 대학생 때만큼은 의미 있는 경험을 여러 가지 하고 있습니다. 저의 경험을 공유하고 미약하나마 제가 아는 것을 형편이 어려운 학생들에게 가르쳐주고 싶어서 멘토링 봉사활동을 하고, 외국인 학생에게 한국어도우미가 되어주어 한국어를 가르치고 한국문화를 소개하는 활동도 하고 있습니다. 대학교에 오면 외국인 친구들을 많이 만나게 될 거예요. 세계 각지의 학교와 자매학교결연도 맺어 교환학생제도가 잘 정비되어 있는 것으로 유명하구요. 제가 한국어도우미를 통해 만나는 학생들은 그렇게 고려대로 교환학생을 온 타학교 학생들, 혹은 단기 연수 온 학생들에게 한국어뿐만 아닌, 한국의 문화 등을 관광하면서 가르쳐주는 거예요. 그 과정에서 도우미라기보다 친구 사이로 발전하고 저의 경우 본국으로 돌아간 외국인 친구와 아직도 메일이나 페이스북을 통해 연락을 주고 받고 있어요.

경제학과 선배의 진로진학 전과정 롤모델 스토리

# CAMPUS LIFE
# 대표 강의 소개

저는 이제 3학기째 재학 중이라 수강한 과목이 많지 않습니다. 대학교에 오면 새내기들이 당면하는 큰 과제 중 하나가 바로 양질의 수업과 좋은 교수님으로 정평이 나 있는 강의를 골라서 수강신청하는 것인데요, 경쟁이 어마어마하게 세답니다. 인터넷을 통해 수강신청을 하는데, 수강신청시간이 시작되는 딱 그 찰나에 웬만큼 인기 있는 강의는 모두 마감이 되어버립니다. 저는 순발력이 다른 학생들보다 모자라서 수강신청을 할 때 클릭속도가 느려 늘 고배를 들고는 하는데, 그래도 지난 학기인 1학년 2학기 때는 원하는 과목을 무난히 뚫을 수 있었습니다.

그런데 저희 학교 저의 학과만 그러는지는 몰라도, 1학년 때는 전부 교양과목을 수강신청합니다. 그 전에 대학교 과목시스템을 상세히 설명할 필요가 있습니다만, 여기서는 그 설명이 주목적이 아니기에 간단히 설명하고 넘어가겠습니다. 대학생이 되면 수강해야하는 과목이 크게 전공과 교양으로 나뉩니다. 전공은 말 그대로 자신의 전공을 배우는 것이고 교양은 전공 이외의 역사나 문화, 아니면 조금 쉬운 버전의 타 과목을 배우는 것입니다. 그래서 교양에는 전혀 예상치 못한 별의별 강의가 모두 있습니다. 영화, 미술, 한국전통음악, 연극, 오페라를 배우는 교양을 비롯해 힌디어, 스와힐리어, 포토샵 배우는 교양 등 다종다양합니다. 전공은 다시 전공필수, 전공선택 등으로 구분되며, 교양에도 여러 종류가 있습니다. 핵심교양, 전공관련교양, 제2외국어, 선택교양 등등 저희 학교의 경우 제일 경쟁이 센 교양은 핵심교양입니다. 졸업 전까지 필수적으로 들어야 하는 교양과목이 이 핵심교양 범주에 제일 많이 배당되기 때문이죠. 그리고 좋은 강의도 제일 많구요.

교양은 그 종류가 다종다양하기 때문에 수업의 질도 다종다양합니다. 전공과목은 여러분이 2학년으로 진급하기 전 1년 동안 선배나 학생커뮤니티 등 여러 경로를 통해 정보를 입수할 수 있을 것입니다만, 교양의 경우 정보가 부족한 상태에서 1학년 때 바로 수강신청에 투입되기 때문에 당황스러울 것입니다. 그래서 저는 이 자리에서 제가 재밌고 알차게 들었던 교양 몇 과목을 소개하고자 하는데요, 하나는 '어떻게 영화를 읽을 것인가'입니다. 제목이 과목명이라기보단 칼럼이나 책 제목 같지요? 대학교의 많은 강의가 제목을 이렇게 선정합니다. 저의 지친 수험생활 때 심심한 위로가 되어주었던 제 취미, 영화보기때문에 저의 경우 영화에 관심이 매우 많습니다. 다른 학생들도 영화싫어하는 분 거의 없을 거라고 생각되는데요. 이 강의는 어떤 영화적 기법을 통해 관객으로 하여금 어떤 심리적 반응을 일으키는가를 배웁니다. '영화감독 될 것도 아닌데 이런 걸 뭐하러 배우지?'라고 생각할 수도 있으나 그 영화적 기법이 우리의 심리적 반응과 너무 잘 맞아떨어져 신기하기도 하고 일면 영화 속의 여러 속임수를 다시 보는, 세심한 눈초리를 기르게 됩니다. 교수님께서 한국예술대학교에서 초빙되어오시는 분이기 때문에 영화에 대해 박학다식하십니다. 그래서

### Tip. 롤모델 스토리 To.가연

인생에 도움이 될 만한 주옥 같은 영화를 많이 가르쳐주시고 보여주기도 하십니다. 저도 정말 열심히 들었고 너무 충격적이고 감동적이어서 전율이 흘렀을 정도랍니다.

두 번째 강의 '사회적 이슈와 인권'이라는, 법학전문대학원 교수님께서 강의하시는 법 관련 교양수업입니다. '법이면 암기해야 할 것도 많고 힘든 수업 아닌가?'라고 생각하실 수도 있겠으나 이 수업은 전혀 그렇지 않습니다. 우리가 뉴스에서 접하는 시사이슈들을 논리적으로 사고하는 방식을 배우는 것입니다. 그 논리성의 근거가 가끔 법에서 도출된다는 이유로 법 관련 교양인 것이고요. 시사이슈들도 전혀 어려운 내용이 아닙니다. 학교 국어시간이나 논술 시간에 식상하다 싶을 정도로 많이 접한 사안들이에요. 사형제도나 안락사와 같은…… 사용하는 교재 이름은 '인권법'인데요, 저는 맨 처음에 법학서적인 줄 알고 벌벌 떨었습니다만, 인권과 관련된 시사이슈들을 일목요연, 논리정연하게 정리한 것이라고 보면 됩니다. 교재가 정말 공감되게 정리가 잘 되어있어서, '내가 논술시험 보기 전에 이것만 읽어 봤어도.'라는 아쉬움이 들 정도였습니다. 그러나 이 수업의 진가는 다른 데에 있습니다. 바로 수업의 70%가 학생들의 즉석발표로 구성된다는 점입니다. 일단 교수님께서 그날 다룰 시사이슈에 대한 관련 동영상을 보여주시고 쟁점을 PPT로 소개해주십니다. 그 다음부터는 학생들 간 찬반토론입니다. 학생들이 내키는 대로 손을 들고 발표하는 모습은, 흡사 영화 속에서 하버드대생들이 설전을 벌이는 모습을 연상케 합니다. 발표를 좋아하지 않는, 부끄럼 많이 타는 학생들은 소외가 된다는 맹점이 있지만, 발표도 점수에 반영되기에 모두들 열심히 임합니다. 그러다 보니 싫어도 한번씩 손을 들어 발표를 하고 이에 대해 반박도 받는 과정에서 발표력과 진취성이 어마어마하게 증폭됩니다. 발표력을 기르고 싶으나 너무나 소극적이고 자신이 없다면, 그 전날 미리 자신의 논점을 정리해서 읽기만 해도 괜찮습니다. 그 준비력을 나름대로 높이 평가해주시거든요.

경제학과 선배의 진로진학 전과정 롤모델 스토리

## CAMPUS LIFE
# 동아리 활동 소개

저는 동아리라기보다 모여서 공부를 하는 학회의 회원으로 활동을 하고 있는 중입니다. 학회란 문자 그대로 공부를 하는 모임이라는 뜻인데요, 일반적으로 책 한 권을 정해서 그것의 주제 혹은 그 주의 시사이슈를 정해서 공부하고 토론하는 것이 주요 활동입니다. 모든 학과가 그러하겠지만, 경제와 경영은 교과서 속에서의 원리원칙만을 공부하면 무용지물이며 시대에 뒤처지기 쉽습니다. 즉, 현실세계에 끊임없이 적용하고 소통해야하는 학문이라는 것입니다. 그래서 제가 몸담은 경제경영토론학회에서는 그 주의 경제경영관련이슈를 하나 선정하여 그것에 관한 세미나를 합니다. 관련기사를 스크랩하고 그것이 왜 중요사안이 되는지, 그것과 관련된 기본적 배경지식을 설명하는 시간도 가지고요.

그리고 이러한 것을 공부하는 세미나가 끝난 후에 찬반토론을 시작합니다. 세미나를 위한 발표자료를 준비해온 팀이 찬반토론이 가능하게끔 쟁점 몇 개를 설정해 옵니다. 그리고 찬성조와 반대조 두 팀이 토론을 하는 것이죠. 학회 내에 조는 크게 4개가 있는데요, 세미나 준비조와 찬성조, 반대조, 그리고 남은 한 조는 토론 내용을 기록하는 서기조입니다. 찬반토론이 끝난 후에는 청중들의 심사가 있구요. 심사하는 청중들은 세미나준비조와 서기조 이외에도 선배들이 있습니다. 진 팀에게는 벌칙이 있기 때문에 모두가 열심히 참가해야 하는 인센티브가 주어지는 셈이죠. 찬반토론이 끝난 후 선배들의 약소한 강연회가 있는데요, 경제경영과 관련된 시사이슈를 단독으로 준비해 오고 이를 후배들에게 발표하고 강연하는 것입니다. 일주일안에 단독으로 준비한 것이기 때문에 프로수준의 강연은 아니더라도 저는 웬만한 강연회 못지않은 배움을 이 강연을 통해 얻고 있습니다. 아직 전문가는 아니기 때문에 경제경영 전반의 이슈를 저희는 통달하지 못했는데, 막연히 어려운 강연보다 대학생의 눈높이에 맞춘 강연이라 더 와닿고 재미있거든요. 게다가 선배들이 대학생활을 하면서 터득한 PPT만드는 스킬이나 발표태도를 본받을 수도 있어서 더욱 유익합니다. 저도 이제 곧 찬반토론회원에서 벗어나 이런 강연을 하는 지위(?)에 오를 텐데, 많이 기대하고 있습니다.

경제경영토론학회가 일차적으로 추구하는 것은 현실에서의 경제경영 안목과 마인드입니다. 교과서만으로는 현실적이고 건설적 안목을 기르는 데에 한계가 있겠지요. 저희 학회가 목표하는 것은 교과서와 현실을 끊임없이 유기적으로 연결시키는 것입니다. 어떤 이슈에 대한 진단을 할 때에 경제교과서에서 그 이론적 근거를 발췌해 오는 발표방식에서 이를 알 수 있습니다. 그래서 이 학회를 하게 되면 교과서를 통한 공부가 재미있어져요. 배운 내용을 현실에 계속 적용하려고 무의식적으로 노력하게 되기 때문입니다. 때문에 저는 이 학회를, 교과서를 통한 배움이 답답하고 고루하다고 느끼는 학생분들에게 추천합니다. 경제경영에 대해 관심 있는 학생들도 당연히 환영이구요. 경제경영을 잘 할 필요는 없습니다. 하

## Tip. 롤모델 스토리 To.가연

지만 배우려는 의지는 조금 필요해요. 경제경영에 대한 전반적 지식뿐만이 아닌 상대방으로부터 배우려는 의지도 여기에 포함되어 있습니다. 사실, 경제경영에 대한 배경지식이나 시사성을 익히고 싶다면 열심히 신문보고 뉴스를 경청하는 것으로 달성할 수 있습니다. 하지만 굳이 학회에 참여하는 이유는, 자기가 알고 있는 것을 바탕으로 상대를 설득하는 방법이나, 발표력, 자신감을 신장시키는 절호의 기회이기 때문이죠. 어려운 경제경영지식을 청중들이 이해할 수 있도록 설명해 내기란 여간 어려운 것이 아닙니다. 찬반토론을 할 때에 아무리 경제경영지식으로 무장하고 있어도 주눅들지 않고 자신의 의견을 온전히 피력해 내는 것도 어렵습니다. 저는 발표에 자신이 있고, 그래서 토론을 매우 좋아함에도 불구하고, 상대방의 논리 정연함과 포스에 기죽는 일이 많았습니다. 특히, 상대 팀에 사법고시에 합격한 선배가 소속되어 있을 경우에는요. 토론을 잘한다는 것은 자기 의견만 열심히 개진하는 것이 아닙니다. 상대팀의 논리에 신경을 곤두세우고 경청하는 것이 토론을 잘하는 비법입니다. 그리고 경청을 하다 보면 논리적 모순이나 반박하는 지점이 자동적으로 발견됩니다. 그 시점에서 반박을 하고 이와 어울려 반박의 타당성을 배가시키는 자기의견을 개진하는 것입니다. 경청과 자기의견개진, 이 둘의 밀고 당기기가 바로 이 토론학회를 통해 제가 터득한 스킬입니다.

그 외에도 배울 것은 무궁무진합니다. 토론준비, 혹은 세미나준비를 위해 조원이 일주일에 최고 두 번은 만나 역할분담을 하고 브레인스토밍을 해야 하는데, 이 과정에서 책임감이 생기고 리더십도 발현됩니다. 격렬하게 토론을 하고 난 이후 찬성조와 반대조가 서로 수고했다고, 잘했다고 격려해 주는 모습을 보면 훈훈하기까지합니다. 제가 고등학생 때 한바탕 거칠게 토론을 하고 나면 찬성조와 반대조의 사이가 어색해지는 사태를 종종 목격하곤 했는데, 이 학회에 들어오니 상대를 인정하고 본받을 줄 아는 여유와 배포를 배우게 되었습니다. 대학생활의 정수가 동아리와 학회라는 말이 과장은 아니었습니다.

행진스토리 여섯

# 진로는 부모의 꿈이 아니라 자녀의 꿈이다

고봉익의 스페셜 메시지 6

진로코칭 역사상 최초의 공연 • 수지야, 우리는 네가 원하는 것을 알고 있다 • 아빠의 신뢰와 지지는 나를 살아있게 한다 • 직장의 신에 참여한 민호 • 문과에서 이과로 과감한 결정! 내 미래에 확신이 생겼어요 • 엄마가 원하는 대로? NO! 내가 스스로 만들어가는 미래 일기 • 결정권을 넘기면 모두가 행복하다 **Tip**. 롤모델 스토리 To.수지

>> 고봉익의 스페셜 메시지 6

## 진로는 부모의 꿈이 아니라 자녀의 꿈이다

교육방송에서 재미있는 실험을 하였습니다. 중학생 자녀를 둔 미국 엄마, 한국 엄마들을 각각 11명씩 모아놓고 두 나라 엄마들의 모성의 차이에 대해 보여주는 여러 실험들이었습니다. 그 중 아주 인상적인 실험이 하나 있었습니다. '보상 뇌작용'에 관한 실험이었는데 인간은 돈을 따는 등의 이익이 생기거나 즐거운 일이 생기면 우리 뇌에서 보상 뇌라는 것이 기쁨을 느낀다고 합니다. 그때 fMRI(기능성자기공명영상)로 촬영을 하면 보상 뇌가 활성화되어 반짝이는 것이 보입니다. 그래서 엄마들한테 fMRI 카드게임을 시키고 보상 뇌가 어떻게 활성화되는지 촬영한 실험이었습니다.

실험 결과 미국 엄마들은 모두 자신이 점수를 많이 냈을 때만 반짝거리는 것을 관찰할 수 있었습니다. 그런데 놀랍게도 한국 엄마들은 모두 점수를 많이 냈을 때 활성화되는 것이 아니고 상대방보다 이익일 때만 보상뇌가 강하게 활성화되었습니다.

### 즉, 미국 엄마들은 자신의 절대 이익에 따라 기쁨을 느끼고 있었고, 한국 엄마들은 다른 사람들과 비교해서 이익일 때만 기쁨을 느끼고 있다는 것입니다.

이런 강한 비교성향으로 인해, 자녀가 어릴 적부터 우리의 엄마들은 끊임없이 다른 집, 다른 아이들과 비교하며 경쟁우위, 비교우위에 서길 바라고 결국, 자녀의 성공을 '엄마의 꿈'으로 여기게 된다는 것입니다. 문제는 그렇게 생겨난 꿈들은 대부분 자녀가 행복한 삶을 살도록 도와주는 건강한 꿈이 아니고, 끝없이 상대적 비교에 의해 희비가 교차하는 불행한 삶을 살게 만드는 꿈일 수 있다는 것입니다. 자녀를 위해 엄마가 대신 꿈을 꾸는 순간 자녀의 행복은 사라질 수 있게 된다는 불편하지만 과학적 진실이었습니다.

진로는 엄마의 꿈이 아니라, 아이의 꿈입니다. 많은 부모님들이 자신이 원하는 것으로 아이들이 꿈을 가지길 바랍니다. 하지만 인재들의 부모에 대한 연구들을 보면 자녀는 내 소유가 아니라고 생각했다는 공통점이 있습니다. 또, 아이가 부족한 것을 보완하려 하기보다, 가지고 태어난 재능에 초점을 맞췄다는 공통점도 있습니다. 그런데 여기서 단순히 부모님께 기대를 내려놓으라고만 말하는 것이 아닙니다.

### 가장 좋은 것은 '아름다운 의견일치'입니다.

진로교육이 가장 아름답게 빛이 나는 순간이 있습니다. 다름 아니라, 부모님의 기대와 자녀가 진로교육을 통해 알게 된 자신의 꿈에 대한 의견을 일치시켜 나가고 합일해 나가 결국 가족이 같이 아름답게 의견일치를 만들어내는 순간입니다.

## 진로코칭 역사상 최초의 공연

한 여학생이 노래를 부른다. 아름다운 목소리로 노래하고 있다. 이 학생의 이름은 이수지이다. 비록 목소리는 떨고 있지만, 그 눈에 눈물이 고이고 이전에 한 번도 경험하지 못했던 희열을 느끼고 있다. 그리고 그 공간에 있던 다른 두 사람의 가슴도 감동으로 채워진다. 수지의 엄마와 아빠이다. 진로코칭 역사상 최초의 공연이다. 수지는 뮤지컬 아티스트를 꿈꾸는 평범한 학생이었다. 수지는 진로코치와의 모든 과정을 수료한 후, 진로코치에게 소감을 메일로 보내왔다.

"나는 항상 진로에 대한 고민이 많았다. 어렸을 때부터, 내 꿈은 거의 매년 바뀌었다. 발레리나, 패션 디자이너, 작가, 화가 등등 정말 많은 것을 하고 싶었다. 그러다가 초등학교 6학년 때, 같은 반 친구가 바이올린으로 예원예중을 준비하는 것을 보게 되었다. 그 친구가 학교도 안 나오고 매일같이 손에 굳은살이 박히도록 연습하는 것을 보면서부터 진로에 대한 관심이 늘어난 것 같다.

그 후 중학교에 입학하고 얼마 되지 않은 3월 12일, 우연히 표가 생겨서 관심도 가지지 않았던 '몬테크리스토'라는 뮤지컬을 보게 되었다. 비록 얼굴도 잘 안 보이고 노래만 들리는 3층 뒷자리였지만, 무대 위에 있는 모든 것들이 너무 신기하고 재밌어 보였다. 공연이 끝나고 집에 온 후에도 계속 무대 위에 있던 배우들, 노래, 무대 모습까지 너무 생생하게 기억이 났다. 그 후로 뮤지컬 '몬테크리스토'의 노래를 다운받아서 다 외울 정도로 열심히 들었다. 뮤지컬 '몬테크리스토'를 본 이후에 뮤지컬이라는 장르에 푹 빠져버렸다. 하지만 계속 좋아하다 보니 뮤지컬을 직업으로서 생각해 보게 되었다. 뮤지컬배우가 되던, 연출가가 되든, 음악감독이 되든, 뮤지컬을 직업으로 가지고 싶다는 생각이 들었다. 그러나 뮤지컬이라는 장르가 아무나 할 수 있는 것이 아니라 재능이 정말 중요한 것이기 때문에 내가 재능이 있는지부터 알아야 했다. 그래서 혼자 노래도 해 보고, 학교에서 춤으로 무대 위에도 서고, 나름 재능이 있는지 알아보려 했다. 그러던 중, 엄마가 성악레슨을 추천하셨다. 엄마는 학교 가창시험을 위해 아주 기초만이라도 배우는 것이 나을 것 같다고 하셨지만, 엄마도 내가 뮤지컬에 대해 관심을 가지고 있다는 것을 아신 것 같았다. 결국 나는 성악을 배우게 되었고, 이후에 성악 발성뿐만 아니라 일반 뮤지컬적인 발성에도 많이 도움이 된 것 같다.

### 수지야, 우리는 네가 원하는 것을 알고 있다

수지는 사실 자신의 꿈을 숨기고 있었다. 좋아하는 것을 부모님도 알 거라 예상을 했지만 자신의 입으로 한 번도 직접 꿈을 꺼낸 적이 없다. 그런데 알고 보니 수지의 부모님은 수지를 계속 관찰하고 있었다.

"성악을 열심히 배우게 되면서 나는 심각한 고민에 빠지게 되었다. '내가 정말 뮤지컬의 길을 갔을 때 잘 해낼 수 있을까.'라는 생각이 너무 컸다. 아무에게도 뮤지컬을 하고 싶다는 말을 해보지 못했고, 혼자서만 끙끙 앓았다. 어느 날, 엄마께서는 나에게 진로코칭을 소개해 주셨다. 미리 진로에 대해 좀 더 찾아볼 수 있는 곳이라는 이야기는 대충 들었지만 정확히 어떤 곳인지는 알지 못했다. 코치님과 이야기할 때 처음으로 뮤지컬을 하고 싶다는 이야기를 한 것 같다. 그런데 코치님께 나는 놀라운 이야기를 들었다. 부모님도 내가 뮤지컬에 관심이 많다는 것과 내가 그 일을 꿈꾸고 있다는 것을 알고 계신다고 하셨다. 그동안 말 못한 내가 너무 바보 같고 한심하다는 생각이 들었다. 코치님 말씀을 들으면서 나도 부모님께 말 못하고 소심하게 있을 것이 아니라 초등학교 때부터 꿈을 키워오던 같은 반 친구처럼 꿈을 좀 더 확실하게 가졌으면 좋겠다는 생각이 들었다. 진로코칭을 하는 동안 아주 짧은 시간이었지만 많은 일들이 있었다. 우선 진로프로그램을 하면서 내 성향도 알게 되었고, 이 세상에 얼마나 다양하고 많은 직업들이 있는지 알게 되었다. 또 진로 로드맵을 작성하면서 진로를 구체적으로 정한다는 것이 얼마나 어렵고 힘든 일인지 알았다. 아직 일어나지도 않은 일을 정확하게 연도까지 정한다는 것은 너무나도 어려운 숙제였다. 하지만 한 칸 한 칸 채워나가면서 나의 미래의 모습을 상상하니 너무 행복하고 기분이 좋았다."

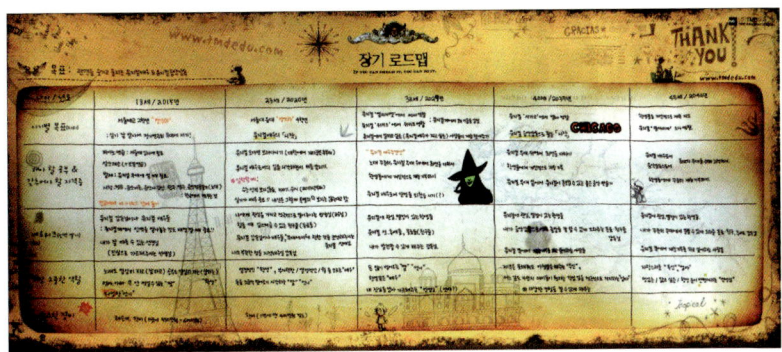

### 아빠의 신뢰와 지지는 나를 살아있게 한다

"무엇보다 가장 큰 의미를 준 것을 내가 처음으로 다른 사람들 앞에서 노래를 했다는 것이다. 프로젝트 발표가 있던 날, 아빠의 부탁으로 그 날 오신 분들 앞에서 노래를 하게 되었다. 너무나도 갑작스럽고 아무것도 준비되지 않았던 상황이라서 아빠가 너무 밉고 너무 창피했다. 하지만 소장님과 선생님들께서 응원해 주시고 잘 해낼 수 있을 거라고 해주셔서 힘을 얻어 결국 노래를 불렀다. 비록 너무 떨려서 노래를 제대로 하지 못했지만, 노래를 한 이후에는 속이 너무 후련하고 뭔가 해낸 것 같은 기분이 너무 좋았다. 노래를 들어주셔서 너무 감사했고 앞으로는 정말 더 열심히 해야겠다는 생각도 들었다.

그날 노래를 부른 이후로, 아빠는 날 항상 믿고 도와주시려고 노력하신다. 내가 노래하는 것도 좋아하시고 항상 들으려고 하신다. 그리고 나에게 기회를 많이 주려고 노력하신다. 내가 진로코칭에서 얻은 가장 큰 것은 바로 '아빠의 신뢰와 지지'이다. 만약 진로코칭수업에서 나에게 용기를 주지 않았다면, 나는 아직도 혼자 끙끙 앓고 있었을지도 모른다. 아빠가 날 도와주신다고 하고 나서는, 아빠가 먼저 공연 보러 가자고 말씀하신 적도 많다. 진로코칭 수업을 처음 할 때는 뭔가 막막하고 힘들었지만 지금은 뭔가 조금이라도 틀이 잡힌 것 같아서 속도 후련하고 마음이 편하다. 무엇보다도 아빠가 날 믿어주시는 것이 가장 좋다. 성악을 계속 배우면서 콩쿨도 나가보고 전공 여부에 대해 결정 중이다. 물론 잘 안될 때도 있었고 앞으로도 잘 안 되는 일들이 많겠지만, 그것들을 이겨내야 내가 원하는 자리에 올라갈 수 있다고 생각한다. 내가 어른이 되어 뮤지컬 무대에서 일하는 사람이 되어서 예전에 내가 이 자리에 올라오기 위해 이러한 노력들을 했다고 말할 수 있길 바란다."

## 직장의 신에 참여한 민호

"진로가 뭔지도 몰랐던 나, 꿈이 생기니 진학 목표도 확립했어요."
2학년 민호는 자신의 심장을 뛰게 만드는 꿈을 찾았다. 그런데 그 길이 일반적으로 넓고 평탄한 길은 아니다. 그럼에도 그가 용기 있게 자신만의 꿈을 꿀 수 있었던 것은 그를 믿어주는 부모님이 계시기 때문이다. 부모님 소개로 진로코칭을 받은 민호의 인생은 이전과는 확연하게 달라졌다.
"나는 그동안 진로나 직업에 대해 창피할 정도로 아무것도 몰랐다. 단순히 검사가 멋있다고 생각한 것 밖에 없었고, 심리상담가에 조금 관심이 있었을 뿐이었다. 고등학교 2학년 때 진로코칭을 시작했는데 가장 나이가 많은데도 아무것도 몰라서 민망했다. 첫날 집에 가서 처음으로 진로에 대해 찾아보게 되었다. 역시 기억에 남았던 것은 광고 분야였다. 광고는 TV에 나오는 광고가 전부인 줄 알았는데, 직업탐색을 통해 광고도 다양하다는 것을 알게 되었고, 재미있고 관심이 갔다.
진로 탐색을 하면서 다양한 활동을 했다. 내가 하고 싶었던 일들에 대해서 막연하게 생각하고 있었는데, 이를 목록으로 정리해 보니까 명확해졌다. 실제로 이 목록을 쓰고 있는 나를 보고 친구들이 부러워했다. 그래도 가장 기억에 남는 활동은 드라마「직장의 신」에 참여한 일이다. 1분 분량의 장면을 12시간 찍으면서 힘들긴 했지만, 너무 재미있었다. 다른 아이들은 힘들다고 하는데, 나는 정말 재미있었다. 힘들다기보다 더 촬영하고 싶다고 느꼈다. 한번은 겨울에 청소년 영화제를 찍은 것을 교실에서 보고 있었다. 그때 선생님이 지나가면서 "민호야, 너 영화 잘 찍었더라." 고 말씀하시는데 정말 뿌듯했다. 선생님께 내 영화를 인정받은 기분이었다. 개인적으로는 영화동아리「영유아:young you are」활동을 열심히 하고 있다. 그리고 과천 3개 학교 각각의 영화동아리에서 모여서 영화를 찍기도 했다. 청소년 영화제, 올레 주최 스마트폰 영화제에 로맨틱 멜로 장르의 영화로 출품하기도 했다. 지금도 여름에 있는 영화제를 대비해서 영화를 찍고 있고, 한국예술진흥원 청소년 영화제 관련 교육에 신청했다. 광고에 대한 관심이 발전해, 지금은 배우가 되어 작품을 남기는 것이 가장 큰 꿈이 되었다. 가깝게는 연극영화과에 진학하는 것이 간절한 목표가 되었다."

### 문과에서 이과로 과감한 결정! 내 미래에 확신이 생겼어요

수정이의 어머니는 한 강연을 듣게 되었다. 강연 내용 중에 가장 마음에 와 닿은 구절이 있었다. '진로는 부모의 꿈이 아니라 자녀의 꿈'이라는 것이다. 지금까지는 부모가 기대하는 꿈을 가지기 바라면서 살아왔다. 그러나 그것이 아니라는 것을 깨닫고 난 후, 수정이 어머니는 수정이가 자신의 꿈을 찾을 수 있도록 기회를 만들어 주기로 하였다.

"어머니가 어떤 강의에 다녀오셔서 추천해 주셨다. 입시 컨설팅인줄 알고 처음에는 가지 않겠다고 했다. 상담을 하고 나서 단순한 입시 컨설팅은 아니구나, 한번 해 봐도 좋겠다고 생각하게 되었다. 이전에 진로에 대해 고민한 적은 별로 없었다. 중학교 때 통역 관련 일을 하고 싶다고 막연하게 생각만 했을 뿐이다. 그런데 진로 1:1 멘토링을 받으면서 이전에는 두루뭉술하게 생각했던 것을 처음으로 구체화할 수 있었다. 직업에 대해서 막연하게 재미있을 것 같다와 같은 환상만 가지고 있었는데, 내 적성을 고려하고 현실적으로 접근하는 방법을 알게 되었다. 직업을 다각도로 탐색하게 되는 시각과 방법을 알게 되었다. 의사결정 과정이 성숙해졌다는 점이 가장 큰 변화라고 생각한다. 이전보다 나 자신에 대해서 더 잘 알게 되었고, 본인을 객관적으로 볼 수 있었다.

그런 과정을 통해 결국 '생명공학'을 진로로 선택하게 되었다. 중학교 때부터 내가 이공계를 진로로 선택할 것이라고 한 번도 생각한 적이 없었다. 중학교 때부터 인문계로 생각하다가 이과를 처음으로 바꾸고 나서 그 과정이 힘들었다. 고민도 많이 했다. 그러나 내가 원하는 것에 도전해 보겠다는 자신감이 있었다. 충동적인 결정은 절대 아니었고, 주도적으로 의사결정을 할 수 있는 과정이 있었다. 내가 할 수 있는지, 내가 좋아하는지에 대한 현실적 근거를 바탕으로 결정했다. 이전에는 구체적으로 생각해 본 적도 없었고 방법도 몰랐던 게 사실이다. 지금은 이과로 바꾸면서 부족한 성적을 채우는 것에 최선을 다하고 있고, 봉사활동도 꾸준히 하고 있다. 공부에 소홀하면 안 되겠다는 생각이 절로 든다. 내 주변 친구들의 고민도 다 똑같다. 다들 어떻게 성적 맞춰서 대학에 갈까에 대한 생각만 하고 있는데 그런 친구들에게 나의 경험을 꼭 소개해 주고 싶다."

### 엄마가 원하는 대로? NO! 내가 스스로 만들어가는 미래 일기

"다른 친구들과 마찬가지로 나 또한 이전에는 스스로 진로에 대해서 고민한 적이 없었어요. 그냥 엄마가 원하는 직업이면 아무 생각 없이 따랐던 것 같아요."

중학교 3학년 혜민이는 부모의 꿈을 대신 살고 있던 평범한 학생이다. 자신의 삶의 자신의 생각으로 이끌지 않고 부모의 뜻대로 사는 삶은 그로 하여금 매사에 부정적인 태도를 갖게 하였다. 그런 혜민이에게 변화의 계기가 찾아왔다.

"우리 어머니는 교육에 관심이 많은 편이다. 특히 자기주도학습에 관심이 많으신데 우연히 진로코칭에 대해 알게 되어 나에게 권유하셨다. 처음에는 솔직히 참여하고 싶은 마음이 크지 않았다. 진로에 대해 벌써부터 고민할 필요가 있을까 생각했다. 프로그램을 통해 처음으로 진로에 대해서 고민을 해 본 셈이었다. 그리고 스스로 찾아본 자료들과 적성검사를 통해서 나중에 교사가 되고 싶다는 꿈을 갖게 되었다. 그렇게 내 스스로 진로를 정하고 나니, 그동안 열심히 하지 않은 것에 대한 후회가 가장 많이 됐다. 그런 것들이 가장 힘들었던 것 같다.

가장 많이 달라진 점은 부정적이었던 성격이 긍정적으로 바뀌었다는 것이다. 이제는 무엇을 하더라도 좋은 점을 먼저 보게 되었다. 세상을 보는 눈이 달라졌다고 해야 하나. 특히 '연탄 나눔 봉사활동'과 같이 처음 해 보는 경험을 통해 나 자신을 많이 돌아보게 되었다. 이전에는 봉사활동을 하더라도 시간 채우기에 급급했었는데, 나보다 더 힘든 사람들을 보면서, 진로를 찾아 더 열심히 살아야겠다는 생각을 했다. 이제는 어떤 일을 하더라도 계획적으로 하게 됐다. 일단 내가 정한 진로가 교사이기 때문에 고등학교에 진학하는 것이 급선무다. 고등학교에 관한 자료를 스스로 찾아보고, 가고 싶은 고등학교도 정해 놓았다. 이를 위해서 봉사활동도 꾸준히 하면서 고등학교 진학에 대한 준비를 많이 하고 있다. 내 주변 친구들은 아직 무엇을 해야 할지 자세하게 생각하지 않는 것 같다. 그에 비해 나는 미래에 대해 심도 있고 계획적으로 그리고 있으니 나름대로의 강점을 지니게 된 것 같아 뿌듯하다.

>> 생생 코칭스토리 6

### 결정권을 넘기면 모두가 행복하다

"사춘기를 부드럽게 넘어갈 수 있었다는 점이 가장 다행이었어요. 아이 인생 전체를 놓고 생각해 본 적이 없었는데, 로드맵 그리는 것을 도와달라고 했을 때 나도 모르니까 힘들었습니다. 그러나 아이 인생 전체를 두고 생각을 할 수 있는 기회를 얻었다는 것 자체가 정말 좋은 경험이라고 생각해요. 이전에는 내 아이를 보면서 무언가 나사가 하나 빠진 것 같은 모습이었는데, 요즘은 생활에서 방향을 잡고 살아가고 있다는 느낌이 듭니다. 흐트러지다가도 진로코칭을 다녀오면 또 재정비가 되는 것 같아요. 처음에는 대단한 아이를 만들고 싶어서 보냈는데, 그보다도 아이를 잘 알게 되었다는 것이 가장 큰 수확이었던 것 같고 그것이 가장 감사해요."

대단한 아이를 만들기 위해 진로코칭을 보냈으나 결국에는 아이를 제대로 알고 이해할 수 있게 되었다는 것에 감사하고 있다. 상형이 어머니이다. 상형이는 이전에 부모님과의 갈등이 많았다. 친한 친구들은 많았지만 상담할 친구도 없고, 어른들에 대한 불신이 가득하였다. 어른들도 아이들과 다르지 않고 잘난 것도 없으면서 나이만 많다고 훈계하는 것이 못마땅했다. 부모님과 갈등이 심해서 하루 종일 방에만 틀어박혀 있었다. 상형이와 어머니는 서로 평행선을 달리고 있었다. 그래서 아이를 바꾸려는 엄마의 의지로 진로코칭을 보낸 것이다. 당시를 회상하며 상형이 어머니는 이렇게 소감을 기록하였다.

"처음 상담을 갔을 때 코치 선생님을 만나게 되었는데, 선생님과 거의 한 시간 정도 이야기한 후 상형이도 따로 상담을 했었는데, 상형이와도 한참을 이야기한 후 말씀해 주신 것들이 내가 생각했던 아이와 실제 아이의 모습이 너무 달라서 충격을 받았다. 아이가 사춘기가 왔는데 내가 잘 몰랐다. 아이가 사춘기가 온 것을 모르고, 단순히 게을러지고 해이해졌다고 생각했다. 그리고 무엇보다 아이가 그런 나름의 고민과 깊은 생각을을 하고 있었는지 전혀 몰랐다. 오히려 아무 생각 없이 반항만 한다고 생각했었다. 나의 착각이었다."

상형이의 이전 진로상태는 그야말로 백지 수준이었다. 그나마 갖고 있던 생각은 간단했다.

"돈 잘 벌고 안정적이니까 의사가 되고 싶기는 한데, 머리가 좋지 않다고 생각해서 의대까지는 자신도 없었죠."

하지만 첫날 상담 이후부터 엄마의 태도가 달라지기 시작했다. 상형이를 이해하려고 애를 쓰는 게 보이고, 가급적 상형이의 선택을 존중해 주며, 결정권을 넘기기 시작하였다. 엄마의 태도에 변화가 생긱고, 상형이는 나름대로 진로코치와 함께 자신의 꿈을 찾아가기 시작하였다. 이후 상형이의 생각에는 거대한 변화가 찾아온다.

"학교에서는 성적만 알 수 있어서 거의 뭐 잘하냐고 물으면, 과목으로 대답을 하는 게 다인데 특별히 예체능(음악, 미술, 체육)을 하지 않는 이상은 그렇죠. 하지만 진로 수업을 하면서 내 장점이라는 게 단순히 영어, 수학으로 설명되는 것이 아니란 걸 알게 되었어요. 성격적 특징을 처음으로 발견하게 되었고, 말을 잘하는 것이 내 장점이구나 하는 인사이트를 넓힐 수 있었습니다. 내 특징을 발견하고 그게 장점이라는 것을 발견하게 되었고 그래서 직업이 단순히 학교 성적에 맞춰 정해지는 것이 아니라 다양하게 발견할 수 있다는 것을 깨닫게 되었어요. 저는 지금 제 인생에 가장 멋진 꿈을 꾸고 있어요. 유재석, 신동엽과 같은 MC라는 직업에 처음으로 관심을 가지게 된 것이죠."

### 윤정은 진로코치의 조언!

진정한 진로는 부모의 꿈이 아니라 자녀의 꿈입니다. 중요한 것은 이것을 부모가 인정하고 결정권을 자녀에게 넘겨주어야 합니다. 다만 넘기는 과정에서 최적의 정보를 만날 수 있도록 환경을 만들어주는 것과 그 과정을 신뢰하고 지지해 주는 것은 부모의 역할입니다.

**Tip. 롤모델 스토리** To.수지

"부모님의 절대적인 지지를 받고 뮤지컬 아티스트를 꿈꾸는 수지 학생에게 성악과 김영진 선배의 스토리를 소개합니다. 수지 학생은 이미 여러 콩쿨을 준비하고 있는데, 선배 역시 뒤늦게 성악을 시작하였으나 다양한 경험과 공굴을 순비하는 과정에서 실력을 쌓을 수 있었다고 합니다. 롤모델 스토리를 통해 좋은 정보를 만나 보세요."

## HISTORY / HERSTORY
# ROADMAP

|  | 중등 |  |  | 고등 |  |  |
|---|---|---|---|---|---|---|
|  | 1 | 2 | 3 | 1 | 2 | 3 |
| 자율체험 활동 |  |  |  | 예산 군립합창단 | 제12회 청소년음악회 |  |
| 동아리 활동 |  |  |  |  | 음악회 관람<br>트히라 교내 음악동아리 | 트히라 교내 음악동아리 |
| 봉사 활동 |  |  |  |  |  | 은혜의 집 |
| 진로 활동 |  |  |  | 음악 동영상 감상<br>음악 포트폴리오 관리 | 음악 동영상 감상<br>음악 포트폴리오 관리 |  |
| 특기 활동 |  |  |  | 제3회 수원 전국음악콩쿠르<br>제18회 성정음악콩쿠르 | 수리 음악콩쿠르<br>제19회 성정음악콩쿠르 |  |
| 독서 활동 |  |  |  |  |  |  |

# HISTORY / HERSTORY
# 성장과정

저는 두 형제 중 둘째로 태어났습니다. 아버지께서는 목회를 하십니다. 그래서 어렸을 때부터 찬송가를 많이 부르고 신앙 속에서 살았습니다. 그래서 부모님에게 신앙적인 측면에서 많은 영향을 받았습니다. 또 그렇게 어릴 때부터 찬송가를 많이 불렀기 때문에 어쩌면 자연스럽게 음악적인 재능을 기를 수 있었고 지금 이렇게 성악가로의 길을 택하게 되었는지도 모르겠습니다. 실제로 유명한 음악가들 중에서는 깊은 신앙심을 가진 사람들이 많다고 합니다.

또, 저희 가족은 항상 화목했습니다. 부모님께서는 저를 많이 믿어 주셨습니다. 제가 무슨 일을 하든 저를 믿어 주시고 또 도와 주셨습니다. 제가 음악을 하겠다고 했을 때도 반대하지 않고 저를 응원해 주셨고 또 제가 서울까지 음악회를 보고 늦은 밤이나 새벽에 돌아올 때면 데리러 나와 주시기도 하셨습니다. 부모님의 사랑이 없었다면 결코 저는 제 꿈을 이룰 수 없었을 것이라고 생각합니다.

제 좌우명은, "세상에는 4가지 유형의 사람들이 있다. 첫째 무슨 일을 성취해 내는 사람. 그리고 둘째 남이 성취하는 것을 보고 바라만 보는 사람. 셋째로는 남이 성취해 내는 것에 감탄하고 박수치는 사람. 넷째 무슨 일이 일어났는지도 모르는 사람. 이중 과연 나는 어떤 사람인가?"입니다. 이 좌우명 아래에서 저는 무슨 일을 성취하는 사람이 되기 위해서 매일 열심히 노래를 연습하였습니다.

제가 존경하는 위인은 성악가 레오누치입니다. 레오누치는 정말 연세가 많은데도 발성이 죽지 않고 살아 있는 성악가로, 시련을 딛고 열심히 노래하는 분이기 때문입니다. 제가 고등학교 1학년 때 처음 성악을 접하고 고등학교 3학년 때까지 계속 노래를 하면서, 제게 가장 큰 영혼의 울림을 주신 분입니다. 고등학교 3학년 때 힘들 때가 많았습니다. 특히 담임 선생님께서는 제게 도대체 어떻게 네가 서울대를 가냐고 하시면서 헛된 꿈 꾸지 말라고 나쁘게 말씀하셨습니다. 그렇게 힘들 때면 제 꿈을 되새기면서 그리고 더 힘들게 성악을 하시는 레오누치를 떠올리면서 제 자신을 채찍질하고 공부에 전념하였습니다.

Tip. 롤모델 스토리 To.수지

HISTORY / HERSTORY
# 성공전략

### 많은 콩쿠르를 경험하다

김영진 학생은 고등학교 1학년 때 뒤늦게 성악에 대해 관심을 갖게 되었으며, 게다가 지방에 있는 일반고등학교 출신이기에 입시나 대회 관련 정보를 얻는 것이 쉽지 않았습니다. 그래서 김영진 학생은 스스로 인터넷 등을 통해 콩쿠르 정보를 찾아보고 자신이 직접 지원서를 모두 준비하고 수원과 서울을 오가며 크고 작은 콩쿠르를 계속해서 경험했습니다. 그 중에는 물론 1등이라는 좋은 결과가 나온 콩쿠르도 있었고 때로는 본선도 진출하지 못하고 예선에서 탈락한 콩쿠르도 있었습니다. 하지만 김영진 학생은 결과에 연연하기보다는 자신의 실력을 시험할 수 있는 좋은 기회라고 생각하고 가능한 한 많은 콩쿠르 경험을 통해 실전 경험을 쌓았습니다. 그리고 그 결과 서울대학교 실기 시험에서도 긴장하지 않고 좋은 결과를 낼 수 있었습니다.

### 음악 포트폴리오로 승부하다

김영진 학생은 자신의 성악에 대한 관심을 자신의 음악 포트폴리오로 표현하였습니다. 즉 김영진 학생은 자신이 고등학교 때 참가한 모든 대회와 콩쿠르 실적을 정리하는 한편, 관람하러 갔던 음악회 티켓과 팜플렛을 모아 스크랩하고 또 평소에 음악 관련해서 읽었던 책이나 보았던 영상물 등을 정리하여 풍부한 포트폴리오를 만들어 수시모집 때 제출하였는데, 보통 포트폴리오라고 하면 미대 지망 학생들이 준비하는 것이라고 생각하기 쉬운데 김영진 학생은 이렇게 음악 포트폴리오를 꾸준히 정리해 둠으로써 다른 학생들과 차별화되는 자신의 강점을 만들 수 있었습니다. 음악이나 미술이 아니라도, 자신이 관심 갖고 있는 진로에 관해 꾸준히 기사를 모으고 책을 읽고 감상을 남기고 관련 전시회나 강연회 등을 다녀 오면서 그 내용물을 스크랩하여 정리해 둔다면 여러분도 자신만의 진로 포트폴리오를 가질 수 있을 것입니다.

성악과 선배의 진로진학 전과정 롤모델 스토리

**PORTFOLIO STORY | 자율체험활동 1**
# 예산 군립 합창단

### 하모니 속에서 느끼는 감동

예산 군립 합창단은 예산군 소속 문화단체로, 지역 주민들이 모여 열심히 하모니에 맞춰 노래를 연습하고 그 결과로 두 달에 한 번씩 군민들을 위해 음악 공연을 제공하는 것을 목표로 합니다. 합창단 활동을 하게 된 계기는 여름 방학을 맞아 예산에 내려오신 군립 합창단 지휘자님의 아드님께서 서울대학교 07학번 선배님이셔서 그분께 레슨도 받고 진로 조언도 받게 되었습니다. 그 와중에 저를 알게 되신 합창단 지휘자님의 제안으로 군립 합창단에 참여할 수 있게 되었습니다.

한 50명 정도의 합창단원 중 학생은 저 혼자였습니다. 게다가 다른 분들은 연초부터 활동을 하셨는데 저는 여름부터 중간에 들어온 멤버다 보니 적응하는 것이 쉽지만은 않았습니다. 그래도 그 분들과 매일 길게는 3시간 정도씩 강도 높은 연습을 하며 서로 많이 배우기도 하고 가끔은 제가 가르쳐 드리기도 하면서 점점 가까워질 수 있었습니다. 또 공연을 할 때 마다 200명~300명에 이르는 인원 앞에서 합창을 하고 관객 분들로부터 진심 어린 응원과 박수 세례를 받으며 저는 점점 이 활동에 대해 애정이 깊어져 갔습니다.

저는 고등학교 3학년이 되어 성악 콩쿠르에 집중하는 시기 전까지 열심히 합창단 활동에 참여하면서 좋은 인연도 많이 만들고 노래에 대해서도 많은 것을 배웠습니다. 평소에 연습하는 독창과 달리 합창을 처음 할 때에는 제가 다른 소리와 조화를 이루지 못하고 혼자서만 소리를 너무 강하게 내는 경향이 있었는데, 노래를 잘 하는 것과 합창을 잘 하는 것이 다른 능력이 될 수 있다는 것을 깨닫게 되었습니다. 또 사람들을 위해 함께 모여 하모니를 맞추어 노래를 부르는 것 자체로 행복과 감동을 느낄 수 있었습니다.

**코멘트** 김영진 학생은 순수하게 음악을 사랑하고 노래하는 것을 좋아하였기 때문에 다양한 대외 활동에 참여하면서 자신의 경험을 풍부하게 쌓아 나갔습니다. 성악가의 꿈을 꾸는 다른 친구들보다 늦게, 일반계 고등학교에 와서야 자신의 재능을 발견한 김영진 학생은 조금 늦은 대신 누구보다도 더 열정적으로 자신의 꿈을 향해 노력하였습니다. 여름 레슨에서도 김영진 학생이 자신의 음악적인 열정과 재능을 적극적으로 표현하였기 때문에 이러한 태도를 높이 사신 지휘자님께서 김영진 학생을 아직 학생임에도 불구하고 합창단원으로 받아들였던 것입니다. 자신의 단점을 극복해 나가는 과정에서 때로는 자신의 소리를 죽여야만 하는 힘든 순간도 있었을 것이고 학업과 병행하면서 매일 장시간의 연습에 참여하는 것도 결코 쉬운 일이 아니었을 것입니다. 이 과정에서 김영진 학생은 자신의 부족한 점을 장점으로 승화시켜 나갔고 단순히 입시를 위한 노래가 아니라 사람들에게 감동과 기쁨을 전하기 위한 노래를 하고 싶다는 자신만의 깨달음과 가치관을 수립할 수 있었습니다.

Tip. 롤모델 스토리 To.수지

**PORTFOLIO STORY | 자율체험활동 2**
# 제 12회 청소년음악회

**처음으로 큰 무대에 서다**

고등학교 2학년 때 처음 도전하였던 수원 전국 음악 콩쿠르에서 대상을 받은 뒤, 심사위원 분들의 추천을 받아 6월경 수원 온누리 아트홀에서 열리는 청소년 음악회에 참여하게 되었습니다. 이미 다른 고등학생 8명 정도가 오디션을 거쳐 선발된 상태였고 저는 특별공연 식으로 참여하게 되어 생각지도 못했던 영광스러운 기회를 갖게 되었습니다. 이 음악회는 5월부터 6월까지 약 한 달 여간 각자 자신의 파트를 연습하고 나서 독주, 독창으로 진행되는 방식이었습니다. 바이올린, 피아노 등 저와 다른 음악을 하는 친구들과 만날 수 있는 좋은 경험이었습니다.

그리고 이 행사를 준비하는 과정에서 수원에서 또 저처럼 일반계 고등학교에서 음악의 꿈을 키워 가고 있던 소프라노 전공 선배님을 한 분 만나 우정을 쌓게 되었습니다. 아무래도 일반계 고등학교에서 성악가로서의 꿈을 키워 가는 경우는 흔하지 않기 때문에 서로의 고충을 많이 나눌 수 있었고 그래서 더욱 반가운 인연이었습니다. 그래서 서로 음악회가 끝난 후에도 꾸준히 연락을 나누며 힘든 일이 생기거나 또 기쁜 일이 생길 때마다 소식을 주고 받았습니다.

다른 분들은 다 콩쿠르나 음악회 경험이 충분한 고등학교 3학년들이었는데 저는 아무래도 음악적인 경험이 많이 부족한 상황이었기 때문에 긴장을 많이 했습니다. 평소에 하던 예산군 내에서 하는 행사가 아니라 훨씬 큰 무대에 서 보는 것은 처음이기도 했고, 게다가 저는 수원 전국 음악 콩쿠르 대상이라는 타이틀을 걸고 특별 출연 형태로 관객들 앞에 서야 했기 때문에 더 떨렸습니다. 하지만 막상 무대 위에 올라가 노래를 부르기 시작하니 그런 부정적인 감정들은 사라지고 제 노래에만 몰입하여 좋은 무대를 만들 수 있었습니다. 이때 큰 무대에 선 경험은 이후 다른 콩쿠르나 대회 등에서도 제게 큰 힘이 되었습니다.

**코멘트** 김영진 학생은 고등학교 2학년 때 처음 출전한 전국 규모의 콩쿠르인 수원 전국 음악 콩쿠르에서 고등부 대상을 받은 후, 다시 수원 지역에서 특별 출연 자격으로 청소년 음악회에 참여할 수 있는 좋은 기회를 얻었습니다. 아직까지 많이 어린 고등학생 시기에, 그것도 예술고등학교에서 오랜 기간 성악을 배우지도 않은 일반계 학생이 커다란 무대에 오를 수 있었던 것은 그만큼 김영진 학생의 음악적인 재능과 열정이 월등했다는 것을 증명합니다. 이러한 재능은 김영진 학생의 끊임없는 노력으로 인해 얻어진 결과물입니다. 실제로 김영진 학생은 고등학교 1학년 때부터 3학년 때까지 스스로 콩쿠르를 비롯한 많은 무대 기회를 찾아 도전하였고 하루에 몇 시간씩 음악 관련 동영상이나 책 등을 통해 계속해서 자신의 음악적 역량을 키워 왔습니다. 이 정도로 자신이 택한 분야에 대해 열정적으로 도전할 수 있다면 여러분도 반드시 좋은 기회를 얻을 수 있을 것이라 생각합니다.

**PORTFOLIO STORY | 자율체험활동 3**

# 음악회 관람

### 내 가슴을 뛰게 하는 음악

저는 정말 누구보다도 마음 깊이 음악을 사랑했습니다. 고등학교 때 노래를 본격적으로 연습하면서 저는 틈틈이 시간이 날 때마다 인터넷을 통해 혹은 DVD를 통해 훌륭한 성악가들의 공연 영상을 보면서 많은 영감을 얻었습니다. 하지만 항상 직접 생생한 감동을 느낄 수 없다는 점에서 저는 항상 목말라 있었습니다. 매번 공연 리스트와 일정만 보면서 아쉬워하던 저는 결국 고등학교 2학년의 어느 날인가를 기점으로 서울에 있는 공연장에 직접 가서 음악회를 관람하기로 마음 먹었습니다. 주중에는 학교 일정이랑 동시에 병행하기가 너무 벅차 선생님께 양해를 드리고 다녀와야만 했고, 보통 공연이 저녁 시간에 진행되기 때문에 어떤 때는 교통 편이 다 끊겨서 새벽 차로 학교에 돌아와 수업을 들어가곤 했습니다.

기억에 남는 공연이 몇 가지 있습니다. 가장 기억에 남는 것은 전설적인 성악가인 호세 카레라스의 내한 공연입니다. 사진이나 책, 영상으로만 보던 호세 카레라스의 공연을 직접 고등학교 2학년 때 볼 수 있었는데 정말 한 마디로 대단하다는 말 밖에 할 수 없었습니다. 학생이라서 어쩔 수 없이 3층 구석 자리에서밖에 볼 수 없었는데도 불구하고 느껴지는 그의 목소리에서 뿜어져 나오는 아우라는 정말 굉장했습니다. 정말 심장이 뛰고 가슴이 벅차고 뿌듯했습니다. 그리고 오페라 마술피리도 기억에 남습니다. 오페라라고 하면 보통 딱딱하고 어렵다고 생각하는데 연출자가 현대적으로 작품을 재해석해서 재미있고 신선하게 진행되어 관객들의 호응이 좋았습니다. 저도 나중에 공연을 하면 관객들과 호응하면서 즐겁게 하고 싶다는 생각이 들었습니다.

**코멘트** 음악회 관람 활동은 김영진 학생의 음악에 대한 대단한 열정을 단적으로 보여주는 사례 중 하나입니다. 서울 근교가 아닌 충남 예산에서 서울 지역까지 주중 주말 가리지 않고 음악회를 관람하러 다니는 것은 절대 평범한 학생이라면 할 수 없는 일입니다. 하지만 김영진 학생은 오히려 자신이 좋아하고 사랑하는 일이라고 생각하면 가슴이 뛰어서 막차를 타고 첫차를 타고 학교에 가더라도 피곤을 느낄 새도 없었다고 합니다. 김영진 학생처럼 고등학생 나이에 자신의 가슴을 뛰게 하는 꿈을 발견하는 것은 절대로 쉬운 일이 아닙니다. 그리고 그 꿈을 실현하기 위해 행동으로 옮기고 실천하는 것은 더욱 어려운 일입니다. 하지만 김영진 학생은 자신의 꿈을 향해 열심히 노력하였고, 그 결과 세계 최고의 성악가 중 한 사람인 호세 카레라스의 공연을 직접 볼 수 있는 기회도 얻었습니다. 만약 김영진 학생이 교실 안에만 갇혀 있었다면 절대로 이러한 좋은 경험을 할 수 없었을 것입니다. 여러분도 스스로의 진로에 관한 롤 모델을 만나기 위해 김영진 학생처럼 직접 찾아보고 뛰어 보십시오. 분명 그 과정 속에서 자신의 꿈을 더욱 굳건히 키워 나갈 수 있을 것입니다.

Tip. 롤모델 스토리 To.수지

## PORTFOLIO STORY | 동아리 활동 1
# 트히라 교내 음악동아리

**음악 속에서 싹트는 우정**

음악에 대해 관심이 점차 깊어져 가던 고등학교 2학년에 올라간 때부터 3학년이 되어 수능시험을 마칠 때까지 저는 교내 음악동아리 '트히라'에서 활동하였습니다. '트히라'는 수십 명 규모의 큰 동아리는 아니었지만, 성악을 전공하신 음악 선생님이 동아리 담당 선생님이셨고 피아노나 색소폰을 다룰 줄 아는 선배들이 있어 많은 것을 배우고 또 선후배 및 친구들과 우정을 쌓을 수도 있었습니다. 저희는 매 주 모여 음악 이론을 배우고 간단히 화음을 맞추며 실습을 하고 서로의 음악을 평가하고 조언을 해 주었습니다. 이외에도 선생님들을 모시고 두 달에 한 번 꼴로 정기 연주회를 열기도 했습니다. 그렇게 오랜 시간 함께 연습하고 활동하면서 저희들 사이에도 차츰 우정이 싹트기 시작하였습니다. 저희에게 트히라 활동은 고등학교 생활의 매우 큰 부분이었습니다.

보통 다른 학생들은 동아리 활동에 시간을 많이 쏟으면 공부를 할 시간이 줄어든다고 부담스럽다고 여길 수 있지만 저는 오히려 음악이 입시와 진로의 연장이라고 생각하니까 즐겁게 할 수 있었습니다. 게다가 저는 무대 경험이 거의 없었는데, 트히라 활동을 하면서 교내 정기 연주회도 하고 교내 축제에서도 무대에 서게 되고 외부 봉사활동이나 행사에서도 무대에 오를 기회를 얻으면서 자연스럽게 무대 경험을 늘릴 수도 있었습니다. 아무래도 제가 사는 예산에는 서울과 달리 군민들이 즐길 수 있는 음악 관련 행사가 거의 없습니다 그래서 대외 행사에 활동을 많이 나갔습니다. 고등학교 3학년이 되면서는 제가 동아리에서 음악부장을 맡아 친구들과 후배들을 조율하며 동아리를 이끌어 나갔습니다. 동아리에 소속된 10여명의 친구들은 다들 음악을 좋아하는 아이들이었지만 연습 시간이나 노력이 성악을 전공하신 선생님의 기대에는 미치지 못했고 그러한 데서 생기는 갈등을 제가 중간에 조정하기도 했습니다.

**코멘트** 고등학교 때의 동아리 활동은 학창 시절을 구성하는 매우 큰 부분입니다. 김영진 학생은 동아리 활동도 자신이 좋아하는 음악 활동의 연장선으로 삼았는데, 교내 음악 동아리 '트히라'에서 활동하면서 김영진 학생은 담당 선생님으로부터 음악적인 조언도 많이 듣고 교내/외 행사들을 통해 무대 경험도 충분히 쌓을 수 있었습니다. 그리고 무엇보다도 음악을 사랑하는 친구들 선후배들과 함께 2년간 생활하면서 많은 추억을 쌓을 수도 있었습니다. 또 김영진 학생은 동아리 내에서 음악부장을 맡아 친구들과 선후배들을 조율하면서 교내 정기 연주회, 교내 축제, 외부 행사 등 다양한 행사를 성공적으로 치렀습니다. 일반적으로 예체능 계열의 학생들은 학급 임원이나 학생회 임원 등의 경험을 하는 것이 흔하지 않은데, 대신에 김영진 학생처럼 동아리에서 이렇게 주도적인 활동을 하면서 리더십 경험을 쌓을 수도 있다는 점을 참고하면 도움이 될 것입니다.

성악과 선배의 진로진학 전과정 롤모델 스토리

## PORTFOLIO STORY | 봉사 활동 1
# 은혜의 집

**노래를 통해 사랑을 나누다**

고등학교 3학년 때 저는 은혜의 집이라는 요양 기관에 정기적으로 봉사 활동을 나가게 되었습니다. 사실 처음에는 단순히 봉사활동 시간을 채우기 위해 방문한 것이었습니다. 그냥 두 달에 한 번 정도 가서 할머니 할아버님 식사하는 것 도와 드리고, 청소도 하는 게 고등학생 봉사자들의 일반적인 일과였습니다. 다른 고등학생 친구들도 다들 자발적으로 참여했다기보다는 어쩔 수 없이 하는 경우가 많았습니다. 그러던 제가 변화하게 된 계기는 바로 노래였습니다.

처음에는 어색했지만 어르신들과 가까워지면서 대화를 점점 자주 하게 되었습니다. 그래서 그분들이 제게 너는 뭘 좋아하냐고 뭘 공부하냐고 그런 식으로 물어 보셔서 저는 노래하는 것을 좋아하고 앞으로도 성악가가 되고 싶다고 말씀 드렸더니 노래 불러 달라고 하셨습니다. 그래서 처음에는 어떻게 해야 할지 몰라서 당황했습니다. 생각나는 게 트로트곡밖에 없어서 간단하게 몇 곡 불러드렸는데 정말 박수를 치시고 엄청 좋아하셨습니다. 그래서 다른 한국 가곡들도 불러 드렸는데 생각했던 것보다 훨씬 더 기뻐하셔서 뿌듯했습니다. 뭐랄까 제가 갖고 있는 재능으로 다른 사람들을 행복하게 해 줄 수 있다는 사실을 깨닫게 된 것 같았습니다. 노래로 사람들을 행복하게 한다는 것이 이렇게 소중한 일이구나 하고 다시금 제 꿈을 다지게 되었습니다.

그래서 그 이후로는 저는 은혜의 집에 갈 때 마다 할머니 할아버님들이 좋아하는 스타가 되어 노래와 음악으로 봉사를 하였습니다. 음악을 통해 그분들의 아픔이나 상처가 조금이나마 아물었으면 좋겠다는 생각을 하며 노래를 불렀습니다. 그리고 그때의 봉사활동이 계기가 되어, 지금도 저는 종로 쪽에서 장애인 분들이나 노인 분들 관련 행사가 있을 때 노래를 하면서 봉사를 하는 등 활동을 이어 나가고 있습니다.

**코멘트** 김영진 학생은 봉사 활동을 통해서도 자신의 음악적인 재능을 발휘할 수 있었습니다. 대부분의 학생들은 자발적으로 그리고 장기적으로 봉사활동에 참가하기보다는 봉사활동 시간을 이수하기 위한 목적으로 봉사 활동에 참여하는데, 김영진 학생도 처음에는 여느 학생들처럼 봉사활동 시간을 채우기 위해 가까운 요양 기관에 방문하였습니다. 하지만 이후에는 그 곳에서 어르신들과 노래를 통해 소통하면서 서로 마음의 문을 열고 즐겁게 봉사 활동을 이어 나갈 수 있었습니다. 그래서 김영진 학생의 봉사 활동 경험은 좋은 스토리가 됩니다. 여러분도 교육에 관심이 있는 학생들은 여러 교육단체에서 봉사 활동 경력을 쌓는다면 더욱 풍성한 자신만의 이야기를 만들어 갈 수 있을 것입니다.

**Tip.** 롤모델 스토리 To.수지

## PORTFOLIO STORY | 진로활동 1
# 음악 동영상 감상

**하루 종일 노래와 함께 살다**

저는 다른 친구들에 비해 정말 늦게 음악을 시작한 편입니다. 그래서 소위 음악적인 감각이나 청음 실력이 많이 부족한 상황이었습니다. 좋은 성악가가 되기 위해서는 음을 잘 듣고 이해하는 능력도 중요하기 때문에, 저는 이러한 능력을 기르기 위해 최대한 노력을 기울였습니다. 제가 주로 이용한 방법은 성악 관련 동영상을 감상하는 것이었습니다.

정말 거의 하루도 빠짐 없이 최소 네다섯 시간 이상씩 동영상을 보고 들었던 것 같습니다. 다른 친구들이 교과서를 읽고 문제집을 풀면서 내신과 수능을 대비할 때 저는 자투리 시간에도 동영상을 보고 쉬는 시간에도 음악을 듣고 심지어 야간 자율학습 시간에도 음악을 공부하였습니다. 저에게는 이게 가장 중요한 공부였기 때문에 언어, 수리, 외국어 같은 소위 주요 과목들보다 훨씬 많은 시간을 투자하였습니다. 저는 성악이나 오페라 공연 동영상을 Youtube 등을 이용해 감상하거나 또는 PMP를 이용하기도 했고 집에서는 홈 씨어터를 이용해 좋은 환경에서 음악을 감상할 수 있었습니다.

부모님께서 저를 많이 지원해 주시고 믿어 주셔서, 홈 씨어터도 사실 집에 그렇게 필요한 제품이 아닌데 저를 위해서 무리해서 구입해 주셨습니다. 그 부모님의 믿음과 사랑에 보답해 드리고 싶어서 더욱 열심히 노력했던 것 같습니다. 저는 거의 아침에 눈을 떠서 밤에 잠을 청할 때까지 하루 종일 노래와 함께 생활했던 것 같습니다. 대학에 와서도 이 습관을 유지하면서 틈만 나면 좋은 영상들을 감상하면서 많이 배우고 있습니다. 이렇게 영상들을 많이 참고하면서 제게 부족한 점을 파악하여 고치고 또 배울 만한 점이 있으면 받아 들이면서 조금씩 성장하였습니다.

**코멘트** 김영진 학생이 얼마나 성악에 대해서 열정을 갖고 살아 왔는지 단적으로 보여주는 활동이 바로 이 음악 동영상 감상 활동입니다. 김영진 학생은 예술고등학교가 아닌 지방 일반계 고등학교에서 학창 시절을 보냈기 때문에, 전문적으로 음악을 가르쳐 줄 선생님이나 멘토를 만나는 것이 쉽지 않았다고 합니다. 그런 김영진 학생에게 항상 곁에서 가르침을 주었던 멘토들은 바로 동영상 속 세계적인 성악가들이었습니다. 하루에 몇 시간씩 음악을 들으며, 친구들이 수학 문제집을 풀고 영어 듣기를 할 때 김영진 학생은 누구보다 열심히 자신의 꿈을 위해 노력하였습니다. 이렇게 김영진 학생처럼 자신의 꿈을 위해 진심으로 노력해 온 지원자라면 분명 입학사정관들의 마음을 움직일 수 있습니다. 굳이 김영진 학생처럼 하루에 몇 시간이 아니더라도, 하루에 30분씩이라도 좋으니 자신의 꿈을 위한 노력을 해 보십시오. 분명 그 노력이 모여 자신만의 차별화된 스토리를 만들어 낼 것입니다.

성악과 선배의 진로진학 전과정 롤모델 스토리

## PORTFOLIO STORY | 진로활동 2
# 음악 포트폴리오 관리

### 나만의 음악 자서전

제가 대학 입시에서 가장 크게 도움을 받았던 것이 바로 이 음악 포트폴리오였습니다. 저는 본격적으로 음악 활동을 시작한 고등학교 2학년 때부터 제가 참가한 콩쿠르나 혹은 서울에 가서 관람한 음악회 관련 자료들을 잊어버리지 않게 정리하였는데, 입시를 치르고 졸업할 때까지 자료들을 모으니 그 분량이 생각보다 많아 제 스스로도 놀랐습니다. 저는 일단 제가 참여했던 각종 크고 작은 콩쿠르들의 대회 설명 자료, 참가 서류, 수상 내역 등을 모으고 간단한 코멘트를 달아 정리하였으며 제가 다녀온 음악회들은 티켓과 팜플렛 그리고 감상 평을 달아 정리하였습니다. 또 각종 음악 관련 교내·외 활동에 참여할 때마다 찍은 사진이나 영상 자료 등을 차곡차곡 정리해 두었습니다.

저는 그렇게 모인 저만의 음악 포트폴리오를 수시모집 때 전형 서류로 제출하였는데, 실제로 면접관 분들이 포트폴리오에 대해 많이 관심을 보이셨고 또 포트폴리오에 담긴 활동들 각각에 대해서 자세히 물어 보기도 하였습니다. 저는 음악 관련된 책, 성악가들의 자서전 그리고 발성이나 호흡에 관한 책 내용까지 필요한 부분을 정리해 두었는데요 이렇게 자신만의 진로 포트폴리오를 마련하는 것은 정말 중요한 활동이라고 제 개인적으로 생각합니다. 보통은 미술대학 입시를 준비하는 친구들이 포트폴리오를 관리하잖아요 그런데 음악대학이나 다른 문·이과 계열에 진학하더라도 자신의 희망 학과나 진로에 관한 활동들을 장기간 꾸준히 모아 둔다면 분명히 큰 재산이 될 것입니다. 저는 지금도 틈틈이 대학 때 생긴 새로운 자료들을 모아 스크랩해 정리하고 있습니다 앞으로도 이 습관을 평생 길러 음악 포트폴리오를 저만의 음악 자서전이나 일기장처럼 관리하고 싶습니다.

> **코멘트** 학창 시절에 다양한 활동을 경험하는 것도 물론 쉬운 일이 아니지만, 김영진 학생처럼 자신의 경험한 모든 활동을 체계적으로 정리하는 것은 정말 어려운 일입니다. 하지만 김영진 학생은 자신이 좋아하는 음악 활동이었기에 딱히 입시에 도움을 받기 위한 자료가 아니라 자신을 위한 일기장이라고 생각하면서 포트폴리오를 관리하였기 때문에 도중에 지쳐 포기하지 않고 끝까지 잘 정리할 수 있었습니다. 다른 학과에 지망하는 학생들의 경우에도 얼마든지 이렇게 자신만의 독창적인 활동 자료를 만들 수 있습니다. 여러분도 자신이 관심 있는 학과나 진로에 관한 최신 뉴스 기사를 꾸준히 스크랩하고 또 해당 분야의 롤 모델들의 활동 내역을 모으거나 관련 분야의 서적들을 읽고 감상문을 남기는 등 다양한 활동을 경험한다면 충분히 김영진 학생처럼 경쟁력 있는 포트폴리오를 갖출 수 있을 것입니다.

Tip. 롤모델 스토리 To.수지

**PORTFOLIO STORY | 특기활동 1**
# 제3회 수원전국음악콩쿠르

**첫 콩쿠르에서 대상을 받다**

제 3회 수원 전국음악콩쿠르는 제 진로를 결정하는 데 있어 가장 결정적인 계기였습니다. 고등학교 2학년이 되면서 저는 본격적으로 음악 쪽으로 실기 경험을 쌓고 싶어 콩쿠르나 각종 행사에 참가하기 위해 이곳 저곳을 알아 보았는데, 학교가 예술고등학교가 아니었기에 선생님의 도움을 받기가 쉽지 않았던 저는 인터넷을 통해 5월쯤 고등부를 대상으로 전국 음악콩쿠르가 수원에서 열린다는 소식을 접하고 콩쿠르를 준비하기 시작했습니다.

콩쿠르는 자신의 음악적인 역량을 테스트해 볼 수 있는 좋은 기회입니다. 콩쿠르는 다른 문·이과 친구들이 몇 개월마다 한 번씩 응시하는 전국연합 모의고사와 같은 개념인데 저희 음대 쪽은 음악 모의고사를 칠 수는 없으니 대신 콩쿠르 같은 행사를 통해 그런 실전 경험을 쌓게 되는 것입니다. 아무래도 수원까지 혼자서 다녀 오는 것은 무리라고 생각해서 걱정이 되었는데 다행히 부모님께서 저와 함께 수원까지 다녀와 주시면서 저를 전적으로 믿어 주시고 지원해 주셨습니다.

수원전국음악콩쿠르는 제가 처음 나간 전국 규모의 콩쿠르였습니다. 처음 큰 무대에 올라가 평가를 받는다고 생각하니 너무 떨려서 노래 부르면서 자세를 이상하게 했습니다. 정말 지금 생각하면 웃음이 날 정도랍니다. 물론 그 뒤로 계속해서 무대 경험을 쌓으면서 자세를 개선하였습니다. 어쨌든 실수 때문에 좋은 결과는 기대하지 않고 그냥 경험을 쌓았다고 생각하자 그렇게 여기고 있었는데 예상 외로 제가 대상을 받게 되었습니다. 성악가로의 제 진로에 확신이 생긴 결정적인 계기였습니다. 하지만 제가 첫 콩쿠르부터 큰 상을 받아 버리는 바람에 다소 교만해져서 연습을 소홀히 하게 되었고 다음 번 성정음악 콩쿠르에서는 좋지 않은 결과가 나오고 말았습니다.

**코멘트** 일반계 고등학생들은 고등학교 1학년 때부터 3학년 때까지 몇 개월에 한 번씩 전국 규모의 모의고사를 응시함으로써 자신의 실력을 평가하고 앞으로의 학업 계획을 수립할 수 있습니다. 하지만 예체능 계열의 학생들은 모의고사 대신에 각 대학에서 주최하는 실기 대회에 참가하거나 김영진 학생처럼 콩쿠르에 참여함으로써 그러한 실전 경험을 쌓을 수 있습니다. 실제로 김영진 학생도 고등학교 2학년 때 처음으로 수원에서 전국 규모의 콩쿠르에 참가한 이래로 크고 작은 콩쿠르 행사에 계속해서 참여하면서 자신의 실력을 점검하고 조금씩 더 발전해 나갔습니다. 물론 실기 대회나 콩쿠르에서 좋은 성적을 거둔다면 가장 좋겠지만 그 결과가 좋지 못하더라도 자신의 목표를 달성하기 위해 노력하는 과정에서 배울 수 있는 것도 많으므로 학생 여러분은 두려워하지 말고 도전 정신으로 무장하기 바랍니다.

성악과 선배의 진로진학 전과정 롤모델 스토리

## PORTFOLIO STORY | 특기활동 2
# 제18회 성정음악콩쿠르

### 예선 탈락의 충격을 겪다

5월에 처음 참가한 전국 규모의 콩쿠르에서 대상을 받아 버린 저는, 일단은 제 진로에 대한 확신과 제 역량에 대한 자신감을 갖게 되었지만 동시에 교만한 마음을 갖게 되고 말았습니다. 마치 앞으로는 열심히 하지 않아도 모든 콩쿠르에서 제가 대상을 받을 것만 같았고 그래서 한동안 연습도 게을리하고 음악도 잘 듣지 않으면서 여름 방학을 보냈습니다. 그러던 저는 8월에 열리는 국내 최고 수준의 콩쿠르인 성정음악콩쿠르가 열린다는 소식을 듣고 참가를 준비하였습니다.

저번에 대상을 했으니 이번에도 본선은 무난하게 진출할 것이라고 제 스스로 으쓱거리고 있었는데 막상 무대에 올라 노래를 부르려니 연습이 부족해서인가 음정도 틀리고 호흡도 모자라고 제 스스로도 매우 만족하지 못한 무대가 되고 말았습니다. 그 상황에서도 저는 아무래도 본선까지는 가지 않겠나 하는 안일한 생각을 하고 있었습니다만 결국 아니나 다를까 예선 탈락이라는 수모를 겪고 말았습니다. 짧은 몇 개월 동안 대상의 영광과 예선 탈락의 충격을 모두 겪게 된 것입니다.

형편없는 결과에 제 스스로도 너무 부끄러웠고 항상 저를 믿어 주시고 사랑해 주시는 아버지 어머니께도 정말로 죄송스러웠습니다. 처음에 너무 큰 상을 받아 버려서 지금 벌을 받는 것인가 하는 마음도 들었습니다. 저는 정말 깊이 제 자신의 태도를 반성하고 이후로 다른 누구보다도 더 열심히 집중해서 노래 연습을 했습니다. 또 크고 작은 콩쿠르를 가리지 않고 계속해서 참여하면서 새로운 곡을 연습하고 무대 경험을 쌓으면서 제 자신을 조금씩 성장시켜 나갔습니다. 그렇게 계속 콩쿠르에 참여하면서 저는 나태해지기 쉬운 제 자신을 다스리고 열심히 땀 흘려 연습을 하였습니다.

> **코멘트** 김영진 학생은 처음으로 참가한 전국 규모의 콩쿠르에서 대상이라는 괄목할 만한 성과를 얻은 후, 자신의 가장 큰 무기이던 열정과 성실성을 잃어 버린 채 나태하게 노래 연습을 게을리하였고 그 결과 제 18회 성정음악콩쿠르에서 예선 탈락이라는 수모를 겪고 말았습니다. 하지만 본래 쉽게 얻은 성공은 쉽게 날아가 버리는 법이고, 오히려 실패로부터 배울 수 있는 것이 더욱 많은 법입니다. 그래서 김영진 학생도 콩쿠르 대상이라는 큰 성공을 통해서 얻은 깨달음보다 예선 탈락이라는 큰 실패로부터 배운 것이 더 많다고 언급한 바 있습니다. 그래서 이후 김영진 학생은 자기 자신을 다시 되돌아보고 더욱 열심히 노래 연습을 해서 고등학교 3학년 때는 좋은 성과를 거둘 수 있었습니다. 여러분도 학창 생활을 경험하다 보면 큰 실패의 순간을 겪게 될 지도 모릅니다. 하지만 좌절하지 말고 그것을 더 큰 도약의 발판으로 삼는다면 여러분도 김영진 학생처럼 좋은 결과를 거둘 수 있을 것입니다.

Tip. 롤모델 스토리 To.수지

# PORTFOLIO STORY
# 독서활동

●● **예일대 명물교수 함토벤** | 함신익

저는 이 책을 2학년 때 접하게 되었는데, 이 책은 제가 음악을 전공하려는 친구들에게 가장 추천하는 책이기도 합니다. 이 책은 저자이신 함신익 교수님께서 단돈 200달러를 들고 미국 유학 길을 떠나 세계 5인 지휘자가 되기까지의 이야기를 그린 자서전입니다. 교수님께서는 기회는 도전하는 사람을 기다리고 세계는 꿈꾸는 자의 것이다. 이루지 못할 것처럼 보이는 것을 이뤄내는 것. 삶이란 바로 그런 과정의 연속이다. 남이 다하는 것을 이루는 건 성취가 아니다. 성취는 남보다 한발 앞서 가서 먼저 따내는 것이디! 언제까지 환경 탓만 하고 있겠는가? 환경이 열악하다는 것을 뒤집어 생각하면 일할 거리가 그만큼 많다는 것이다. 등 함신익 교수님이 남기신 주옥 같은 말들은 제가 힘들 때 마다 큰 힘이 되었습니다.

●● **생각하고 꿈꾸는 만큼 이루어진다** | 최화진

이 책은 고등학교 2학년 때 제게 음악이라는 새로운 도전과 꿈에 대해서 구체적으로 그리게 도와 준 책입니다. 이 책은 테너 최화진 교수님의 일대기를 생생하게 자서전처럼 쓴 책인데, 그 분은 임신 9개월 된 아내와 함께 교회에서 모금한 후원금으로 어렵게 비행기표를 구입하여 유학 길에 올랐습니다. 최화진 교수님께서는 독학으로 실기 시험을 준비하셔서 줄리어드 음악 대학에 수석으로 합격하셨으며 이후에도 정말 훌륭한 커리어를 쌓아 가셨습니다. 이분은 "생각하고 꿈꾸는 것만큼 이루어진다"는 것을 강조했습니다. 저도 이 말을 가슴에 새기며 꿈을 키웠습니다.

●● **기적일 만들어내는 오페라 가수** | 배재철

이 책은 제가 고등학교 2학년 때 접했던 책입니다. 제가 목에 대한 걱정이 많은 성격 때문에 이 책을 읽게 되었습니다. 배제철 선생님께서는 넉넉지 못한 집안에서 노래만을 위해 살아오셨습니다. 선생님께서는 목소리 하나만으로 정상의 자리까지 올라가게 되었지만 그러던 어느 날 갑상선 암이라는 진단을 받게 되었습니다. 하지만 절망가운데 그는 희망의 끈을 놓지 않고 성대수술을 통해 전성기 때의 목소리는 아니지만 소리를 찾을 수 있게 되었습니다. 저는 이분이 10,000시간의 노력과 기적이라는 것을 이야기했을 때 그것이 가장 기억에 남았습니다. 무엇보다 열심히 노력하는 사람이 그 노력의 대가를 얻을 수 있다는 것과, 인생에 예기치 않는 시련들이 다가온다 할지라도 인내하고 포기하지 않으면 어떤 시련도 이겨낼 수가 있다는 것을 깨달았기 때문입니다.

## 짧은 독서감상평 남기기

### ●● 꿈꾸는 다락방 | 이지성

무엇인가를 생생하게 그리고 강력하게 꿈꾸면 그것이 실제로 이루어지게 된다는 명백한 진리를 저는 이 책을 통해 깨달을 수 있었습니다.

### ●● 아웃라이어 | 말콤 글래드웰

이 시대의 전설적인 사람들이 모두 성공의 법칙으로 공통적으로 갖고 있는 일만 시간의 법칙에 대해 이야기한 책입니다. 배재철 교수님의 이야기를 생각하며 감명 깊게 읽었습니다.

### ●● 오페라 읽어주는 남자 | 김학민

유명한 오페라 연출자인 김학민 씨가 생생하고 재미있게 오페라에 얽힌 이야기를 들려 주는데, 중학교 때부터 오페라에 대한 흥미를 갖게 도와 준 책입니다.

### ●● 금난새와 떠나는 클래식 여행 | 금난새

딱딱하고 어려운 클래식을 쉬운 언어로 풀어 낸 책이라 재미있고 학생들에게 매우 적합한 음악 입문서라고 생각합니다.

### ●● 성악비법 24 | 황세진

저는 지방이라 성악 레슨을 받기가 힘들어 책이나 동영상을 많이 활용했는데, 이 책은 성악 레슨 전문가이신 황세진씨의 실용적인 가르침이 담겨 있어 도움이 많이 되었습니다.

### ●● 성악가의 길 | 조풍상

제목만 보고 덜컥 읽은 책입니다. 성악가로서 어떤 길을 준비하고 대비하고 미래를 그려 나가야 할지 조금 더 명확해 졌습니다.

### ●● 세계정상의 성악가 권해선 | 권인현

세계적으로 활약하고 있는 유명한 성악가님의 어린 시절부터 세계 정상에 서기까지의 전 과정을 담은 책이라 공감이 많이 갔던 책입니다.

Tip. 롤모델 스토리 To.수지

# APPLICATION 1
# 논 구술 면접후기

사실 저는 논술 구술은 따로 준비하지 않았습니다. 제가 지원한 서울대학교 성악과의 농어촌 전형에서는 논술이나 구술이 따로 없었기 때문입니다. 구술이라고 해 봤자 인성 면접 수준이기 때문에 따로 학원을 다니거나 강의를 듣거나 한 적은 없습니다. 게다가 저에게는 저만의 확고한 스토리와 수상 경력이 있었기 때문에 충분히 혼자서도 자신 있게 대비할 수 있다고 생각했습니다. 실제로도 면접 장에서 나온 질문들은 제가 왜 성악을 하고 싶은지, 일반계 고등학교에서 성악을 하는 것이 힘들지 않냐는 질문부터 시작해서 부모님과의 사이는 어떤지, 앞으로 어디서 유학을 해서 어떤 목표를 갖고 성악을 할 것인지, 존경하는 성악가는 누구인지 등 평범한 질문이었습니다. 그리고 이런 질문들에 대해서는 제가 미리부터 평소에 모두 생각했던 답이 있었기 때문에 막힘 없이 술술 대답할 수 있었습니다. 저는 자신감 있는 태도로 용기 있게 면접관 분들을 바라보며 대답했고 그런 적극적인 태도가 면접관 분들에게 좋은 인상을 남길 수 있었던 것 같습니다. 여러분도 만약 면접에 들어가시면 무엇보다도 자신감 있는 태도가 가장 중요하다는 것을 명심하고 힘차고 또렷하게 대답하는 것이 좋을 것 같습니다.

그리고 제가 논, 구술에서 크게 도움이 되었던 것이 바로 제 음악 관련 포트폴리오였습니다. 저는 고등학교 시절부터 제가 다녀 온 음악회 관련 자료들과 제가 출전한 콩쿠르 관련 자료들 음악 관련 교내, 외 활동들을 모두 자료로 만들어서 보관하고 있었고 그것 이외에도 다른 음악 책이나 동영상들에 대한 짤막한 감상 등도 남겨 놓고 있었습니다. 그것은 제 음악에 대한 사랑과 열정이 모두 담긴 저의 분신과도 같은 것이었고 교수님께서는 실제로 그 포트폴리오에 대단한 관심을 보이셨습니다. 제가 입시에 성공하는 데 가장 크게 도움이 되었던 것이 바로 이 부분인 것 같습니다. 여러분도 학과에 관계 없이 이렇게 자신만의 자료를 만들어 낸 다면 분명 입시에서 경쟁력 있는 자료로 활용할 수 있을 것이라고 생각합니다. 저는 전문적으로 논 구술을 대비하는 것이 아니라 인성 중심으로 면접이 진행되었기 때문에 다른 학생들에게 큰 도움이 될 지 모르겠지만 무엇보다도 자신감과 열정이 가장 중요하다고 생각합니다. 그것이 있으면 사실 모든 단점도 다 대체 가능한 것 같습니다.

## APPLICATION 2
# 후배들에게

중고등학교 시절을 졸업하고 나서 드는 생각은 일단 책을 한 권이라도 더 읽지 못하고 공부를 제대로 해 보지 못한 게 아쉽다는 점입니다. 저는 일반계 고등학교에서 예체능 입시를 준비해야 했기 때문에 다른 친구들처럼 평범하게 내신 공부를 하고 수능 공부를 해 보지 못했습니다. 물론 다른 친구들은 그런 힘든 일을 왜 하려고 하냐고 제게 말할 수 있지만 저는 오히려 그렇게 평범한 삶이 부러울 때도 있었습니다. 다행히도 지금은 제가 원하는 학교에서 꿈을 이루어 가고 있지만 그 과정은 정말 다른 친구들이 상상하는 것 이외로 고독하고 힘든 길이었습니다. 제가 같은 노력으로 언수외 공부를 했더라면 더 잘 할 수 있었을지도 모르겠다 그런 생각이 문득 들었습니다. 그리고 확실히 학교 공부뿐만 아니라 일반적인 독서도 음악 이외에 다른 분야의 책도 많이 읽었으면 교양이 더 넓은 사람이 될 수 있었을 텐데 대학에 오니까 제가 얼마나 무지한지 알게 되었습니다. 세상에는 고등학교 때 볼 수 없는, 보지 못하는 것들이 너무나 넓게 펼쳐 져 있습니다. 그래서 책을 읽는 게 참 중요한 것 같다는 아쉬움이 듭니다.

그리고 둘째로는 좋은 친구들과의 추억이 부족하다는 것이 아쉽습니다. 아무래도 일반계 고등학교에서 예체능을 공부하는 저를 이해해 주는 친구는 많은 수가 없었습니다. 그러다 보니 외로울 때면 그리고 스트레스가 쌓일 때면 저는 영화를 본다거나 아니면 노래를 들으면서 마음을 편하게 할 수 밖에 없었습니다. 친구가 있었다면 그럴 때 조금 더 편안하게 제 자신을 다스릴 수 있었을 것 같다는 아쉬움 그리고 더 많은 학창 시절의 추억을 만들 수 있었을 것 같다는 생각을 합니다. 이제 대학에서 그렇게 좋은 친구들을 만나 추억을 만들어 가고 있지만 고등학교 때의 추억과는 비할 바가 없을 것입니다.

저는 어머니께서 어느 날 종이에 써 주신 문구를 아직도 외우다시피 하고 있습니다. "세상에는 4가지 유형의 사람들이 있다. 첫째, 무슨 일을 성취해 내는 사람 둘째, 남이 성취하는 것을 보고 바라만 보는 사람 셋째, 남이 성취해 내는 것에 감탄하고 박수치는 사람 그리고 넷째, 무슨 일이 일어났는지도 모르는 사람 이중 난 어떤 사람인가?" 여러분도 이 문구를 가슴에 새기고 첫째 유형의 사람이 되기 위해 열심히 함께 노력하셨으면 합니다.

Tip. 롤모델 스토리 To.수지

## APPLICATION 3
# TIP

일단 서는 구체적인 꿈과 목표를 갖고 있는 게 참 중요하다고 생각합니다. 저는 성악을 전공하고 성악가가 꿈이지만 좀 더 구체적인 목표도 갖고 있습니다. 일단은 제 꿈은 우리나라 사람들이 갖고 있는 클래식은 따분하다 지루하다 어렵다 라는 이미지를 깨는 데 도움을 주는 것입니다. 해설이 있는 음악회, 팝페라, 크로스 오버, 세미클래식 형태의 접근도 개인적으로 좋은 방법이라고 생각합니다. 일반사람들이 정말로 힘들게 생각하면 틀은 유지하되, 클래식을 다양한 형태로 변용해서 대중에게 접근하는 것도 좋다고 생각합니다. 그리고 팝페라도 논란이 있지만 음악적인 본질은 그대로 있는 상태에서 외부적인 변화만을 추구하는 것이기 때문에 클래식에 누가 된다고는 생각하지 않습니다. 이렇게 저와 같이 구체적인 목표와 비전이 있다면 공부를 하고 실기를 할 때도 지치지 않고 노력할 수 있으며 면접이나 자기소개서에서도 막힘 없이 술술 자신의 이야기를 해 낼 수 있습니다.

사실 저는 중학교 때까지 꿈도 없고 저의 재능도 몰랐습니다. 그러던 저는 고등학교에 입학하여 여름에 지역에 있는 큰 교회에서 우연한 기회로 노래를 하게 되었는데 그때 예배가 끝난 후 중학교 때 저에게 영어를 가르쳐주신 선생님이 저에게 오늘 널 보며 제자를 보는 시각이 달라졌다고 성악을 해보는 게 어떻겠냐고 저에게 성악을 권하셨습니다. 저는 처음에는 당황했지만 성악에 대해 공부하고 알아보면서 아 이것이 제 길이라는 것을 알게 되었고 그 후로 제 삶과 선택에 대해 기도하며 결정하게 되었습니다. 이렇듯 구체적인 꿈과 목표는, 어느 순간 결정적인 순간에 찾아오게 되는 것 같습니다. 그리고 그것을 위해서는 학교 안에서만 머물지 않고 다양한 활동을 경험해 보아야 한다고 생각합니다.

그리고 사소한 이야기지만 수험 생활을 할 때 건강 관리에도 각별하게 신경을 기울이시기 바랍니다. 저의 경우에도 하루에 몇 시간씩 연습을 하기 위해서 반드시 필요했던 것이 바로 체력이었습니다. 그래서 꼬박꼬박 아침 식사도 챙겨 먹고, 운동도 꾸준히 하면서 저는 체력을 꾸준히 증진시켰고 부모님의 도움을 받아 홍삼 엑기스나 비타민제 같은 것도 꾸준히 복용하였습니다. 어떻게 보면 건강을 챙긴다는 것은 당연한 조언처럼 들리지만 그 당연한 것을 지키지 못해 고생하는 학생들도 대단히 많다는 것을 명심하시기 바랍니다.

성악과 선배의 진로진학 전과정 롤모델 스토리

## BENCHMARKING CORNER
# 전문가 평가

### 즐거운 마음가짐을 가져라

김영진 학생은 어떠한 활동을 하더라도 즐거운 마음가짐을 갖고 적극적인 자세로 임하였습니다. 특히 계속해서 콩쿠르 준비를 하고 무대에 오를 때에는 분명 육체적으로 정신적으로 힘든 순간도 많았을 것이고, 아마 멀리까지 왔다 갔다 하면서 스트레스도 많이 받았을 것입니다. 뿐만 아니라 일반계 고등학교에서 홀로 성악을 준비하면서 외로움도 많이 느꼈을 것입니다. 하지만 김영진 학생은 즐거운 마음가짐과 태도를 갖고 오히려 어려운 상황들을 자신의 경험으로 쌓아 나갔습니다. 이렇게 주어진 환경을 바꾸는 것은 어려운 일이지만, 그 환경 속에서 어떤 마음가짐을 갖고 열심히 살아가느냐 하는 것은 자신이 마음 먹기에 달려 있습니다. 김영진 학생도 누구보다 쉽지 않은 상황에서 음악 동영상을 듣고, 음악회를 다니고, 콩쿠르에 계속해서 도전해 왔기에 자신의 꿈을 이룰 수 있었습니다. 이렇게 자신이 좋아하는 분야를 일찍부터 찾고 거기에 매진한다면 분명 좋은 결과를 얻을 수 있으며 그것이 바로 입학사정관제의 도입 목적입니다. 여러분도 김영진 학생처럼 항상 즐겁고 밝은 태도로 미래를 향한 진취적인 걸음을 밟아 나가기 바랍니다.

### 큰 꿈, 더 큰 꿈을 가져라

김영진 학생의 일차적인 진로 목표는 서울대학교 음악대학이었지만 김영진 학생 스스로 세운 목표는 더 크고 장대합니다. 한국에서 최대한 노력하며 실력을 쌓아 이탈리아로 유학을 간 후 그곳에서 다시 열심히 노력하여 위대한 성악가가 되고 궁극적으로는 사람들이 클래식에 대해 갖고 있는 편견을 깨고 누구나 좋은 음악을 편안하게 접할 수 있도록 자신의 역량을 펼치는 것이 김영진 학생의 장기적인 비전입니다. 김영진 학생은 그런 자신만의 꿈과 비전이 있었기에 학창 시절 아무리 힘들어도 포기하지 않고 더욱 노력할 수 있었으며 참가한 콩쿠르에서도 좋은 성과를 거둘 수 있었습니다. 중학생 고등학생이라고 그 꿈의 크기가 작아야 하는 법은 없습니다. 학창 시절부터 더 큰 꿈을 갖고, 더 큰 목표를 세우고 그 꿈을 향해 조금씩 나아간다면 분명히 자신의 비전을 달성할 수 있을 것입니다. 김영진 학생도 매일마다 연습을 하고, 동영상을 보고, 음악회에 참여하면서 자신의 꿈을 키워 나갔기에 목표를 이룰 수 있었습니다. 여러분도 김영진 학생을 본받아 자신의 꿈을 찾을 수 있기를 바랍니다.

Tip. 롤모델 스토리 To.수지

## CAMPUS LIFE
# 학과생활 소개

성악과가 어떤 과인지 모르시는 분은 거의 없을 거라고 생각합니다. 이름에서도 그대로 드러나듯이 '성악'을 전공으로 하는 과인데, 제가 다니는 서울대학교 성악과에 대해서 조금 더 알려드리고 싶습니다. 명실상부한 우리나라 최고의 대학인 만큼 서울대학교 성악과가 우리나라 성악계에 미치는 공헌도는 매우 크다고 할 수 있습니다. 이는 최고의 교수진을 모시고 체계적인 교과과정으로 재능 있는 학생들을 교육하는 것과 동시에 연구에도 힘쓰고 있는 노력의 결과라고 할 수 있습니다.

저희 과의 대표적인 행사는 2년에 한번씩 공연되는 정기오페라입니다. 오페라를 접해본 경험이 있으신지 모르겠지만 오페라는 음악을 중심으로 한 문학, 미술, 연주, 무용 등이 결합된 종합적인 무대예술입니다. 그 규모가 매우 크기 때문에 음악대학 전체(성악과, 작곡과, 기악과 등)가 다 함께 참여한다는 점에서도 주목할 만합니다. 실제로 서울대학교 음악대학의 오페라 공연은 학생들이 꾸리는 무대로서는 최고의 수준을 선보이면서 국내 음악계와 문화계의 큰 주목을 받아오고 있답니다. 또한 성악과에서는 오페라 워크샵을 통해 오페라에 대한 연구를 꾸준히 해오고 있는데, 이는 성악가로서의 자질을 연마하는 데 중요한 역할을 하고 있습니다.

저는 아직은 정기오페라에 참여한 적이 없지만, 선배님들이 오랜 시간 동안 공들여 준비하시는 모습과 오랜 기간의 노력 끝에 아름답게 무대에서 공연하시는 모습을 보고 큰 감동을 받았습니다. 어렸을 적에 엄마와 손잡고 보았던 오페라가 저에게는 엄청나게 강렬한 기억으로 남아있었는데 저와 가까운 선배님들이 그런 큰 무대에서 각각의 배역을 맡아 당당하게 노래하고 연기하는 모습은 저도 언젠가는 저 무대에 꼭 서고 싶다는 소망을 가지게 해주었습니다. 무대에 오를 수 있는 그 날을 위해 지금 제가 할 수 있는 노력은 역시 열심히 노래를 연마하는 것밖에는 없을 것입니다. 여러분들도 꼭 마음 속에 꿈을 가지시고 그 꿈을 위해 현재 할 수 있는 일에 최선을 다하시길 바랍니다.

성악과 선배의 진로진학 전과정 롤모델 스토리

# CAMPUS LIFE
# 대표 강의 소개

### 음악론 입문 | 정혜윤

저는 음악을 좋아하고 열심히 해서 성악과에 왔지만 음악 자체를 철학이나 미학적으로는 제대로 공부 해 본 적이 없었습니다. 그래서 이 수업을 신청하였고 한 학기 동안 정혜윤 선생님으로부터 다양한 생각과 논의들을 전해 들으며 생각의 폭을 넓힐 수 있었습니다. 정혜윤 선생님께서는 이 수업을 통해 학생들에게 고대로부터 현대에 이르기까지 음악에 대해 제기되어 온 다양한 이론과 논의들을 소개하는 것을 주된 목표로 하십니다. 특히 이 수업은 음악이 역사적 산물이라는 분명한 전제하에 주제 중심적으로 진행되는데, 수업 시간에 다루는 주제들은 음악에 관한 미학적, 철학적, 음악사적, 문화사적, 사회학적, 심리학적 분야의 학제적 담론들을 폭넓게 아우릅니다. 이렇게 학생들은 선생님과 함께 토론을 하면서 우리의 역사적인 선조들이 음악에 대해 제기해 온 진지한 물음들을 그 물음들이 제기된 맥락과 더불어 궁극적으로는 이러한 물음들을 '자신의' 물음으로 받아들여 스스로 진지하게 고민하고 답해볼 기회를 갖게 됩니다.

또 정혜윤 선생님께서는 수업 시간에 다루어지는 주제들과 관련된 음악들을 다양한 시청각 자료를 사용하여 가능한 한 많이 소개함으로써 학생들이 음악을 실제로 듣고 분별하는 능력을 연마할 수 있도록 도와 주시는데, 저는 음악을 많이 듣긴 했지만 이렇게 전문적으로 듣고 분별하는 능력 자체를 기르는 기회는 또 색다른 경험이었습니다. 음악적인 개념부터 시작하여 음악과 정서, 음악의 재현성, 음악과 음악 작품의 정의 등의 주제들을 질의, 발표, 토론을 통해 다루면서 제 나름대로의 음악적인 세계관이 깊어졌다는 것을 학기 말 즈음에는 확실히 느낄 수 있었습니다. 저처럼 음악에 대해 공부하는 학생이 아니더라도 분명히 음악론 입문 수업은 좋은 경험이 될 수 있을 것이라고 생각합니다.

행진스토리 일곱

# 진로는 결과처방이 아니라 과정의 연속이다

고봉익의 스페셜 메시지 7
여기 들어오려고 12년을 준비했구나! · 두 가지가 만나야 한다 · 내면의 것을 증명하라 · 체험의 소재를 채우자 · 인성도 기준을 알면 과정이 보인다  Tip. 롤모델 스토리 To.현수

>> 고봉익의 스페셜 메시지 7

## 진로는 결과처방이 아니라 과정의 연속이다

교육선진국의 사례들을 살펴보면, 프랑스는 중3 때부터 진로교육을 실시합니다. 뉴질랜드는 11세부터 진로 교육이 의무화되어 있습니다. 핀란드는 7학년부터, 독일은 놀랍게도 초등학교 4학년 때부터 진로교육이 시작되어 5~6학년 때는 어느 정도 결정이 됩니다. 독일은 굉장히 빠르게 시작하는데 이것이 독일에게는 굉장히 큰 국가 경쟁력으로 작용하는 것으로 밝혀졌습니다. 독일은 초등학교 5~6학년 때 어느 정도 진로를 결정해서 30%의 학생들은 중학교 올라갈 때, 대학진학을 목표로 하는 '김나지움'이라는 인문계 학교를 가게 되고 약 70%의 학생들은 직업을 준비하면서 교육을 하는 '하월트슐레'라는 학교에 가게 됩니다. 이 슐레가 독일에서는 아주 유명한 '마에스터'들을 계속해서 만들어내는 학교들인 것이죠.

이 학생들은 진로 준비 단계를 통해서 각 분야별로 재능들이 보이기 때문에 이른 나이에 방향을 잡아 준비를 하는 것입니다. 그래서 졸업할 때쯤 되어 대학을 가기보다는 재능과 관련해서 빨리 사회에 진출하고 성공하는 인생을 살아가게 됩니다. 요즘 유럽이 금융 위기로 문제가 많은데요. 독일은 좀 건재한 편입니다. 어쩌면 그 비결이 독일의 진로교육이 아닐까 합니다. 이렇게 어릴 때부터 대가들을 길러내는 교육이 있었기 때문입니다.

**청소년기 전체를 아우르는 과정중심의 교육선진국과는 달리, 우리나라는 대학진학률이 84%인데 그 중 77%는 졸업 이후 전공과는 다른 직업을 갖게 됩니다.**

이른 시기에 진로교육이 시작되는 것은 매우 중요한 의미를 갖습니다. 가장 중요한 의미는 '과정'에 있습니다. 지금까지의 진로교육은 '결과'에 기반하였습니다. 학교마다 명문대 진학한 학생의 이름이나 사법고시에 통과한 졸업생의 이름을 현수막으로 내거는 방식이었습니다. 지금부터의 진로교육은 '과정중심'이 되어야 합니다. 꿈을 만나고, 그 꿈을 추구하는 모든 과정이 살아 숨 쉬는 교육이 필요합니다. 과정이 살아있는 진로교육은 필연적으로 '경험중심'의 교육으로 이루어집니다. 다양하게 경험하면서 느끼고, 성찰하며, 수정하고 바로잡으면서 자신의 인생을 조각해 가는 것입니다.

**과정과 경험이 살아있는 진로교육은 '스토리'가 만들어집니다.**

이러한 스토리를 가지고 있는 학생은 '히스토리언(Historian)'이 되는 것입니다. 자신의 역사를 주도하는 인생의 주인공은 과정중심의 진로교육으로 탄생합니다.

생생 코칭스토리 7 <<

### 여기 들어오려고 12년을 준비했구나!

"도와주세요. 도대체 어떻게 준비해야 할지 모르겠어요. 전형의 종류가 너무 많아요. 도대체 어떤 기준으로 진로포트폴리오를 준비해야 하죠? 자기소개서 비중이 커졌는데 자기소개서는 어떻게 쓰면 좋을까요."

딱한 처지는 이해가 된다. 이 시대의 많은 청소년들이 진로에서 진학으로 넘어가는 과정에서 비슷한 고통을 호소하고 있다. 현수 역시 마찬가지 고민을 하고 있다. 다행히도 현수가 지금 고3이 아니라는 것이다. 현수가 중학교 때 진로포트폴리오에 관심을 갖게 된 것은 한 강의에서 들은 내용 때문이다.

"여러분 세 가지 단어를 기억하십시오. 과정적, 경험적, 생애적설계입니다. 그 어떤 진로포트폴리오도 여기서 벗어나지 않습니다. 그 어떤 포트폴리오도 고3때 컨설팅으로 완성될 수는 없습니다. 본인이 꿈을 찾아가는 전과정을 생애적으로 거슬러 올라가고, 자신이 실제 경험하며 깨달은 내용이 과정 중심으로 구성되어 있어야 합니다."

자신이 누구인지, 어떤 꿈을 꾸는지, 그리고 그 과정을 어떻게 준비해 왔는지가 핵심이다. 그런데 현수는 이 내용을 충분히 이해하고 있는 것 같지는 않다. 그래서 코치 앞에서 지금 다급하게 도움을 요청하고 있는 것이다. 학교에서 진로포트폴리오 경진대회가 있기 때문에 다급한 마음이 들기는 했지만, 근본적으로는 자신의 고등학교 입학과 대학입학 등 전체를 보았을 때, 진로포트폴리오를 제대로 이해하는 것이 꼭 필요하다는 확신이 들었다. 진로코치는 어디서부터 설명을 해야 할지 그 순서를 알고 있다. 먼저 그는 세 장의 카드를 꺼냈다.

"이게 뭘까?"

"혹시 진로...포트폴리오인가요?"

"맞아. 한성민 학생의 포트폴리오다."

"설마 이게 전부는 아니겠죠?"

275

## 생생 코칭스토리 7

"65페이지 중에 첫 번째 페이지란다."
"네? 65페이지요!"
"그렇게 많아요. 무슨 내용이 그렇게 많죠?"
"살짝 내용을 보면 왜 그렇게 많은지 이해가 될 것 같다."
현수는 내용을 천천히 읽어보았다.

2001년 ○○초등학교 전교부회장
2005년 ○○중학교 '책사랑 동아리' 회장
2007년 경찰대학 폴리스아카데미 수료
2007년 ○○고등학교 1학년 학급반장
2008년 ○○고등학교 2학년 학급반장
2009년 ○○고등학교 3학년 총학생회장
2007, 08년 교내 독서골든벨 학급대표
2009년 창원시 학생회장연합 '한다한' 활동
2009년 경남교육포럼 토론패널 고등학생 대표
2009년 성균관대학교 리더십교육 수료

세 가지 카드 중에 한 가지 카드를 유심히 보고 있다. 동그라미 안에는 '리더십'이라는 단어가 적혀 있다. 그 옆에는 아홉 가지의 경험이 적혀 있다.

"어때 구성을 보니까 어떤 내용인지, 그리고 어떤 의도인지 느낌이 오니?"

"올 듯 말 듯해요."

"일단, 동그라미 안에 있는 단어는 무엇이고, 동그라미 옆에 있는 내용들은 무엇일까?"

"잘 모르겠어요. 알면 제가 왜 코치님께 물어보겠어요. 빨리 가르쳐주세요."

진로코치는 천천히 설명해 주었다. 동그라미는 이 학생이 가고자 하는 대학의 인재상이다. 그리고 동그라미 옆에 있는 아홉 개의 항목은 이 학생이 성장하면서 경험했던 활동들이다. 각 동그라미 옆에 나열되어 있다는 것은 아주 중요한 의미를 가지고 있다.

"단어가 인재상이라면, 리더십 옆에 부회장, 회장, 반장, 대표, 리더십과정 수료."

"정답에 근접한 것 같은데?"

"생각이 났어요. 대학이 원하는 인재상에 자신이 충분히 준비되어 있다고 증명하는 것!"

"훌륭하다! 바로 그거야. 여기서 세 가지 단어가 성립되는 거야. 네가 잘 알고 있는 그 세 가지 단어 말이야."

"생애적, 과정적, 경험적설계 맞죠?"

이런 정도의 포트폴리오 표지를 보면, 대학입학처장이나 교수들의 입에서는 비슷한 내용의 코멘트가 나올 수 있다.

"이 학생 마치 여기 들어오려고 자신의 학창시절 12년을 여기만 바라보고 준비한 것 같아."

어떻게 이런 포트폴리오가 가능할 수 있었을까. 현수 역시 이 부분이 궁금했다. 어떻게 하면 자신도 이런 멋진 포트폴리오를 만들 수 있을지 너무 궁금했다.

## 두 가지가 만나야 한다

"대학의 인재상과 준비한 내용이 만나야 한다. 이게 전부이다."

"전부라뇨. 그 두 가지가 만나면 되는 것인가요. 그런데 어떻게 만나요?"

"내용이 일치하면 된다는 거지!"

"어떻게 하면 일치되는 거죠?"

"3장의 카드를 한번 보자. 대학별 인재상이 적혀 있지?"

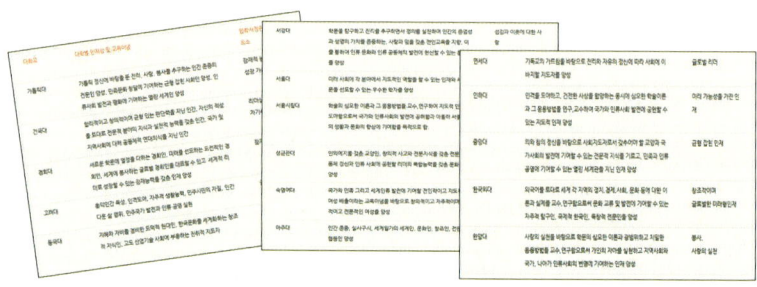

"네."

꼭 만나야 하는 두 가지는 간단하다. 대학에서 원하는 인재상과 입학하고자 하는 학생의 비전이 일치해야 한다는 것이다. 대학에서 원하는 인재상은 정해져 있다. 이미 충분히 오픈되어 있다. 인재상에 따른 세부 전형의 이름과 요소까지 공개되어 있다. 문제는 개인의 비전이다.

"자신의 비전은 뭘 말하는 거죠. 무엇을 준비해서 어떻게 보여줘야 인재상과 맞는지 확인할 수 있을까요."

"입학을 하고자 하는 학생입장에서 자신의 비전을 보여주는 방식은 세 가지의 항목을 내용적으로 포함하고 있으면 된다. 자기발견, 세계발견, 과정축적이다."

"자기발견, 세계발견, 과정축적!"

"어? 그런데 아까 그 포트폴리오에는 그런 게 보이지 않았잖아요. 그냥 어떤 활동을 했는지만 인재상 옆에 정리했던 것 같아요."

"순서를 이해하면 간단하다. 일단, 자신의 비전을 보여주는 가장 근본적인 방식은 자기소개서이다. 자기소개서에서 자신이 누구인지, 어떤 꿈을 꾸는지 그리고 그 꿈을 위해 어떻게 준비해 왔는지를 보여주어야 한다."

"그렇군요. 자기소개서가 따로 있군요."

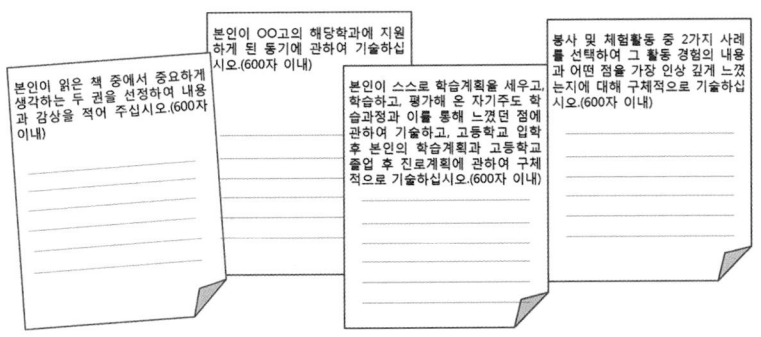

자기소개서는 앞으로 점점 더 중요해질 것이다. 그리고 자기소개서의 진실성에 대한 검증은 더욱 강화될 것이다. 자기소개서에서 소개한 자신의 비전은 명확하게 두 가지를 강조하고 있어야 한다.

"저는 이런 꿈을 위해 준비해 왔습니다. 그 꿈을 이루기 위해서는 이 학문을 꼭 공부해야 하는데, 그 학문을 공부하기에 이 대학의 이 학과가 꼭 필요합니다."

"또 한 가지 강조할 것은 무엇이죠?"

"학생의 비전을 이루는데 이 학교의 학과가 꼭 필요하다고 강조한 것처럼, 이 대학이 추구하는 인재상에 내가 딱 맞다는 것을 강조해야 한다."

"아하! 이제 조금 느낌이 옵니다."

한성민 학생은 자신의 포트폴리오와 더불어, 자신이 왜 이 대학의 인재상에 맞는지 설명하고 있다. 결국 이 학생은 높은 입학성적으로 대학에 입학하게 된다.

## 생생 코칭스토리 7

**정윤경 진로코치의 조언!**

진로는 결과에 대한 처방이 아니라, 과정의 연속입니다. 그 과정이 왜 중요한지 그리고 어떤 과정이 담겨야 하는지를 아는 것은 더 중요합니다. 과정적, 경험적, 생애적 설계는 진로포트폴리오를 만드는 데 가장 핵심적인 기준이 됩니다.

### 내면의 것을 증명하라

"그래도 이해가 안 되는 게 있어요."

"현수는 참 질문이 많구나."

"네."

"어떤 게 또 궁금하니?"

"교양, 전문성, 리더십..뭐 이런 거는 얼추 찾을 수 있겠어요. 그런데 모든 인재상이 다 이렇게 준비하기가 쉬운 단어들은 아니에요. 가치관, 성실,

인성…… 뭐 이런 거는 도대체 어떤 소재로 어떻게 증명한다는 거죠?"

"예를 들어 보자. 다음 그림을 보면 다양한 성장과정의 사건, 노력, 체험, 독서 등이 나열되어 있다. 그런데 자신의 삶을 돌아볼 줄 알고, 기억할 줄 알고 해석할 줄 안다면, 노력을 통해 진로를 강조하고, 성장과정이나 가족관계를 통해 가치관을 꺼낼 수 있으며, 체험과정을 통해 다양성이나 리더십을 강조할 수 있을 것이다. 이런 방법으로 내면의 것을 드러내 보이는 거란다."

"와우, 설명이 참 친절해요! 샘."

| 노력과정 | 수학흥미 경시대회 | 경제신문구독시작 올림피아드 KMO 국제대회 영재원 | 진로일관성 |
|---|---|---|---|
| | 벽일장 경시대회금상 | 경제시사대회입선 경제스크랩파일제작 국제수학대회 은상 | |
| 성장과정 | 아버지위독 부도 가족 합침 | 할머니 죽음 운동을 시작 신장수술 진로결정 | 가치관 |
| | 건강 소중함 가족의 가치 | 상실감과 회복 땀의 의미 어머니희생 부모의 격려 | |
| 체험과정 | 국토순례 환경지킴이 | 아인슈타인 클럽 씨앗봉사단 청소년 금융 탐방 영재문제은행 맴버 | 다양, 리더십 |
| | 학교아람단 학급회장 | 예람제 진행자 수학동아리 수학동아리 연합대표 교지제작참여 | |
| 독서과정 | 나는 무슨 씨앗일까 | 노인과 바다 청소년토지 해리포터 사기 수호지 스티브잡스 다빈치의 | 의미,깨달음 |

> **정윤경 진로코치의 조언!**
> 성장기의 이러한 다양한 체험과 과정을 통해 내면의 잠재력을 표현하기 위해서는 두 가지 노력이 필요합니다. 일단 모든 과정을 성실하게 축적하는 습관이 필요합니다. 또한 그 과정의 깨달음을 일기나 메모 등의 방식으로 꾸준히 흔적을 남기는 노력이 함께 병행되어야 합니다.

### 체험의 소재를 채우자

"샘, 그런데 혹시 이거 불공평한 거 아닐까요?"

"뭐가?"

"그런 다양한 체험은 돈이 필요하구요. 여행도 많이 다니는 학생에게 유리한 거 아닌가 해서요."

"어린 나이임에도 불구하고, 그런 측면이 너의 눈에 보인다면 참 대견하다."

"뭘요, 그 정도 가지고."

"그러지 않은 세상을 꿈꾸고 있어. 점점 좋아질 거야. 그런데 그때까지는 방법이 전혀 없는 것은 아니란다. 다양한 진로 체험과 현장체험, 직업체험, 주말체험 등의 환경이 점점 많이 만들어지고 있기 때문에 마음만 먹으면 충분히 체험의 환경을 찾을 수도 있단다."

사실이다. 학교를 중심으로 더욱더 다양한 체험의 기회를 학생들에게 주려는 노력이 매우 많아지고 있다. 그래서 관심을 가지고 정보의 경로를 살펴보면, 생각보다 풍성한 체험 기회들이 우리의 주위에 있다는 사실을 깨닫게 될 것이다. 포트폴리오와 자기소개서를 보았을 때 개인의 환경에 따라 달라지지 않고 공통적으로 들어가는 항목이 있다. 그것을 바로 '독서'이다. 독서는 공평하다. 얼마든지 빌려서라도 읽을 수 있다. 따라서 어린 시기부터 독서를 생활화하고, 읽은 책에 대한 깨달음 메모하는 습관이 꼭 필요하다.

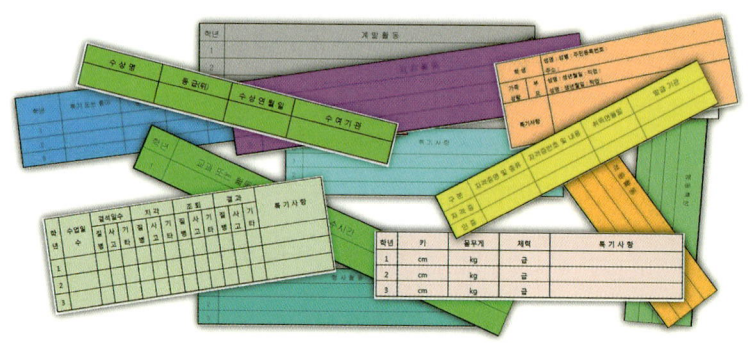

"이게 뭘까?"

"무슨 보고서 같은데요. 조각이 너무 많아요. 어? 자세히 보니까 어디서 많이 본 것 같은데요. 혹시?"

"그래, 맞다. 학생생활기록부 양식이야! 제목카드를 줄 테니까 한번 맞는 것끼리 연결을 시켜보자."

과정적, 경험적, 생애적 설계에 바탕으로 자기발견, 세계발견, 과정축적의 내용이 잘 쌓이는 학생이라면 결과적으로 나중에 자기소개서나 포트폴리오를 만드는 데에 자신감이 생길 것이다.

### 인성도 기준을 알면 과정이 보인다

가장 측정하기 어려운 것이 바로 '인성'이다. 인성을 갖춘 학생들을 선발하는 것이 대학이 가장 원하는 것이다. 그래서 언제부터인가 인성을 측정하는 기준이 만들어졌다. 만약 학생들이 성장기에 이러한 인성의 기준을 제대로 알고 있다면, 그 내용을 자신의 내면에 갖춰갈 수 있는 것이다. 흔히 대학에서 기대하는 인성의 양식은 크게 일곱 가지이다. 책임감, 성실성, 준법성, 자기주도성, 리더십, 협동심, 그리고 나눔과 배려이다. 그런데 이 항목이 고등학교로 내려오면 비슷하지만 약간의 변화가 생긴다. 규칙준수, 관계지향성, 나눔, 협력, 타인존중, 갈등관리 그리고 배려이다. 고등학교의 기준으로 내용을 살펴 보았을 때 각각의 의미를 정확히 하는 것은 매우 중요하다.

"다음 카드와 내용을 한 번 연결해 볼까?"
"너무 쉬운 문제라서 자존심이 상할 정도예요!"
"그러다 틀리면 어떡할려고?"

| 항목 | 내용 |
|---|---|
|  | 도와주거나 보살펴 주려고 마음을 쓰는 태도 |
|  | 타인에게 자신의 것을 내어 주는 행동 |
|  | 다른 사람과 힘을 모아 서로 도움 |
|  | 다른 사람의 입장을 충분히 이해하는 태도 |
|  | 사람 사이의 갈등을 중재하고 해결하는 능력 |
|  | 무엇보다도 사람의 마음을 이해하고 관계를 소중히 여김 |
|  | 개인의 자유를 조절하며 사회의 질서를 우선하여 지킴 |

봉사활동, 특기적성활동, 재량활동, 진로활동 등 수많은 활동들을 하면서 이러한 인성의 기준을 알고 적용해 본다면 그리 어려운 일도 아니다. 이시대의 진로는 철저히 과정 중심으로 경험중심이기 때문에 성장기의 경험을 통해 이러한 내면의 힘과 잠재력을 차곡차곡 쌓고 관리하는 것도 중요한 일이다.

| 항목 | 내용 |
|---|---|
| 배려 | 자신에게 주어진 기회를 누릴 수 있는 권리가 있음에도 불구하고 다른 사람에게 그 기회를 양보해 보았거나, 기다려주었던 경험이 있는가 |
| 나눔 | 학교와 사회 속에서 구체적으로 나눔을 실천한 경험이 있는가 |
| 협력 | 특정 목표를 이루기 위해 다른 학생들과 팀을 이루어 함께 성취해 본 경험이 있는가 |
| 타인존중 | 사람마다의 개성과 차이를 인정하는 마음으로 구체적인 상황에서 언어와 행동으로 타인존중을 드러낸 경험이 있는가 |
| 갈등관리 | 학교생활 중에 교우관계나 동아리 활동 중에 일어난 갈등을 해결하기 위해 어떤 노력한 경험이 있는가 |

생생 코칭스토리 7 <<

| 관계지향성 | 목표를 이루는 과정에서 관계를 지키기 위해 자신에게 불이익을 감수하면서까지 노력한 경험이 있는가 |
|---|---|
| 규칙준수 | 갈등 상황에서도 공동체와 사회의 질서를 위한 약속을 지킨 경험이 있는가 |

이러한 과정을 소중히 여기고 축적하는 사람에게는 소재의 풍성함이 있을 것이다. 성장기의 진학과 관련된 그 어떤 기준이 제시되더라도 여유있게 자신의 표현할 수 있을 것이다.

> **정윤경 진로코치의 조언!**
> 과거에는 정량적인 평가로 결과에 비중을 두어 학생들을 평가했습니다. 그러나 앞으로의 시대는 철저히 과정중심으로 바뀔 것입니다. 특히 잠재력과 내면의 힘, 인성과 리더십 등의 기준을 정확히 알고 그것을 배우고, 체험하며 증명할 수 있는 다양한 경험을 쌓으십시오.

**Tip.** 롤모델 스토리 To.현수

"사회의 변화, 약자에 대한 보호, 사람을 이끄는 것에 관심이 많은 현수 학생에게 정치외교를 전공하고 있는 권기훈 선배의 스토리를 소개해 드립니다. 과정중심, 경험중심으로 영화동아리, 노인복지회관 봉사, 역사동아리의 경험을 살렸던 선배의 롤모델 스토리를 통해 꿈에 한 걸음 다가가세요."

## HISTORY / HERSTORY
# ROADMAP

|  | 중등 | | | 고등 | | |
|---|---|---|---|---|---|---|
|  | 1 | 2 | 3 | 1 | 2 | 3 |
| 자율체험 활동 |  | 학급반장 |  | 대학탐방 | 중국여행 |  |
| 동아리 활동 |  |  | 영화감상 동아리 | 역사동아리 | | |
| 봉사 활동 | 노인복지회관 | | | 노인병원 | | |
| 진로 활동 |  |  |  | 장기 | 중국 홈스테이 | 서울대 도서관에서 공부 |
| 특기 활동 | 장기 바이올린 컴퓨터자격증 | | |  |  |  |
| 독서 활동 |  |  |  |  |  |  |

정치외교학과 선배의 진로진학 전과정 롤모델 스토리

# HISTORY / HERSTORY
# 성장과정

저는 사업을 하셨던 아버지와 자식에 대한 열정이 대단한 어머니 사이에서 2남 중 막내로 태어났습니다. 서울대학교에 다니는 명석했던 형이 학업에 대한 부모님의 기대와 관심을 온몸에 받았다면 저는 그런 점에서 자유로웠습니다. 그 덕분에 저는 초·중학교 시절에는 학업 보다 친구들과 자주 어울리며 놀고 운동하며 여러 가지 경험을 할 수 있었습니다. 솔직히 어린 시절부터 게임에 정신이 빠져서 학업을 무척 게을리했었던 처지라 중학교 때는 인문계 고등학교 진학이 어려울 정도로 성적이 나빴으며 백분위 60% 근처를 겨우 맴돌았었습니다.

그러다가 고등학교에 진학한 이후로 저에게 큰 두 가지 자극이 있었습니다. 첫 번째는 친형이 서울대학교 경영학과에 진학했던 것이며 두 번째는 고등학교에서 보내주는 해외 교환학생 프로그램을 통해 중국에 다녀온 것입니다. 형의 경우 저처럼 중학교 때까지는 공부를 전교에서 상위에 들어갈 정도로 잘 하지 못하였습니다. 그러나 고등학교 입학 이후 본인이 하고 싶어하는 꿈을 조금씩 발견하면서 조금씩 성적이 오르더니 결국에는 서울대학교에 진학할 수 있었습니다. 이러한 형의 모습을 3년간 바로 옆에서 지켜보면서 저는 매우 많은 자극을 받고 또 반성하였습니다. 형의 존재는 자극 이상으로 학습 측면에서 실질적으로 큰 도움이 되었습니다. 형은 제가 모르는 것이 있어서 전화를 할 때면 항상 바쁜 일도 제쳐두고 제 궁금증을 해결해 주었으며, 고2 겨울 방학 때는 혼자 서울에 올라가서 한 달간 제가 형의 자취 방에서 지내며 과외를 받기도 하였습니다. 그리고 중국에 다녀온 경험은 구체적으로 제 꿈과 미래에 대해 설계해 볼 수 있었던 경험이었습니다. 막연하게 정치외교 쪽에 관심만 가지고 있던 차에 중국을 방문하여 그 무서운 성장속도와 국제 사회에서의 영향력에 대해 알게 된 것은, 내가 앞으로 어떠한 일을 하든 중국을 모르고서는 정치외교 분야의 진정한 전문가라고 할 수 없겠구나 하고 느끼게 되었습니다. 이후부터 영어 공부와 중국어 공부의 필요성도 느껴서 스스로 공부하였으며 중국에 관련된 책들을 읽으며 전문 지식을 쌓으려 노력하였습니다. 어렸을 때 부모님의 집중적인 관심에서 벗어나 자유롭게 커갔다는 점이 이후 자극을 받고 스스로 나만의 꿈을 설계하는 데에 큰 도움이 된 것 같습니다.

287

Tip. 롤모델 스토리 To.현수

## HISTORY / HERSTORY
# 성공전략

**성공전략 1**
**급격한 성적 향상 스토리**

입학사정관 전형에서 가장 중점적으로 보는 것은 지원자 학생의 잠재력입니다. 그러한 잠재력을 보여주는 데 있어서 내신, 수능 성적이 몇 년간 꾸준히 증가하는 모습을 보여주는 것은 매우 효과적일것입니다. 권기훈 학생은 본인이 스스로도 말했듯이 중학교 때 운동과 게임에 빠져서 성적이 중하위권에 머무를 정도로 나빴었습니다. 하지만 고등학교 입학 이후로 성적이 본격적으로 오르기 시작하였으며 고등학교 2학년 때는 학교에서 성적 우수 학생을 선발하여 중국에 보내주는 교환학생 프로그램에도 선발이 되었습니다. 이때의 선발 이유 또한 당장 우수한 성적의 학생이 아니라 계속 노력하면서 성적이 오르고 있는 학생들에게 큰 세상을 경험시켜주며 더 큰 기회를 주자는 것이었습니다. 결과적으로 고등학교 3년간을 합친 내신 성적이 경희 대학교에 지원한 다른 지원자보다 조금 못 미쳤지만 성적 향상 스토리를 통해 효과적으로 극복해 낼 수 있었습니다.

**성공전략 2**
**자기주도 진로 학습**

권기훈 학생은 다른 입학사정관 전형을 지원하는 학생들에 비해 자신이 희망하는 전공이나 꿈을 비교적 늦게 발견한 편입니다. 보통 중학교나 고등학교 들어서면서부터 부모님 또는 학교, 학원 등에서진로 교육을 받으며 자신의 꿈을 만들어가는 학생들이 많은데 권기훈 학생은 고등학교 2학년이 다 되어서야 스스로 진로에 대한 고민을 시작하였습니다. 하지만 자신의 주위 사람들을 최대한 활용하며,즉 형에게 멘토링을 받고 학교 선생님들에게 정보를 받으면서 스스로 정치외교 분야에 대한 관심과지식을 키워나갔으며, 중국에 다녀온 이후로는 더욱 꿈을 구체화시켰습니다. 그리고 이후부터 누가시키지 않았음에도 신문과 책, 잡지 독서와 스크랩을 하면서 자신이 가고자 하는 분야에 대해 공부하고 기록을 남겼습니다. 이런 권기훈 학생의 모습은 입학사정관들이 보았을 때 현재보다 장래가 더욱 기대되는 능동적인 인재라고 생각하기 충분하였을 것입니다.

정치외교학과 선배의 진로진학 전과정 롤모델 스토리

**PORTFOLIO STORY | 자율체험활동 1**
# 학급반장

### 리더십 경험하기

저는 초등학교 시절 내내 활발하게 임원진 활동을 했고, 또 초등학교 6학년 때에는 전교 어린이회장에 도전한 경험도 있습니다. 이렇게 많은 학급임원 활동 경험을 바탕으로 한 자신감으로 중학교 때도 꾸준히 학급임원 활동을 하리라 마음 먹었습니다. 하지만 중학교에 올라와서 1학년 때 갑작스레 다른 학교에서 온 낯선 친구들을 만났을 때는 분위기도 파악되지 않은 상태에서 내가 반장이 되리라는 자신감이 없어서 나가지 못했습니다. 그래서 중학교 1학년 시기를 학교 적응 시기로 보냈습니다. 그러고 나서 중학교 2학년 때 반장 선거에 나갔는데 이때 반장에 당선이 되었습니다.

원래부터 리더의 역할을 좋아했고, 또 학급 회의 시간에 의견을 적극적으로 내는 것을 좋아했기에 임원진 활동은 저의 적성에 꽤 잘 맞았습니다. 반장으로서의 역할은 주로 반 아이들의 의견이나 사건들을 선생님께 전하는 중재자 역할이었습니다. 하지만 때로는 학급 친구들 간의 갈등을 중재하거나 싸움을 막는 역할도 했었는데, 이때가 반장으로서 가장 힘들었습니다. 중학생이라서 그런지 정말 사소한 것으로 다툼이 시작되고 이게 점점 커지더니 결국에는 싸움까지 갔습니다. 싸우는 당사자들을 말리기도 힘든데 주변에서 싸우라고 계속 부추길 때면 정말 그 아이들이 원망스러우면서 동시에 반장을 때려치우고 싶었습니다. 하지만 리더로서 공동체 구성원들 간의 화합을 도모하지 못한 제 잘못이 가장 크다는 생각에 마음을 고쳐 먹고 필사적으로 아이들을 말렸습니다. 이렇게 여러 가지 힘든 사건들을 겪어 가며 학급 임원을 하고, 어떠한 사건에 나서서 중재하고 참여 했던 경험들이, 지금 생각해 보면 장래희망으로 중동의 분쟁지역에서 발생하는 전쟁과 같은 세계적인 갈등을 중재하고 해결하는 UN의 일원을 생각하는데 탐색 활동이 아니었나 하는 생각이 듭니다.

**코멘트** 리더십은 단순히 리더의 직위를 맡는다고 보이는 것이 아니라 실제 역할을 수행하면서 어떻게 잘 해내었는지를 통해 보이는 것입니다. 그리고 그 역할을 통해 자신이 어떠한 타입의 리더인지, 방향성을 제시하고 이끌어가는 타입인지 사람들 간 조율과 관리자 타입의 리더인지 파악하고 이를 어필할 수 있어야 합니다. 권기훈 학생의 경우 어린 시절부터 학급임원과 같이 책임감이 필요한 역할을 자발적으로 맡아서 하며 구성원 간의 갈등을 최소화하면서 화합을 도모하려고 노력하였던 모습을 보였습니다. 특히 중학교 때 구체적인 분쟁 해결 사례 등을 말하며 자신이 리더로서 구성원 간의 조화와 조직 관리에 능함을 어필하였습니다. 이러한 점을 자신의 진로와 연계시켜서 자신이 정치외교 분야에서 갈등 중재, 국제 분쟁 해결 등에 관심을 가지고 있다는 점과 잘 연계하여 말했다는 점을 칭찬할 수 있습니다. 또 리더 역할을 스스로 좋아하면서 일을 찾아 나서고 리더가 되기 위해 노력하는 모습이 입학사정관들에게 높은 평가를 받을 수 있었을 것입니다.

Tip. 롤모델 스토리 To.현수

**PORTFOLIO STORY | 자율체험활동 2**
# 대학탐방

### 뚜렷한 목표 가지기

고등학교1학년 시절 학교에서 학원 이렇게 지루한 일상을 보내다가 어느 날 문득 자극제가 필요하다고 생각하였습니다. 그래서 저는 겨울 방학 때 서울로 올라가서 서울대학교, 연세대학교 이 두 곳을 가 보았습니다. 저는 형이 서울대학교에 재학 중인 학생인 덕분에 서울대학교 캠퍼스를 구석구석 꼼꼼히 마음껏 구경하며 즐길 수 있었습니다. 넓은 캠퍼스와 학생들이 쾌적한 환경에서 공부할 수 있도록 설계된 중앙도서관이 정말 좋아 보였습니다. 밤이 되면 캠퍼스 곳곳에서 들리는 귀뚜라미 소리 속에서 허리에 책을 끼고 다니는 서울대학교 학생들을 보았을때는 마치 과거 자연 속에서 학업에만 열중하는 선비를 보는 듯 했습니다. 연세대학교에서는 무엇보다도 정문에 들어서는 순간 바로 보이는 언더우드 국제학부의 건물이 눈에 들어왔습니다. 담쟁이에 덮혀 있는 건물이 얼마나 멋있어 보였던지, 마치 19세기 고위 귀족들이 드나드는 건물 같았습니다. 이외에도 연세대학교 곳곳을 돌아다니며 본관도 보고 연세대학교 학식도 먹어보는 등 좋은 경험을 했습니다. 가장 기억에 남는 것은 언더우드 국제학부 건물이었답니다. 이 건물을 본 후 저는 정말 서울대학교에 가고 싶은 열망이 생기게 되었습니다. 그래서 대학 탐방을 갔다 온 이후에 서울대학교 로고를 프린트하여 방에 붙여 놓았었습니다.

전반적으로 대학 탐방이라는 활동을 통하여 느낀 점, 깨달은 점이 두 가지가 있습니다. 첫 번째로 서울이라는 곳에 대하여 대구와는 비교되는 도시 발달 수준에 깊은 감명을 받았었고 두 번째로 서울대, 연세대 탐방이 제가 공부하는데 있어서 다시 한 번 더 정말 크게 자극이 되었다는 것입니다.

**코멘트** 사람은 자극을 받을수록 더 성장하는 법입니다. 권기훈 학생은 스스로가 자극을 쉽게 받는다는 점, 그리고 자극을 통해 자신이 성장한다는 점을 본인이 잘 인지하고 있습니다. 그래서 나태해질 때면 다시 동기부여 및 자극을 위해 찾아나서는 적극성을 보였습니다. 대학 탐방은 대부분의 고등학생이 자의든 타의든 많이 하는 활동입니다. 하지만 똑같은 활동에서도 무엇을 느끼고 이후 자신의 삶이 어떻게 달라졌는지는 다를 수 있습니다. 권기훈 학생은 학교에서 단체로 간 것이 아니라 스스로의 필요를 느끼고 서울로 대학탐방을 나섰다는 점에서 칭찬할 수 있습니다. 그리고 이 경험을 통하여 대학생 그리고 졸업 이후 자신의 모습을 상상해 보며 마음을 다잡고 공부하였으며, 성적 향상뿐만 아니라 지루한 일상으로부터 탈피하여 새로운 경험을 해 보며 심적으로도 한층 성숙해지는 계기가 될 수 있었습니다. 이 사례에서 볼 수 있듯이 수험생들이 똑같은 경험이지만 좀 더 고민을 많이 하고 자극 받으면서 경험 이후 자신이 달라지는 계기로 만든다면 좋은 활동 경험으로서 다른 지원자들에 비해 면접에서 어필할 수 있을 것입니다.

**PORTFOLIO STORY | 자율체험활동 3**

# 중국여행

### 새로운 문화를 경험하기

고등학교에서 2학년 때 수학여행으로 중국을 갔습니다. 중국 북경으로 가서 친구들과 추억도 만들면서 여러 가지 유적지와 유물을 살펴보았습니다. 특히 자금성에 갔던 것과 천안문에 걸려있는 마오쩌둥의 초상화를 본 것이 가장 기억에 남습니다. 마오쩌둥의 사진을 보며 그 거대한 위엄에 중국에 대해서 공부를 어느 정도 했음에 불구하고 알면 알수록 더 알기 어려운, 중국에 대한 다른 면을 발견할 수 있었습니다. 자금성에 갔을 때도 기억에 좀 남는데, 그 이유가 우리나라의 경복궁과는 다른 큰 스케일에 조금 충격을 받았기 때문입니다. 우리나라의 아기자기하고 소박한 궁에 비해 자금성은 광대하고 굵직한 느낌을 풍겼습니다. '바로 옆에 붙어 있는 나라임에도 이렇게 문화가 다양할 수 있구나'라는 생각을 했습니다.

특별한 에피소드로는 왕부정 거리에서 잠깐 돌아다녔을 때 거리 노점상인들이 뱀 튀김과 전갈튀김을 파는 곳이 있었는데, 우리가 지나갈 때 환심사려고 살아있는 뱀을 막 던지는 것이었습니다. .그래서 깜짝 놀랬고 한편으로 문화 다양성에 대해 놀랐던 적이 있습니다. 이 외에 구운 전갈도 먹어보고 중국의 유명한 오리구이 음식점에 가서 화려한 뷔페 식으로 접대도 받아 보는 등 여러 가지 문화의 다양성을 체험하였습니다. 중국 여행하면서 좋았던 점은 거기서 또 세계 각지에서 온 관광 객들과 대화를 한 적이 있어요, 덕분에 영어도 좀 배웠습니다. 평소 관심 있는 나라이기도 한 중국을 방문함을 통해서 매우 좋았고, 친구들과 여행을 다니면서 중국어로 의사소통을 하였는데 이러한 경험 덕분에 이 후로 중국어에 대해 많은 관심을 가지게되었습니다. 또 이렇게 웅장하고 넓은 곳들을 보다 보니 세상을 보는 시야가 조금 넓어진 것 같기도 합니다.

**코멘트** 사람은 살아가면서 여행을 갔다 다니며 세상에 대해 알아가는 자세가 필요합니다. 특히 여러 나라를 여행하며 서로 다른 다양한 전통을 체험하며 그들의 문화를 이해할 수 있는 자세는 세계화의 추세 속에서 지구촌 시민으로서 갖추어야 할 필수적인 덕목입니다. 권기훈 학생은 일본보다는 앞으로 발전 가능성에 더 귀추가 주목되는 중국을 선택하였다고 하였습니다. 이는 그 만큼 이 학생이 미래를 내다보는 비전과 세상을 경험할 줄 안다는 것을 의미합니다. 권기훈 학생과 같이 중국이라는 넓은 대륙을 탐방 하면서 새로운 것을 경험하고 그들의 문화를 그대로 즐기는 자세를 지닌다면, 세계를 바라 보는 시각이 더 넓어질 수 있을 것입니다.

Tip. **롤모델 스토리** To.현수

**PORTFOLIO STORY | 동아리 활동 1**
# 영화감상동아리

### 영화를 통한 스트레스 해소

영화 보는 것을 정말 좋아했어요. 그래서 중학교 3학년 때 영화 감상 동아리를 들어갔었습니다. 이 동아리를 통하여 정말 많은 영화를 봤었어요. 그 중에서도 가장 인상 깊었던 영화를 몇 가지 뽑는 다면 '300', '브레이브 하트', '패트리어트', '바이센티니얼맨' 이 4가지로 뽑을 수 있습니다. '300'은 개인적으로 대규모 스케일의 전투가 많이 나오는 전쟁영화를 좋아하는 편이라 재미있게 봤습니다. '브레이브 하트'는 대규모 전투가 많이 나오면서도 정의를 위해 희생하는 주인공이 매우 인상 깊었습니다. '패트리어트'는 주인공의 가족, 조국, 민족을 향한 불타는 애국심이 인상 깊었어요. 그래서 나중에 내가 자란다면 나도 조국을 위해 무엇인가 공헌할 수 있는 그런 사람이 되어야겠다고 다짐하는 계기가 된 영화입니다. 마지막으로 '바이센티니얼맨'은 로봇이 인간이 되기 위한 과정을 감동적으로 그린 영화인데 그냥 보는 내내 눈물이 멈추지 않았을 정도로 감동적이었습니다. 영화 감상 동아리에서 영화관에 영화 보러 동아리원들끼리 다 같이 갔던 게 제일 재미있었던 활동이었어요. 거의 매주 주말마다 동아리 아이들끼리 모여서 영화관에 가서 영화를 보고 했던 것이 사춘기 시절 감정의 정리에 많은 도움이 되었답니다. 또 영화 보고 나서 친구들과 같이 시내 곳곳을 다니면서 바람 쐬며 논 덕분에 학업에 대한 스트레스를 많이 해소해 주었고 아이들과도 더 돈독히 친해질 수 있었습니다.

영화관을 다니면서 보았던 영화들 중에서 가장 기억에 남는 영화로는 다빈치 코드입니다. 너무 어려워서 아직까지도 잘 이해 안 되는 부분이 몇 부분 있지만 이 영화를 보면서 이해하려고 노력했던 것이 저의 사고력 향상과 더불어 영화를 보는 시각을 길러 주었던 것 같습니다. 전반적으로 이 동아리 활동을 통하여 많은 영화를 봤고 이를 통하여 많은 감동, 재미, 쾌감, 그리고 교훈을 얻을 수 있었기에 매우 좋았습니다.

> **코멘트** 권기훈 학생은 입시에 대한 스트레스를 영화감상동아리라는 곳에서 활동을 하면서 해소하였습니다. 사람은 살아가면서 무조건 스트레스를 받게 되어 있습니다. 하지만 이 스트레스를 어떠한 방법으로 누가 더 극복을 잘하고, 누가 더 빨리 극복을 하느냐에 따라서 사람 간의 격차가 발생하게 됩니다. 상대적인 평가가 중시되는 이 사회에서 권기훈 학생처럼 일찍부터 자신에게 맞는 스트레스 해소 방법을 찾는다면 자기 자신에게 쌓인 스트레스도 해소하고 학업의 효율성도 높일 수 있을 것입니다. 하지만 스트레스 해소를 위해 하는 활동에 중독되는 것은 주의해야 할 것입니다.

정치외교학과 선배의 진로진학 전과정 롤모델 스토리

## PORTFOLIO STORY | 동아리 활동 2
# 역사동아리

**역사를 통해 나를 돌아보기**

역사동아리는 말 그대로 역사에 관심을 가지고, 역사에 관련된 유적, 유물들을 알아보는 시간을 갖기 위해 생긴 동아리입니다. 유난히 국사를 좋아했고, 또 국사 선생님과도 가까웠던 저는 고등학교에 올라간 후 얼마 뒤 뜻이 맞는 친구들과 역사동아리에 들었습니다. 가장 기억에 남는 것은 우리 문화재 답사 때 신숭겸 장군 유적지에 갔던 일입니다. 그날 신숭겸 장군 유적지에 대해서, 많이 와 본 것에 비하여 제대로 알고 있지 못했었는데 국사 선생님과 국사 시간에 배운 것을 토대로 많은 대화를 나누며 고려 왕조와 유적지, 신숭겸 장군에 대하여 한층 더 알 수 있었습니다. 한번은 서울로 원거리 문화재답사를 간 적이 있었습니다. 그때 몽촌토성으로 갔습니다. 북측의 외곽경사면과 외성지의 정상부에는 목책을 설치하였던 흔적이 나타나 있는데, 오래된 목책임에도 불구하고 나무가 파릇파릇했던 것이 인상 깊었습니다. 동측의 외곽 경사면에는 생토를 깎아내어 경사를 급하게 만든 흔적과 함께 해자가 설치되어 있었습니다. 처음 봤을 때는 무엇인지 몰랐는데 국사 선생님께서 '북쪽으로부터의 침략에 대비한 기지 구실을 담당하였던 것으로 생각된다.'라고 말씀해 주셨습니다. 이 말을 듣고 다시 보니 과연 그러한 목적으로 만들어진 것처럼 보이더군요. 이때 가장 기억에 남는 것은 유적지를 관람하는 많은 외국인들을 만났었는데, 저와 친구들은 짧은 외국어 실력으로 중국인들, 프랑스인들, 영국인들과 대화를 나누었습니다. 이때 서로의 문화에 대하여 짧지만 깊은 이야기를 나누었던 것이 고등학교생활에서 가장 기억에 남는 일 중에 하나입니다. 이 동아리 활동을 통하여 국사 교과서에서만 보던 문화재를 직접 볼 수 있었던 것이 매우 좋았고, 또 몰랐던 역사적 지식도 많이 알게 되었어요. 그래서 전반적으로 저의 역사적 지식 수준을 높여주는 데 큰 영향을 준 동아리입니다.

**코멘트** 중학생 대상으로 실시한 설문 조사에서 고려가 먼저 생긴 국가인지 조선이 먼저 생긴 국가인지조차도 모르는 학생이 50%라는 결과가 나와 기사에 보도 되었던 적도 있을 정도로 현재 우리나라에서 가장 큰 문제가 되고 있는 것은 바로 역사교육입니다. 우리나라 역사교육이 어떤 방식으로 이루어지고 있는지 다시 한 번 되 짚어보아야 할 상황에서, 백문이불여일견이라고 하는 옛말도 있듯이 권기훈 학생과 같이 역사문화재를 직접 답사하는 동아리를 들어가 직접 여러 문화재를 보며 경험하고 유적지를 직접 답사하며 선조들의 과거를 떠올리며 생각해 보는 활동은 어떤 식으로 역사 교육이 이루어져야 효과적일까라는 물음에 대한 대답으로 참고하기에 좋습니다.

Tip. **롤모델 스토리** To.현수

## PORTFOLIO STORY | 봉사활동 1
# 노인복지회관

**사회적인 봉사하기**

중1~중2 엄마를 따라서 꾸준히 노인 복지회관에 봉사활동을 하러 갔었습니다. 어릴 때라 딱히 큰일을 하지는 않았어요. 주로 했던 일은 노인 복지회관에 가서 거동이 불편하신 어르신들 부축해 드리고, 할머니 할아버지 음식도 해드리고 직접 입에 넣어 드리기도 했어요. 요리 과정에서 반죽을 하다가 실수를 해서 어머니로부터 질타를 좀 들었지만 그래도 저는 이게 가장 기억에 남습니다. 이유는 그때 할머니 할아버지께서 무척 행복한 미소를 지으시면서 되게 맛있게 잡수셨어요. 그 모습을 보고 흐뭇하고 기쁘기도 하면서 한편으로 50년 후의 제 모습을 상상해 보기도 했었습니다. 당장 10년 후도 어떻게 될지 잘 모르는 상황에서 50년 후를 상상해 보는 것이 쉽지는 않았습니다. 그러다 떠오른 것이, 노인복지회관의 노인 분들과는 다른 삶이었습니다. 젊은 시절 열심히 살아서 아내와 함께 세계 곳곳을 돌아다니며 여행하다가 뉴질랜드에 정착하여 농사를 지으며 사는 것이 제 로망이었기 때문이죠. 하지만 노인회관에서 지내는 노인분들의 돈독한 사이는 정말 보기 좋았기에 '뉴질랜드에 정착하여 살 때는 부인과 단 둘이 사는 것이 아니라 뉴질랜드에 노인 복지회관을 설립하여 마을 사람들과 어울리며 사는 그런 삶을 살아야겠다'라고 생각했었답니다. 이 봉사활동을 통하여 노인분들에 대한 시각이 많이 바뀌었어요. 처음에는 그냥 우리와는 아예 살아왔던 시대가 다르기에 생각 자체가 다르고 단순히 나이가 많다는 이유로 거리가 먼 분들이라고 생각했는데, 서로 얘기도 하고 우리가 해준 음식을 맛있게 먹으며 함께 지내면서 이러한 편견이 깨지게 되었습니다. 동시에 제 자신의 미래 설계도 해 볼 수 있었기에 아주 좋은 경험이었습니다.

**코멘트** ▶ 봉사 활동은 학생 내면에 대한 많은 것을 보여줍니다. 어느 장소에서 했는가, 주기적으로 했는가, 무엇을 위해 했는가를 살펴보면 지원자가 어떤 성향을 가지고 있는지 쉽게 판단이 가능합니다. 중학생과 같이 어린 나이부터 어머니를 따라다니며 노인 복지회관 봉사활동을 주기적으로 오랜 기간 활동하였다는 대목은 권기훈 학생이 천성적으로 성실성과 봉사에 대한 마음가짐을 지녔다는 것을 알 수 있습니다. 또한 봉사활동을 하면서 자신의 미래에 대하여 다시 한 번 생각해 보고 설계해 본 경험은 봉사활동을 통해 얻게 된 보너스라고 할 수 있죠. 대부분의 학생들은 봉사활동은 시간 낭비라고 생각들을 합니다. 하지만, 어차피 해야 하는 봉사 활동이라면, 조금 더 전략적으로 다가갈 필요가 있습니다. 조금이라도 자기에게 도움이 되고 자신의 성향을 어필할 수 있는 봉사활동을 선택하는 것이 여러분을 입학사정관들의 눈에 더 띄도록 만들어 줄 것입니다.

정치외교학과 선배의 진로진학 전과정 롤모델 스토리

## PORTFOLIO STORY | 봉사활동 2
# 노인병원

### 봉사와 마음의 풍요

고등학교에 올라가서 공부하면서 쉴 때 그냥 무의미하게 시간을 보내는 것보다는 무엇인가를 해야겠다는 생각에 서부 노인병원에서 사회봉사활동을 시작했었습니다. 고3 때는 쉴 틈이 없었기에 고2 때까지만 했었습니다. 주로 했던 활동은 몸 거동이 불편하신 분들 도와 드리고, 노인 분들 밥 먹여 드리고, 복도 청소, 화장실 청소 등입니다. 봉사활동을 하면서 솔직히 처음에는 무척 힘들었어요. 아무래도 병원이라는 곳의 환자에 대해 약간 부정적인 편견이 있었는데 처음 갔을 때 이 편견 때문에 환자분들에게 다가가지 못하고 일부로 청소하러 가고 그랬거든요. 또 중학교 시절 공부를 그렇게 잘하는 편도 아니었기에 기초가 부족한 상태에서 공부하기도 급급한 상황에서 자투리 시간에 이러한 봉사활동을 하는 것이 저에겐 정말 큰 부담이었습니다. 하지만 제가 음식 넣어 드릴 때 잘 드시는 모습을 보고는 아, 이분들도 힘드실 텐데 내가 도와드려야겠다고 다짐을 했고 이후로는 적극적으로 봉사활동을 전개해 나갔습니다. 공부를 못한 것으로 인한 불안감 때문에 스트레스가 쌓일 줄 알았는데 적극적으로 도와드리면서 봉사활동을 해나가다 보니 공부시간 이외에 무엇인가 의미 있는 일을 해냈다는 생각에 제 자신에 대한 뿌듯함과 만족감이 생겨서 오히려 학업으로 인한 스트레스가 해소가 되더군요. 이 병원에서 봉사활동하면서 가장 기억에 남는 할아버지 한 분이 계시는데, 이 할아버지께서는 제가 봉사활동을 갈 때마다 저한테 오렌지 주스를 주셨어요. 정말 감사함을 느꼈죠. 이 분 덕분에 제가 아마 봉사활동에 편견을 깨고 빨리 적응할 수 있지 않았나 싶습니다. 노인병원에서 봉사활동하는 시간 만큼은 제게 마음의 풍요를 느낄 수 있었던 시간이었던 것 같습니다.

> **코멘트** 권기훈 학생이 어떻게 자신의 편견을 극복했는지에 초점이 맞추어지는 글입니다. 보통 노인병원은 학생들이 봉사를 하기에 접근성이 좋은 곳임에도 불구하고 그 곳을 찾지 않으려는 대부분의 학생들에게는 노인 분들에 대한 여러 가지 선입견이 작용합니다. 그것을 어떻게 깰 수 있는가는 자신의 몫이겠지요. 권기훈 군은 그곳을 방문하여서 그것을 깨고 평등한 눈으로 그들을 바라볼 수 있는 경험을 하였다고 했습니다. 봉사 활동 경력을 입학 사정관이 요구하는 이유는, 그 내역을 보기 위함이 아니라 활동을 통한 학생의 변화를 보기 위해서입니다. 그러므로 일차적으로는 그곳에서 확실한 변화를 느낄 수 있게 진정한 의미의 봉사를 하고, 이후에는 누구나 그것에 대하여 공감할 수 있도록 자신의 경험을 글로 잘 서술하는 법을 익히는 것이 여러분을 합격의 문턱에 한 걸음 더 다가가게 해 줄 것입니다.

Tip. 롤모델 스토리 To.현수

**PORTFOLIO STORY | 진로 활동 1**

# 중국 홈스테이

### 다른 문화 체험하기

2008년 여름에 영남고등학교와 중국 양주고등학교 간의 교류 학생 프로그램을 참가할 수 있는 기회를 얻게 되었습니다. 한 반에서 두세 명 내외로 적은 학생만 뽑아서 특별히 보내주는 프로그램이었으며 비용도 적지 않게 들어갔던 탓에 처음에는 망설이게 되었습니다. 그러나 교육에 열성적이신 어머니께서 해외에 나가서 많이 보고 느껴보라며 아낌없이 투자해 주신 탓에 기회를 얻을 수 있었습니다.

프로그램은 크게 두 가지로 나뉘어서 7월 달에는 저와 연결된 중국인 친구 리우가 한국으로 와서 저희 집에서 홈스테이를 하였습니다. 그리고 함께 영남고로 등교하며 한국에 대해서 같이 공부하고 저는 리우가 공부 내용에 대해 이해하도록 도와주는 역할, 그 외 한국 문화 체험을 함께하였습니다. 처음으로 외국인 친구를 사귀고 영어로 대화를 하며 비록 사는 곳은 다르지만 얘들도 우리와 비슷한 고민을 하고 비슷한 것에 열광하는, 우리와 크게 다르지 않는 친구라는 것을 느꼈습니다. 물론 부족한 영어로 인해 전하고자 하는 말을 충분히 표현 못 하는 한계는 매우 답답함을 주었으며, 똑같은 나이지만 중국인 친구들의 똑똑함에 놀라고 장차 이들이 이끌어갈 중국의 미래 등을 상상하며 많은 점을 생각해 보게끔 되었습니다. 그래서 기본적인 표현 수단으로써 영어의 중요성을 더욱 느끼고 공부하게 되었으며 동시에 더 똑똑해지고 인재가 되어야겠다고 결심하는 계기가 되었습니다.

한국에서의 홈스테이가 끝난 후 8월 달에는 제가 중국으로 가서 친구 리우의 집에서 홈스테이를 하였습니다. 이때의 경험들은 이루 말할 수 없을 만큼 소중하고 놀랍고 한편 충격적이었습니다. 신문에서 매번 중국의 무서운 발전 속도에 대한 기사를 보고 밝은 미래에 대한 전망을 보았지만 아직은 우리 한국보다 경제, 정치, 문화의식 수준이 낮다고 생각했었습니다. 하지만 실제 중국 베이징, 상하이 등 대도시를 가보며 그 규모의 거대함과 고층 빌딩들, 역동적인 도시의 모습에 기가 죽었으며 제 생각이 짧았음을 알게 되었습니다. 그리고 신문 등 언론에서 보이는 중국의 밝은 모습이 결코 과언이 아니었으며, 중국은 정말 엄청난 시장성이 있다고 생각했습니다. 이 경험을 통해 저는 중국에 대해 완전히 알겠다는 새로운 목표를 가지게 되었습니다. 중국에 대한 강렬한 첫인상에 나중에 어떤 일을 하든 중국을 떠나서는 생각할 수 없다고 느꼈습니다. 그래서 평소 관심이 많던 언어와 역사, 문화에서 나아가 중국어, 중국 역사, 중국 문화 등에 대해 관심을 가지게 되었으며 이에 대해 깊게 공부해 보고 싶어 중어중문학과에 진학하겠다고 마음먹었습니다.

이처럼 중국교환학생 방문은 저에게 엄청난 터닝포인트가 되었으며 좀 더 큰 넓은 시야, 큰 꿈을 가지게 해주었습니다.

정치외교학과 선배의 진로진학 전과정 롤모델 스토리

**코멘트** 권기훈 학생에게는 이 홈스테이가 중국의 역사와 문화를 관광 차원에서 탐방하는 것이 아니라 직접적으로 일반 가정집에서 머물면서 경험하였던 것이 우리나라와 자기 자신에 대해 다시금 생각해 보는 좋은 시간이 되었습니다. 이처럼 입학사정관제를 겨냥하는 학생이라면, 기회가 되는 선에서 해외활동도 적극 권장합니다. 권기훈 학생의 경험에도 나와 있듯, 우리나라 안에서만 생활한 학생보다는 짧은 기간이더라도 해외에 나가서 시야를 넓힌 학생이 더 좋게 평가받을 수 있습니다. 여건이 된다면, 해외로 나가서 자신의 무대를 국내로 한정하지 말고 더 크게 넓혀 보기 바랍니다. 게다가 그 활동이 단순한 여행일 때보다, 권기훈 학생의 경우와 같이 홈스테이와 같이 직접 교류할 때 더 가치가 있습니다. 그러므로 해외로 나가볼 기회가 있을 때는 적극적으로 참여하여, 자신의 무대를 국제로 키워 나갔으면 합니다.

Tip. 롤모델 스토리 To.현수

**PORTFOLIO STORY | 진로 활동 2**
# 서울대 도서관에서 공부

### 최고의 장소에서 공부하기

고등학교 3학년 여름방학 때였습니다. 수능도 얼마 남지 않은 상태에서 저에게 한창 성적이 오르지 않고 자꾸 제자리 걸음을 하거나 떨어지는 쪽으로 슬럼프가 오고 있던 시기였기에 매우 심적으로 힘들었습니다. 그때 서울대학교에 재학중인 형이 저를 생각해 주는 마음에 방학 동안만이라도 서울로 올라와서 나한테 공부도 배우고 학교 돌아보면서 자극도 받으라고 제안을 했었고, 저는 기회다 싶어서 담임 선생님께 눈물로 호소하며 보충수업을 빼고 상경을 하였습니다. 이때 선생님을 비롯하여 주변에 몇몇 아이들로부터 '그렇게 한다고 성적이 오르냐'고 비난도 많이 받았었습니다. 하지만 신경쓰지 않고 정말 죽기 살기로 열심히 하겠다는 굳은 의지를 가지고 갔습니다. 형이 제 의지를 느끼고는 정말 죽기살기로 숙제를 내주었던 것이 조금 힘들긴 했지만, 그래도 다 형이 저를 위한 마음에 그렇게 숙제를 살인적으로 내는 것이고 또 저에게 도움이 된다는 생각에 힘듦을 견뎌가며 거의 하루에 문제집을 하나씩 풀었습니다. 엄청나게 물량공세를 한거죠. 매일 서울대 도서관에 해 뜰 때 가서 해질 때 돌아오는 일과를 반복하며 열심히 공부했었습니다. 당장 수능을 앞둔 상태라 그런지 고1 때 왔을 때와는 달리 정말 감회가 새로웠습니다. 또 주위에 서울대학교 학생들을 보면서도 많은 자극 받았습니다. 그 결과 2학기 때 성적이 매우 많이 올랐습니다. 기존에 취약했던 언어영역을 비롯하여 사회탐구영역까지 정말 부족했던 점을 완벽히 보완하며 공부를 했던 것이 성적이 오르는데 원동력이 되지 않았나 싶습니다. 성적이 오르니 자신감이 생겼고 성적이 안 오를 것이라고 비난했던 주변 친구들에게도 떳떳해 지게 되니 정말 제 자신에게 뿌듯하였습니다. 결정적으로 저의 학업 공부에 있어서 스프링 역할을 해 주었던 경험이라고 생각합니다.

**코멘트** 권기훈 학생이 어떠한 과정을 통하여 성적을 향상하였는지 아주 잘 보여주는 활동입니다. 권기훈 학생의 경우 다른 학생들과는 달리 친형이 서울대학교 경영학과에 재학 중이라는 점이 매우 큰 기회요소였습니다. 자신에게 주어진 기회를 활용 못 하는 학생도 많은 반면에 권기훈 학생의 경우 슬럼프라는 것이 쉽게 극복되는 것이 아닌데도 적극적인 자세로 형에게 도움을 구하며 극복했다는 것으로 보아 기회요인을 잘 활용 하였다고 할 수 있습니다. 친형이 서울대학교에 다닌다는 것이 어찌 보면 일상처럼 들릴 수도 있는데 이러한 점을 잘 활용한 점으로 보아 권기훈 학생은 사소한 것에서도 의미 있는 가치를 발견하는 능력을 가졌습니다. 여러분도 이와 같이 자신에게는 너무 가까워 익숙하고, 일상처럼 들리는 것에서부터 한번 다시 고찰해 보며 특별한 advantage를 얻을 수 있나 생각해 본다면 분명히 자기 자신에게 도움이 될 무엇인가가 있을 것입니다.

정치외교학과 선배의 진로진학 전과정 롤모델 스토리

**PORTFOLIO STORY | 진로 활동 3**
# 적성 관련 취미활동

### 적성을 찾기 위한 노력

고등학교 1학년 때까지만 해도 저는 언론인이 되는 것이 꿈이었습니다. 기자가 하는 일 중 가장 큰 것은 기사를 쓰는 일이기 때문에 저는 여기에 관심이 많았습니다. 어떻게 하면 기사를 잘 쓸 수 있을까 하는 것에 흥미를 가지고 저는 제가 구독하고 있는 신문을 스크랩하는 것을 시작하였습니다. 신문을 읽고, 가장 흥미롭고 훌륭한 기사를 세 개씩 골라서 스크랩을 하였습니다. 주제는 자유롭게 하였는데, 나중에 제가 한 스크랩을 모아보니 주로 국제관계, 외교, 정치 위주의 기사를 스크랩한 셈이 되었습니다. 비슷한 주제들을 스크랩하게 되는 것을 보면서 내가 국제관계 분야에 관심이 있다는 사실을 알았고, 그뿐만 아니라 관심 분야를 스크랩을 하다 보니 단순히 관심만 있는 분야가 아닌 앞으로 하고 싶은 일, 나의 전공으로 삼아야겠다는 생각을 하게 해주었습니다. 이 습관이 저의 진로를 결정하는데 큰 도움이 되었던 것 같습니다. 스크랩을 한 다음 그 기사에 대한 느낌, 생각과 기사의 장단점에 대해서 자유롭게 적어보았습니다. 한 학기 동안 했던 신문 스크랩하기를 통해 저는 시사에 대하여 기본적으로 아는 것이 많아졌을 뿐 아니라 글쓰기 능력도 좋아졌습니다. 지금 저의 꿈은 기자가 아니지만 신문을 늘 읽는 습관을 들인 것이 어떤 일을 하는 데 있어서 어디에서나 장점으로 작용했다고 생각합니다. 또 저 자신이 국제관계, 외교 쪽에 많은 관심을 가지고 있다는 사실을 깨닫고는 자연스럽게 정치, 국제관계 외교 쪽에 집중적으로 많이 관심이 많이 갔었고 그러다가 고2 올라가는 시점에서 '아 나중에 국제무대에서 활동하는 사람이 되고 싶다'라는 꿈을 가지게 되었습니다.

**코멘트** 정치외교학과에 진학한 권기훈 학생이 어떻게 자신의 진로를 결정하게 되었는지를 이야기해 준 대목이었습니다. 대희 학생의 경우와 같이, 자신이 관심이 있는 분야가 있다면 그것을 취미에만 국한하는 것이 아니라 진로와도 연관 지어서 생각해 보는 것이 필요합니다. 그 경우 자신이 즐기는 일을 직업으로 삼는 것이 되므로 만족하는 삶을 살 수 있기 때문입니다. 그리고 반대로 자신이 관심 있는 진로가 있다면 대희 학생의 경우 외 드라마나 영화 등 재미 위주의 방법으로 접근해 보면서 딱딱하지 않게 흥미 위주로 생각해 보는 것도 매우 좋을 것입니다. 이 경우 자신이 생각하는 직업의 모습을 엿볼 수도 있고, 취미 활동을 하는 것이므로 학업에서 오는 스트레스도 풀 수 있을 것입니다. 이와 같은 활동은 자기소개서에도 쓸 수 있는 좋은 경험이 되므로, 여러 방면에서 해 보기를 권장합니다.

Tip. 롤모델 스토리 To.현수

## PORTFOLIO STORY | 특기 활동 1
# 장기

**사고력 증진하기**

중학교 때 친척 집에 갔는데 거기서 처음으로 장기두는 걸 보았습니다. 아버지와 할아버지가 장기를 두셨는데, 그때까지는 말만 들었을 뿐, 실제로 장기를 두는 걸 보는 건 처음이었습니다. 장기에 관심이 생겨서 할아버지께 장기를 배웠고, 그 후에 아버지가 집에 장기판을 사오셔서 아버지와 종종 장기 대국을 하곤 했습니다. 이때 장기의 규칙을 알고 장기가 어떻게 쓰여지다 게임으로 자리잡았는지에 대한 유래도 듣게 되면서 장기에 다가가는 기회가 되었습니다. 점점 장기에 대한 흥미가 높아져서 학교 끝마치고 집에만 돌아오면 늘 인터넷 장기를 두거나 아버지께 대국을 신청할 정도로 장기에 빠졌었습니다. 심지어는 학교 문구점에서 파는 미니 장기판을 들고 와서 친구들끼리 장기를 두며 놀기도 했었습니다. 이렇게 장기를 즐기다 보니 학업에 대한 스트레스가 해소되었을 뿐만 아니라 장기가 머리를 좀 써야 되는 놀이이다 보니 사고를 깊게 하는데 매우 큰 도움이 되었습니다. 그 후에 장기뿐만 아니라 체스, 바둑 같은 보드게임을 전반적으로 배우게 되었는데, 하지만 역시 아직까지도 장기를 즐겨 합니다. 체스와는 달리 넘어다니는 포나, 꽤 신기한 이동경로를 가지고 있는 마나 상의 매력, 이런 것들이 체스보다는 장기가 더 생각하면서 하게 하는 같습니다. 생각하는 걸 좋아하는 저로서는 좀 더 많은 수를 둘 수 있는 장기가 좋은 것 같습니다. 또 동양 사람이라서, 할아버지, 아버지께 배우고 아버지와 더욱 친밀해지게 해 준 장기여서 그런지 장기에 더 빠져드는 것 같습니다.

**코멘트** 장기는 많은 사람들이 즐기는 문화놀이 중 하나입니다. "한 사람의 문화적 소양을 알면 그 국가의 문화적 수준을 알 수 있다."라는 말도 있듯이 모든 일을 해 가는 과정에서는 문화적 소양이 밑바탕이 되어야 합니다. 권기훈 학생은 장기라는 문화적 활동을 통해 현대 사회를 살아가면서 필요한 문화적인 소양을 기를 수 있었으며 폐쇄된 교실에서 벗어나 다른 장소에서 자유롭게 친구들과 어울리기도 하는 등 학업에서 받았던 스트레스도 풀 수 있었습니다. 또한 스트레스를 풀어줌으로써 공부의 능률을 높일 수 있었습니다. 공부하는 데에만 치중하여 여러 가지 문화적인 활동을 할 기회가 있어도 소홀히 한다면 단기적으로 봤을 땐 높은 성적을 받을 수도 있겠지만 장기적으로 봤을 때에는 심리적인 불안정성이 높아질 것이고 더 높은 성적을 기대하기 어려울 것입니다. 책상에만 앉아 공부 할 것이 아니라 교실을 벗어나 또 다른 공간에서 자신이 좋아하는 혹은 좋아하지는 않더라도 심리적인 안정을 취할 수 있는 문화적인 활동을 함으로써 정신적인 건강도 챙기고 스트레스도 풀 수 있는 시간을 가지길 권합니다.

정치외교학과 선배의 진로진학 전과정 롤모델 스토리

## PORTFOLIO STORY | 특기 활동 2
# 바이올린

### 음악에 대한 이해

중학교 1학년으로 입학한 후부터 3학년으로 졸업을 할 때까지 3년 내내 저는 관현악반으로 동아리활동을 했습니다. 초등학교 때부터 현악기인 바이올린을 배워서 꾸준히 연습해왔는데, 이런 이유로 저는 중학생이 되고 나서 관현악반에 들어가는 시험을 보았습니다. 초등학교때까지는 그저 부모님이 시켜서 악기연주를 할 뿐 연주 그 자체에 커다란 의미를 두지 않았는데, 관현악반에 들어가는 시험을 보기 위해서 난생처음 연주를 위하여 한 곡을 열심히 연습해 보았습니다. 결국 좋은 결과를 얻었고 저는 관현악반의 단원이 되었습니다. 여태까지와 달리 저 스스로 노력해서 좋은 성과를 낸 경험이라서 관현악반 시험을 통과했다는 그 이상의 의미를 가진 시험이었습니다. 이전까지 저는 바이올린을 단독으로 연주했지만, 관현악반에 오면서 제가 내는 바이올린 연주소리는 하나의 노래를 완성하는 데 한 요소로 작용했습니다. 혼자만 연주하던 때와 달리 사람들과의 호흡이 정말 중요했고, 그걸 극복하는 데 많은 어려움이 있었습니다. 그렇게 노래를 만드는 과정에 참여하면서 사람들의 삶이란 대단하게 보이지 않아도 하나 하나가 큰 무언가를 완성하는 것이 아닐까 하는 생각을 했습니다. 처음 저는 관현악반에서 제 소리 하나 제대로 내기 버거운 신참이었지만, 3학년이 되어서는 관악기를 조율하는 악장이 되어 바이올린뿐 아니라 다른 현악기에 대해서도 관심을 가지게 되었습니다. 방학 때에도 열심히 연습을 계속한 관현악반은 지역구에서 진행하는 동아리 마당에도 참여하여 우리 학교뿐 아니라 다른 사람들에게도 우리의 노래를 들려주었고, 나중에는 점점 유명해져서 여기저기 찬조 공연을 다니기도 했습니다.

**코멘트** 권기훈 학생이 진학한 정치외교학과와는 전혀 관련이 없지만 음악이라는 새로운 장르에서의 활동이라는 점에서 이 활동은 입학사정관 들에게는 플러스 요인이 됩니다. 또한 동아리 활동은 친구를 사귀는 기회가 됨과 동시에 자신의 역량을 키울 수 있는 배움의 장 역할을 하기도 합니다. 특히 자신이 가고자 했던 진로와 관련된 활동이 아니라도 동아리 활동을 하다 보면 자신이 생각하지 못했던 새로운것을 배우기도 하는데요, 그러한 활동들은 결국 학생에게 큰 자산이 됩니다. 혼자서 주로 음악 연주 하던 권기훈 학생의 경우도 관현악 반에 들어가서 다른 사람과 음악적인 화음을 맞추는 연습을 하면서, 음악의 새로운 면에 대해서 깨달음을 얻었고, 여러 사람들과 화합하는 법도 배웠습니다. 여러분도 동아리에 들어갔다면, 그리고 그 동아리가 자신의 역량을 키울 수 있는 무엇이라면, 열심히 하면서 자신의 꿈과 직접적인 관련이 없더라도 열심히 활동을 해보세요. 아마 여러분이 이전까지 보지 못했던 부분을 찾을 수 있을 것이고, 그러한 부분들이 여러분의 성장에 큰 도움이 될 것입니다.

Tip. 롤모델 스토리 To.현수

**PORTFOLIO STORY | 특기 활동 3**
# 컴퓨터자격증

### 미래를 준비하자

어머니께서는 평소 미래에는 단순히 하나의 능력만으로는 성공할 수 없기에 다양한 분야의 기본을 획득해야 한다는 사고관념을 가지고 계셨습니다. 그러다 중1 때 어느 날 다양한 분야 중에서도 사무 처리에 필수적인 컴퓨터 분야에서 어느 정도 기본을 갖춰놓아야 한다는 판단을 내리시고는 저에게 컴퓨터관련 자격증을 갖춰 놓을 것을 권유하셨습니다. 그때부터 자격증 공부를 시작하였습니다. 한 번씩 학원 아이들과 다 같이 게임을 하면서 재미있게 놀기도 하였지만, 컴퓨터의 여러 프로그램들을 잘 활용하기 위해 학원을 다니며 열심히 할 것은 해가며 놀았습니다. 그 결과로 워드프로세서 1, 2, 3 급과 정보처리 기능사 자격증을 취득할 수 있었습니다. 자격증을 따기 전까지는 컴퓨터는 저에게 단순히 게임기에 불과했습니다. 컴퓨터로 무엇을 한다는 생각은 해 본 적도 없을 뿐더러 게임하는 것이 당연하다고 여겼습니다. 그런데 여러 컴퓨터 자격증 시험을 준비하면서 컴퓨터로 할 수 있는 게 굉장히 많다는 걸 알게 되고, 또 컴퓨터 관련 지식들이 여태 내가 배워왔던 공부와는 새로운 것이어서 매력적이었습니다. 그렇게 컴퓨터 자격증을 취득했지만, 자격증을 취득하면서 어려움도 있었습니다. 컴퓨터 활용 능력 시험에서 두 번이나 한 문제 차이로 떨어졌던 적이 있었는데 어린 나이에 2번의 실패를 맛보다 보니 무척 힘들었습니다. 한번은 시험장 분위기에 눌려서 너무 긴장했었고, 한 번은 운이 좋지 않아서 컴퓨터가 중간에 오류가 떴었는데 그것도 자기과실이라 떨어졌습니다. 정말 힘들게 딴 컴퓨터 활용 능력 시험 자격증이지만, 그만큼 아직도 잊지 않고 이때 배웠던 것들이 현재 대학생활하면서 레포트 쓰는 데 많은 도움이 되고 있습니다.

> **코멘트** 자격증과 수상 경력은 가산점으로 우대될 수 있습니다. 그런 면에서, 자격증을 따 둔 것은 매우 좋습니다. 권기훈 군이 꼼꼼함을 배운 일거양득의 효과를 굳이 노리지 않고서도 자격증은 훗날 입시나 취업 등에서도 좋은 결과를 가져다줍니다. 게다가 PPT나 Word를 이용해 포트폴리오를 만드는 요즘 상황에서, 이와 같은 기술들을 잘 다룰 수 있다면 자신의 이력을 최대한 돋보여야 하는 입학사정관제에서 더없이 좋은 무기가 될 수 있습니다. 입학 사정관제 이후에도 Word는 권기훈 군의 말과 같이 수많은 레포트 작성에 쓰입니다. 대학을 넘어서서 회사에서도 많이 쓰이고 있는데요, 컴퓨터를 많이 사용하는 요즘의 사회에서 컴퓨터와 관련된 자격증이 하나쯤 있다는 것은 자신이 유용한 인재라는 것을 드러내는 좋은 무기가 될 수 있을 것입니다. 자기 전공과 직접적인 관련이 없다고 하더라도 컴퓨터를 잘 다룰 수 있는 사람은 쓰임새가 매우 많습니다.

## PORTFOLIO STORY
# 독서활동

### ●● 중국견문록 | 한비야

중국에 한창 관심을 가지던 고등학교 2학년 때 읽었던 책입니다. 한비야 씨가 중국에서 생활하면서 여러 가지 에피소드 속에서 중국 문화에 대하여 이해하게 되고, 또 중국어에 대한 애정을 가지게 되는 내용을 읽으면서 저도 똑같이 중국문화와 중국어에 대하여 한 층 더 관심을 가지게 되었습니다. 평소 중국에 대해서 안 좋은 시각을 가지고 있는 사람이라면 이 책을 읽고 분명 마음이 바뀔 것입니다. 저 또한 중국에 대하여 관련 기사나 역사공부를 하면서 그 문화나 사람들에 대해서는 기존의 편견을 가지고 있었지만, 이 책을 읽으면서 중국에 대하여 마음을 열게 되었습니다. 중국에 대해 알 수 있는 것 외에도 한비야 씨의 여행기와 생각들을 읽으면서 그녀의 열정에 대해 놀라고 스스로를 반성할 수 있었습니다.

### ●● 먼 나라 이웃나라 | 이원복

여러 나라의 역사, 문화를 알 수 있어서 매우 재미있었던 책입니다. 만화로 쉽게 어떤 나라의 역사, 문화, 그곳 사람들의 사고 방식 등을 풀어나가고 있는데 딱딱한 주제들이지만 시간 가는 줄 모르고 재미있게 읽었던 기억이 납니다. 특히 여러 국가의 역사적 지식을 알다 보니, 현재 구축되어있는 국제 관계의 이면에 어떠한 역사적배경이 있는지에 대하여 깨달을 수 있어서 국제 외교에 관심이 있던 저에게 유익했던 책입니다. 이 책을 읽으며 가볍게 한 나라에 대해서 역사와 문화를 이해하고 나면 이후 실제 그곳을 여행한다거나 또는 심화적인 역사문화에 대해 공부할 때 큰 도움이 될 것 같아서 수험생들에게 추천하고 싶습니다.

### ●● 하버드 MBA 365일 | 로버트 레이드

제가 고등학교 1학년 때 형과 함께 교보문고를 돌아다니다 우연히 보고는 형한테 졸라서 사달라 했던 책입니다. 이 책은 하버드 MBA 코스를 밟게 된 저자가 자신의 경험을 솔직하게 쓴 것인데, 저는 이 책을 통해 내가 알지 못하는 또 다른 넓은 세계가 있다는 것을 깨닫게 되었습니다. 사촌언니가 보기에 제가 국내 대학, 국내에서의 직업 등에 대해서만 생각하는 것이 안타까워서 보다 넓은 시야를 가지라고 하면서 권해 준 책이었습니다. 저는 이 책을 읽으면서 해외에서 공부하는 것이 마냥 다른 사람의 이야기가 아니라, 저에게도 있을 수 있다는 가능성을 가지게 되었습니다. 글로벌 마인드를 가지게 해 주었습니다. 그래서 영어나 중국어와 같은 언어를 배우는 것이 왜 필요한 것인지에 대한 해답을 찾게 해 주었고, 나아가 대학원을 해외에서 다니고자 하는 계획을 세우게 되었습니다.

**Tip.** 롤모델 스토리 To.현수

## 짧은 독서감상평 남기기

### ●● 천사와 악마 | 댄 브라운

선과 악의 경계는 애매하다고 생각하면서 한편으로는 댄 브라운의 상상력에 놀랐던 책이었습니다.

### ●● 디셉션 포인트 | 댄 브라운

NASA에 관한 음모론 소설인데 정치, 과학, 종교 등 여러 주제들에 대한 해박한 지식이 버무려지면서 한편의 영화를 보는 듯하였습니다.

### ●● 공부9단 오기10단 | 박원희

하버드에 입학하기까지 박원희 씨가 목표로 한 것들과 공부한 방법들, 자기 관리 방안을 보며 많은 점을 배울 수 있었습니다.

### ●● 경제학 콘서트 | 정재승

경제는 이론이 아니라 실제로서 우리 사회의 운영 원리에 깊숙이 들어와 있음을 실감할 수 있었습니다.

### ●● 개미 | 베르나르 베르베르

인간처럼 사회를 이루며 사는 개미들의 모습이 실제 우리 사회와 크게 다르지 않다고 생각하며, 다소 무거운 주제들이 섞여 있었지만 재미있게 읽었던 책이었습니다.

### ●● 시크릿 | 론다 번

너무나 유명하지만 똑 같은 내용과 교훈을 어떻게 받아들이는 가는 본인의 몫인 것 같습니다. 저는 힘들 때마다 이 책을 읽으며 힘을 얻고 간절히 꿈꾸며 공부했던 기억이 납니다.

### ●● 외교관은 국가대표 멀티플레이어 | 김효은

외교관이라는 직업에 대해 자세히 알게 되었고 세계를 향해 내 꿈을 키울 수 있었던 책입니다.

## APPLICATION 1
# 논 구술 면접후기

다른 학생들과 다르게 저는 따로 논술 학원을 다니지는 않았습니다. 대신, 고등학교 3학년 시절 심화 특별반에서 해 주는 논술 수업을 들었습니다. 이때 배운 수업 내용은 글을 어떻게 적어야 하는지에 관한것으로, 글을 적는 스킬보다는, 사고를 어떻게 논리적으로 전개해야 하는가에 좀 더 치중되어 있었습니다. 평소에 이러한 사고 방식에 관심이 있었던 저는 수업에서 배웠던 것을 따로 공부를 하였고, 특히 제가 관심이 있는 분야의 신문 기사를 읽을 때 마다, 틈틈이 적용해 보곤 하였습니다. 적용 방법은 주로 기사를 읽고 그 기사에 대한 저의 의견을 논리적인 근거를 들어가며 한번 생각해 보는 것이지요. 이게 쌓이다 보면 전반적으로 자기 자신의 자고가 논리적으로 바뀌게 되는 현상을 체험할 수 있을 것입니다.

이렇게 논술 공부를 하였으나, 막상 제가 보게 된 것은 바로 면접이었습니다. 하지만, 제가 평소에 해왔던 논리적인 사고하기는 논술뿐만 아니라 면접에서 크게 도움이 되었습니다. 면접에서는 당당하게 자신의 의견을 말하고, 그 근거를 될 수 있었야 하는데, 제가 평소에 했던 훈련 덕분에, 틀린 답을 말하더라도 논리적으로 말을 하게 되어서 좋은 점수를 받았던 것 같습니다.

여기서 제가 느낀 것은 면접에 있어서 중요한 것은 논리력과 자신감이라는 것입니다. 보통 논리력은 논술에서도 많이 평가되지만, 실제 면접에서도 자신의 의견에 대해서 이유를 들어야 하기 때문에 상당히 중요하고, 무엇보다 이 논리력과 함께 자신감이 뒷받침 되어야지 면접에서 좋은 결과를 얻게 되는 것 같습니다. 저의 사례에서도 볼 수 있듯이, 교수님들은 학생의 답이 틀렸다고 할지라도, 그 의견을 주장하는 방법과, 이유가 타당하다면, 그 학생에게 관심을 갖게 되고 더 많은 기회를 주게 되는 것 같습니다. 그러니 학생 여러분도 주눅들지 말고 자신의 의견을 당당하게 말하는 훈련을 했으면 좋겠습니다.

Tip. 롤모델 스토리 To.현수

## APPLICATION 2
# 후배들에게

중학교 시절 저는 공부를 정말 안 했어요. 만날 게임 아니면 운동 이렇게 놀기만 했죠. 하지만 저는 후회를 하지 않는 이유가 중학생 때 이렇게 놀았던 것이 제가 고등학교 올라가서 정신차리고 공부를 하게 해 준 원동력이 되었기 때문입니다. 즉, 자신이 중학생 때 너무 많이 놀아서 현재 기초가 부족하다고 생각하는 고등학생 후배들은 지금 당장이라도 포기하지 말고 그 기초부터 채워가면서 차근차근히 대수능을 준비해 가세요. 저도 고등학교 들어와서 열심히 하다 보니 고3이 되기 전까지는 하는 만큼 성적이 오르더라고요. 고3 때는 열심히 해도 잘 안 올랐어요. 그때부터는 이때까지 다져왔던 실력을 굳히면서 새로운 지식들을 하나씩 준비해 나가는 시기로 보냈습니다.

현재 고3 친구들 같은 경우에는 그냥 대수능 날 전까지 최선을 다하는 방법 밖엔 없을 것 같습니다. 자기 자신이 포기하지 않으면 희망도 그를 버리지 않기 때문이죠. 학업 이외 여가시간에 저는 입시 생활을 하며 받았던 스트레스를 영화를 보거나 음악을 듣거나 농구를 하면서 풀었습니다. 제가 했던 스트레스 해소 방법 3가지는 다 정말 좋았기 때문에 딱히 말로 어떻게 설명드릴 수가 없겠군요. 전반적으로 정서의 안정과 불안감 해소, 스트레스해소에 도움이 많이 되었어요. 개인적으로 추천하는 영화는 「바이센티니얼맨」인데 왜냐하면 여태껏 느끼지 못했던 감동과 여운을 느낄수 있어요. 정서적 안정에 크게 도움이 될 것입니다.

음악은 영화 2012 의 주제가 'Miracle'이라고 들어보면 제가 왜 추천했는지 알 겁니다. 노래 분위기가 전반적으로 희망적이에요. 책은 저 같은 경우 공부9단 오기 10단이 가장 크게 도움되었어요. 어려운 시기를 극복하여 학업적으로 성공한 사람의 이야기가 학업공부에 지쳐 있던 저에게 자극제가 되었기 때문입니다.

## APPLICATION 3
# TIP

입학사정관 전형을 선택한 이유는 새로 생긴 입시 제도에 대하여 한번 도전해 보고 싶은 마음도 있었고 또 제가 해당되는 전형이 있었기 때문입니다. 대학교는 자기에게 맞는 전형으로 합격하는 것이 가장 합격하기 쉬운 길이니까요. 저는 고등학교 시절 내신, 수능 두 마리 토끼를 어떻게 잡아야 하나에 대하여 엄청 고민을 많이 했어요. 중학교 때 기초가 없던 상태였기 때문에 내신기간에 내신공부를 하면 모의고사 성적이 떨어지고 그렇다고 모의고사 공부를 하자니 내신이 불안해서 정말 스트레스를 많이 받았죠.

그래서 제가 생각했던 게 내신을 모의고사처럼 공부하는 것이었습니다. 즉 내신을 공부할 때 암기식으로 하기보다는 모의고사 공부를 한다는 마인드로 이해하려고 하고 그것을 통해 배운 것을 또 다른 문제에 적용해 보려 하는 식으로 공부했습니다. 이런 식으로 공부하는 것이 습관이 되다 보니 내신이 끝난 후 모의고사를 공부할 때도 무척 수월하게 할 수 있었어요. 저는 평소에 심심하면 기사를 자주 보는 편이었는데, 그때 주로 보던 기사의 분야가 정치외교 쪽이었습니다. 그러다 보니 자연스레 진로에 관련한 활동들에 어떠한 것들이 있는지 빨리 파악할 수 있었습니다. 그냥 무턱대고 인터넷 켜서 무엇을 찾을지 고민해가면서 하나하나씩 찾는 것은 입시생에게 엄청난 시간 낭비가 될 수 있습니다. 인터넷 같은 경우에는 내가 생각을 하고 직접 찾아봐야 하잖아요. 기사는 딱 떠있는 정보를 보고 그때마다 하나씩 찾으면 훨씬 더 빨리 찾을 수 있습니다. 입학 사정관을 준비하는 마음가짐은 너무 큰 기대를 하지 않는 것입니다. 생긴 지 얼마 되지 않은 전형이기에 그만큼 합격의 여부도 불분명한데 이 전형에 목숨을 걸고 엄청난 기대를 하다가는 자칫 큰 패배감과 실망을 맛볼 수도 있습니다. 자기소개서 작성 시 가장 중요하게 여겨야 할 것이 3가지가 있습니다. 첫 번째는 약간의 과장입니다. 두 번째는 철저한 맞춤법입니다. 세 번째는 그 소개서를 보는 사람에게 자기 자신의 가능성을 어필할 수 있을 만한 문구입니다. 이 세가지를 유념하여 작성한다면 좋은 점수를 얻을 수 있을 것입니다.

Tip. 롤모델 스토리 To.현수

## BENCHMARKING CORNER
# 전문가 평가

### 넓은 시야를 가져라

입학사정관제에 합격하기 위해서는 학생 스스로 어디에 진학할 것인지 명확하게 하는 것이 필요합니다. 그러기 위해서는 많은 고민과 어떤 진로를 선택할 것인지에 대한 고민의 시간이 필요한데요, 그런 고민의 답을 하기 위해서는 넓은 세상을 보면서 시야를 넓히는 것이 무엇보다 중요합니다. 권기훈 학생과 같이 해외에서 시간을 보내게 되면, 한국에서 보지 못하는 다양한 것들에 대해서 알게 되고, 이러한 문화 충격은 시야와 사고의 확장으로 이어집니다. 당연히 자신의 진로에 대해서 좀 더 깊게 생각할 수 있는 것이지요. 권기훈 학생은 중국 여행에서 시야를 넓혔을 뿐만 아니라, 그 시야가 넓어지는 경험을 소중하게 생각하여 국제학부를 진학하기로 마음을 먹습니다. 즉, 해외에서 어떤 경험을 하고 무엇을 배우는지를 알게 된 것인데요, 당연히 입학사정관제를 평가하는 교수님들에게는 이러한 권기훈 학생의 성장하는 모습이 좋게 보이고, 그것이 입시에 성공하는 데 큰 요인으로 작용하게 되었지요.

### 스스로 자극 받기

긴 수험기간 동안 많은 학생들은 슬럼프도 받고, 공부를 하기 싫은 때도 있었을 것입니다. 그리고 이런 상황을 해쳐나가는 것은 다른 사람의 지도가 아니라 스스로 계속해서 꿈을 위해서 달려나가는 의지입니다. 그렇기 때문에 입학사정관제에 합격하기 위해서 가장 필요한 것은 바로 입시에 대한 강한 열망과 의지입니다. 하지만 이런 의지는 그냥 생기는 것이 아니라 명확한 목표와 계속되는 자극이 존재해야 합니다. 권기훈 학생은 유명 대학에 가서 명확하게 어떤 대학을 가겠다는 목표를 가졌고, 자신보다 우월한 위치에서도 필사적으로 공부하는 학생들을 보면서 엄청난 자극을 받았습니다. 이러한 목표와 자극은 끊임 없이 권기훈 학생을 모티베이션 시켰고, 그 결과 성공을 위한 끊임없는 노력으로 이어졌습니다. 학생 여러분도, 스스로를 자극하는 상황이 바로 성공을 위한 열쇠임을 인지하기 바랍니다.

정치외교학과 선배의 진로진학 전과정 롤모델 스토리

# CAMPUS LIFE
# 학과생활 소개

저는 경희대 정치 외교학과에 재학중입니다. 저희 학과의 수업은 당연히 국제 관계와 그 정치 역학 관계에 대해서 생각을 하는 것이 대부분인데요, 1학년 때는 정치학 원론이라는 과목을 통해서 저희 학과에서 배우는 내용에 대해서 큰 그림을 배우고 본격적인 전공은 2학년부터 들어가게 됩니다. 2학년 때는, 국제 정치론, 한국 정치론, 서양 정치 사상 등 실제 국제 정세와 그 나라에서 사용되었던 정치 방향성에 대해서 배우게 됩니다.

이러한 수업들의 특징은 대부분이 몹시 거시적인 관점에서 그 사건들을 다룬다는 것인데요. 얼핏 제목만 들어서는 지루할 수 있는 수업들을 큰 방향에서 다룸으로 인해서 상당히 재미있고 흥미롭게 바뀌었습니다. 저희 학과는 학과 인원이 50-60명 정도이기에 서로 잘 알고, 선 후배 간에도 매우 친하게 지냅니다.

그리고 이런 끈끈한 선 후배 관계는 대학 생활을 하면서 여러가지 정보를 잘 얻을 수 있다는 장점으로 이어지지요. 선배들이 먼저 겪었던 여러 사건들을 이야기해 주면 후배들은 그러한 것을 타산지석으로 삼을 수 있기 때문에, 더 좋은 대학생활을 하게 되는 것 같습니다. 수업에 있어서도 선배들의 조언은 큰 도움이 되는데요, 저의 경우에도 1학년 시절 선배들의 조언으로 진로를 설정하는 것이 훨씬 수월하였습니다. 저희 학과는 시험기간이 되면 야식이 나오는 데요, 시험 공부를 하다가 다들 둘러 앉아서 야식을 먹는 것은 대학교에서만 느낄 수 있는 장점이라고 생각됩니다. 또한 이런 야식이 힘이 되어서 더욱 공부를 열심히 하기도 하고요.

Tip. 롤모델 스토리 To.현수

CAMPUS LIFE
# 대표 강의 소개

### 우리가 사는 세계 | 서광열교수님

우리가 사는 세계 저희 학교는 최근 후마니타스 칼리지로 주목을 받고 있습니다. 후마니타스 칼리지란 인성과 지성을 겸비한 인재양성을 목적으로 만들어진 새로운 교육 시스템입니다.

그래서 1학년 1학기 때 '인간의 가치탐색'라는 과목을 필수적으로 배워야 합니다. 그리고 2학기 때는 '우리가 사는 세계'라는 과목을 필수적으로 들어야 합니다. 이 과목은 학기에 배운 '인간의 가치 탐색'과 이어지는 학년 공통 필수 교과입니다. '인간의 가치탐색이' 장구한 인류 역사 과정에서 인간들이 추구한 다양한 가치들을 탐색한 과목이었다면, '우리가 사는 세계'는 이를 토대로 시야를 좁혀 '근대성의 성취와 유산'을 집중적으로 탐구하고, 그것이 오늘날도 유효한지를 알아보는 교과목입니다. 근대 문명은 전근대 문명이 풀 수 없었던 모순과 딜레마를 돌파할 유효한 '솔루션'들을 들고 나왔기 때문에 탄생할 수 있었죠.

그러나 현대 세계는 근대문명이 내놓은 해결책 그 자체가 발생시킨 다수의 문제들을 안고 있습니다. 과연 우리는 근대문명을 계승하면서 그것이 발생시킨 문제들을 풀 수 있을 것인가? 문제를 해결하지 못할 때 문명은 쇠락하고 패망한다. 문제 해결을 위해 우리는 무엇을 할 수 있고 또 해야 하며 어떤 상상력이 필요한가? 젊은 세대가 이런 질문들에 각자 자신의 응답을 탐색하게 하고 이 세계에서의 그의 위치와 책임을 생각해 보게 하려는 것이 이 교과목의 목적이라고 저는 생각합니다.

# CAMPUS LIFE
# 활동 동아리 소개

### Global Asia Leadership Forum

친구의 소개로 알게 된 이 동아리는 동아시아 관련 개간지인(Global Aisa)를 읽고 한 중 일 삼국의 학생들이 만나 교류하는 '포럼'을 목적으로 설립된 단체입니다. 삼국의 유망한 인재들 간의 교류를 촉진함으로써, 인식론적 공동체를 형성하고 장차 각 국가의 정책 입안 과정에서 삼국의 협력을 도모할 수 있도록 한다는 공통의 비전을 갖고 있습니다. 현재, 연세대, 시립대, 덕성여대, 이화여대, 한국 교원대 등의 정치학과 혹은 비 정치학과의 학생들이 다수 포진해 있으며, 올해 설립되었습니다.

비 정치학과생인 저에게는 정치적인 fact 배움과 동시에, 정치 외교학과인 많은 학생들의 동아시아 문제를 바라보는 관점에 상당히 놀라고 있습니다. GALF의 정기 모임은 한 달에 각 한 번씩 주최하는 seminar와 lecture로 이루어져 있습니다. seminar에서는 예를 들어 '김정운의 세습이 이전의 체제적 안정을 가지고 이루어질 것인가'에 대한 찬반 논쟁을 하거나 한중일 삼국의 시각으로 동아시아를 보고 각 관점에서 토론해 봅니다.

Lecture 에서는 국내의 인도, 중국 등의 각 분야 전문가인 교수님들을 섭외하여 강연을 듣고 있습니다. 대표적으로 연세대학교 문정인 교수님, 동국대학교 북한학과 김용현 교수님이 6월과 7월의 강의를 각각 맡아주셨으며, 인도의 거장 이옥순 교수님, 서울대학교 핵 물리학과의 황일순 교수님 등 내년 2월 전까지의 거의 모든 교수님 섭외가 끝난 상황입니다. 저는, 교수님들을 섭외하고 GALF를 대외에 홍보, 포럼을 주최하는 등 대부분의 일정을 관리하는 '전략기획팀'의 일원으로서 활동하고 있습니다.